看八大帝王

毛泽东

Mao Zedong
Kan Ba Da Diwang

毕桂发 / 著

台海出版社

图书在版编目（CIP）数据

毛泽东看八大帝王／毕桂发著.—北京：台海出
版社，2011.2（2024.8重印）
ISBN 978-7-80141-759-6

Ⅰ.①毛…　Ⅱ.①毕…　Ⅲ.①毛泽东著作研究－帝王
②帝王－人物研究－中国－古代　Ⅳ.①A841.692
②K827=2

中国版本图书馆CIP数据核字（2010）第259604号

毛泽东看八大帝王

著　　者：	毕桂发	
责任编辑：	王　萍	
出版发行：	台海出版社	
地　　址：	北京市景山东街20号	邮政编码：100009
电　　话：	010－64041652（发行，邮购）	
传　　真：	010－84045799（总编室）	
网　　址：	www.taimeng.org.cn/thcbs/defauit.htm	
E-mail：	thcbs@163.com	
经　　销：	全国各地新华书店	
印　　刷：	三河市祥达印刷包装有限公司	

本书如有破损、缺页、装订错误，请与本社联系调换

开　本：	710毫米×1000毫米	1/16	
字　数：	367千字	印　张：	25.5
版　次：	2011年6月第1版	印　次：	2024年8月第4次印刷
书　号：	ISBN 978-7-80141-759-6		
定　价：	68.80元		

贺新郎

读 史

人猿相揖别。

只几个石头磨过，小儿时节。

铜铁炉中翻火焰，

为问何时猜得？

不过几千寒热。

人世难逢开口笑。

上疆场彼此弯弓月。

流遍了，郊原血。

一篇读罢头飞雪，

但记得斑斑点点，几行陈迹。

五帝三皇神圣事，

骗了无涯过客。

有多少风流人物？

盗跖庄𫏰流誉后，

更陈王奋起挥黄钺。

歌未竟，东方白。

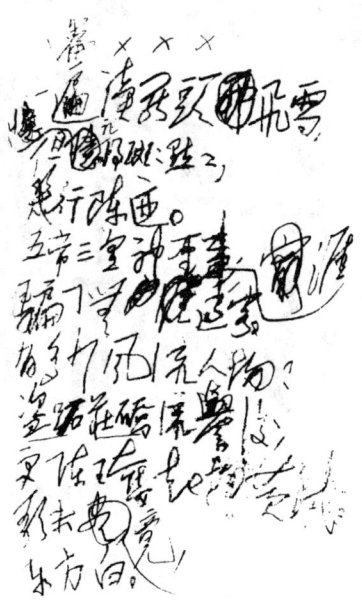

毛泽东《贺新郎·读史》手迹

毛泽东《西江月·井冈山》手迹

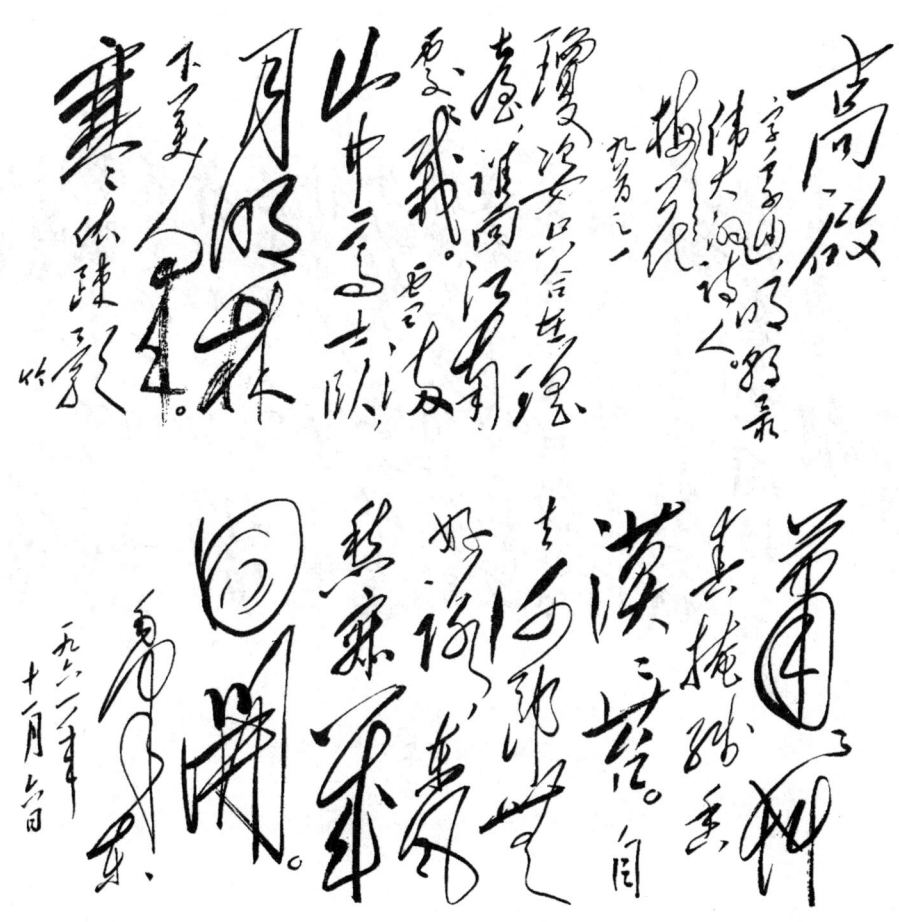

毛泽东手迹（高启《梅花》九首之一）

沁園春

北國風光，千里冰封，萬里雪飄。望長城內外，惟余莽莽；大河上下，頓失滔滔。山舞銀蛇，原馳蠟象，欲與天公試比高。須晴日，看紅裝素裹，分外妖嬈。

江山如此多嬌，引無數英雄競折腰。惜秦皇漢武，略輸文采；唐宗宋祖，稍遜風騷。一代天驕，成吉思汗，只識彎弓射大雕。俱往矣，數風流人物，還看今朝。

毛澤東

毛泽东《沁园春·雪》手迹

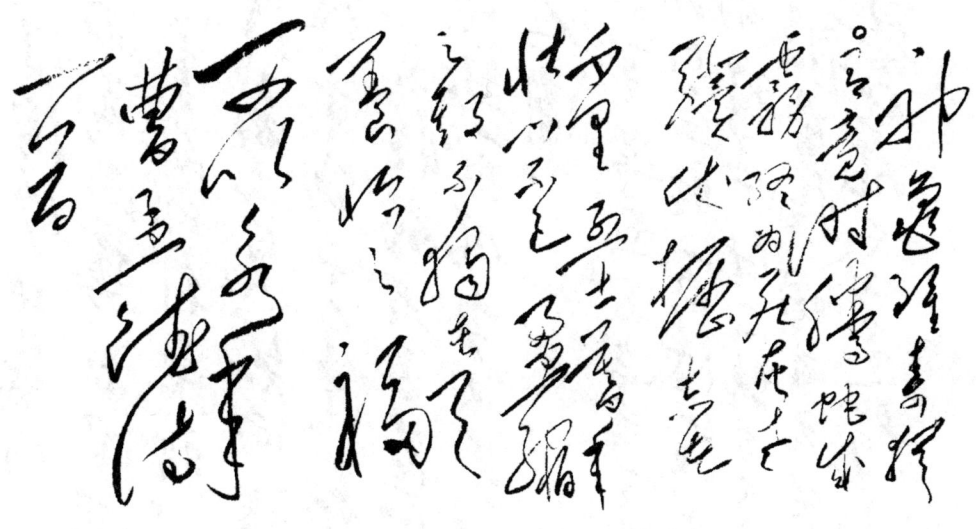

毛泽东《步出夏门行·龟虽寿》手迹

浪淘沙　北戴河

大雨落幽燕，白浪滔天，秦皇岛外打鱼船。一片汪洋都不见，知向谁边？

往事越千年，魏武挥鞭，东临碣石有遗篇。萧瑟秋风今又是，换了人间。

毛泽东《浪淘沙·北戴河》手迹

总　　序

　　为了缅怀伟大的社会主义中国的开国元勋毛泽东和他的战友及广大革命者,我们编写了《毛泽东看八大帝王》《毛泽东看八大谋臣》《毛泽东看八大名将》三本书,共收入毛泽东对古代24位人物的评论。

　　每本书中的八个人物都是在某个领域成就非凡,声名赫赫。

　　毛泽东是伟大的无产阶级革命家。他有极丰富的革命经历和过人的智慧,又博览群书,尤其喜读历史书籍。浩如烟海的"二十四史",他读过多遍,卷帙浩繁的《资治通鉴》,他读过17遍,野史、方志,他也广泛涉猎。其阅读范围之广,恐为一般史学家所不及。他读书时有个习惯,叫做不动笔墨不读书。他往往边读、边圈点、边批注,写下很多精辟的批语,其中不少都是评论历史人物的。在他的文章、诗词、谈话中,也随时谈及不少历史人物。所以,在他一生的言论里,对中国历史长河中的许多人物,都有独特的评述和精辟的见解。我们选取的毛泽东对24位人物的点评,不过是其中很少的一部分。

　　作为一位革命家,毛泽东读史,是要"以史为鉴",为了解决革命和建设事业中的现实问题,所以,相当多的情况是举例子、打比方,有的是只言片语,却含义深刻,发人深省,是我们理解毛泽东读史的一把钥匙。

我们选取的人物，无疑都是英雄人物，他们在所处的历史时代，都扮演了重要角色，作出了重大贡献。

在撰写本书的过程中，我们力求做到以下几点：

第一，科学性。我们的写法是，每篇分若干部分，题目及各部分标题，都以毛泽东的评论来标示，每一部分把被评者传记相关部分用毛泽东的评述来统率。这样眉目清晰，观点鲜明，毛泽东对某人的看法，一目了然。

第二，知识性。本书除了文字部分以外，还编配了一定数量的被评者肖像、画像、墨迹和相关文物古迹，以及相关的毛泽东的照片、墨迹等，力求做到图文并茂。

第三，可读性。本书是一本普及读物，文字浅显，通俗易懂，特别注意了趣味性，以激发读者的阅读兴趣。

在撰写本书过程中，我们得到了台海出版社以及吕奇伟、石永青先生等的大力支持，参考了相关的研究著作，在此一并致谢。

毕桂发

2010.9.7 于河南大学

导　语

毛泽东博览群书，尤喜文史。作为一位革命领袖，他读史时特别关注历代帝王治国的成败得失。中国历史上的帝王很多，毛泽东论及的就有几十位。

古代帝王中有所谓开国皇帝、中兴之主、亡国之君之别，这几种类型的帝王，毛泽东都注意研究。

我们选择的八位帝王，大致来说，秦始皇嬴政、汉高祖刘邦、魏武帝曹操、宋太祖赵匡胤、明太祖朱元璋是开国皇帝；汉武帝刘彻、唐太宗李世民是中兴之主；商纣王帝辛则是亡国之君。几位开国皇帝，都为结束国家动乱分裂局面、实现统一作出了一定贡献；两位汉唐中兴之君，创造了我国历史上最强盛的业绩；被骂为昏君、暴君、亡国之君的商纣王帝辛，也与一般的亡国之君有所不同，他除了昏庸、暴虐的恶行，还有平定东夷，使中原与边疆少数民族联为一体的功劳，对中华民族的形成和发展有一定贡献。

当然历代帝王的天资禀赋不同，治国之道各异，后人对他们的是非功过、正邪善恶也褒贬不一。但不管怎么说，历代帝王都曾在中国历史舞台上扮演过重要角色，起过不同的历史作用。

毛泽东并不认为历史是帝王将相创造的，但也不否认他们的作用。他在《沁园春·雪》一词中写道："惜秦皇汉武，略输文采；唐宗宋祖，稍逊风骚。一代天骄，成吉思汗，只识弯弓射大雕。"在他看来，秦始皇、汉武帝、唐太宗、宋太祖、成吉思汗这五位皇帝都是武功赫赫，但文治就稍为逊色。这些风流人物"各领风骚数百年"，已经成为历史，当今治理中国，就要看中国共产党及其领袖人物了。这就是说，马克思主义者并不否定领袖人物的巨大作用，但从根本上来看，"人民，只有人民，才是创造世界历史的动力"（《论联合政府》，《毛泽东选集》第三卷，第1031页）。只有把这两个方面结合起来，才是辩证唯物主义和历史唯物主义的观点。历史上的风流人物，都是时代的弄潮儿，在他们的身上，凝聚着我们中华民族特有的一些品德、禀赋，体现着我们民族的优良传统精神。这种民族精神，使我们这样一个泱泱大国，繁衍生息，永葆青春。

我们学习历史，就要像毛泽东同志那样，"古为今用"，"推陈出新"，在历史与现实的结合点上，更好地了解我国的国情，正确地指导我国的改革开放和社会主义现代化建设事业。研究历史人物正误得失的基本标准，是看其是否代表了当时先进生产力和先进文化的发展要求，是否代表了人民群众的利益。毛泽东对历史人物的评价多从历史人物对国家、民族发展的贡献来考量。由此可见，我国传统文化的优长和积淀，在毛泽东身上都有突出的反映。

"纣王是个很有本事，能文能武的人"

"秦始皇是好皇帝"

刘邦是"一位高明的政治家"

"汉武帝雄才大略"

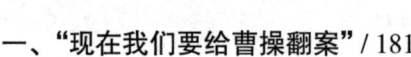

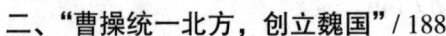

魏武帝曹操"有真男子气，是大手笔"

李世民"聪明一世，懵懂一时"

赵匡胤"稍逊风骚"

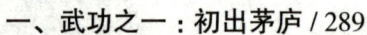

朱元璋是位能办大事情的"大老粗"

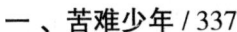

殷纣王

刘彻

赵匡胤

曹操

李世民

刘邦

朱元璋

秦始皇

『纣王是个很有本事，能文能武的人』

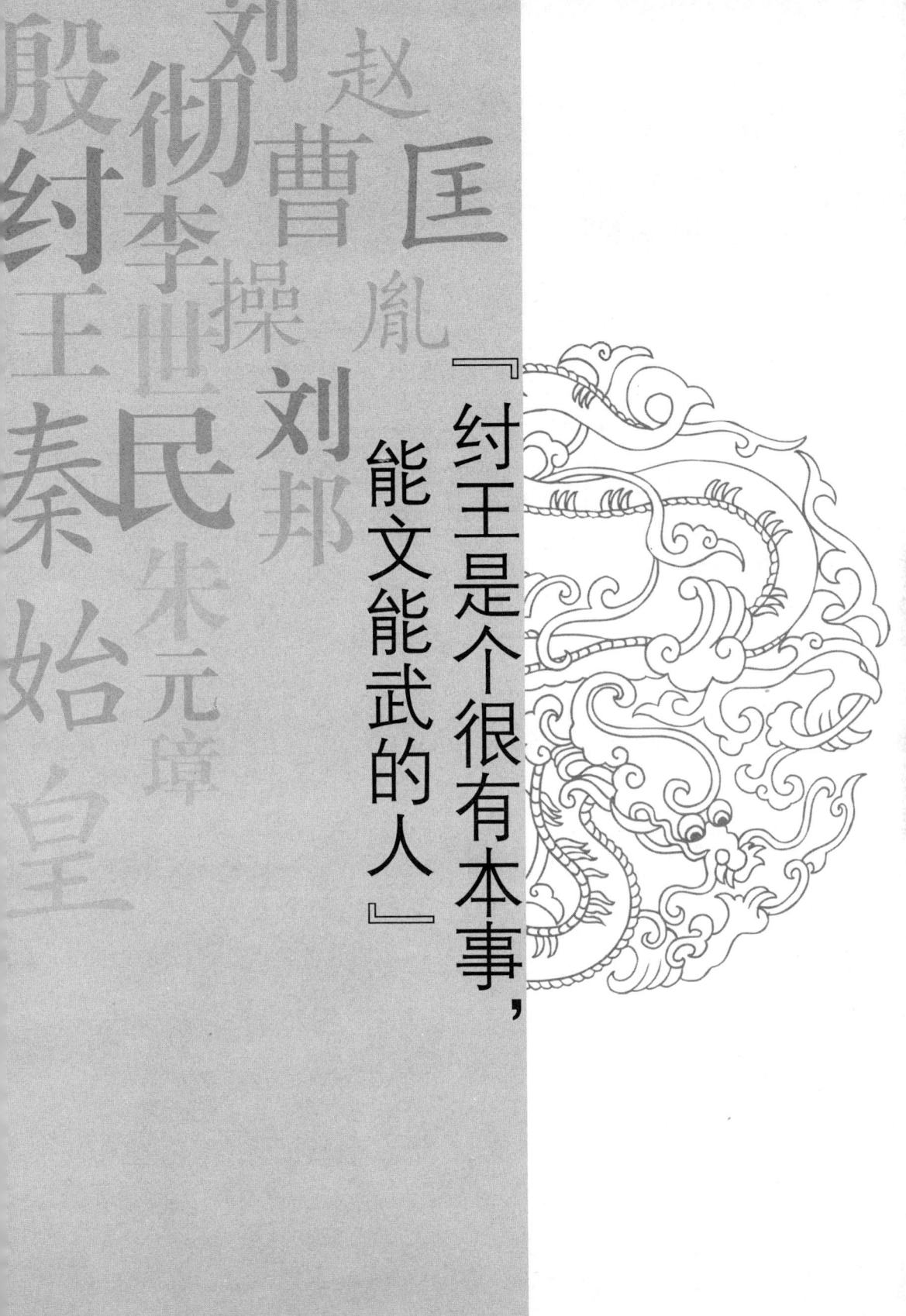

毛泽东曾说："把纣王、秦始皇、曹操看做坏人是完全错误的。"（《读斯大林〈苏联社会主义经济问题〉的谈话》，《毛泽东文集》第七卷，人民出版社1999年版，第439页）他进而为这三位古代帝王翻案，而第一个就是在历史上被视为昏君、暴君、亡国之君的殷纣王。这是为什么呢？殷纣王到底是一个什么样的人呢？

纣王像

一、"纣王是个很有本事，能文能武的人"

（一）纣王身世

商朝，是中国历史上的第二个朝代，是个奴隶制国家。它的最后一位君主叫纣，一作"受"，也称帝辛。

商朝的始祖姓子，名契，据说是上古传说五帝中帝喾（高辛）的后裔。相传，有娀部落的一个女子简狄，吞了燕子卵，生下契。《诗经·商颂·玄鸟》记载了这个传说，认为玄鸟（燕子）是上帝的使者，契是应天命降生的，即"天命玄鸟，降而生商"。甲骨文也证实了，商人以鸟为图腾。契在尧舜时期做司徒，掌教化百姓。因为契部落居住在商丘，所以就用商作为他的国号。传到他的孙子相土的时候，发明马

"把纣王、秦始皇、曹操看做坏人是错误的。纣王是个很有本事能文能武的人。纣王伐徐州之夷，打了胜仗，只是损失太大，俘虏太多，消化不了，以致亡了国。说什么'血流漂杵'，纣王残暴极了，这是《书经》中的夸张说法。"（《关于社会主义商品生产问题》，《毛泽东文集》第七卷，人民出版社1999年版，第439页。）

车，势力达到现在的渤海一带。相土的第三代孙子叫冥，善于治水，后溺死。冥的儿子王亥，发明牛车，开始从事畜牧业。《管子·轻重篇》说，殷朝的先王……用牛马驾车，有利民众，天下都学他们的制作。传到成汤，共14代，已经八次迁居。八迁的地点大约都在现在的河南、山东境内，到了成汤，开始强大起来，最后灭掉夏桀，建立商朝，定都亳（今河南商丘北）。

相传，夏朝奚仲造车，相土造马车，王亥造牛车，大大提高了车的功能。王亥驾着牛车，用帛和牛作交换物资，在各部落间做买卖。之后，大概要扩大商业，曾迁居到黄河北岸。最后，被有易（狄）族掠夺杀死，但王亥弟王恒打败了有易且夺回了牛车。所以，公元前16世纪商汤灭夏桀建立的奴隶制国家，农业比较发达，已能用多种谷物酿酒，手工业已能铸造精美的青铜器和白陶、釉陶，商品交换也扩大了，并出现了早期规模的城市。商国的农业、手工业、商业都比夏朝进步，因此造成代替夏朝兴起的形势，成了当时世界上的文明大国。

后来商王盘庚从奄（今山东曲阜）迁到殷（今河南安阳），因而商也称为殷。从商王建国到殷纣王被周武王攻灭，共传了17代、31王，约自公元前16世纪到公元前11世纪。整个商代，亦称为商殷、殷商。商朝的历时时间不可确考，《竹书纪年》说496年，《三统历》说629年。

（二）"纣王是个很有本事，能文能武的人"

从盘庚迁殷，到纣王亡国，共历八世、12王，只有武丁和祖甲比较贤明。武丁在位59年，祖甲在位33年，其余多是昏乱的国王，不知稼穑的艰辛，不关心民众的疾苦，一味追求享乐淫逸。

最后的国王叫做纣，他的父亲是商朝第29位王文丁。文丁杀死了周族首领季历（周文王姬昌之父），惹下大祸，从此与周结下不共戴天之仇。文丁大力整顿朝纲，很想大有作为，但他在位没几年就积劳成疾，染病而亡，他的儿子帝乙继承了王位。帝乙也是一个比较能干的国王，他花了9年时间稳住了西方和北方，又和位于东方要冲的攸国建立了巩固的联盟，然后率大军讨伐对商朝威胁最大的东夷。连年战争，多次激战，虽然打败了

毛泽东看
八·大·帝·王

东夷，但并没有彻底解除这个忧患。于是，他在靠近东方的沫水北岸建起了一个陪都，这就是有名的朝歌（今河南淇县县城）。

商朝实行王位继承制，父子相继（兄弟相继是例外），但继承王位的只能是嫡长子，其他儿子不能继承，庶出的年纪大，也不能继承。帝乙的大儿子名字叫启，因封在微地，所以叫微子启；启的生母是地位低下的婢妾，因此庶出的启虽是长子，也不能继位为帝。帝乙的小儿子叫辛，辛的生母是正宫娘娘，所以就让辛做继承人。帝乙一死，小儿子辛就登上帝位，就是帝辛，死后被称为纣（裴骃集解引《谥法》曰："残义损善曰纣。"）。

帝辛是个文武全才的人。文的方面，他天资颖慧，聪明过人，观史过目成诵，闻事过耳不忘；才智机敏，能说会道，能够驳回他人的劝谏；自视甚高，刚愎自用，善于文过饰非。他经常向臣下夸耀自己的才能，向天下抬高自己的声威，以为别人都不如自己。

武的方面，他身体矫健、反应灵敏，能赤手空拳格杀猛禽。《史记》说他"材力过人，手格猛兽"。《荀子·非相篇》说他"长巨姣美，天下之杰也；筋力超劲，百人之敌也"。用现在的话来说，他是一位很帅且武功高强的人！晋朝时有位学者，甚至说他能用手拽住九头牛，能托起房梁替换柱子。可见帝辛的武功，颇值得称道。春秋五霸之一的楚庄王，曾赞扬帝辛百战百胜。就商周关系来看，他是用武力来维持的。吕不韦在《吕氏春秋》中有这样的记载："王季历困而死，文王苦之，有不忘羑里之丑，时未可也；武王事之，夙夜不懈，亦不忘王门之辱。"《战国策》也有类似的记载："昔者文王拘于羑里，而武王羁于王门。"帝辛对文王、武王是建立在征服基础上的，只是最后一仗打败了，亡了国。

（三）"征讨徐夷"

殷纣王深谙韬略，能征善战，攻无不克，战无不胜。他即位后，施展才能的机遇立即降临。对外征战的对象是徐州之夷，也叫东夷。中原地区的黄河流域，是华夏族开发的。东部和东南部沿海一带，是东夷的老家。

四羊方尊

所谓夷，是我国古代中原地区华夏族对东部各族的总称，也泛称中原以外的其他各族。《礼记·王制》："东方曰夷。"《孟子·梁惠王上》："莅中国而抚四夷也。"东夷不是一个统一的部族，而是许多小部落的总称。在商朝后期，有的还处在原始社会阶段，有的刚进入奴隶社会，比华夏族落后得多，物资匮乏得多。因此，他们经常到商地去抢掠，商朝东部一带受到严重威胁。所以，纣王的父亲帝乙在位时，曾两次大规模征讨东夷，但没有彻底解除边患。

纣王继位以后，接过他父亲帝乙的班，去完成帝乙没有完成的任务。他组织一大批军队，铸造了大量武器，亲自率领大军，多次对东夷发动更大规模的进攻。东夷各部落联合在一起，共同对抗这个强大的敌人。在战场上，纣王不仅运筹帷幄、亲自指挥，而且全身披挂，身先士卒，往来冲杀，所向披靡。所以，他取得了一个又一个胜利，从徐州地区一直打到长江下游一带，俘虏了成千上万的东夷人，带回国内做奴隶。

经过多年的艰苦战争，纣王终于打败并征服了东夷各族，把商朝的势力扩展到东部沿海一带。他把中原的先进技术和文化逐渐传播到东南地区。那里的人民利用当地优越的自然条件，发展了生产。因此，在最早开发我国东部沿海和长江下游一带，加速中华各民族的融合方面，纣王是有历史贡献的。

（四）荒淫无道

殷纣王聪明过人，享乐腐化的歪点子也多得惊人。其父帝乙为了对付东夷，在朝歌建立了陪都，他却把朝歌变成一个游乐场。他强迫成千上万的奴隶，花了七年时间，在朝歌建了一座周长三里、高达千尺的鹿台。鹿台上殿堂巍峨，亭阁秀丽，最著名的叫摘星楼，可以想见其高耸入云之势。登上鹿台，如临仙境，极目眺望，朝歌城内外景观尽收眼底。

殷纣王特别喜欢饮酒作乐，宠幸妇人，尤其宠爱妲己。妲己，有苏氏之女。纣王进攻有苏氏时，有苏氏把她献给纣。纣王对妲己的话，可以说是言听计从。他让乐工师延谱制新的淫荡乐曲，用粗俗的北里之舞来配靡靡之音。他横征暴敛，使朝歌城里的鹿台国库中聚满了金钱，钜桥仓库里装满了粮食。他千方百计地搜求车马、珍宝奇物，把皇宫都塞满了。他又大肆扩建沙丘台的林苑馆阁，捕捉许多珍禽异兽养在里面。他不敬鬼神，在沙丘聚采集了大批乐人、艺伎，储存成池的美酒，肉挂得像树林一般，让男男女女赤身裸体，在里边互相追逐，饮酒作乐，荒唐到了极点。

纣王的恶劣行为，引起百姓的普遍怨恨，阶级矛盾激化，诸侯中开始有人背叛。于是，纣王加重了惩罚，设置灭绝人性的炮烙之刑。什么叫炮烙之刑？裴骃集解引《列女传》说："膏铜柱，下加之炭，令有罪者行焉，辄堕炭中。妲己笑，名曰炮烙之刑。"后来用烧红的烙铁烙人的刑罚便是由此而来。

纣任命西伯侯姬昌、九侯、鄂侯为三公。三公是古代中央三种最高官衔的合称，指太师、太傅、太保。九侯有个女儿，又贤惠又漂亮。他把女儿献给纣王。纣却嫌她不喜淫乐，十分恼怒，就把她杀了，并把九侯也杀掉，剁成肉酱。鄂侯为九侯辩白，据理力争，言辞过于激烈，纣又把鄂侯也杀了，晒成肉干。西伯侯姬昌听说后，不敢再说什么，只有背地里暗中叹气。不料，崇侯虎知道了，向纣王作了报告。纣王便把西伯侯姬昌抓起来，关在羑里（在今河南汤阴县城北）监狱，一关就是七年。姬昌坐牢期间，装作真心服刑，整天研读《易经》，推演八卦，企图躲过监视。纣王还让姬昌的长子伯邑考为自己驾车，实际上是当人质。但后来还是找了个借口，残忍地把伯邑考烹了，并做成肉饼，特意送了一些给姬昌吃，以观察姬昌的反应。

西伯侯姬昌的部下闳夭、散宜生等人，千方百计地要把主子救出来。他们探知纣王的喜好，搜求有莘氏之女和骊戎的文马等献给纣王，使西伯侯姬昌获得释放。西伯侯姬昌出狱后，把洛水以西的地方献给纣，请求他废除炮烙之刑。纣王答应了他的请求，还赐给他作战用的弓、矢以及赏罚用的斧、钺，表示他有权征讨不守法的诸侯，而且封他为西方诸侯的首领。

纣王用人，不理会"卑不谋尊，疏不间亲"那一套。在他的臣子里，掌握实权的不是王室贵族，而是费仲、恶来之流。但费仲是个喜欢阿谀逢迎、好谋私利的家伙，殷人都不亲近他。于是，纣王又改用奸臣飞廉的儿子恶来主政。恶来也是个小人，喜好搬弄是非，好打小报告，诽谤别人。纣王受他的影响，诸侯因此与纣王更疏远了。

西伯侯姬昌回到周地后，继承祖先事业，继续以农为本，发展生产，实行富民政策，并加强军队建设，训练虎贲（勇士），用战车大规模装备部队；同时，加紧修养自己的品德，行善做好事，敬老爱幼，礼贤下士。

姬昌很快召集了一大批有识之士，最著名的是在渭水滨聘得的姜子牙。旧小说中说姬昌亲自拉车，让姜子牙坐。他年纪也很大了，又长期在监狱中度过，身体很瘦弱，所以拉不远，便拉不动了。姜子牙问他拉了多少步，他说808步。姜子牙说：我保你江山808年。姬昌一听，还要再拉，姜子牙说，再拉就不灵了，这是天意。后来，周朝共历808年。当然，这是小说家言，不足为信。不过，在渭水得遇垂钓的姜子牙，任命为师（宰相的别称），兼任三军最高统帅，史册上有明确的记载。

西伯侯姬昌和几个儿子与姜子牙一起，苦心经营，周的势力越来越强盛，渐渐成了诸侯的盟主。诸侯都背叛了纣王，投奔到西伯侯姬昌麾下。西伯侯的势力一天天扩大，纣王的权力也就相对地一天天丧失。到商朝晚期，周人已是"三分天下有其二"。

有一个例子很能说明这个问题。虞国（今山西平陆）与芮国（今山西芮城）发生边界争端，两国都派使者找西伯侯评理。他们一进周国，发现百姓们礼让成风，谦和不争，两国的使者都惭愧了，说："我们所争夺的，周人都认为是耻辱，何必再见西伯侯，见了也是自讨没趣。"就这样，两国使者互谅互让，还没见西伯侯姬昌的面，就把事情解决了。

周人势力强大后，便开始了对外扩张。它先断虞、芮后路，迫使它们归附，再伐西戎（今陕西、甘肃一带）、密须（今甘肃灵台西），巩固了后方，又越过大河，攻克黎国（今山西长治西南）、邘国（今河南沁阳西北）、崇国（今河南嵩县北）等国家。特别是征服的耆国（也名饥、黎，今山西黎城），是商朝的忠诚臣属崇侯虎的附庸，周人随后消灭邘国（今河南沁阳西北），把崇侯虎的羽翼全部消灭。周人的野心明眼人一看便知，商朝的有识之士无不忧心忡忡。纣王的叔父比干，多次劝谏，纣王就是不听。

贵族商容是一位人人尊敬的贤者，百姓都爱戴他，纣王却废掉他不用，大失民心。等到西伯侯姬昌灭了耆国，纣王的臣子祖伊听到这件事后，认为西伯侯做得太过分了，如果这样发展下去，那就太可怕了。于是，他跑去报告纣王说：天子啊，老天爷好像已经终止了我们殷国的命运，你看那会告诉人吉凶的龟板，现在都不吉祥。这不是先王们不帮助我们后代子孙，而是大王你过分地嬉戏玩乐，因此断绝了国运。我王不知道天命所在，朝廷做事也不遵守常法，所以上天抛弃了我们，使我们没有足够的粮食，遭受饥荒。如今平民百姓没有不希望大王你早点死的。他们说：老天爷为什么不降威灭殷呢？承受天命的人为什么还不快来呢？如今你听了这些话作何感想呢？纣王说：我生为一国之君，不是上应天命吗？老百姓又能把我怎样！祖伊一听，知道没戏了，回去后对人说，纣王已经听不进忠言了。

由于纣王没有把周人的扩张当做一回事，同时，商朝的兵力主要集中在东南攻打徐夷，还无力顾及西方。厂

（五）牧野战败自焚

纣王面对这种局面，不但不思悔改，反而更加胡作乱为。其长兄微子启三番五次劝谏他，不听，于是，就跟太师、少师计议，决定逃走。其王叔比干说，作为臣子的人，不能像王子微子启一样，说走就走，就是杀头挖心也得据理力争。于是，他强劝纣王。纣王生气地说：我听说圣人心眼特别多，有七个孔。于是他下令剖开比干的肚子，取出心脏观看。纣王的另一个叔父箕子，官居太师，听了非常害怕，便假装疯癫，去给别家当仆人。但纣王并没有因此放过他，还是把他囚禁起来。殷朝的太师、少师见纣王已无可救药，于是带着祭器和乐器跑到周国去了。

西伯侯姬昌病死后，次子姬发即位，为周武王，追谥姬昌为周文王。

武王登上王位，任命太公望（姜子牙）做军师，兼任三军统帅，周公姬旦做辅相，召公姬奭、毕公姬高一班人做左右手，继承并发展文王的帝业。

武王受命第九年（前1048），去祭告在毕原（在今陕西西安西南）的文王陵墓，接着又祭了主兵的"毕星"，一路向东巡视检阅军队，浩浩荡荡地到达盟津（今河南孟津北黄河渡口）。他做了一个文王的木制牌位，载在车上，居于中军。武王自称太子发，表示是奉文王的遗命讨伐殷纣王的，而不是自己胆大妄为。于是，他发布命令告诉司马、司徒、司空以及受领符节的官员说：大家要虔敬、谨慎、戒惧呀，这样做是完全正确的！我本是年幼无知的孩子，不过因为祖先是有功德的藩臣，我不过是继承先祖的功业罢了。所以，我也不敢独断专行，我们每件事都要赏罚分明，以求完成先祖的功业。

然后，武王兴师发兵。师尚父吕望发出庄严军令：集合你们的队伍，发给你们渡黄河的船和桨，冲到对岸去，落后的一律杀头。

武王乘船渡黄河时，船到河心，有条白鱼跳入武王的船里，武王弯腰拾起来，作为祭告上天的祭品。周朝的部队渡过黄河，天上有火光飞上飞下，最后落到武王住的屋子上，变成一只乌鸦，颜色赤红，发出"魄魄"的声音。这些都被认为是好兆头。

这时候，800多个诸侯不约而同地会合在盟津。诸侯们说，纣王应该受讨伐了！武王知道，商兵犹强，胜负难料；再者，想看一下周朝在诸侯中的号召力。如今目的已经达到，他的本意也不是一举消灭商朝，所以便对大家说：你们不懂得天命，现在还不行啊！于是，他带着军队回去了。

武王观兵，八百诸侯会合盟津，消息传来，震动了商王朝。周武王的举动，已不是单纯的挑衅，而是对商王朝生死存亡的威胁。但纣王自恃百战百胜，不以为意。商朝的王公贵族忧心如焚，极力劝谏纣王，希望他能悬崖勒马。但纣王一贯刚愎自用，自以为是，哪里肯回头？

又过了两年，到了前1046年1月28日，武王认为时机已经成熟，便通告天下的诸侯说，殷纣王犯下弥天大罪，不能不赶紧讨伐了。

武王仍然宣称遵从文王的遗旨，率领兵车300辆，勇士3000人，带甲的士兵45000人，出发讨伐纣王。2月4日这一天，周朝的部队全部从盟津渡过黄河，天下诸侯都来会合，组成一支浩浩荡荡的大军，向商朝国都朝歌进发。武王告诫大家说，小心谨慎，不要懈怠！他又作《泰誓》，遍告天

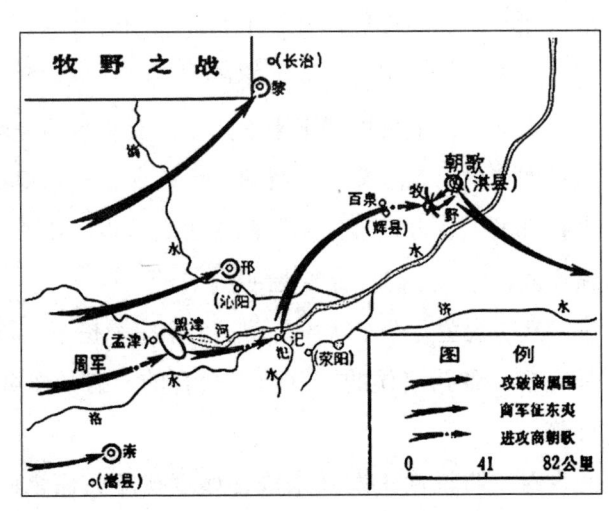

牧野之战示意图

下百姓说，现在殷纣王听信妇人的话，自绝于上天，毁坏天统、地统、人统，离散其祖父母之族，断绝摒弃其先祖的音乐，制造靡靡之音，扰乱正统的雅乐，用来取悦妇人。所以，今天我姬发和天下诸侯一起共行天讨。努力吧，将士们，不要等我再三告诫！

2月5日，天刚亮的时候，武王率领的大军来到纣王所在的商朝陪都朝歌郊外的牧野（在今河南淇县西南），召开誓师大会，要与纣王决战。

武王左手拿着金黄的大斧，右手拿着白色旄牛尾巴装饰的旗子进行指挥。他登上一辆战车，只见战旗猎猎，刀枪如林，军容整齐，士气高昂。他精神十分振奋，大声宣告《牧誓》誓词说：西方的盟友们，你们远道而来辛苦了！我们友邦的大君主、各位司徒、司马、司空、亚旅、师氏、千夫长、百夫长，以及庸、蜀、羌、髳、卢、微、彭、濮等国的战友们，举起你们的戈，握紧你们的盾，拿好你们的矛，我们就要宣誓了。

武王庄严地说："古人曾有这么一句话：'母鸡不应该在早晨啼叫，如果谁家的母鸡在早上叫了起来，那么这一个家庭就要衰败了。'现在殷纣王只听信妖妇妲己的话，废弃了先人的祭祀，不报答神恩，灭弃自己的家国，舍弃同父母的兄弟不用，对天下犯罪多端而逃亡的人却那么尊崇、重用，让他们来暴虐百姓、祸乱商国。现在我姬发，只是恭谨地执行上天的惩罚。今天的作战任务，不会使你们太劳累，你们不过前进六七步，就可以停下来整队了。大家要奋勇争先呀！你们的武器向前击刺，不过四五下、六七下，就可以停下来整队了。要奋勇争先啊，各位！我希望大家勇猛得像老虎，像熊罴，像豺狼，像蛟龙，在这商都的郊野，别阻挡那些逃来投降的人，可以带他们到西方去服劳役。用心啊，各位！如果你们不拼命作战，那么你们自身要受到惩罚！"

武王说罢，全军欢声雷动，个个摩拳擦掌，准备与商军决一死战。誓师完毕，各路诸侯的军队前来会合的，有战车4000多辆，全部在牧野布好阵。

纣王听说武王发兵来攻，如梦初醒，慌忙停止歌舞，召集大臣讨论迎敌之策。因其主力部队还在东夷，一时调不回来，仓促之间，他便把

看八·大·帝·王

大批奴隶和战俘集合起来，发给武器，连同守卫国都的商军，号称70万大军（实际只有17万），开赴牧野前线，进行抵抗。纣王披挂上阵，亲自指挥。他把奴隶和战俘部署在前面，而将自己的亲信的部队放在后面，准备迎击周朝的军队。史书上说："殷商之旅，其会如林。"可见，双方投入兵力之多，战争规模之大。但俗话说，兵贵精而不在多。纣王这批由奴隶和战俘组成的军队，不仅军事素质极差，而且平时受尽了纣王的压迫和虐待，都把周朝的军队看成自己的救星，谁肯为纣王卖命出力呢？所以，这支军队的战斗力就可想而知了。

周武王看准了这一点，就利用战车的机动性、冲击力以及开阔平坦的地形，以成集团方阵的大量战车和勇士猛袭纣王的军队，实施中央突破作战。武王命令师尚父选100名勇士进行挑战，自己率领大队人马乘战车冲击纣王的军队。战车就像现在的坦克，攻击力量十分了得。所以，纣王的军队难以抵挡，双方刚一交战，奴隶和战俘们便纷纷放下武器，让武王的军队冲过来，然后也跟着武王的军队，向纣王的军队杀了回去。这就是历史上有名的"前徒倒戈"。武王的军队横冲直撞，如入无人之境，纣王的大军土崩瓦解，溃不成军。

纣王见势不妙，拨转马头，带领少数卫队，逃回朝歌城中。他避入宫里，登上高高的鹿台，穿戴上他珍藏的珍珠宝玉，让侍卫燃起熊熊大火，纵身跳入火中，自焚而死，商朝宣告灭亡。

武王进了城，来到纣王自焚的地方。武王亲自向纣王的尸体射了三箭，然后下车，又用"轻吕"剑击刺纣王的尸体，再用黄钺（铜斧）斩下纣王的头，悬挂在大白旗杆上。然后，又找到纣王的两个宠妾，可是她们都自缢而死了。武王又射了三箭，用剑砍她们的尸体，再用玄钺（铁斧）斩下头来，悬挂在小白旗上。之后武王才出城，回到军中。

然后，武王把遗留下来的殷人封给殷纣王的儿子禄父。因为殷刚刚被平服，还没有完全安定，武王命令弟弟管叔鲜、蔡叔度辅佐禄父治理殷地。武王又命令召公放了被囚禁的箕子，命令毕公放了被囚禁的百姓，表彰了商容的故里，以褒扬他的道德，命令南宫适散发鹿台国库里所藏的金钱，发放钜桥国库中所储存的粮食，赈济贫苦的百姓，命令南宫适、史佚视察九鼎和宝玉，命令闳夭加高比干的墓，表示尊崇，还命令宗祝在军中祭祀，罢兵西归。

攻克朝歌后，武王又分兵四出，征伐商朝各地诸侯（包括表示臣服的共652个），从而基本上控制了商朝原来的统治地区。

二、"后来武王把他说得很坏"

其实，殷纣王并不是一个十恶不赦的坏蛋，他是一个集优点与恶德于一身的复杂人物，一个殊为难得的反面教员。

（一）《史记》写了纣王的优长

关于商纣王的事迹，见之于正史记载的，主要是司马迁的《史记》中的《商本纪》、《周本纪》中关于他的史料。应该说，《史记》对纣王的评价，还是比较公平的。

《史记》的作者司马迁（约前145—前87），字子长，左冯翊夏阳（今陕西韩城南）人，西汉史学家、文学家、思想家。太史令司马谈之子。少年嗜学，先学隶书和古文，又向经学大师董仲舒学公羊派《春秋》，向孔安国学古文《尚书》。"二十而南游江、淮，上会稽，探禹穴，窥九疑，浮于沅、湘。北涉汶、泗，讲业齐、鲁之都，观孔子之遗风，乡射邹峄，厄困鄱、薛、彭城，过梁、楚以归。"（《史记·太史公自序》）归后"仕为郎中"；又"奉使西征巴、蜀以南，南略邛、笮、昆明"。以后又侍从武帝巡游、封禅，游历了更多地方。这些活动丰富了司马迁的历史知识和生活经验，扩大了他的胸襟和眼光。元封三年（前108）继父职，任太史令，得以尽读史学所藏图书。后因替投降匈奴的李陵辩护，得罪下狱，受宫刑。出狱后任中书令，发愤完成了我国第一部纪传体通史《史记》。东汉史学家班固"称迁有良史之才，服其善序事理，辨而不华，质而不俚，其文直，其事核，不虚美，不隐恶，故谓之实录"，又说他"是非颇缪于圣人"（《汉书·司马迁传赞》）。《史记》贯穿着一种实录直书精神，"不待论断

that序事之中即见其旨"（顾炎武《日知录》卷26）。

《史记》中有关纣王以及武王伐纣的故事，就是按"不虚美，不隐恶"的实录精神来写的。在作者笔下，纣王至少有以下几点值得称道：

第一，他大举用兵平定东夷，经营东南，使中原文化逐渐传播到淮河、长江流域。

第二，他"材力过人，手格猛兽"，非常勇武。

第三，他能言善辩，没有人能辩得过他。

第四，他失败后自焚，死也不当叛徒。

这是司马迁笔下殷纣王好的一面。

（二）纣王罪行来自《尚书》

当然，司马迁也写了殷纣王坏的一面。司马迁对纣王缺点、错误、罪行的叙说，完全是依据《尚书》撰写的。这可能与他年轻时向孔安国学《尚书》有关。

那么，《尚书》又是怎样的一部书呢？《尚书》是我国上古历史文件的汇编。"尚"即"上"，"尚书"，意思就是上代以来的书。相传《尚书》是由孔子编选而成，被儒家列为经典之一，用意在于建立奴隶主贵族的历史正统观。关于纣王事迹的记载，见于《尚书》卷十中《商书》的《西伯戡黎第十六》、《微子第十七》和卷十一《周书》中《泰誓》上、中、下以及《牧誓第四》、《武成第五》。其中《泰誓》、《牧誓》、《武成》，都是周武王在牧野之战中的讲话稿。这些记载有如下特点：

第一，宣扬了儒家的天命观。如《商书》中《西伯戡黎第十六》，记载祖伊劝谏殷纣王的情节和对话，《史记·殷纣王本纪》中完全照搬。祖伊说："非先王不相我后人，唯王淫戏用自绝。"纣王答："我生不有命在天？"《泰誓上》说："今商王受，弗敬上天，降灾下民"，"商罪贯盈，天命诛之。"《泰誓下》说："今商王受，狎侮五常，荒怠弗敬。自绝于天，结怨于民。"《武成》又说："今商王受无道，暴殄天物，害虐烝民。"

第二，纣王的罪状，均从《尚书》中《泰誓》、《牧誓》和《武成》中来。如《泰誓上》中说，纣"沉湎酒色，敢行暴虐"。《泰誓中》说："今商王受，力行无度。播弃犁老，昵比罪人。淫酗肆虐，臣下化之，朋家作仇，胁权相灭。无辜吁天，秽德彰闻。"《泰誓下》说："斫朝涉之胫，剖贤人之心。作威杀戮，毒痛四海。崇信奸回，放黜师保，屏弃典刑，囚奴正士，郊社不修，宗庙不享。做奇技淫巧以悦妇人。上帝弗顺，祝降时丧。"

第三，武王伐纣的过程，全从《泰誓下》和《武成》中搬来。包括参战人数、指挥战斗情况以及战斗的激烈程度、牺牲之多等，均无二致。如《武成》说："甲子昧爽，受率其旅若林，会于牧野。罔有敌于我师，前徒倒戈，攻于后以北，血流漂杵。"

第四，对于战争结局的颂赞。武王伐纣，以纣死商灭，武王获胜结束。《尚书》中写武王率领部队凯旋，"归马于华山之阳，放牛于桃林之野"，"惇信明义，崇德报功，垂拱而天下治"。

总而言之，《史记》中纣王的罪状，都来自武王伐纣时的"三誓"（《泰誓》、《牧誓》、《武成》）。因为《尚书》的整理者孔子，是西周王朝春秋时期的史学家，他当然只能站在周王朝的立场上，骂殷纣王是昏君、暴君，天人共弃，这样周王朝夺取纣王的江山才是顺天应人，天经地义的。所以，孔子整理的《尚书》全部采用了武王讨伐殷纣王时的"三誓"。而汉代的史学家司马迁采用了《尚书》中的材料，承袭了孔子的观点。所以，毛泽东一针见血地说："后来武王把他（纣王）说得很坏"，"那些坏话都是周朝人讲的，就是不要听"。这是符合历史实际的，因而也是十分精辟的见解。

（三）小说推波助澜

还需要说明一点的是，纣王的恶名不仅来源于《尚书》、《史记》等正史，宋元时期产生的《武王伐纣平话》，特别是明代许仲琳编写的长篇神魔小说《封神演义》，更起了推波助澜的作用。虽然《封神演义》只是

"假商、周之事，自写幻想"（鲁迅：《中国小说史略》），但他把正史中的纣王设炮烙、造虿盆、剖孕妇、敲骨髓、剖腹剜心等令人发指的暴行，从一句话化为生动具体的情节，广为流传，影响深远，致使纣王的恶名便更是家喻户晓，妇孺皆知了。

三、"观人观大节，略小故"

（一）纣王"在历史上是有功的"

毛泽东很早就对史书和演义持怀疑态度，他从不人云亦云、亦步亦趋地被书牵着鼻子走。大约在20世纪50年代后，毛泽东对殷纣王提出了与古今史学家几乎是完全相反的独特见解。他用历史辩证法，对殷纣王作了一分为二的分析，既肯定纣王很有才干，又不否定他的昏庸、暴虐，认为纣王是一个难得的反面教员。

1952年1月1日，毛泽东参观了位于河南安阳西郊的殷墟。殷墟，在今河南安阳小屯村，商代的第十代君王盘庚迁都于此，成为殷商王朝中后期都城所在地，周武王灭商，沦为废墟，所以叫殷墟。

《史记》书影

当来到殷墟中心宫殿区的花园庄时，毛泽东说："这里，是中国最早的一个古都。殷代最后的一个王叫纣王。这个人很有本事，能文能武，他经营东南，把东夷和中原统一巩固起来，在历史上曾有过贡献。但那时殷已衰败，加上纣王滥用职权，为自己享乐，在修建鹿台中不知耗费了多少劳动人民的金钱和血汗；那些酒池肉林，说明他极其放荡、荒淫、独裁和残暴。据说，他与妲己以砍断樵夫的脚胫取乐，比干冒死进谏，却被他在摘星台剖腹挖心；周文王也被他囚在羑里城监狱，一囚就是七年。由于纣王一意孤行，拒绝批评，又非常残暴，所以众叛亲离，终于被周武王在牧野打败。最后，纣王自焚在自己建造的鹿台上，殷也就灭亡了。这里在三千年前是个很大的国都，后来成了废墟埋在了地下，所以表面看不到什么古迹了。"

随后，他问程耀吾（当时的安阳行署专员）："殷墟面积有多大？""大约有20多平方公里。""你知道纣王的坟墓在哪里？"程耀吾说："过去盗墓成风，把古墓搞得乱七八糟，现在没搞清纣王墓在哪里。"毛泽东听后，摇摇头没说什么（杨庆旺：《毛泽东指点江山》，中央文献出版社2000年版，第1226—1227页）。

1958年11月，毛泽东读《苏联社会主义经济问题》的谈话中，论及商品生产时，他说："商朝为什么叫商朝呢？是因为有了商品生产，这是郭沫若同志考证出来的。把殷纣王、秦始皇、曹操看做坏人是错误的，其实纣王是个很有本事、能文能武的人。他经营东南，把东夷和中原统一巩固起来，在历史上是有功的。纣王伐徐州之夷，打了胜仗，但损失很大，俘虏太多，消化不了，周武王乘虚进攻，大批俘虏倒戈，结果商朝亡了国。'血流漂杵'，这是夸张的说法。孟子不相信这说法，他说'尽信书不如无书'。"［陈晋：《毛泽东之魂》（修订本），中央文献出版社1997年版，第341—342页］

1959年2月，毛泽东视察山东省历城县东郊人民公社时，对公社党委书记郑松说："大辛庄可有名气，那里是著名的商朝文化的遗址，与河南安阳殷墟出土文物面貌一致，看来可能是早商时期商人在山东的邑落。"路经济南时在火车上召开的座谈会上，毛泽东又说："纣王是很有本领的人，后来武王把他说得很坏。他的俘虏政策做得不大好，所以以后失败了。我们俘虏政策和他的不一样，我们对俘虏是宽大，是进行思想教育和

思想改造工作的。"（《毛泽东著作专题摘编》，中央文献出版社2003年版，第2274页）

同年6月22日，毛泽东在同当时的河南省委第一书记吴芝圃等人谈话时说："为什么纣王灭了呢？主要是比干反对他，还有箕子反对他，微子反对他。纣王去打徐夷（那是个大国，就是现在的徐州附近），打了好几年，把那个国家灭掉了。纣王是很有才干的，后头那些坏话都是周朝人讲的，就是不要听。他这个国家为什么分裂？就是因为这三个人都是反对派。而微子最坏，是个汉奸，他派两个人做代表到周朝请兵。武王头一次到孟津观兵回去了，然后又搞了两年，他说可以打了，因为有内应了。纣王把比干杀了，把箕子关起来了，但是对微子没有防备，只晓得他是个反对派，不晓得他通外国。给纣王翻案的就讲这个道理。纣王那个时候很有名声，商朝的老百姓很拥护他。纣王自杀了，他不投降。"（《同吴芝圃等人的谈话》，《党的文献》1995年第4期）

第一次郑州会议（1959年2月27日至3月5日）后的第十天，毛泽东在和当时的上海市委第一书记柯庆施、西南局第一书记李井泉等人在武汉东湖座谈时，详细地说明了对殷纣王的看法。他说，史书上把纣王描写得像一个青面獠牙、十恶不赦的坏人，太过分了。连孟夫子也为他抱不平地说"尽信书，则不如无书"，"桀纣之恶，未有如此之甚也，是以君子恶居下流，天下之恶均归焉"。纣王宠妲己、剖比干心，这两件坏

1958年11月，毛泽东同当时的河南省委书记吴芝圃等人说："纣王是很有才干的，后头那些坏话都是周朝人讲的，就是不要听。他这个国家为什么分裂？就是因为这三个都是反对派，而微子最坏，是个汉奸……给纣王翻案的就讲这个道理。纣王那个时候很有名声，商朝的老百姓很拥护他。纣王自杀了，他不投降。"（《同吴芝圃等人的谈话》，《党的文献》1995年第4期）

事，使他得到了一个大暴君的恶名，于是天下之恶就都归到纣王头上了。似乎他什么好事都没有做。其实，纣王这个人聪明善辩，能武能文。他打起仗来是很有英雄气概的。商朝晚期，江淮之间的夷人强盛起来，威胁到商朝。纣王的父辈曾几次对东夷用兵，得到了些胜利，但没有打退东夷向商朝的扩张和侵犯。纣王当政后亲率大军东征夷人，打了一场空前的大胜仗，俘虏了成千上万的夷人，由此打退了东夷的扩张，保卫了商朝在东南方的安全。而且，纣王尚武重文，他对东南的征营使中原文化逐渐发展到了东南，这对我国历史是有贡献的。毛主席还说，商就是做生意的意思，它标志着商朝已经有了商品交易，到纣王时已成为当时最富强、文化最高的奴隶制国家。

毛主席说，纣王亡国的教训，一是对周文王、周武王励精图治、吸收商人文化，促进周朝社会的发展，积极准备推翻商朝的统治，完全丧失了警惕性。根本不听商朝大贵族微子、箕子和王叔比干的反复进谏。纣王陷入了众叛亲离的绝境。二是纣王不会做俘虏工作，把大量战俘集中于京城附近，而周人在纣王的战俘中却做了内线工作。当周武王率领的大军距商都70里的地方，商王宫殿才得到消息，赶忙停止为欢庆胜利而举行的歌舞和酒宴，开始讨论应敌的对策。这时商朝的主力军还远在东南战场，一时征调不回来，纣王只得把大量东夷战俘武装起来开上前线。结果，战俘纷纷起义，掉转矛头，配合周军进攻商纣。纣王见大势已去，登鹿台自焚而死。"纣克东夷而殒其身"，这就是商朝的结局，纣王的悲剧。（陶鲁笳：《毛主席教我们当省委书记》，中央文献出版社2003年第2版，第147—149页）

1959年8月，毛泽东在庐山会议讲话时又说，秦始皇、曹操现在已恢复了名誉。纣王被骂了三千年了。好的讲不坏，一时可以讲坏，总有一天恢复，坏的讲不好。

（二）"给纣王翻案就讲这个道理"

毛泽东曾说，我们党是讲真理的党，凡是错案、冤案，十年、二十

毛泽东看八·大·帝·王

年要翻，一千年、两千年也要翻。（陶鲁笳：《毛主席教我们当省委书记》，中央文献出版社2003年第2版，第147页）

毛泽东提出来要给殷纣王、秦始皇和曹操三个在历史上被骂作昏君、暴君的帝王翻案，是20世纪50年代的事。在此之前，毛泽东也不是这样看的。这说明他对殷纣王的看法有个转变过程。

最初，毛泽东只是对正史和野史中对纣王的描写提出了怀疑。这有两个表现：一是他同意孟子的说法，不相信《尚书》中对纣王罪状的罗织，认为太过分了。他在几次谈话中援引了孟子"尽信书，则不如无书"的话。

这句话出自《孟子·尽心下》。原话是："孟子曰：尽信书，则不如无书。吾于《武成》，取二三策而已矣。仁人无敌于天下，以至仁伐至不仁，而何其血之流杵也？""书"，指《尚书》。《武成》，《尚书》中篇名。《尚书·武成》："受率其旅若林，会于牧野，罔有敌于我师，前徒倒戈，攻于后以北，血流漂杵。"记载武王伐纣时血流漂杵。所谓"血流漂杵"，意思是血流成河，能漂起木杵（杵是舂捣谷物、药物及筑土、捣衣用的木制棒槌。这里指古代一种棒状武器），形容杀人极多。孟子认为这种说法不可信，因为周武王以至仁讨伐不仁的殷纣王，殷人用竹篮子盛饭食、用壶提着水欢迎武王的军队，怎么会血流得把杵都漂了起来呢？这显然是夸大其词。所以，孟子只取《武成》篇两三简册可信的，不采取其中的过分夸大的说法。

二是他同意子贡说的几句话："纣之不善，不如是之甚也。是以君子恶居下流，天下之恶皆归焉。"这段话出自《论语·子张》，意思是说，殷纣王的不善不像传说中的那样坏。所以，君子憎恨处于河的下游，如果处于下游，天下的一切坏事都会加在你的头上。子贡（前520—前456），孔子弟子，姓端木，名赐，字子贡。在子贡看来，殷纣王虽然不善，但不像传说的那么坏，而后人把一切坏事都加给了他，是不公正的。

在中国历史上，殷纣王被描绘成一个荒淫无耻的昏君，残暴无比的暴君，最终成为死无葬身之地的亡国之君。若说他的罪恶，不外以下数端：

第一，好色贪淫，荒淫无度。如宠信妲己，作长夜之饮，使男女裸体互相追逐取乐。

第二，穷奢极欲，酗酒迷声，横征暴敛，搜刮民脂民膏。"厚赋税以实鹿台之钱，而盈钜桥之粟"，"以酒为池，聚肉为林"（《史记·殷本纪》）。

第三，野蛮凶残，灭绝人性。如把活人烧死，剖孕妇以观胎动，砍断樵夫脚胫看骨髓，作炮烙之刑，作虿盆养蛇蝎咬人等。

第四，狂妄主观，不听劝谏。纣王的胡作非为，倒行逆施，使关心殷朝命运的正直贤臣忧心如焚，冒死劝谏，但他一概不听，反而对劝谏之人滥施刑罚，如相国商容被贬，长兄微子被贬，王叔箕子被囚，王叔比干被剖腹剜心，令人发指。结果弄得众叛亲离，成了孤家寡人。

第五，招降纳叛，信谗用奸。他对宠妃妲己言听计从，陷害忠良。重用奸邪小人费仲、恶来等，人心尽失。

从这些恶行来看，殷纣王无疑是一个地地道道的昏君、暴君、亡国之君。殷纣王的形象便成了历代以德治天下的一个反面典型，因而具有一定的借鉴作用。

1947年1月25日，时任中共中央宣传部部长的陆定一就20日国民党中央宣传部之声明加以驳斥，称所谓和平方案全是欺骗。陆定一文稿经毛泽东、周恩来、刘少奇审阅修改后，由新华社播发。

文稿最后一段说："如果连我们所提最低限度的两条都不要他实行，把过去的罪恶一概不算，'现地停战'下来，让他得到休整时间，巩固侵占地区，补充军队，'改组政府'，取得美国政府五万万或更多的借款和军火援助，有了再来大举进攻的力量，那时蒋介石还必定要更加无法无天。"在此之后，毛泽东修改时，加了八个字："'殷鉴不远'，就在去年。"（《毛泽东新闻工作文选》，新华出版社1983年版，第362页）

"殷鉴不远"，语出《诗经·大雅·荡》："殷鉴不远，在夏后之世。"两句的意思是说，殷商借鉴不用远求，近在夏桀这代昏王。这是召穆公劝谏周厉王的话，意思是说不要像夏桀、殷纣王那样暴虐无道，因而断送周王朝的天下。在这里，毛泽东是以夏桀、殷纣王比拟蒋介石，用的就是殷纣王这个反面典型的文化借鉴意义。

据说《诗经》是经孔子删定的我国第一部诗歌总集，与《尚书》褒周贬殷的立场是一致的。《荡》这首诗，是周厉王时辅臣召公虎借文王之口，历数殷纣王的罪状，也是周人说纣王的坏话。

周厉王（？—前828），姬姓，名胡，西周第十代国王。他任用荣夷公执政，加强对"国人"（平民）、奴隶的剥削和压迫；又命令卫巫监视"国人"，杀死议论他的人，引起人民反抗。

召穆公，名虎，周厉王卿士，是统治阶级中头脑比较清醒的一位大臣，他看到社会上存在的极大危机，便写了这首《荡》。诗中假借周文王之口，历数殷纣王的罪状，对周厉王进行了委婉的讽刺、批评，发出了含蓄的警告。

全诗共八章，第一章是总纲，对周厉王严刑重敛、贪利暴虐、无视人民怨恨的行为提出了尖锐的批评；后七章皆借文王之口，历数殷纣王罪行，希望周厉王接受殷纣王的教训，避免重蹈覆辙。下面我们把后七章原文与译文对照如下：

原文	译文
文王曰：咨！	文王开口叹声长！
咨汝殷商！	叹你殷商末代亡！
曾是强御？	多少凶暴强横贼？
曾是掊克？	敲骨吸髓又贪赃？
曾是在位？	窃据高位享厚禄？
曾是在服？	有权有势太猖狂？
天降滔德，	天降这些不法臣，
女兴是力。	助长国王逞强梁。
文王曰：咨！	文王开口叹声长！
咨女殷商！	叹你殷商末代亡！
而秉义类，	你任善良以职位，

强御多怼。	凶暴奸臣心怏怏。
流言以对,	面进谗言来诽谤,
寇攘式内。	强横窃据朝廷上。
侯作侯祝,	诅咒贤臣害忠良,
靡届靡究。	没完没了造祸殃。
文王曰:咨!	文王开口叹声长!
咨女殷商!	叹你殷商末代亡!
女炰烋于中国,	跋扈天下太猖狂,
敛怨以为德。	却把恶人当忠良。
不明尔德,	知人之明你没有,
时无背无侧。	不知叛臣结同党,
尔德不明,	知人之明你没有。
以无陪无卿。	不知公卿谁能当。
文王曰:咨!	文王开口叹声长!
咨女殷商!	叹你殷商末代亡!
天不湎尔以酒,	上天未让你酗酒,
不义从式。	也未让你用匪帮。
既愆尔止,	礼节举止全不顾,
靡明靡晦。	没日没夜灌黄汤。
式号式呼,	狂呼乱叫不像样,
俾昼作夜。	日夜颠倒政事荒。
文王曰:咨!	文王开口叹声长!
咨女殷商!	叹你殷商末代亡!
如蜩如螗,	百姓悲叹如蝉鸣,
如沸如羹,	恰如落进沸水汤。
小大近丧,	大小事儿都不济,
人尚乎由行,	你却还是老模样。

看
八·大·帝·王

内奰于中国，全国人民怒气生，
覃及鬼方。怒火蔓延到远方。

文王曰：咨！文王开口叹声长！
咨女殷商！叹你殷商末代亡！
匪上帝不时，不是上帝心不好，
殷不用旧。是你不守旧规章。
虽无老成人，虽然身边没老臣，
尚有典刑。还有成法可依傍，
曾是莫听，这样不听人劝告，
大命以倾！命将转移国将亡。

文王曰：咨！文王开口叹声长！
咨女殷商！叹你殷商末代亡！
人亦有言：古人有话不可忘：
颠沛之揭，"大树拔倒根出土，
枝叶未有害，枝叶虽然暂不伤，
本实先拨。树根已坏难久长。"
殷鉴不远，殷商镜子并不远，
在夏后之世。应知夏桀啥下场。

（程俊英译）

此诗作者用意虽然是希望周厉王能以夏桀与殷纣亡国痛史为前车之鉴，但第二章至第八章全是文王叹殷责纣之语，实为周人对殷纣王的又一次集中讨伐。

后来，毛泽东又认为这样评价殷纣王是不全面的，进一步提出要为纣王翻案。1959年2月19日，著名历史学家郭沫若在《光明日报》上发表《应该替曹操恢复名誉》一文，认为曹操是中国

1937年7月，郭沫若写的《驳说儒》文说："这人（纣王）被周及以后的人虽说得万害不道，俨然人世间的混世魔王，其实那真有点不大公道的。"

历史上有名的杰出人物。其实，郭沫若为殷纣王翻案更早。1937年7月，他写的《驳说儒》一文，说：

"这人（纣王）被周及以后的人虽说得万害不道，俨然人世间的混世魔王，其实那真有点不大公道的。

"像商纣王这个对我们民族发展上的功劳是不可淹没的。商代末年有一个很宏大的历史事件，便是经营东南，这几乎完全被周以来的史家抹杀了。这件事，在我看来，比起周人的篡灭殷室，于我们民族的贡献更要伟大。这件事由近年的殷墟卜辞的探讨，才渐渐地重见了天日。

"帝辛的经营东南，他的规模似乎是很宏大的。你看古本《泰誓》说：'纣王有亿兆夷人，亦（大）有德，余有司（旧作乱）臣十人，同心同德。'（见《左传》昭二十四年）这"亿兆"的夷人是征服东夷之后得到的俘虏，俘虏有"亿兆"之多，可见商的兵士损耗也必不少。兵力损耗了，不得不用俘虏补充，不幸周人乘机在背后起来，牧野一战便弄到'前徒倒戈'。那并不是商人出了汉奸，而是俘虏兵掉头了。"

毛泽东喜欢郭沫若的史论，收入《青铜时代》的这篇文章，他应该是读过的，他提出为殷纣王翻案，或许受到郭沫若史论的启示，也未可知。直到晚年，毛泽东仍然持这种观点。有这样一件事可以证明。1969年8月，庐山会议时，陈伯达在林彪支持下，抛出所谓"称天才"的材料，为林彪当国家主席、抢班夺权制造舆论，被毛泽东识破，并加以制止，遂开始批陈整风，着手解决林彪反党集团抢班夺权的问题。在会议期间，毛泽东找林彪个别谈话，用了《论语》一句话："纣之不善，不如是之甚也。"林彪听不懂，又不敢当面问，事后让妻子叶群打电话到北京毛家湾寓所，让人查找这句话的出处及其含义后，才明白它的意思是：纣王虽然不好，但并不如人们所说的那样坏。这里用纣王明指陈伯达，实指林彪，当时毛泽东好像对林彪还想挽救。这便是毛泽东后来对殷纣王的看法的体现。

毛泽东对纣王的看法，为什么发生变化了呢？

毛泽东看问题主张两点论，认为"世界上无论什么事物，总是一分为二"（《对周扬〈哲学社会科学工作者的战斗任务〉讲话稿的批语和修改》，《建国以来毛泽东文稿》第10册，第401页）。俗话说，金无足赤，人无完人。任何事物都有两面性，任何人都是既有优点又有缺点。毛泽东评价历史人物，重视那些为国家的统一和发展作出重大贡献，而长期以来人们对其评价有失公平的人物。用他的话来说："观人观大节，略小故。"（《毛泽东读文史古籍批语集》，中央文献出版社1993年版，第291页）意思是说，不能因一点小过失，抹杀一个人的大功劳。基于这种认识，毛泽东建议史学界为一些帝王翻案，商纣王就是其中之一。

纣王虽是个极其复杂的历史人物，也有他的两面性，也有优点和缺点。大致来说，他有好的一面，是个很有才干、能文能武的人。其表现是：

第一，纣王讨伐东夷（徐州之夷）的成功。东夷族分布在中原的东方，其活动区域东至海滨，南抵大江，向北可以延伸到东北。其中最重要的氏族、部落有九黎（在今山东西南部）、太昊（在今河南淮阳）、少昊（在今山东曲阜）等。殷商族本身也属于东夷族群。纣王打了胜仗，不仅消除了东夷对商朝东南方的威胁，而且他经营东南，使先进的中原文化逐渐传播到淮河、长江流域，从中华民族形成和发展的历史角度来看，这对历史的发展和进步起了一定的推动作用。这个历史功勋是不该抹杀的，这是他的大节。

第二，纣王做事很有魄力，对他的反对派毫不手软。他准确地看出他的两位王叔比干、箕子和长兄微子启都是他的反对派，他果断地杀了比干，囚禁了箕子，放逐了微子启。

第三，纣王那时很有名声，"商朝的老百姓都很拥护他"。这可能指伯夷、叔齐，二人是孤竹君的长、次子，起初孤竹君以次子叔齐为继承人，孤竹君死后叔齐让位给伯夷，伯夷不接受。后来，二人都投奔周朝。到周后，两人反对周武王进军讨伐商纣王。武王灭商后，他们逃到首阳，不食周粟，采薇而食，终被饿死。看来他们对商纣王是忠心耿耿，至死不变。这作为商朝的老百姓拥护纣王的佐证，未尝不可。

第四，纣打起仗来很有英雄气概，失败后，他自焚而死，决不投降。

在中国历史上，商纣王和楚霸王项羽十分相似，二人都勇武无比、宠爱女人，失败了不投降而自杀。

1939年4月8日，毛泽东在延安"抗大"的演讲中说，项羽是有名的英雄，他在没有办法的时候自杀，也比汪精卫、张国焘好得多。从前有个人作了一首诗，问他为什么要自杀，可以到江东再召八千兵来打天下。我们要学项羽的英雄气节，但不自杀，要干到底。接着又说，多少共产党员被捕杀头，还是威武不能屈。但尚有一部分叛徒起先信仰马克思主义，而且做工作，但一旦威武来了，就屈服，带路杀人，什么都做。一种人被捉了，要杀就杀，这种英雄的人，中国历史上很多，有文天祥、项羽，决不投降，他们就有这种骨气。那些叛徒就没有这种骨气，所以平素讲得天花乱坠，是没有用的。（陈晋：《毛泽东的文化性格》，中国青年出版社1991年版，第240页）

毛泽东讲话中所说从前有个人作了一首诗，是指唐代杜牧的《题乌江亭》："胜败兵家事不期，包羞忍耻是男儿。江东子弟多才俊，卷土重来未可知。"

从这些方面来看，纣王与后代那些亡国之君，如"阿斗"之类有很大不同，应该给他一定的历史地位。

纣王坏的一面也很突出，主要有：

第一，"武王领导的当时的人民解放战争"（《别了，司徒雷登》，《毛泽东选集》第四卷，第1495页）是一场正义战争，推动了历史的进步。纣王作为被革命的对象，他的反抗不过是逆历史潮流而动，其结果只能是螳臂当车，自取灭亡。

第二，纣王之所以国亡身丧，还有一个重要原因是刚愎自用、用人失察。他忠奸不辨，逐弃贤人商容、比干、箕子，重用坏人费仲、恶来，弄得众叛亲离，加剧了统治阶级内部矛盾。他对反对派比干、箕子进行了严厉制裁，但对更为隐蔽、狡猾的微子启"里通外国"却没有觉察。

第三，纣对东夷用兵攻打，极其坚决，却忘记了"螳螂捕蝉，黄雀在后"的教训，对威胁最大、最危险的敌人姬周缺乏应有的防范。

第四，纣在攻打东夷中，俘虏太多，消化不了，又没有很好地做改造教育工作，更不该把大量俘虏放在京都周围，尤其失策的是在牧野之战中，又把这些临时武装起来的俘虏放在冲锋陷阵的第一线，结果造成"前徒倒戈"，溃败难以制止，在战略部署上犯了严重错误。

总之，这种种积弊，致使纣王在牧野之战中一败而身丧国亡，给人们留下了深刻的历史教训。但他平定东夷，经营东南，加快了民族融合速度，在中华民族发展史上应有他的一席之地。毛泽东主张看人看大节，高度地评价商纣王的这一功迹。

此外，毛泽东关注对殷纣王的评价，可能与他重视反面教员的作用有关。他一向认为人们只有正面教员还不够，还必须有反面教员，非常重视反面教员的作用。所谓反面教员，是从反面给人以教育的危害国家、民族、集体和个人的阶级、集团、个人。1957年1月，毛泽东在《在省市自治区党委书记会议上的讲话》中说："对少数坏人，除了最严重犯罪的以外，也不要捉，不要关，不要开除。要留在原单位，剥夺他的一切政治资本，使他孤立起来，利用他当反面教员。"他认为辩证地来看，"坏事有两重性，一重是坏，一重是好"，"坏事里头包含着好的因素"，"坏人坏事一方面是坏，另一方面有好的作用。比如，像王明这样的坏人，就起着反面教员的好作用"。(《毛泽东选集》第五卷，人民出版社1977年版，第354—356页）毛泽东研究殷纣王这样一个反面人物，当然也是希望他能"起着反面教员的好作用"。所以，殷纣王是难得的反面教员。

殷纣
王
秦始皇

刘彻
李世民
朱元璋

刘
曹操
刘邦

赵
胤

匡

「秦始皇是好皇帝」

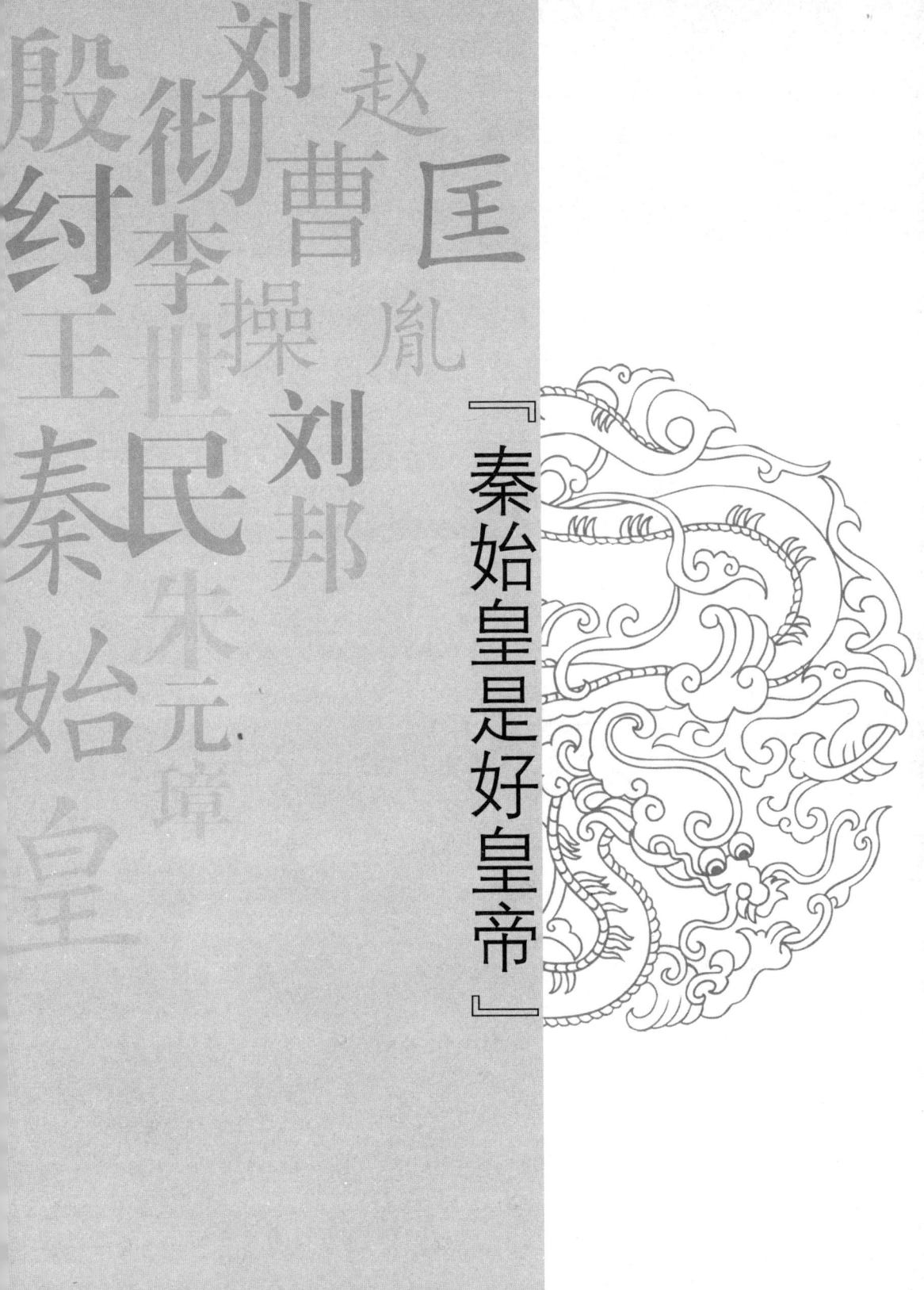

秦始皇是统一中国的第一人，被史学家誉为"千古一帝"；又因"焚书坑儒"，被骂为"暴君"。

对于秦始皇这样一个有争议的历史人物，一直以来，毛泽东却赞扬有加。早在1929年9月至10月，毛泽东在福建长汀养病时，与他的老师徐特立一起讨论《贞观政要》，还大发感慨："治理中国，需要马克思加秦始皇。"（郭晨：《万水千山只等闲》，军事科学出版社1993年版，第89页）

秦始皇像

1936年2月，他写的著名词篇《沁园春·雪》中，把秦始皇放在中国历史上五位杰出帝王之首，说他"略输文采"，就是说，和武功甚盛相比，文治稍差一些。

1964年8月30日，毛泽东在同各中央局书记谈话时，更直截了当地说："秦始皇是好皇帝。"（《毛泽东著作专题摘编》，中央文献出版社2000年版，第2282页）

"中国历来分两派，一派讲秦始皇好，一派讲秦始皇坏。我赞成秦始皇，不赞成孔夫子。因为秦始皇是第一个统一中国，统一文字，修筑宽广的道路，不搞国中有国，而用集权制，由中央政府派人去各地方，几年一换，不用世袭制

度。"（同上，第2282页）

20世纪50年代末，毛泽东还认为"把纣王、秦始皇、曹操看作坏人是完全错误的。"（《读斯大林〈苏联社会主义经济问题〉的谈话》，《毛泽东文集》第七卷，人民出版社1999年版，第439页），并且还认为应该为他们翻案。

综上所述，可见毛泽东对秦始皇评价之高。

那么，人们不禁要问：令毛泽东终生服膺的秦始皇，到底是怎样一个人物呢？

一、武功："秦始皇第一个统一了中国"

评价一个人物，要看大节。评价一个帝王的功过是非，主要看他在历史发展进程中的作用。秦始皇是统一中国的第一人，在中国历史上占有重要地位。

（一）平定叛乱

秦始皇（前259—前210），即嬴政，战国时秦国君，秦王朝的建立者。公元前247年至公元前210年在位。

嬴政十三岁（前247）时，其父庄襄王病故，他登上王位。他虽然被立为秦王，但掌握秦国大权的是相国吕不韦和母亲赵太后。太后让秦王尊吕不韦为"仲父"。仲父，本来是古代对父亲的大弟弟的尊称。春秋时齐桓公尊重臣管仲为仲父，后来，便用于帝王对宰相重臣的尊称。

秦王嬴政任命吕不韦为丞相，并封给他十万家纳税的土地，号称文信侯。那时李斯是吕不韦门下的舍人，蒙骜、王齮、麃公等都是将军。因秦王年少，国事都由以相国吕不韦为首的大臣决定。

秦王嬴政继位前，秦国已经吞并了巴、蜀、汉中之地，并且超越宛县（今河南南阳）而占有郢城（今湖北江陵东北），在这一带设立南郡；北面取得上郡（今陕西榆林）以东地区，据有河东（今山西夏县东北）、太原、上党（今山西长治）三郡；东面直抵荥阳（今河南荥阳），灭掉东西

二周，设置了三川郡（今河南洛阳东北）。

秦王政元年（前246），晋阳（今山西太原）叛乱，派将军蒙骜平定。二年，麃公率领部队攻卷（今河南原阳县），消灭敌军三万人。三年，派蒙骜去攻打韩国，夺得十三城。十月，蒙骜攻打魏国的畅和有诡二地，并于次年攻下。六年（前241），韩、魏、赵、卫、楚五国联合攻打秦国，夺取了寿陵（今安徽寿县）。秦军反攻，攻占了卫国都城。

八年（前239），秦王嬴政命令他的弟弟成蟜领兵攻打赵国，成蟜却中途叛变，在屯留（今山西屯留南）举兵反秦而战死，他部下的军官都被杀掉，把屯留城里的百姓都迁往临洮（今甘肃岷县）。讨伐成蟜的秦将杜璧死后，屯留的蒲鹖又率领部下的士兵造反，鞭戮将军杜璧的尸首。

嬴政即王位后，其母为太后，与吕不韦旧情不断。吕不韦怕事泄被诛，便把嫪毐冒充宦官送进宫去，服侍太后。太后非常宠幸嫪毐，两人偷偷生了两个儿子，养在宫中。嫪毐作为太后的男宠，深得太后欢心，势力越来越大，被封为长信侯，并获赏山阳地（今河南获嘉、沁阳一带）作为食邑。王室的宫室、车马、衣服、园林、畋猎等都任他使用，大小事情都由他做主，想怎么样就怎么样。后来，太后又把河西的太原郡赏给嫪毐作封国。

嫪毐的权势和相国吕不韦不相上下，以至于来和秦国交好的外国使节，都不知道是该找嫪毐还是找吕不韦。随着权势的日益膨胀，嫪毐便产生了让自己和太后生的孩子继承王位的想法，于是他发动政变，妄图一举铲除嬴政。

九年四月，秦王政西巡住宿在故都雍城（今陕西凤翔南）。嫪毐阴谋发动叛乱，他盗用秦王及太后的印信，调动雍县所有的士兵、秦王身边的近卫部队、驻扎在雍县的骑兵及自己的门客，去攻打秦王所住的蕲年宫。秦王听到报告，马上命令相国昌平君、昌文君发兵平定叛乱。双方军队在国都咸阳交战，秦王的军队斩杀叛军好几百人。嫪毐等人战败逃走，秦王下令全国，有人能活捉嫪毐的就赏钱百万，杀死的赏五十万，因而嫪毐卫尉竭、内史肆、佐弋竭、中大夫令齐等二十名首犯不久被捉，都被斩首悬头、车裂尸体示众，并杀光他们的九族。

嫪毒的门下宾客，罪轻的也罚劳役三年，至于夺去官爵且流放到四川去的有四千多家。

秦王还下令"扑杀"（摔死）嫪毒与太后生的两个孩子，并将太后从甘泉宫迁往雍地。

臣下认为秦王把太后迁往雍地不妥，就极力劝谏。秦王政一连杀了27个劝谏的人，于是无人敢再谏。齐国人茅焦冒死游说秦王说："秦国正要完成统一天下的大业，而大王却为了嫪毒事件而落下流放母亲的恶名，我恐怕诸侯听到这事，会因此背叛秦国呀！"秦王这才把太后从雍地接回咸阳，仍让她住在甘泉宫。

（二）吞并六国

嬴政十年（前237），相国吕不韦因涉及嫪毒叛乱事件而被免职，李斯开始掌握国家大权。

秦王下令在全国范围内搜索任职的宾客，颁布《逐客令》，凡是来自各诸侯国的游士、说客一律驱逐出境。李斯给秦王上《谏逐客书》，说明客卿对秦国的利弊，指出逐客"非所以跨海内、制诸侯之术"，打动了秦王。于是，秦王收回成命，并恢复了李斯的官职。毛泽东曾赞扬说："李斯的《谏逐客书》，有很大的说服力。"（《毛泽东谈苏联〈政治经济学（教科书）谈话记录选载〉》（六），《党的文献》1994年第5期）

当年大梁人尉缭来到秦国，对秦王说："凭着秦国的强大，各国诸侯好像是秦国直辖的郡县官员一样。我只担心各诸侯联合起来抗秦，弱小的力量出其不意地聚合起来，这就是智伯、夫差和湣王灭亡的原因。希望大王用金银财宝买通各诸侯国的大臣，打乱他们的谋划，大王不过花30万两黄金，各国诸侯就一网打尽了。"秦王采取了尉缭的计策，并任命他为秦国的国尉。

十二年（前235），文信侯吕不韦自杀身亡，他的门客舍人偷偷地将其安葬在洛阳。秦王发现后下令：吕不韦的门客，凡是参加葬礼的，如果是晋国人一律驱逐出境，如果是秦国人，有六百石以上爵位的削去爵位，流放他乡；五百石以下爵位的人，即使没有参加葬礼，也予流放，但保留爵位。

秦王政进入青年时代，恰逢战国七雄进入决战时期。他凭借先辈打下的雄厚基业，又平定了嫪毐等的叛乱，夺回了吕不韦掌控的大权，在七雄对峙中处于有利地位。他抓住战机，对六国从蚕食转为吞并。另外，他采纳了李斯远交近攻的策略，制定了"先取韩，以恐他国"的吞并顺序。

秦王派李斯去降服韩国。韩王十分忧虑，便和韩非商量怎样削弱秦国。韩非（前280—前233），战国末期思想家，出身贵族，和李斯同为荀况的学生。他曾建议韩王变法图强，未被采纳。他便著书分析当时形势，评论各国政治得失，批判儒家的各个学派，指出当时是"争于气力"的时代，必须通过战争手段来实现统一；并认为只有实行法治，才符合历史发展的趋势。这种理论很符合秦王统一天下的需要，所以，"秦王见《孤愤》、《五蠹》之书，曰：'嗟乎，寡人得见此人，与之游，死不恨矣！'李斯曰：'此韩非之所著书也。秦因急攻韩。'"

韩非后来被邀到秦国，却没有得到秦王任用。其原因有两个：一是韩非在秦王面前谗害正要出使四国、收买诸侯政要以灭亡四国的姚贾，引起了秦王对韩非人格的怀疑；二是韩非在给秦王的上书中提出"先攻赵而存韩"的主张，和秦王原先制定的"先取韩，以恐他国"的策略相抵触。韩非的主张使秦王产生了疑心。再加上李斯的妒贤害能及姚贾的报复，秦王终于下令把韩非关了起来。后来，李斯乘机进献毒药，把韩非毒死在云阳（在今陕西淳化西北）。韩王请求为臣。

十三年（前234），秦王派桓齮领兵攻打赵国的平阳（今山西临汾西南），杀死赵将扈辄，歼敌10万人。赵王逃往河南。正月，彗星在东方出现。十月，桓齮又去攻赵。

十四年（前233），秦军在平阳附近攻打赵军，攻下宜安（今河北藁城西南），大败赵军，杀了他们的将军，桓齮平定了平阳、武城（今河北磁县西南）。

十五年（前232），秦国派两支大军大举攻赵，一支攻到邺（今河北临漳西南邺镇），一支打到太原，占领狼孟（今山西阳曲）。

十六年（前231）九月，发兵韩国接收献给秦国的南阳（今河南南阳）地区，派遣内史腾代理郡首之职，管理该地区政事。

十七年（前230），秦王派遣内史腾率军攻打韩国，俘虏了韩王安，韩国灭亡。整个韩国被纳入秦国版图，改设为郡，叫做颍川。

十八年（前229），秦王派遣杨端和率领河内的军队围困赵国都邯郸（今河北邯郸），羌瘣也领军协助。

十九年（前228），王翦、羌瘣平定了赵国，在赵国的东阳（今河北太行山以东）地区，俘虏了赵王迁。接着，又打算进攻燕国，驻军中山（今河北定州市）。

秦王来邯郸巡视，把那些从前与其母亲家有仇的人全都活埋。然后，秦王经太原、上郡回到国都咸阳。这时，秦王的生母赵太后去世了。

赵国灭亡之后，赵国的公子嘉率众王室宗族数百人逃到代郡（今河北省蔚县代王城），自立为代王，并联络东面的燕国，组成联军，驻扎在上谷（今河北怀来东南）。

二十一年（前226），秦王派王贲（王翦之子）率军攻打蓟城（今北京西南），同时又增派部队援助王翦，于是击溃燕太子丹的军队，攻占燕国的国都蓟城，得到燕太子丹的首级。燕王逃往东方，占据辽东南称王。王翦老病辞官还乡。

二十二年（前225），派王贲攻打魏国，挖掘河沟，引黄河水淹灌魏国都城大梁（今河南开封），大梁的城墙被水冲塌了，魏王只好请求投降，魏国国土全部并入秦国版图。

二十三年（前224），秦王派兵进攻楚国，以"年少壮勇"著称的将军李信说"二十万即可"。秦王以为王翦年老胆怯，便命令李信率领二十万人攻打楚国。战争一开始，李信虽然打了几个胜仗，但却被楚将项燕打得大败。秦王大怒，亲自去见王翦，向他承认错误，一定要他率领军队攻打楚国。结果，王翦果然大破楚军，攻占楚都郢（今湖北江陵东北），俘虏了楚王负刍。楚将项燕（？—前224）立昌平君为楚王，在淮南起兵反秦。

二十四年（前223），秦王派王翦、蒙武（蒙恬之父）率领军队攻打楚国，大破楚军，昌平君战死，项燕也因而自杀，楚国灭亡。

二十五年（前222），秦王命令王贲率领军队攻打占据辽东的燕王，俘虏了燕王喜。回来时又攻打代国，俘虏了代王嘉。王翦也平定了楚国以及江南地方，降服越地的君长，设立会稽郡。五月，为了庆祝平定韩、赵、魏、燕、楚五国，特置酒群饮。

二十六年（前221），齐王建和他的丞相后胜，发兵守住西方的边界，不和秦国来往。于是，秦王派王贲从燕国南部进攻齐国，俘虏了齐王建，齐国灭亡。

由公元前230年灭韩开始，到公元前221年灭齐，根据远交近攻的策略，短短10年间，秦王政翦灭割据称雄的六国，结束了征战几百年的分裂状态，建立了中国历史上第一个统一的中央集权的封建国家。这是秦始皇伟大的历史功勋。

（三）拓展版图

我国早在先秦时期，就存在着众多的民族。秦灭六国之后，进一步扩大了版图，向边远少数民族聚居地区拓展，促进了民族关系的发展，开始成为一个统一的多民族国家。为达此目的，秦始皇采取了如下措施：

第一，统一南方的百越地区。

在我国现在的浙江、福建、江西、广东、广西一带，很早就生活着一个人数众多、历史悠久的民族，这就是史籍上说的越族。由于族类众多，种姓互异，又称"百越"，主要有于越、闽越、瓯越、南越、西瓯等几部分。秦始皇派尉屠睢率兵五十万攻南越和西瓯，兵分五路，水陆并进。其间，为了运送军粮，又修筑了灵渠（南通漓江，北通湘江）。秦始皇三十三年（前214）攻占岭南，分置桂林（治今广西桂平附近）、象（治临尘，今广西崇左境）和南海（治番禺，今广东广州）三郡，基本上统一

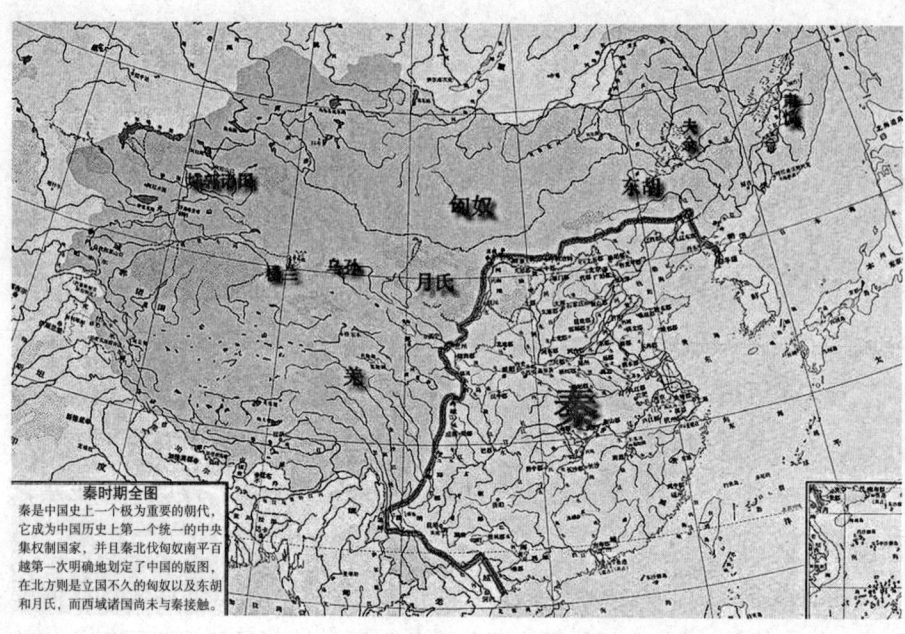

秦时期全图

秦是中国史上一个极为重要的朝代，它成为中国历史上第一个统一的中央集权制国家，并且秦北伐匈奴南平百越第一次明确地划定了中国的版图，在北方则是立国不久的匈奴以及东胡和月氏，而西域诸国尚未与秦接触。

秦帝国疆域图

了岭南地区。后又使大批内地民众南迁，与南越、西瓯人杂居共处，促进了岭南开发和民族交流。

第二，北击匈奴，修筑长城。

匈奴，是我国古代多民族国家的一个强大的游牧民族。它主要活动在蒙古高原和南至阴山、北抵贝加尔湖的广袤地区。秦时以头曼单于为代表的匈奴贵族集团，占据了阴山至"河南地"（今内蒙古河套鄂尔多斯市一带），南下侵扰，对秦王朝构成严重威胁。秦始皇三十二年（前215），蒙恬率领30万大军，北击匈奴。秦军很快收复了"河南地"以及榆中（今内蒙古伊金霍洛旗以北）一带，接着又收复了阳山和北假（均在内蒙古乌加河以北和乌梁素海一带），直抵阴山一带，并在这里分设34（一作44）县，重建九原郡（治九原，在今内蒙古包头市西北），使秦国的统辖北抵阴山，南至"河南地"北（今内蒙古河套北部），西过大河，东临云中（今内蒙古呼和浩特市西南）的广大地区。

第三，通西南夷。

自先秦以来，在我国西南的广大地区，主要是今云南、贵州、四川南部一带，分布着许多少数民族，秦汉时统称西南夷。

秦灭六国后，派常頞通西南夷。常頞因其交通受阻，便凿了一条从今四川宜宾通往云南滇池一带的栈道，名五尺道。栈道开通后，秦王朝的势力直抵且兰（今贵州中部一带）、夜郎（今贵州西部及北部，并包括今云南东北及四川南部部分地区）、邛都（今四川西昌西南）、昆明等地，并在这里任命官吏，建立了行政机构。与此同时，秦又经蜀郡（郡治今四川成都），加强了与邛都、冉駹的联系，并使之纳入了郡县制的行政系统。

秦王朝对东南、岭南、西南以及北方等边远地区的开拓，使它的势力"东至海暨朝鲜，西至临洮、羌中，南至北向户，北据河为塞，并阴山至辽东"。在这样辽阔的疆域里，由一个政权的管理，生活着各族人民，形成了一个统一的多民族大国，这不论在中国历史还是世界历史上都具有巨大而深远的意义。

对于秦始皇统一中国的历史功业，毛泽东非常肯定。他在不同时期多次讲过这个问题。

1964年8月30日，毛泽东同各中央局书记谈话时指出："秦始皇是好皇帝。"这是最有代表性的评价。

早在抗日战争时期，毛泽东在《中国革命和中国共产党》一文中说："如果说，秦以前的一个时代是诸侯割据称雄的封建国家，那么，自秦始皇统一中国以后，就建立了专制主义的中央集权的封建国家；同时，在某种程度上仍保留着封建割据的状态。在封建国家中，皇帝有至高无上的权力，在各地方分设官职以掌兵、刑、钱、谷等事，并依靠地主绅士作为全部封建统治的基础。"（《毛泽东选集》第2卷，人民出版社1991年版，第624页）

1964年6月24日，毛泽东在与新西兰共产党总书记威尔科克斯谈话时

"我赞成秦始皇，不赞成孔夫子。因为秦始皇是第一个统一中国，统一文字，修筑宽广的道路，不搞国中有国，而用集权制，由中央政府派人到各地方，几年一换，不用世袭制度。"（《毛泽东著作专题摘编》，中央文献出版社2003年版，第2282页）

说："孔夫子有些好处，但也不是很好的。我们应该讲句公道话，秦始皇比孔子伟大得多。孔夫子是讲空话的。秦始皇是第一个把中国统一起来的人物。不但政治上统一中国，而且统一了中国的文字、中国各种制度如度量衡，有些制度后来一直沿用下来。中国过去的封建君主还没有第二个超过他的。可是被人骂了几千年。"

（甄不贾：《毛泽东读书笔记》，《展望》1992年新总第一期）

1973年9月23日，毛泽东在与埃及副总统侯赛因·沙菲谈话时说："中国历来分为两派，一派讲秦始皇好，一派讲秦始皇坏。我赞成秦始皇，不赞成孔夫子。因为秦始皇是第一个统一中国、统一文字，修筑宽广的道路，不搞国中有国，而用集权制，由中央政府派人去各地方，几年一换，不用世袭制度。"（《毛泽东著作专题摘编》，中央文献出版社2003年版，第2282页）

秦始皇扫灭六国、统一中国以后，秦朝成为一个幅员辽阔的大帝国。此后历代又有扩大，但基础是统一的秦朝奠定的。所以，完成中国统一大业，是秦始皇的首功一件，值得大书特书。"秦始皇是第一个把中国统一起来的人物"，"秦始皇是中国的封建社会第一个有名的皇帝"，"秦始皇在历史发展进程中的作用要肯定"，因此说"秦始皇是好皇帝"。毛泽东在不同时期多次肯定了秦始皇的这一功绩。

二、文治："百代都行秦政法"

秦始皇的历史功勋不仅仅在于他统一了中国，而且还在于他建立了一整套中央集权的政治制度。这些政治制度为后代统治者所效法。

（一）称"始皇帝"，改历法

秦王二十六年（前221），吞并六国以后，秦王政认为天下从此太平，如果不改国王的名号，就同他的伟大功绩不相称，于是，就下令臣下商量一个帝号。

丞相王绾、御史大夫冯劫、廷尉李斯等人都说：从前五帝只有方圆千里的土地，在此范围以外的诸侯有的来臣服朝贡，有的根本不来，天子也无法控制。如今您统率义军，讨伐残暴的敌人，平定了天下，在全国设置了若干郡县，统一了法令政令，这是从上古以来都没有过的功业，连五帝也赶不上呀！我们同博士们仔细地议论过：古代有天皇，有地皇，有泰皇，以泰皇为最尊贵。我们冒死建议，大王称作"泰皇"，下指示叫做"制"，发号令叫做"诏"，天子称自己叫"朕"。秦王说：去掉"泰"字，留用"皇"字，再采用上古"帝"的称号，叫做"皇帝"。其他的同意你们的建议。

于是，秦王改称为"始皇帝"。这个称号，表示至高无上、万世一系的权力。他要后世，自始皇帝以下，后代子孙继位，用数字计算，二世、三世，一直到千世万世，传之无穷。

同年，秦始皇根据土、木、金、火、水五行循环的方法，认为周朝是得到火德而统治天下，秦是代替周的火德而兴起，依照周不能胜过秦算起来，现在应为水德的开始。按照水德的特征，他改年始，以十月为正月，接受百官入朝庆贺。衣服、旄、旌节都以黑色为贵。用六作为计数的单位，符节、法冠高六寸，车子宽六尺，六尺为一步，六匹马拉一辆车。又改黄河为德水，用这些来说明水德的开始。因为水是阴性，主刑杀，一切事物都依法办理，苛刻而不讲仁爱恩惠和道义，认为只有这样才能配合五德之数，因此急于用法，犯罪的人拘禁很久也不释放。

（二）置郡县

秦扫灭六国以后，丞相王绾建议设置诸侯王，让皇子们担当，到各地镇守。秦始皇把这个建议交给群臣讨论，群臣都同意，认为是个好办法。只有廷尉李斯反对说：周文王、周武王分封的儿子、兄弟同姓王的很多，但到了他们的后代关系就疏远了，相互攻打，好像仇敌一样，各诸侯国不断攻来打去，周天子根本无法制止。如今，全国靠陛下的英明睿智得以统一，各地都设置了由中央直接控制的郡、县，皇子功臣用国家的赋税赏赐他们，这样就很容易控制。天下没有二心，这才是安邦定国的最好办法。我认为，设置诸侯王有弊无利。

秦始皇说：过去全国老百姓困苦不堪，都是诸侯间战乱不息造成的；现在全靠祖宗的威灵，天下才刚刚安定下来，如果又要重新分封诸侯，就又种下战乱的祸根，这样想要百姓得到休养生息，岂不是太难了吗？还是廷尉说得对。

于是，秦始皇把全国分为36郡，每郡设有郡守、郡尉和监御史。改称老百姓为"黔首"。他又把全国各地的兵器全部收集起来，运到咸阳，熔化掉，浇铸成钟镩一类的乐器，又造了十二个铜人，每个有一千石（古重量单位，一百二十斤为一石）重，摆放在皇宫里。又搬迁全国富户权豪12万家到咸阳，定居在秦国原来的宗庙以及章台宫、上林苑，都在渭水南岸。后来，每消灭一个诸侯国就模仿该国宫殿的样子，在咸阳以北的山坡上仿造一座，在渭水北岸。从雍下门以东直到泾、渭二水，宫殿楼阁由天桥相连。他还把从各国获得的美人、钟鼓等都充实到这些宫殿里。

（三）设立各级政府机构

秦统一是划时代的大事。面对一切从头开始的新事业，秦始皇再次显示了他的雄才大略和高超的政治才干。他在原来政权机构的基础上，建立了一整套从中央到地方政治机构和封建专制主义制度。他所创立的各种典章制度，在此后2000多年的封建社会都被历代王朝沿袭。秦始皇的政治制度主要是：

开创皇帝和三公九卿制。秦王自认为是中国第一个皇帝，称"始皇帝"。皇帝自称"朕"，其命令为"制"，下达的文书称"诏"，皇帝的印鉴称"玺"。从此，他头戴外黑内红的平天冠，身着玄衣绛裳，独揽全国军、政、财、文一切大权。

皇帝以下设三公：丞相、太尉、御史大夫，佐助皇帝处理政务。丞相有左右两相，为百官之首，总理政务；太尉管军队；御史大夫掌图书秘籍，监察中宫。三公之下设廷尉、奉常、郎中令、卫尉、太仆、典客、少府、宗正、治粟内史九位上卿，分管各行政务，他们与三公组成中央政府。三公九卿之官，全由皇帝任免调动，不世袭。

兽纹三足壶

地方实行郡县制。全国分为36郡，后来又增至40多个。郡下设县，县下设里、亭。郡设郡守，县设县令，乡有三老，里有里正，亭有亭长。从中央到地方，形成了严密的统治体系。郡县长官定期向中央述职，中央则通过"上计"考核地方官。

颁布封建法典《秦律》。早在商鞅变法时，秦朝就曾根据李悝的《法经》，"改法为律"，着手制定成文的律令。秦始皇根据维护统治的需要，从以水德主运、"事皆决于法"的思想出发，又将商鞅以来的律令加以补充、修订，形成了统一的内容，即更缜密的《秦律》，并颁行全国。《秦律》保护封建土地所有制，严禁对封建国有土地和地主私有土地的侵犯。严禁贫苦农民和奴隶逃亡，尤其重视对"盗"、"贼"的制裁。实行土地私有化，颁布"使黔首自实田"的法令，根据占田数量，按亩纳税，使封建土地所有制在全国范围内合法化。

（四）统一文字、货币和度量衡

秦始皇统一文字，是以秦字为基础，简化字形，整理为小篆，作为全国规范化的文字；除法定的小篆外，在社会上还流行着一种更为简易的隶书。

秦始皇下令统一全国货币，其措施有三个：第一，由国家统一铸钱，严禁地方和私人铸造。第二，规定全国通行两种货币：一为黄金，属上币，以镒为名，每镒二十四两；一为铜钱，属下币，圆形，方孔，有郭，径寸二分，铸文"半两"，即每钱重十二铢。第三，废除原六国布币、刀币、郢爰、铜贝等各种货币，改铸秦以前的"重一两十四铢"、"重十二铢"、"两甾"等旧币。

秦始皇下令以秦制为基础，统一全国度量衡。据考证，在秦代，长度一寸为2.31厘米，一尺为23.1厘米；容量一升为201毫升，一斗为2010毫升；重量一斤为256.25克，一石为120斤。

（五）修驰道，车同轨

秦始皇为了加强对全国各地有效的行政管理，下令修驰道和直道。驰道是一种便于车马驰骋的大道，道宽五十步，道两边三丈植一棵树，中央供天子车马行驶，两边任人行走。以咸阳为中心，修筑了两条驰道：一条"北穷幽燕"，一条"南极吴楚"。后来还令蒙恬等人修筑了从咸阳附近直通北边的"直道"。车同轨，两个车轮间的距离相同，规定为六尺。

秦始皇的这些政治法律制度的实施，大大巩固和加强了中央集权的统治，而且对后代有深远影响。毛泽东用"百代都行秦政法"来加以肯定。

1973年7月3日，毛泽东同王洪文、张春桥谈话时说："我赞成郭老

（郭沫若）的历史分期。奴隶制以春秋战国之间为界。但是，不能大骂秦始皇。"（贾思楠：《毛泽东人际关系实录》，江苏文艺出版社1989年版，第306—307页）又说："早几十年中国的国文教科书就说秦始皇不错了，车同

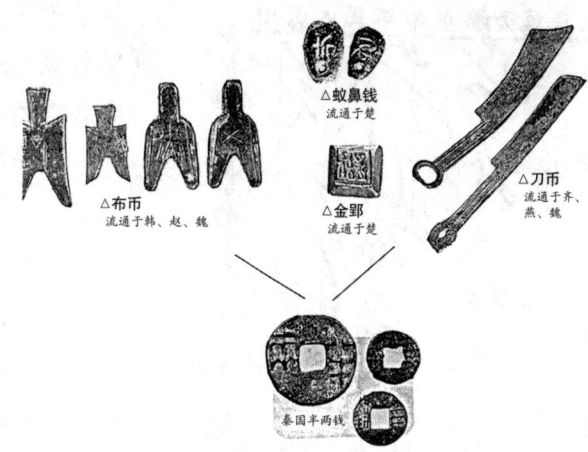

△蚁鼻钱
流通于楚

△布币
流通于韩、赵、魏

△金郢
流通于楚

△刀币
流通于齐、燕、魏

秦国半两钱

秦始皇统一货币

轨，书同文，统一度量衡。就是李白讲秦始皇，开头一大段也是讲他了不起。'秦王扫六合，虎视何雄哉！挥剑决浮云，诸侯尽西来'一大篇，只是屁股后头搞了两句：'但见三泉下，金棺葬寒灰。'就是说还是死了。你李白呢？净想做官！结果充军贵州。走到白帝城，普赦令下来了，于是乎，'朝辞白帝彩云间'。其实，他净想做官。《梁父吟》说现在不行，将来有希望。'君不见高阳酒徒起草中，指挥楚汉如旋蓬。'那时神气十足。我加上几句，比较完全：'不料韩信不听话，十万大军下历城。齐王火冒三千丈，抓了酒徒付鼎烹。'把他下油锅了。"（彭程、王芳：《中国七十年代政局备忘录》，《长河》，1989年第1期）

毛泽东所谓李白讲秦始皇，是指李白写的《古风五十九首》之三，原诗是：

秦王扫六合，虎视何雄哉！

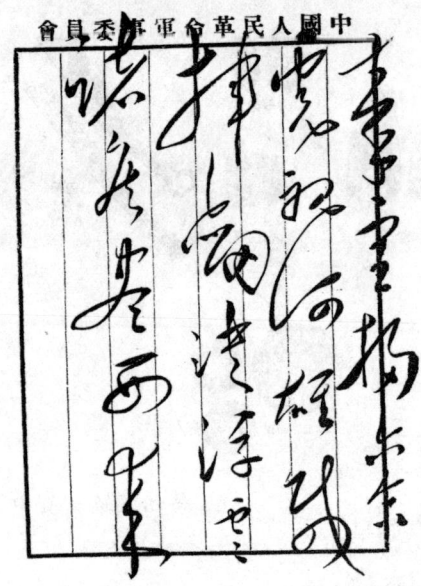

毛泽东手书
《李白·古风五十九首》

揮劍決浮雲，諸侯盡西來。
明斷自天啟，大略駕群才。
收兵鑄金人，函谷正東開。
銘功會稽嶺，騁望琅邪台。
刑徒七十萬，起土驪山隈。
尚采不死藥，茫然使心哀。
連弩射海魚，長鯨正崔嵬。
額鼻象五岳，揚波噴雲雷。
鬐鬣蔽青天，何由睹蓬萊。
徐市載秦女，樓船幾時回？
但見三泉下，金棺葬寒灰！

这首咏史诗，既赞扬了秦始皇的雄才大略和统一中国的历史功绩，也讽刺了他迷信神仙、妄求长生的愚蠢行为。

应该说，李白给予秦始皇如此高的评价，是很难能可贵的。因为在封建社会知识分子的眼中，秦始皇"焚书坑儒"，是一个封建暴君。而毛泽东却认为李白对秦始皇肯定得还不够，所以才续诗加以揶揄。

毛泽东在续诗中用了一个"酒徒"的典故。"酒徒"，即高阳酒徒。高阳酒徒，指郦食其（yì jī）（？—前203），秦汉之际陈留高阳乡（今河南杞县西南高阳镇）人。郦食其原是陈留城看门的小官吏。刘邦率领起义大军经过高阳时，郦食其去军帐中见他。毛泽东在一次讲话中，曾饶有兴致地叙述了这个故事，他说：

"有个知识分子名叫郦食其，去见刘邦。

看

八·大·帝·王

初一报，说是读书人，孔夫子这一派的。回答说，现在军事时期，不见儒生。这个郦食其就发了火，他向管门房的人说：你给我滚进去报告，老子是高阳酒徒，不是儒生。管门房的人进去照样报告了一篇。好，请。请了进去，刘邦正在洗脚，连忙起来欢迎。郦食其因为刘邦不见儒生的事，心中还有火，批评了刘邦一顿。他说：你究竟要不要取天下，你为什么轻视长者！这时候，郦食其已经六十多岁了，刘邦比他年轻，所以他自称长者。刘邦一听，向他道歉，立即采纳了郦食其夺取陈留县的意见。此事见《史记》郦生陆贾列传。"（《在扩大的中央工作会议上的讲话》，《毛泽东文集》第8卷，人民出版社1999年版，第295页）

这就是高阳酒徒的来历。郦食其因献计夺取陈留城有功，被封为广野君，后来成为刘邦的重要谋士。他经常充当说客，出使各国。楚汉战争后期，他奉命去说服齐王田广。他向田广分析了天下人心归向刘邦的态势，以及齐国只有归降刘邦才能自保，否则就是自取灭亡。田广认为他说得对，便解除了都城历下的防务守备，举齐国70余城归汉。当时在河北作战的大将韩信，听到这一消息，认为郦食其抢了他的战功，便采用蒯通的计策，趁夜晚从平原津（今山东平原东南）渡过黄河，对齐国发动突然袭击。齐王田广听说汉军来攻，认为郦食其欺骗了他，便对郦食其说："你如果能制止汉军攻打，我不让你死，不这样的话，我就把你下油锅！"郦食其说："成就大事的人不拘小节，道德高尚的人不怕别人责难。老子不会再替你说什么啦！"齐王大怒，立即把郦食其投到滚沸的油锅中，烹死了。毛泽东续的几句诗，用的就是这个典故。这是用郦食其来比拟李白，因为李白净想当官，所以在安史之乱中，应掌控长江流域大权的永王李璘的邀请，做了参军。后永王李璘与肃宗争权被消灭，李白也因而获罪，流放夜郎，走到白帝城遇特赦，才买舟东归。这是讽刺李白因想做官，险些也像郦食其一样丢掉自己的性命，极其诙谐，旨深意长。

1973年8月5日，毛泽东写了《七律·读〈封建论〉呈郭老》：

劝君少骂秦始皇，焚坑事业要商量。

祖龙魂死秦犹在，孔学名高实秕糠。

百代都行秦政法，十批不是好文章。

熟读唐人封建论，莫从子厚返文王。

这首诗写于当时正在开展的"批儒评法"运动之中，现在看来偏颇不少。"焚坑事业"，指秦始皇的"焚书坑儒"。祖龙，指秦始皇。孔学，指由春秋时期鲁国人孔丘创立的儒学。

毛泽东在诗中，对柳宗元在《封建论》中阐明的设置郡县、废除分封、加强中央集权、反对诸侯割据的主张，给予了高度评价。他劝推崇儒家学派的著名历史学家郭沫若，要"熟读唐人封建论"，告诫他"莫从子厚返文王"。子厚，即柳宗元。字子厚，唐代文学家。著有《封建论》一文。"封建"，指殷周"封国土，建诸侯"的世袭分封制度。《封建论》首先提出"封建非圣人意也，势也"的中心论点，然后用周朝以来历史发展的事实，论证了秦始皇创建的中央集权的郡县制比分封制优越，说明郡县制取代分封制是历史的必然。文王，指周文王，姓姬名昌，周王朝的创立者。他是中国历史上开始推行较完备的封建制（即分封制）的国君。"莫从子厚返文王"，意即从秦始皇的郡县制倒退到文王的分封制。继而，批评郭沫若在《十批判书》中尊儒反法倾向，肯定了秦始皇推行郡县制的历史进步作用。

"百代都行秦政法"，是说秦代以后的各个朝代，实行的都是秦代的政治法律制度。现在我国的政治法律制度也不例外，当然二者性质不同，在继承的基础上有很多发展。我国实行"大权独揽，小权分散"的原则，大权在中央政府，小权在各级地方政府。也就是中央集权下各地分工负责。秦代是中央—郡—县三级管理；而现在是中央—省—市—县四级政权架构。秦代的"郡"，大抵相当于现在的"市"，而现今"市"上设"省"，管辖一个相当大的地域，避免了郡县制的过于分散的缺陷。这个意思毛泽东在不同场合曾多次讲过。

1958年8月，毛泽东在北戴河召开的各大协作区主任会上，谈及第

一书记要亲自抓工业时说："只搞分散不搞独裁不行。要图快，武钢可以搞快些。但各县社都要发挥钢铁积极性，那不得了，必须有控制，不能专讲民主。马克思与秦始皇要结合起来。"（《广东党史》，1998年第1期第9页）马克思与秦始皇要结合起来，指的是要有正确的理论基础和严肃的纪律守则。

1965年6月13日，毛泽东在会见越南胡志明主席谈话时说："孔孟是唯心主义，荀子是唯物主义，是儒家左派。孔子代表奴隶主、贵族。荀子代表地主阶级。"又说："在中国历史上，真正做了点事的是秦始皇，孔子只说空话。几千年来，形式上是孔夫子，实际上是按秦始皇办事。秦始皇用李斯，李斯是法家，是荀子的学生。"（陈晋：《毛泽东之魂》，中央文献出版社1997年版，第285页）

据原中共山西省委书记陶鲁笳回忆说：

毛主席说，说秦始皇没有做过一件好事，太武断了。秦始皇第一个统一了中国，统一了原来各国的度量衡，车同轨，书同字，变分封制为郡县制。这些事关中华民族兴盛的大事，能说不是好事吗？秦始皇还在陕西关中开凿了有名的郑国渠，长三百余里，可灌溉农田四万余顷，直接于生产有益，于人民有益。秦国也因此富强起来，终于把六国吞并。能说这不是好事吗？

秦始皇是个大独裁者，有些历史学家这样说不是没有道理的。毛主席认为，对于这一点也应该有分析。秦始皇有独裁的一面，也有高度集中

"在中国历史上，真正做了点事的是秦始皇，孔子只说空话。几千年来，形式上是孔夫子，实际上是按秦始皇办事。"（陈晋：《毛泽东之魂》，中央文献出版社1997年版，第285页）

统一领导的一面，二者有区别又有联系。后者在秦始皇吞并六国、统一中国的过程中，是他取得成功的一个积极因素。秦始皇当全局的情况看准之后，他善于调动各方面的力量集中到主攻方向上来，而且在实施主攻任务的时候，有很大的决心、很大的气魄、很顽强的毅力，敢于力排众议，不听那一套动摇军心的话。

《尚书》书影

1959年4月，毛主席在上海会议上，针对当时工作中存在的分散主义、本位主义、有令不行、有禁不止的情况，提出：学习和借鉴秦始皇善于集中力量于主攻方向，同时要学会走群众路线。也就是把集中统一的领导和群众路线统一起来。毛主席还说，不利于群众的事情就是不利于国家，没有什么有利于群众而不利于国家的事。秦始皇并不是没有过错，给秦始皇翻案，要看到他还有重大的过错。历史上的秦始皇搞专制独裁，同群众路线是根本对立的。现在，我们需要的是走群众路线的"秦始皇"。一方面领导上不要给人乱扣帽子，允许保留意见，言者无罪，闻者足戒；一方面领导要以身作则，提倡作自我批评。这样两方面结合起来，经过不同意见的争论，在这个基础上集中起来，这是革命的"秦始皇"，集中统一就有了群众基础（陶鲁笳：《毛主席教我们当省委书记》，山西人民出版社2003年第2版，第149—151页）。

三、耽于佚乐，无聊得很

毛泽东认为，秦始皇完成统一大业以后，便失去了进取心，耽于佚乐，追求长生不死，十分无聊。

（一）多次出巡

秦始皇灭六国后，先后五次大规模出巡。

秦二十七年（前220），秦始皇到陇西（今甘肃临洮南）、北地（今宁夏和甘肃东部）巡视，出鸡头关（今陕西汉中西北），回来时经过回中（今陕西陇县西北），回到咸阳。

二十八年（前219），巡视东方各郡县，登览了邹峄山（今山东邹城东南），召集鲁地的儒生们商议，刻石碑来颂扬秦国的功德，并且讨论有关封禅和祭名山大川的事。于是，秦始皇登上泰山，竖立了石碑，然后堆土筑坛，在坛上祭祀天神。下山的时候，忽然风雨骤至，只好停息在一棵松树下，因此封这棵树为五大夫，又在泰山脚下的梁父山除土为坛，祭了地神，并刻石竖碑作为纪念。

然后，秦始皇沿着渤海边东行，经过黄县（今山东龙口东）、腄（今山东烟台福山），直到成山的尽头，登上芝罘山（在今山东烟台西北海边）峰顶，又竖立石碑，赞美秦的功德。遂前往南方，爬上琅邪山，他非常喜欢这个地方，竟停留了三个月。因此，下令迁三万家百姓到琅邪台下居住，免除他们12年的赋税和劳役。又调集民工在山顶修建了琅邪台，刻写碑文歌颂秦的恩德，彰明愿望得以实现。

秦始皇在返回咸阳途中，经过彭城（今江苏徐州），亲自吃斋守戒，到泗水边祈祷，想把当年沉在泗水里的周鼎打捞出来。他派上千人潜到水底，也没有找到。于是，他往南渡过淮河，经过衡山（郡名，治邾县，即今湖北黄冈西北），南渡长江到湘山祠（在今湖南岳阳西南洞庭湖中的君山上）时，忽然刮起了大风，几乎渡不过去。秦始皇召来博士问道："湘君是什么神？"博士回答："听说是唐尧的女儿、虞舜的妻子，死后葬在这里。"秦始皇大怒，派了3000名劳役犯人，把湘山上的树全砍光，使它成了一个光秃秃的红土山。然后，秦始皇从南郡（今湖北江陵）经过武关（在今陕西丹凤西南）回到京城咸阳。

秦始皇三十二年（前215），秦始皇第三次东巡，到碣石（今河北昌黎北），派燕人卢生去求羡门、高誓两位仙人，并在碣石的山崖上凿字，毁坏城郭，挖通堤防。

秦始皇又派韩终、侯公、石生去寻访仙人服用的长生不死药。然后，继续巡游北方，经由上郡回到咸阳。燕人卢生从海上乘船回来，向秦始皇报告遇见鬼神的事，献上录自仙人的图籍和文书，上面写有"亡秦者胡也"等字。秦始皇就派蒙恬率领30万大军到北方攻打胡人，夺取了河南（今内蒙古河套以南）一带地方。

秦始皇三十五年（前212），开始修筑大道，一路挖山填谷，从九原（今内蒙古包头西北）一直通到云阳（今陕西淳化西北），以加强关中与河套地区联系，并把五万家农户移到那里居住。

秦始皇三十七年（前210），最后一次东巡，先后到了云梦、丹阳、钱唐，登会稽山，祭大禹，返回途中，病逝于河北沙丘平台。

秦始皇巡视的地区集中在东方，特别是燕、齐、楚旧地。这表明，他出巡的目的之一，是镇服六国贵族、巩固统治，而不是简单的游观。这是因为燕、齐、楚比韩、赵、魏灭亡得晚，距离咸阳又远，反抗的力量也较强，政治上、军事上都有一再巡视这些地区的必要。几次东巡，都有刻石。虽然刻石充满了歌功颂德之词，但也宣扬教化，具有从社会秩序上巩固统治的重大意义。

（二）修筑长城

秦始皇三十二年（前215），秦始皇派大将蒙恬以太子扶苏为监军，率领三十万大军，到北方攻打匈奴，占领了黄河以南一大片土地。蒙恬指挥的秦军经过浴血奋战，击溃了头曼单于的匈奴军队，"却匈奴七百余里，

胡人不敢南下而牧马，士不敢弯弓而抱怨"（贾谊《过秦论》）。然而，秦始皇十分清楚，匈奴的骑兵元气并没有大伤，剽悍的匈奴铁骑随时可能卷土重来，重燃战火，威胁秦国的安全。而当时秦国还不具备消灭或远逐匈奴的实力，因此秦始皇决定在北部修筑一道绵延万里的防御工事——长城，以抵御匈奴的入侵，保卫内地的安全。

修筑长城并不是秦始皇的创举，早在战国时期，各国就开始修筑长城。七雄中间，赵、燕、秦三国的北面都有受到匈奴南下侵扰的问题，长城便首先在这三国中修筑起来。赵国的长城，起自今内蒙古乌兰察布市集宁区东南，经黄旗海北岸向西，经呼和浩特北、武川等地，北傍阴山，西抵乌兰步和沙漠边缘，形成一条十分有效的战略屏障。

燕国自击败东胡以后，也在其北边修筑了长城。史籍记载，燕国长城一直向东延伸到辽东碣石。

秦国修筑长城，是在秦昭王之母宣太后打败了义渠之后。当时，秦昭王下令在陇西、北地、上郡修筑长城。经考古发掘，秦长城起自今甘肃岷县，经渭源、今宁夏固原、今陕西靖边、榆林、神木和毛乌

秦长城示意图

素沙漠东南，进入今内蒙古准格尔旗，再经伊全霍洛旗抵黄河南岸的十二连城。

秦朝的新长城，是在修葺和连接原秦、赵、燕三国长城的基础上，加以增筑、延伸。从秦始皇三十三年，蒙恬带领军队修长城起，经过几十万士兵和大量民夫的日夜劳作，用了几年时间，长城终于基本建成。新长城西起临洮（治所在今甘肃岷县），宛如一条巨龙，向东蜿蜒伸展，横亘在当时的北部边境，最后到达辽东的碣石（在今朝鲜境内），全长一万多华里，俗称万里长城。

长城作为一个军事防御工程体系，是由关隘、城墙、城台、烽燎四部分组成的。关隘，也称关城，往往设在高山峡谷等险要处，扼守要冲，以极少兵力抵御较多敌人，达到"一夫当关，万夫莫开"的目的。如山海关、雁门关等。城墙，是长城的主体，一般随地势修建。平均高约7.8米，山冈陡峭的地方低一些，平坦的地方高一些。

城台分墙台、敌台和战台三种。墙台，突出到墙身之外，外沿修有用于作战的垛口，守军利用墙身掩护，射击敌人。墙台之外还有战台，它是供守军住宿和警戒用的军事设施。一般修在高处，便于瞭望。战台的顶部是一个平坦的空间，也可以作烽火台之用。

烽火台是古代边防举火报警的建筑。古人多采用狼粪燃烟，因为狼粪烟上升比较直，不易被风吹散，故烽火台又叫狼烟墩。

（三）修阿房宫

秦始皇三十五年（前212），秦王认为京都咸阳人口太多，而先王所修筑的宫殿狭小，并说周文王建都丰（今陕西西安西南）地，周武王建都镐京（今陕西西安西），丰镐之间才是帝王的都会所在。他下令在渭水以南的上林苑里建造了上朝议事的宫殿。先建正殿阿房宫，东西宽五百步，南北纵深五十丈，殿内可容纳一万人，殿下可以竖起五丈高的大旗。前殿周围都有空中道路（天桥）与其他远处的建筑相通，可以行驶车马，从殿下直通到终南山，让终南山的山头给朝宫做宫前的双阙。又从阿房宫经过渭

河连接咸阳造了一条夹道，象征天上阁道星从北斗星横渡银河通到营室星的样子。

当时刑徒有七十余万人，都被分别派到阿房宫和骊山，挖掘北山的大石，运输四川、荆楚的木材，先后在关中建宫殿三百栋，关外四百多栋。秦始皇还下令在东海边的朐县（今江苏连云港西南锦屏山侧）海滨造了一对石阙，作为秦国的东门。另外，还迁三万户人家定居在骊山（今陕西临潼东南），五万户到云阳（今陕西淳化西北）居住，都免除他们十年的赋税。

阿房宫规模宏大，前所未有。据《三辅黄图》称："阿房宫，亦曰阿城，惠文王造，宫未成而亡。始皇广其宫，规恢三百余里，离宫别馆，弥山跨谷，辇道相属。阁道通骊山八十余里，表南山之巅以为阙，结樊川以为池。"这里所说的阿房宫"三百余里"，是指整个阿房宫建筑群所占的区域，不是单指正殿阿房宫。

唐代诗人杜牧著名的《阿房宫赋》首段作了更为生动的描绘，译文如下：

六国灭亡，天下统一。蜀山的林木砍光了，阿房宫才盖起来。它方圆300多里，高得几乎把天和太阳都隔开似的。从骊山的北面盖起，曲折地向西延伸，一直盖到咸阳。渭水和樊川两条河，浩浩荡荡地流进宫墙。每隔五步有一座楼，每隔十步有一个阁。游廊

铜车马

像绸子一样回环曲折，飞檐像鸟嘴向高处啄着。楼阁配合着地势的高低，互相勾连；迴廊环绕像钩心，飞檐高耸似斗角。盘旋地、曲折地，密接如蜂房，回旋似水涡，高高地耸立着，不知有几千万座。长长的大桥架在河面上，说是龙吧，但没有云哪里来的龙呢？山上的复道架在空中，说是虹吧，但不是雨后新晴哪里来的虹呢？楼阁有在高处，有在低处，使人迷茫，辨不清东西南北。台上响起歌声，使人感到有如温暖的春光；殿里舞袖飘拂，使人感到有如凄清的秋雨。就在同一天，同一座宫里，气候竟如此不同。

这段写阿房宫规模之大，建筑之奇，人物之多、歌舞之盛，不免有夸张，但确实写出了阿房宫的奢华气概。秦始皇为什么要修这样豪华的阿房宫呢？原来他统一中国之后，便不像过去那样兢兢业业、励精图治了。"吾既已君临天下，欲悉耳目之所好，穷心志之所乐，以终吾年之寿，可乎？"（《通鉴纪事本末·豪杰秦》）这话虽然出自他那不争气的儿子胡亥之口，但上行下效，说秦始皇有这样的心态，恐怕也不为过。

（四）修骊山墓

秦始皇即位不久，就开始想挖掘、整理骊山，为自己修陵墓了。到了他统一天下，又派了70多万刑徒前往骊山服劳役，挖三层之泉，然后铸铜把它塞住，在里面放置棺椁。又在陵墓内修做宫殿和百官的位次，藏满稀奇珍贵的宝物。命令匠人制造机关弓箭，如果有人盗墓一触动机关就会被弓箭射死。又拿水银做成百川、江河、大海，用机器互相灌输。墓室的上壁绘有天文星宿，地下布置全国形势地理的景观。取人鱼的脂肪做成蜡烛，预计能点燃很久，不会熄灭。秦始皇去世后，葬入此陵。安葬时，二世皇帝说，先皇宫中的妃子，没有儿子的放出去，不是好办法，都让她们殉葬吧！因此，被送去殉葬的人非常多。有人又说，工匠制造机关，埋藏宝物，对陵室内的情况非常了解，如果放他们出去，就会泄露机密。所以葬礼完毕，已经封闭墓内的隧道，又把墓内外面的隧道也完全封死，工匠一个也没有逃出来。然后，在陵墓上种植草木，做成山的样子。

留存至今的秦始皇陵，坐落在今陕西省西安市临潼区东五公里处。据《中国大百科全书·考古学》介绍，陵寝的平面呈长方形，有内外两重夯土筑造的垣墙。经过仔细测量，内垣墙南北长1300米，东西长578米。外垣墙南北长2513米，东西长974米，内外垣墙每边都没有门。坟丘在内垣墙的南半部，夯土筑造，底部呈方形，每边长约30米，现存高度为43米，为一个三折式巨大的土丘，其上广植树木，郁郁葱葱，像一座山丘。另外，在地面上还建有高大壮丽的寝殿，形成一大片园寝建筑。秦始皇陵的格局，对后世产生了很大的影响，成为此后历代帝王陵寝的模式。

在秦始皇陵的周围，分布着一些陪葬墓。1974年由陕西省临潼县农民在西杨村打井时发现的兵马俑坑，便是其中之一。它位于秦始皇陵区东门大路的北侧，西距陵区东垣墙一公里。据《中国大百科全书·考古学》介绍，秦俑1号坑的平面呈长方形，面积12600平方米。2号坑在1号坑的东北面，平面呈曲尺形，面积约6000平方米。3号坑在1号坑的西北面，平面呈凹字形，面积约5200平方米。4号坑在2号坑和3号坑中间，平面呈长方形，面积约4000平方米。目前，除了4号坑是一座未建成即已废弃的空坑，三个坑中大约有七千余个陶俑，驷马战车一百余辆，战马一百多匹。每个陶俑和真人、真马、真车大小差不多。

"世界上有七大奇迹，秦俑的发现，可以说是八大奇迹了。不看金字塔，不算真正到过埃及；不看秦俑，不算真正到过中国。"

这是原法国总统希拉克在任法国总理时，于1978年5月到秦始皇兵马俑博物馆参观时，对悠久而辉煌的中国历史和中国文化所发出的由衷赞叹。

（五）求不死药

秦始皇修阿房宫，供生前享乐，修骊山墓，供死后享受。虽然他称帝后，享尽了世间的荣华富贵，但他最感不足的是，他不能不死。史称"始皇恶言死"，就是说他最怕死。为了长生不死，他不惜代价，访神仙，求不死之药。

秦始皇二十八年（前219），齐人徐市（也作"福"）投始皇所好，说海中有三座神山，名叫蓬莱、方丈、瀛洲，上面住着仙人。秦始皇立即派徐市带领数千名未婚的青年男女进入大海，寻找神仙。

秦始皇三十七年（前210），徐市等人到海中寻找仙药，好几年都没有找到，花了很多钱财，恐怕遭受惩罚，于是欺骗秦始皇说：蓬莱仙岛的神药是可以拿到的，然而航行时常受到大鱼的袭击，所以无法到达；希望派些善于射杀大鱼的人，和我们一起去，鲨鱼出现就用能连发数矢或同时发射数矢的连弩射杀它。

始皇梦见自己和海神战斗，海神的形象很像人，询问解释梦的博士，博士回答说：海神的本来面目是无法看到的，它往往通过这些大鱼或蛟龙来表示它的意思，现在皇帝您祷告祭拜既完善又恭谨，却出现这个凶神，应该设法除掉它，而后神仙才会降临。于是，秦始皇命令下海的渔人准备捕大鱼的用具，亲自拿着大弓等待大鱼出现好射杀它。他从琅邪（今山东胶南西南）沿海边北行，一直航行到荣成山（今山东荣成东北的成山角），没有听到在海上航行的人说遇到大鱼，到了之罘（今山东烟台东北），大鱼果然出现了，射杀了一条。

秦始皇三十二年（前215），秦始皇东至碣石（今河北昌黎北，东临大海），令燕人卢生访求羡门、高誓两位古代仙人。他又派遣当地的方士韩终、侯公、石生求仙人不死之药。三年之后，仙人不死之药渺无踪影，卢生害怕，就欺骗秦始皇说：小臣等入海去寻找灵芝、仙药和神仙，老是找不到，好像有什么东西会伤害它（他）。我们想，所以方术合乎君王的时候，就必须隐微而生以躲避恶鬼，恶鬼躲避真人的来到。君王居住的地方，做臣子的知道了，会妨碍神仙出现。所谓真人，沉没水底也不会被水浸湿，进入火坑也不会被火烫伤，驾着云在天空中行走，寿命和天地一样长久。现在陛下您为了治理国家，生活无法安静清淡，希望您居住的宫殿不要让人知道，然后吃了不死仙药才能找到。如果皇帝能时常改装出来走走的话，就可以驱除恶鬼，恶鬼避开了，神仙就会来了。于是，秦始皇说：我非常羡慕真人。从此以后，就称呼自己为"真人"，不称"朕"。他随即下令把咸阳周围200里范围内，修建宫殿楼观270多处，都用天桥夹道连接起来，里面都布置了帷幕、钟鼓等器物，安排了美人、宫女等侍从。他所临幸的女人，如果说出皇帝在哪儿，一概处死。

有一次，秦始皇临幸梁山宫，从山上看见丞相坐的车子及众多随从，很不高兴。太监把这件事告诉了丞相，丞相便减少车乘卫队。始皇生气地说：一定是梁山宫里的人泄露了我的话。审问泄露案件，没有人肯认罪，秦始皇便下令逮捕他在宫里时随侍的人，把他们都杀了。从此以后，再也没有人知道皇帝居留的地方了。他办理国政以及群臣接受命令，都在咸阳宫。

卢生、侯生互相商议说，秦始皇的为人，天生脾气刚强暴戾，自以为是，从诸侯出身到兼并天下，凡事称心如意，任意而为，认为从古到今没有人胜过自己。博士虽然有70个，只不过充数罢了，从不任用。丞相及大臣仅仅接受下达的命令，一切事情都靠他自己办理。他喜欢用刑法杀戮来建立威信，天下人都害怕触犯法网，只能像行尸走肉一样小心谨慎地保守俸禄，没有一个敢竭尽忠诚。始皇听不到对自己的批评，一天比一天骄横，臣子都心惊胆战，整天说些谎话欺骗他，以博取他的欢心。秦朝的法律规定，一个人不能兼两种职业，考查出哪个人不精通自己的专业就处死。如此残酷，上天都出现恶的征兆，而看星相的有300多人，个个技术精湛，却害怕始皇的忌讳，不敢说出他的过失。天下的事情不论大小，都由始皇一人决定，文书多到用秤称，而公文的往返却没有一定期限，为了不超过期限，他忙得无法休息，贪婪权势到这种程度，这种人不可以替他寻找不死之药。

世上本来没有神仙和不死之药，方士们靠欺骗过日子，总有一天会大祸临头。所以，卢生在秦始皇三十五年（前212）就逃跑了。他们的逃亡，再加上韩终的一去不回，徐市等花费以万计的钱财也渺无踪影。秦始皇始终得不到不死之药，于是大怒，下令逮捕咸阳的读书人，令御史严加审问，这些读书人受刑不起，互相揭发，共揭发出违犯法令的460多人，都在咸阳活埋了。这就是历史上有名的"坑儒"事件。

自告奋勇为秦始皇寻找神仙不死之药的徐市、卢生、韩终、侯公、石生等人，都是方士。什么是方士呢？方士，方术之士。就是古代自称能访仙炼丹以求长生不老的人。《史记·封禅书》："驺衍以阴阳主运显于诸侯，而燕齐海上之方士传其术不能通。"鲁迅《汉文学史纲》第三篇说："察周季之思潮，略有四派……四曰燕齐派，则多作空疏迂怪之谈，齐之驺衍、驺奭、田骈、接子等，皆其卓者，亦秦汉方士所从出也。"后来，方士也泛指从事医、卜、星及相似职业的人。所谓道教采药炼丹以求长生不老的方术，本来是不科学的，但却有人相信。秦始皇就是这样。据其本纪记载："悉召文学方术士甚众，欲以兴太平，方士欲炼以求奇药。"秦始皇有追求长生不死的愿望，才笃信这种邪说。始皇相信海上有神仙的原因有二：

第一，秦始皇是一个有神论者，迷信神仙的存在是自然的。

第二，海上有"三神山"之说，早就流传于民间的传说故事，使秦始皇心驰神往。《史记·封禅书》说："三神山者，其传在渤海中，去人不远；患且至，则船风引而去。盖尝有至者，诸仙人及不死之药皆在焉。其物禽兽皆白，而黄金银为宫阙。未至，望之如云，及到，三神山反居水下。临之，终莫能至云。"这其实是一种海市蜃楼景观，当时科学水平低下，限制了秦始皇的科学视野。

至于徐市，实有其人。不仅史书上有明确记载，而且有关考古和考证工作也有证明。近年来，在江苏连云港市赣榆县金山乡考古发掘表明，当地的徐阜村就是当年的徐福村。徐福村东临黄海，秦代属琅邪郡，秦始皇曾三次巡视到此。出土的秦代文物和秦代瓦当，还发现了徐氏家谱。根据徐氏族谱和当地乡老口述，徐市东渡日本未归，乡人修建了一座徐福庙。

明确提出徐市到日本安居的，是五代后周义楚和尚。他在《义楚六帖》中说："日本国，亦名倭国，在东海中。秦时，徐市将500童男、500童女止此国，今人物一出长安。……又东千余里，有山名富市，亦名蓬莱……徐市至此，渡蓬莱，至今子孙皆曰秦氏。"

宋代文学家欧阳修也持此说，他写的《日本刀歌》说：

昆夷道远不复通，世传切玉谁能穷。

宝刀迈出日本国，越贾得之沧海东。

鱼皮装贴香木鞘，黄白闲杂鍮与铜。

百金传入好事手，佩服可以禳妖凶。

传闻其国居大岛，土壤沃饶风俗好。

其先徐福诈秦民，采药淹留丱童老。

百工五种与之居，至今器玩皆精巧。

前朝贡献屡往来，士人往往工辞藻。

徐福行时书未焚，逸书百篇今尚存。

令严不许传中国，举世无人识古文。

先王大典藏夷貊，苍波浩荡无通津。

令人感激坐流涕，锈涩短刀何足云。

日本学者也有回应。明初日本空海和尚到南京，向明太祖献诗，有"熊野峰前徐福祠"之句。此后，持此说者很多。不仅如此，至今日本不少人自认是徐福一行的后裔，每年八月举行盛大的"徐福祭"。日本学者还确认佐贺郡诸富叮的寺井津浮和熊野川畔的蓬莱山是徐福的登陆地。

以上史料和中日两国学者的长期研究与考证，大致证明徐福远涉重洋东渡的去处是日本，这也可以看做是中日友谊史上的佳话了。

对于求仙人长生不死之药，现代人自然觉得是很荒唐、很可笑的。毛泽东也是这样看。1961年9月22日，外交家熊向晖和浦寿昌根据周恩来总理的指示，乘专机从北京到武昌，向正在那里准备次日会见来访的英国元帅蒙哥马利的毛泽东汇报情况。当毛泽东知道蒙哥马利在参观医院时曾经对医生说"你们中医中药很神奇，应该发明一种药，让你们的毛主席长生不老"时，他对熊向晖、浦寿昌说："什么长生不老药！连秦始皇都找不到。没有那回事，根本不可能。这位元帅是好意，我要告诉他，我随时准备见马克思。没有我，中国照样前进，地球照样转。"（董保存：《在历史的旋涡中》，中外文化出版公司1990年版，第188页）

四、有关秦始皇三事

（一）荆轲刺秦王

秦始皇二十年（前227），燕太子丹担心秦国讨伐燕国，派刺客荆轲以献地图为名去刺杀秦王。

这要从燕太子与秦王政的恩怨说起。燕国的太子丹被抵押在秦国当人质的时候，秦王政待他很不好。他逃了回来，想要报仇。太子丹收留了秦国的逃亡将军樊於期，秦王更加恼怒。面对秦国的侵略，燕国君臣十分着急，太子丹请教隐士田光，田光向他推荐了刺客荆轲。太子丹希望荆轲能到秦国去，趁机会强迫秦王订立盟约，归还侵占的土地，否则就把秦王刺死。

荆轲（？—前227），战国末年卫国人，齐国贵族庆氏的后代。秦灭卫后，逃亡到燕国，燕人称为荆卿。太子丹重金收买他去行刺秦王。荆轲带着秦国叛将樊於期的头颅和卷有匕首的督亢地图，进献秦王，他的助手是勇士秦舞阳。

太子丹等都穿着白衣、戴着白帽为荆轲送行。到了易水边上，喝过饯行酒，就要上路，这时，荆轲的好友高渐离击筑，荆轲应和着歌唱："风萧萧兮易水寒，壮士一去兮不复还！"

筑声变得悲壮激昂，大家全瞪着眼睛，怒气冲冲，连头发都竖了起来。荆轲登车而去，头也不回地走了。

到了秦国，荆轲用价值千金的钱财礼物买通了秦王的宠臣蒙嘉，从而得见秦王。秦王在咸阳宫隆重接见燕国使者。荆轲在前面，捧着装樊於期的头颅的盒子，秦舞阳捧着装督亢地图的盒子，依次而进。秦王对荆轲说，把地图拿过来。

荆轲拿过地图，逐渐展开给秦王看，地图轴子快放完了，藏在里面的短剑露了出来。荆轲趁机左手一把抓住秦王的衣袖，右手抓住短剑向秦王胸口就刺。秦王大惊，慌忙跳了起来，衣袖也挣断了。荆轲追赶秦王，秦王绕着柱子逃跑。秦王想拔出佩戴的宝剑，但佩剑太长，剑套又套得太

紧，一时拔不出来。宫中的官员，平时上殿都不准佩带武器；那些带武器的警卫们，都站在殿下，没有秦王的命令，不准上殿。秦王正绕着柱子跑，有人喊道：大王快把剑推到背上去！秦王把剑推到背上，一下子就拔了出来，砍断了荆轲的左腿。荆轲不能再追赶秦王，便举起短剑向秦王掷去，没有掷中。秦王又连砍数剑，荆轲八处受伤，鲜血直流。荆轲勉强倚着铜柱爬起来，斜视着秦王，大笑道，事情不成功，只是因为我想捉住你，强迫你订立退还侵占土地的盟约，去报答燕太子丹啊！话没说完，群臣一拥而上，把荆轲杀死了。

秦王命令肢解荆轲示众，并命令王翦、辛胜立即发兵攻打燕国。燕、代联军迎击秦军，燕国的人马在易水西岸被秦军大败。

（二）博浪沙狙击秦始皇

秦始皇二十九年（前218），秦始皇又一次去东方巡游，走到阳武县博浪沙（今河南原阳县古博浪沙城），遭到刺客的袭击。

张良像

这次刺杀秦始皇的事件，是张良策划的。张良为什么要刺杀秦始皇呢？《史记·留侯世家》中有详细记载：张良与秦始皇并没有私人恩怨，他行刺秦始皇，完全是为了报答韩国的恩惠。因为张良的祖先是韩国人，他的祖父张开地先后担任过韩昭侯、宣惠王和襄哀王的丞相。父亲张平担任过韩厘王和悼惠王的丞相。张平去世后20年秦始皇灭掉了韩国（前230）。当时张良还年轻，没有当过韩国的官。韩国灭亡时，张良家里还有300名奴仆。正在这时，他的弟弟死了，他不厚礼安葬，却拿出全部家产访求刺客，谋刺秦始皇，为韩国报仇。张良之所以这样做，是因为他的祖父、父亲曾做过韩国五代君主的丞相的缘故。

张良曾在淮阳（今河南淮阳）学习仪礼，又到东夷去拜访过赫赫有名的仓海君，从他那里得到了一个大力士，特地为这个力士打造了一个120斤重的大铁椎。秦始皇乘车到东方巡视，车队浩浩荡荡地来到博浪沙。埋伏在这里的张良和那位大力士，用大铁椎袭击秦始皇，误中了秦始皇的一辆随行的车辆。秦始皇下令搜查了一阵子，没有抓到凶手，又下令在全国进行十天大搜捕。于是，张良改名换姓，逃到下邳（今江苏睢宁西北）躲藏起来。

在这期间，张良曾经从容地到下邳跨于沂水之上的桥上游玩。有一个老头，穿着粗布短衣，走到张良所站的地方，故意把自己的鞋子掉到桥下，回头对张良说：小子，去把我的鞋子拾上来。张良非常惊讶，想打他一顿，因为他年老，勉强忍住了，下去把他的鞋子拾了回来。老头说：给我穿上！张良想，已经把鞋子捡回来了，所以就跪下身去给他穿。老头伸着脚让张良给他穿上鞋，笑着走了。

张良大惊，眼睁睁地看着他走了。老头走了一里多地，又折回来了，对张良说：你这个小孩可以教育啊！五天后黎明，与我在这里相会。张良于是感到诧异，跪下说：是。五天后的黎明，张良再到桥上。老头已经先在那里了，愤怒地说：与老人订约会，来迟了，为什么呢？老头走了，说：再过五天，早点来见面！又过了五天，鸡刚叫，张良来到桥上，老头又先到了，又发怒说：又来晚了，为什么？老头离去时，对张良说：五天后再早点来！到了第五天，还不到半夜，张良就到了桥上。过了不久，老头也来了，高兴地说，应当这样。他拿出一卷书，说：读了这部书，就可以当皇帝的老师了！今后十年，时局当有变动。十三年后，你小子可来见我，济南北边穀城山（在今山东东阿东北五里）的黄石，就是我了。

这就是圯桥进履的故事。老头便是黄石公，他交给张良的是一本《太公兵法》。此后，张良熟读此书，在秦末的农民起义中成为刘邦的主要谋臣，为推翻秦王朝的统治建立了不朽功勋，实现了他报仇的愿望。这是秦始皇所始料不及的。

（三）孟姜女哭长城

说到长城，自然会想起哭倒长城的孟姜女的传说。

相传秦始皇修长城，征调了大量的民夫，其中有一个人叫记良。记良是燕国人，他被征调去修长城，受不了繁重的劳役，冒死逃跑。他跑到孟家的后花园，爬到树上藏了起来。恰巧这家小姐孟仲姿在后花园池子里洗澡，一仰头，无意中看见了他。孟仲姿问他是什么人，为什么跑到这里。记良老老实实地把自己的情况告诉了她。孟仲姿听后，对记良说："请你娶我为妻，一个女人的身体只能给一个男人看，现在我的什么你都看见了，我不嫁你又能嫁给谁呢？"一席话说得记良无言以对，只好答应了。

经孟仲姿父母同意，记良与孟仲姿结为了夫妇。记良无处可逃，只好又回到工地。不料，工地监工官员对他逃走十分恼火，竟然把记良活活打死，并且把他的尸首砌到长城

秦汉时期的铜马车

中了。到了秋天，天渐冷了，孟仲姿到长城工地给记良送寒衣，却怎么也找不到他。后来，从一个老年民夫嘴里得知记良早已被打死的噩耗，便放声大哭，哭得血泪交流，天昏地暗，忽听轰隆一声巨响，长城坍塌了好大一截，露出累累白骨。孟仲姿用滴血的方法，辨认出记良的骸骨，带回家乡安葬。这就是世代流传的孟姜女哭长城的原始故事。《孟姜女变文》形容说："姜女自雹哭黄天，只恨贤夫亡太早。妇人决烈感山河，大哭即得长城倒。"

这个传说在唐人所撰的《同贤集》中有记载，此后很多传说与此大同小异，只是孟仲姿改成了孟姜女，记良改成了范杞梁或万喜良，其籍贯也有多种说法。其实，孟姜女哭长城只是一个典型故事。它反映了秦始皇修筑长城，给劳苦大众带来的深重灾难。

长城的修建，对秦王朝防御匈奴贵族进犯起了积极作用，但并没有从根本上解除匈奴贵族对中原王朝的威胁。这从汉、唐两代，匈奴仍是北方边境的主要威胁可以证明。正是从这个意义上，毛泽东认为"秦始皇的万里长城就没有多大用处"。1964年12月16日，毛泽东在听取聂荣臻副总理汇报10年科学技术发展规划时发表谈话，当毛泽东说到利用死光（激光）搞反导弹武器时说："'死光'，组织一批人专门去研究它。要有一批人吃了饭不做别事，专门研究它。没有成绩不要紧。军事上除进攻武器外，要注意防御武器的研究，也许我们将来在作战中主要是防御。进攻武器，比原子弹的数量我们比不赢人家。战争历来都需要攻防两手，筑城、挖洞都是防嘛。秦始皇的万里长城就没有多大用处。我们准备做一些蠢事，要搞地下工厂，地下铁道，逐年地搞。"（《党的文献》1996年第1期，第35页）

长城，虽然在当时的作用是有限的，但是，它作为我国最伟大的建筑工程的历史遗存，是我国劳动人民的聪明才智和创造力的历史见证，永远象征着中华民族大无畏的雄伟气概！

五、始皇两谜

（一）身世之谜

据汉代史学家司马迁《史记·秦始皇本纪》记载：秦始皇是秦庄襄王的儿子。庄襄王在赵国都城邯郸当人质的时候，看到大商人吕不韦的一位姬妾，非常喜欢，便娶了她，生下秦始皇。秦始皇在秦昭王四十八年一月出生在邯郸，生下来取名叫政，因出生在赵地，便叫做赵政。这个记载，明白无误地告诉人们，秦始皇就是子楚（庄襄王是死后的谥号）与赵姬的儿子。

但同出司马迁之手的《史记·吕不韦列传》，却有不同的记载，说吕不韦府中养着许多歌妓，其中最漂亮的一位赵姬怀了他的孩子。秦国王子子楚（又名异人，即后来的庄襄王），在赵国当人质，车马出入不便，费用不足，生活困难，很不得意。吕不韦非常可怜他，说："此奇货可居。"奇货，是珍奇少见的物品或货物。奇货可居，意思是商人把稀有的东西囤积起来，等待高价卖出去。吕不韦把子楚当做"奇货"，要用他赚大钱，所以就把他喜爱的赵姬送给了子楚。赵姬自然隐瞒了怀孕的事，到生产时，便生下一个儿子，名叫赵政。子楚于是立赵姬为夫人。根据这段记载，秦始皇的母亲赵姬本来是吕不韦的情人，那么秦始皇实际上就是吕不韦的儿子。

由于司马迁对秦始皇身世两处记载的互相矛盾，秦始皇的生身父亲是谁，便成了千古不解之谜。

如果子楚一直在赵国当人质，吕不韦是不可能赚大钱的。于是，吕不韦便破家资助子楚，并亲自到秦国去运作，用重金买通了秦国的华阳夫人。华阳夫人没有儿子，便认子楚为儿子。子楚取得了秦孝文王及华阳夫人的欢心，得到了王位继承权。子楚便带着赵政母子回到秦朝国都咸阳，复归本姓嬴。

嬴政九岁时，他的父亲子楚继承了王位，是为秦庄襄王。为报答吕不韦，庄襄王拜他为丞相，封为文信侯。

（二）死亡之谜

秦始皇三十六年（前211），荧惑星（火星）运行到了心宿的位置（古人认为是天下将有大变动的征兆），有一颗流星落在东郡（今河南濮阳西南），到了地面变成陨石。有老百姓在陨石上刻了"始皇帝死而地分"的字样。秦始皇听到这件事后，派监察御史去逐家审问，但没有人招认服罪。于是，他便下令把居住在陨石旁边的居民全都抓起来杀了，然后用火把陨石烧毁。秦始皇为此闷闷不乐，命博士作了一篇《仙真人诗》，当他巡游天下的时候，叫乐队配上乐谱弹唱解闷。

这年秋天，有一个使者从关东回来，夜里经过华阴县平舒镇（今陕西华阴西北）的大路上，忽然有一个人拿了一块玉璧拦住他，说："请替我把这块璧带给滈池君（水神）。"又说："今年祖龙（指秦始皇）会死掉。"使者正想问他原因，这个人却忽然不见了，留下一块玉璧。

使者回到咸阳，把玉璧呈献给秦始皇，并详细地报告了这件事的经过。秦始皇听后，沉默了许久，才说："山里的鬼怪知道的事情，充其量不过一年。"他退朝以后，又说："祖龙是人的祖先啊！"于是，命令掌管皇家库房的官员来看这块璧，发现它竟是二十八年渡长江祭水神时沉到江中的那块璧。秦始皇卜问吉凶，占出的卦象说，出去巡游和迁移民众才吉利。他便下令迁三万家到北河（今内蒙古托克托县一带）和榆中（今内蒙古河套东北岸）定居，赐他们民爵一级。

秦始皇三十七年（前210）十月，秦始皇从咸阳出发，最后一次巡游天下。左丞相李斯随行，右丞相冯去疾留守。小儿子胡亥受秦始皇宠爱，请求跟着去，秦始皇答应了。十一月，他走到云梦（今湖北监利北），遥望九嶷山（今湖南宁远南），祭祀虞舜。然后乘船沿长江东下，观看了庐山瀑布，渡江到了采石矶（今安徽马鞍山南），经丹阳（今江苏丹阳），到达钱塘（今浙江杭州）。他来到浙江钱塘江上，看到江上风浪险恶，向西走了120里，从江面较窄的地方渡江。然后登上会稽山（在今浙江绍兴），祭祀了大禹，遥祭了南海，在那里刻石立碑歌颂秦朝功德。

看
八·大·帝·王

归途经过吴地（今江苏苏州），从江乘（今江苏句容北）渡江北上，沿着海岸到了琅邪。

到平原津（今山东平原县西南古黄河上），秦始皇得了病。因为他一向忌讳说死，所以跟随的臣下谁也不敢向秦始皇提死的事情。后来秦始皇觉得自己的病越来越重，才写下一封盖了御玺的遗诏给长子扶苏说："速来咸阳料理丧事，然后将我安葬。"这个遗诏已经封好，放在中车府令兼管符书印鉴的大臣赵高那里，还没有交使者发出。七月的一天，秦始皇在沙丘宫里的平台（今河北广宗县西北大平台）病逝。

丞相李斯认为皇帝死在外地，怕留在咸阳的王子们及全国各地知道死讯的人起来造反，因此把秦始皇死去的消息隐瞒起来，不予发布。秦始皇的棺材装在辒辌车中，由一向受皇帝宠爱的太监驾车，不论走到哪里，照常把食物献进车里。臣子依旧上书言事，太监在辒辌车中冒用皇帝的名义批复。当时只有秦始皇的儿子胡亥、赵高、李斯和皇帝最宠信的太监，一共五六个人知道秦始皇死了。

赵高以前曾教胡亥读书及法令刑律等，所以胡亥对他很亲近。赵高同胡亥、李斯密谋毁掉秦始皇给扶苏的那封遗诏，另外伪造了一份丞相李斯在沙丘接受秦始皇遗诏，说是立胡亥为太子。又伪造了一份给公子扶苏、将军蒙恬的诏书，一一列举他们的罪状，令他们自杀。

办完这些事情以后，继续西行，从井陉关（今河北井陉县井陉山上）抵达九原（今内蒙古包头西）。正碰上大热天，秦始皇的尸体开始腐烂发臭，随从官员在辒辌车中装了一担臭鲍鱼，这样让人嗅不出尸体的臭气。

他们一行人从直道回到咸阳，才正式给秦始皇办理丧事。这时太子扶苏、将军蒙恬已自杀，沙丘政变成功，胡亥登上皇位。九月，秦始皇在骊山安葬。

六、"焚坑事业要商量"

"焚书坑儒"这件事，使秦始皇落下个暴君的恶名。这到底是怎么一回事呢？

秦始皇三十四年（前213）在咸阳宫举行盛大宴会，七十名博士向秦始皇祝寿。仆射周青臣上前颂扬说：从前秦国的土地方圆不超过千里，全靠陛下神圣英明，平定了全国，驱逐了蛮夷，使日月所照之处，无不称臣归顺。以前分裂割据的诸侯国现在成了郡县，人人安居乐业，不再为战乱犯愁，这样伟大的功业可以永远代代相传。自古以来，没有任何帝王能赶得上陛下您的威望功德了。

秦始皇听了十分高兴。

齐地的博士淳于越对秦始皇说：小臣听说商、周立国称王有一千多年，都分封同姓子弟和异姓功臣为诸侯，作为朝廷的辅佐。现在陛下您拥有全国领土，而陛下的子弟都是平民百姓，万一突然出现像齐国的田常、晋国的六卿那样的乱臣起来闹事，国家没有辅佐，依靠谁相救呢？办事情不遵照古人的规矩而能够长久的，从来还没有听说过。今天周青臣又当面阿谀奉承，更加大了陛下的过错，这种人实在不是忠臣。

于是，秦始皇便把他们的议论交给大家讨论。

丞相李斯说：五帝的事业不相重复，三代的制度不代代因袭，他们各以自己的方法治理，使国家太平安定，并不是他们故意与前代相反，而是因为时代不同了。如今陛下开创统一天下的大业，建立了千古不朽的功勋，本来就不是这些愚蠢的读书人所能够理解的。何况所说的夏、商、周三代的事，有什么值得效法的呢？以前各诸侯国互相争斗，大家都不惜代价延揽游士、人才。

如今天下已经安定，政令由陛下一人决定，老百姓在家就应该努力从事农业、手工业生产，读书人应该学习法令，防止违犯禁令。现在这些读书人不遵守现在的法律，而去学习古人的一套，用来诽谤当今，迷惑百姓。作为丞相我冒死建议：过去天下分裂混乱，不能统一，所以诸侯纷纷割据称王，那些游士、说客一开口就是借古讽今，用花言巧语来拨弄是非，搞坏事情，人人都把自己所学的看做是最正确的，反对君主规定的措施办法。现在，皇帝您并有天下，分辨是非，奠定至高无上的权威，而那些读书人仍然私自讲授，结成群党非议政府的法令教化，听到朝廷的举措，就根据自己学来的知识批评一番，所以陛下的政令一出，大街小巷议论纷纷，他们用谎话欺骗君王来博取声誉，做一些奇怪的行为来获得高名，煽动一些人散布流言蜚语。这种情况，再不严加禁止，就会降低君主的威望，下面就有结党营私的可能。臣请求陛下命令史官，把不是记载秦国历史的史书都烧掉。除了博士官因职务有关，天下有谁敢私藏《诗经》、《书经》和诸子百家著作的，全部由各地的守、尉搜出集中烧毁。有谁敢相聚谈论《诗经》、《书经》的，在市上处死。推崇古代，诽谤当代的，杀掉整个家族，官吏有知道而不检举的以同罪论处。命令下达后30天，仍然不烧书的，就脸上刺字发配到边疆去修长城，服劳役三年。只有医药、占卜、种树一类的书仍可保存，不必烧毁。如果有人想学法令，可以让官吏做老师。

秦始皇下诏说：可以依照这个办法去做。于是，一次全国范围内的焚书事件发生了。

次年，又发生了一起坑儒事件。这件事是由几个方士畏罪逃亡引起的。原来秦始皇十分迷信方术和方士，认为他们可以为自己找到神仙真人，求得长生不死之药。这些方士长期没有效验，害怕骗局被揭穿而被治罪，只好逃走，特别是秦始皇最相信的两位方士侯生、卢生也逃走了。秦始皇大怒，下令御史审讯在咸阳的全部方士与儒生，他们互相牵连告发，结果查出犯禁者460多人，全部坑杀于咸阳。

秦始皇的焚书坑儒，意在维护统一的中央集权制度，反对是古非今，打击方士荒诞不经的怪谈异说，但并未收到预期的效果，千百年来为史学界和其他知识界所否定，落下个"暴君"的骂名。但毛泽东却以新的视角，对秦始皇加以肯定，并提出必须为秦始皇彻底翻案。

在1958年2月3日中央政治局扩大会议上，毛泽东谈到对秦始皇的评价时说："一股风一来，本来是基本上好的一件事，可以说成不好的；本来是基本上一个好的人，可以说他是坏人。比如我们对于秦始皇，他的名誉也是又好又不好。搞了两千多年，封建社会没有人讲他好的，自从资本主义兴起来，秦始皇又有名誉了。但是，共产主义者不是每个人都说秦始皇有点什么好处，不是每个人都估计得那么恰当。这个人大概缺点甚多，有三个指头。主要骂他的一条是焚书坑儒。一个古人，几千年评价不下来，当做教训谈谈这个问题，同志们可以想一想。"（《毛泽东著作专题摘编》，中央文献出版社2003年版，第2281—2282页）

同年5月，毛泽东在中共八届二次会议上所作的长篇发言里又谈了秦始皇，特别是秦始皇的"焚书坑儒"。他说："范文澜同志（历史学家）最近写了一篇文章（指《历史研究必须厚今薄古》），我看了很高兴。这篇文章引用了很多事实证明厚今薄古是我国的传统。敢于站起来说

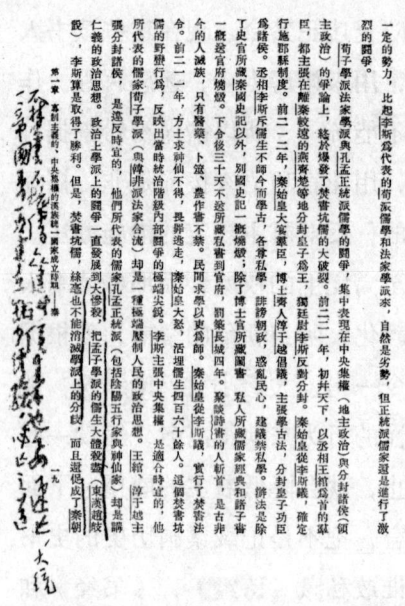

毛泽东读范文澜著《中国通史简编》批注

看八·大·帝·王

不焚书不坑儒众建诸侯秦也要速亡；大统一帝国第一次建立缺少经验，必亡之道

《中国历史研究简编修订本》第十九页

一定的势力，比起李斯所代表的衙派儒和诀家学派来，自然是劣势。但正统派儒家却是进行了激烈的斗争。

荀子学派法家学派所代表的荀孟正统派说儒的斗争。地正统治，地分封诸侯，倾主政治的学论上，终于爆发了焚书坑儒的大破裂。前二一二年，初并天下，以丞相王绾为首的谋主张政治。丞相李斯在离秦较切的商南等地封皇子为王，确定郡县制度。

前二二一年，各掌私学。博士淳于越提倡复古，秦始皇反对分封。一概烧掉，秦始皇焚诗书。民间求偶记书只是私藏，除了博士官所藏以外，别国史记一概烧掉，有医药、卜筮、农作者不烧。是禁遏也。

今约入诸家，政治上李派大获胜利。但是，焚书坑儒，绿卷也不能消洞漏网上，而且造成了篡做。

第二　前二一二年，方士求仙不得，是谤讥，今之入诸家，李斯主张中央集权，焚书是封建内部斗争的极端尖锐，却是禁遏。民间私藏不得，农作者不烧。李斯主张郡县制，他们所代表的儒家孔孟正统派（包括陆贾五行家典阴阳家）却是禁遏。政治上李派大获胜利，把孟子学派的儒（包括陆贾生大体施治思想。王绾）直至地主张分封诸侯，是违反当时宜的政治思想。

李斯算是取得了胜利。

话了，这才像个样子。文章引用了司马迁、司马光……可惜没引秦始皇。秦始皇主张'以古非今者族'，秦始皇是个厚今薄古的专家……"

同年11月10日，毛泽东在第一次郑州会议上又系统地评论了秦始皇，把商纣王、秦始皇、曹操看做坏人是错误的。人们从书中得知，秦始皇有焚书坑儒的恶行，因此把他看做是大暴君、大坏人。焚书坑儒当然是坏事，它把蓬蓬勃勃发展起来的百家争鸣的生动局面给挫折了。但我们对什么事都应该有分析，秦始皇并不是不问什么书都焚，也不是不问什么儒都坑。他焚的是"以古非今"的书，坑的是孟子一派的儒。其实只有460人。孟子主张"法先王"，所以孟子一派的书是"以古非今"的。而荀子一派则相反，主张"法后王"，推行法家一派的学说。秦始皇是主张"法后王"，反对"法先王"的。所以，他并不坑荀子一派的儒，也不焚荀子一派的书。秦始皇"以古非今者族"的主张值得赞赏。当然，我并不赞成秦始皇的滥杀人。……但对孟子一派采取焚书坑儒的办法，太过火了。政治上要实行专政，文化上要提倡百家争鸣、百花齐放，我们现在就是这样。这一条秦始皇是办不到的。（陶鲁笳：《毛主席教我们当省委书记》，山西人民出版社2003年第2版，第149页）

1975年，病中的毛泽东与护士孟锦云谈司马光《资治通鉴》时又说："古人说，秀才造反，三年不成。我看古人是说少了，光靠秀才，30年，300年也不行噢。"小孟问："古代这么说，现代也这么说，为什么秀才就不行呢？"毛泽东接着说："因为这些秀才有个通病：一是说得多，做得少，向来是君子动口不动手；二是秀才谁也看不起谁，文人相轻嘛。秦始皇怕秀才造反，就'焚书坑儒'，以为烧了书，杀了秀才，就可以天下太平，一劳永逸了，可以二世、三世传下去，天下永远姓秦，结果是'坑灰未冷山东乱，刘项原来不读书'。是陈胜、吴广、刘邦、项羽这些文化不高的人，带头造反了。可是，没有秀才也不行，秀才读书多，见识广，可以出谋划策，帮助治天下、治国家，历代的名君都有一些贤臣辅佐，他们都不能离开秀才啊！"（郭金荣：《晚年时期的毛泽东》，1992年5月8日《南方周末》）

综上所述，毛泽东对"焚书坑儒"的评价，可以归纳为两点：

第一，坑的"是孟夫子那一派的"，即使孟轲一派的儒，但也没有坑完，他举出了漏网者是叔孙通。叔孙通又是何许人呢？叔孙通，秦末汉初薛县（今山东枣庄薛城）人。曾为秦博士，在焚书坑儒中未被坑杀。秦末农民战争中，先为项羽部属，后归刘邦，任博士。汉朝建立，他与儒生共议朝仪，以适应封建统治的需要。后任太子太傅。

第二，"焚书坑儒"的作用有限，后来推翻秦王朝的人不是读书人。毛泽东所引的两句诗，见于晚唐诗人章碣《焚书坑》。章碣为桐庐（今浙江桐庐）人，诗人章孝标之子。他在唐末咸道、乾简年间，屡试不第，后不知所终。《全唐诗》存其诗26首。其诗语多愤激，例如"尘土十分归举子，乾坤大半属偷儿"（《癸卯岁登高会中赠同志》），是很泼辣的诗句。他的《焚书坑》一诗，毛泽东十分喜欢，除这次谈话外，还曾数次运用。

1959年12月11日，为查找《焚书坑》一诗的作者，毛泽东给他的办公室秘书林克写了一封信：

林克：

请查找《焚书坑》一诗，是否是浙人章碣（晚唐人）写的？诗云：

竹帛烟销帝业虚，

关河空锁祖龙居。

坑灰未烬（冷）山东乱，

刘项原来不读书。

毛泽东
十二月十一日

（《建国以来毛泽东文稿》，第8册，中央文献出版社1998年版，第613页）

1966年4月14日，毛泽东在《对〈在京艺术院校试行半工（农）半读〉一文的批语》中又引用了《焚书坑》一诗。他说："唐人诗云：'竹帛烟销帝业虚，关河空锁祖龙居。坑灰未冷山东乱，刘项原来不读书。'"

（《建国以来毛泽东文稿》，第12册，中央文献
出版社1993年版，第35页）

早在1945年7月1日至5日，褚福成、黄炎
培、冷遹、傅斯年、左舜生、章伯钧（王云五因
病未成行）六位国民参政员，从国民党政府陪都
重庆飞往延安访问期间，毛泽东和他们进行了多
次会见和会谈，参加宴会和迎送，并书写晚唐诗
人章碣的《焚书坑》一诗赠给傅斯年。

1995年，为纪念傅斯年百年诞辰，台湾"中
央研究院"历史语言研究所出版《傅斯年文物资
料选集》一书，该书第115页收录了毛泽东给傅
斯年一封短笺和所写条幅。便笺曰：

孟真先生：

遵嘱写了数字，不像样子，聊作纪念，今
日闻陈胜、吴广之说，未免过谦，故述唐人诗
以广之。敬颂

旅安

毛泽东

七月五日

条幅写道：

竹帛烟销帝业虚，关河空锁祖龙居。
坑灰未冷山东乱，刘项原来不读书。
唐人咏史诗一首，书呈孟真先生

毛泽东

章碣的《焚书坑》一诗所写的"焚书坑"，
据传是当年秦始皇焚书的一个洞穴，旧址在今陕
西临潼东南的骊山上。章碣或许到过这里，目之

"唐人诗云：'竹
帛烟销帝业虚，关河空
锁祖龙居。坑灰未冷山
东乱，刘项原来不读
书。'"（《建国以
来毛泽东文稿》，第
12册，中央文献出版社
1993年版，第35页）

所见，感慨系之，便写了这首诗。诗中的"竹帛"是古代写书的材料，这里指书。关河，函谷关和黄河。祖龙，指秦始皇。刘项，指刘邦、项羽，均为秦末农民起义领袖。刘邦曾任泗水亭长，本是下层小吏。项羽为楚国贵族，两人都识字不多。项羽消灭了秦王朝的军事主力，刘邦先攻占秦都城咸阳，后击败项羽，建立汉朝，是为汉高祖。

这首诗就秦末的动乱局面，对秦始皇的"焚书坑儒"的暴行，进行了辛辣的嘲讽和无情的谴责。在毛泽东看来，秦始皇"焚书坑儒"的失误，在于他以为烧了书、杀掉儒生就万事大吉了，谁知道推翻秦王朝统治的刘邦和项羽，都不是读书人。正是在这个意义上，他非常赞同章碣《焚书坑》的观点。

七、对秦始皇，"要一分为二"

1975年，"'批儒评法'时，有人大捧秦始皇，不准人们对秦始皇作历史的分析。芦荻也向主席请教过这个问题：对秦始皇到底怎么看？主席指出，秦始皇作为一个历史人物评论，要一分为二。秦始皇在历史发展过程中的进步作用要肯定，但他在统一六国以后，丧失了进取的方面，志得意满，耽于佚乐，求神仙，修宫室，残酷地压迫人民，到处游走，消磨岁月，无聊得很。陈胜、吴广揭竿而起，反抗秦的暴政，其中就包括对秦始皇，完全是正义的。这次战争掀开了我国封建社会中波澜壮阔的农民战争的序幕，在历史上有很大意义"。（杨建业：《在毛主席身边读书——访北京大学中文系讲师芦荻》，1978年12月29日《光明日报》）

毛泽东认为："世界上无论什么事物，总是一分为二。"（《对周扬〈哲学社会科学工作者的战斗任务〉讲话稿的批语和修改》，《建国以来毛泽东文稿》，第十册，中央文献出版社1996年版，第401页）

又说："我们分析一个事物，首先要分解，分成两个方面，找出哪些是正确的，哪些是不正确的，哪些是应该发扬的，哪些是应该丢掉的，这就是批评。"（《时局问题及其他》，《毛泽东文集》，第三卷，人民出版社1996年版，第254页）

毛泽东
看
八·大·帝·王

　　"一分为二"，原是我国古代哲学术语，指太极生成对立面，后也指事物的发展过程。隋唐杨上善解释《老子》"道生一，一生二，二生三，三生万物"时首用此语。他说："从道生一，谓之朴也。一分为二，谓天地也。从二生三，谓阴阳和气也。从三以生万物，分为九野四时日月乃至万物。"（见《黄帝内经太素·设方·知针石》注）后转为马克思主义哲学术语。意谓所有统一物都分为两个互相排斥的部分，都是对立的统一，也就是都包含内在矛盾。毛泽东在《党内团结的辩证方法》中也指出："一分为二，这是个普遍现象，这就是辩证法。"

　　用"一分为二"评价人，就是要区分正确与错误、成绩与缺点。简言之，就是分析功过是非。1956年，在评价斯大林的功过时，毛泽东又提出了"三七开"。所谓"三七开"，是指十分之三与十分之七的比例加以分配。有时他还用一个指头与九个指头、三个指头与七个指头来形容。鉴于当时赫鲁晓夫大反斯大林，骂斯大林是暴君、白痴，一无是处。毛泽东在《论十大关系》中说："苏联过去把斯大林捧得一万丈高的人，现在一下子把他贬到地下九千丈。我们国内也有人跟着转。中央认为斯大林是三分错误、七分成绩，总起来还是一个伟大的马克思主义者，按照这个分寸……三七开的评价比较合适。"（《毛泽东选集》第五卷，人民出版社1977年版，第286页）

　　毛泽东也是用"一分为二"的观点评价秦始

"苏联过去把斯大林捧得一万丈高的人，现在一下子把他贬到地下九千丈。我们国内也有人跟着转。中央认为斯大林是三分错误、七分成绩，总起来还是一个伟大的马克思主义者，按照这个分寸……三七开的评价比较合适。"（《毛泽东选集》第五卷，人民出版社1977年版，第286页）

皇。他说："这个人（秦始皇）缺点甚多，有三个指头。"也就是，像他评价斯大林一样，对秦始皇功过也是"三七开"：三分缺点，七分成绩。总的来看，"秦始皇是个好皇帝"，这个评价是很高的。

有人可能会问：秦始皇这么了不起？为什么秦朝在他死后不到三年就灭亡了呢？毛泽东对西汉政论家贾谊《过秦论》中的说法十分赞同。他说，贾谊是政治家，他写的《过秦论》是以人民力量和人民的向背为基本立足点，来观察国家兴衰、帝王成败的。所以，《过秦论》最后的一句话概括秦朝速亡的原因是："仁义不施，攻守之势异也。"用现在的话说，就是对人民施行暴政，丧失了民心。这是值得后世吸取的深刻教训。

（陶鲁笳：《毛主席教我们当省委书记》，山西人民出版社2003年第2版，第152页）

殷纣王 刘彻 刘邦 赵胤 匡 刘邦是『一位高明的政治家』
李世民 曹操 刘邦
秦始皇 朱元璋

一、推翻秦朝

（一）"刘邦是个大草包"

刘邦（前256—前195），字季，生于沛丰邑（今江苏沛县）中阳里。其父刘太公是一个十分老实的农民，其母刘媪也是操持家务的农村妇女。弟兄四人，他排行第三。老大刘伯，壮年早逝，留下一妻一子。老二刘仲，是个本分的庄稼人，很会打理生活，深得父母欢心。老四刘交，读过几年书，也没有做过什么官。刘邦便是出生、成长于这样一个非常普通的农民家庭。

刘邦像

刘邦的出生十分奇怪，据《史记》记载，他母亲刘媪曾在一个大湖岸边休息，睡梦中和一条龙交配。当时雷电交加，天昏地暗。当他父亲去找他母亲时，只见一条蛟龙缠在她母亲身上。后来刘媪怀孕生了刘邦。据说，刘邦相貌奇特，高鼻梁，像龙一样丰满的额角，漂亮的须髯，左腿上有72颗黑痣。

刘邦作为农民的孩子，本应该好好种田养家糊口，而事实上，他不愿再过脸朝黄土背朝天的艰辛生活，整天东游西逛，不肯用劲种田，也不好好读书，大字不识几个，"是个大草包"（萧延中：《晚年毛泽东》，春秋出版社1989年版，第258页）。所谓"大草包"，是指那些没有真才实学、说话行动莽撞粗鲁的人。毛泽东还说刘邦是"大老粗"（陈晋：《毛泽东评点二十四史·人物精选》，时事出版社1997年版，第1402页）。所谓"大老粗"，是指没有文化的人。这样看来，刘邦确实是一个没有文化而又粗鲁莽撞的人。

刘太公对刘邦很不满意，经常责备他游手好闲，并拿他与二哥作比较，让他好好学习兄长。刘邦对老父的教诲只当耳旁风，对庄稼人的生活更是不屑一顾，依然我行我素。

时隔多年之后，当了皇帝的刘邦还不忘父亲的批评。在一次盛大宴会上，刘邦有几分醉意，对父亲说：小时候，大人视我为无赖，不能治产业，不如我二哥。今天我治这份产业（指得天下），与二哥相比，哪个更多呀？话音刚落，未央宫中哄堂大笑，群臣齐呼万岁。当时，刘仲也参加了宴会，两年前，他被刘邦封为代王，此次是以诸侯王身份赴宴的。

毛泽东在读《汉书·高帝纪》时，借用晚唐诗人唐彦谦的《七绝·仲山》批评说："千载遗踪寄薜萝，沛中乡里旧山河。长陵亦是闲丘陇，异日谁知与仲多。"

刘邦长大以后，为人放荡，不拘小节，有些作为，颇近于地痞流氓。到了壮年，试着做官，居然当上了泗水（今江苏沛县东南古泗水东岸）亭长。所谓亭长，秦汉时在乡村每十里设一亭，置亭长，掌管治安，捕捉盗贼，管理民事，兼管停留旅客。当上亭长后，刘邦身上的无赖习气更浓。他爱好喝酒，喜欢女色，性情粗鲁，开口伤人，与官场中的同僚混得很熟，称兄道弟，没大没小。刘邦有时没有钱，常去王媪、武负家的小酒馆赊酒喝，喝醉了倒头便睡。当他睡着时，人们就看见他身上有一条龙，知道他不是平凡的人。他每次来买酒，或在酒馆中喝酒，酒馆的酒就会比平常多卖几倍。所以到年终，这两家酒馆常勾销账目，放弃债权。

后来刘邦当了皇帝，无赖如旧，不改老粗本色。他有一位大臣周昌，性格耿直，敢于直言谏诤。有一天，他入内殿奏事，正好撞上刘邦抱着戚夫人亲热，转身就往外跑。谁知刘邦追上去，把他撂倒，骑在脖子上，问：我是什么样的皇帝？周昌梗着脖子说：陛下是夏桀、商纣一样的暴

八·大·帝·王

君！刘邦大笑，放了周昌。

元朝人睢景臣写了一套曲子，叫做《［般涉调］哨遍·高祖还乡》，勾画出刘邦当皇帝后衣锦还乡的情景，活脱脱地再现了他的流氓形象。曲尾写道：

〔二煞〕你身须姓刘，你妻须姓吕。把你两家儿根脚从头数：你本是做亭长耽几盏酒，你丈人教村学读几卷书。曾在俺庄东住，也曾与我喂牛切草，拽坝扶锄。

〔一煞〕春采了俺桑，冬借了俺粟。零支了米麦无重数。换田契强称了麻三秤，还酒债偷量了豆几斛。有甚胡突处？明标着册历，见放着文书。

〔尾〕少我的钱，差发内旋拨还；欠我的粟，税粮中私准除。只道刘三，谁肯把你揪捽住？白甚么改了名，更了姓，唤作汉高祖！

曲中，老农无知，认为刘三为了赖账，才改名换姓，叫做汉高祖。令人忍俊不禁！

刘邦曾经到秦朝京都咸阳（今陕西咸阳东北）服徭役，有一次秦始皇驾车出巡，准许老百姓观看。他看到了秦始皇出巡的盛大气派，感慨地说：啊，大丈夫就应该这样！

单父（今山东单县）人吕公，与沛县县令要好，为了躲避仇人到县令家做客，后来索性把家也搬到沛县。县里的豪杰和官吏们，听说县令家来了贵客，都去送礼祝贺。萧何是县里的主吏，掌管收贺礼，他大声对来祝贺的人说，贺礼不满一千钱的，坐在堂下。刘邦做亭长，素来看不起那些官吏，就高声喊道：我贺一万钱！实际一文钱也没有拿。通报进去以后，吕公大吃一惊，连忙出来迎接。吕公这个人，喜欢给人看麻衣相，见刘邦相貌不凡，很尊重他，就把他让到堂上坐上座。萧何开玩笑地说，刘季向来好说大话，很少办成事。刘邦根本不把在座的客人放在眼里，就大大咧咧地坐了上座，毫不谦让。

酒宴散了，吕公示意刘邦不要走并对他说：我从年轻时起就好给人看相，相过很多人，没有见过你这样的贵相，希望你多多自爱。我有个亲生女儿，愿意许配给你做执帚洒扫的妻子。酒宴后，吕媪埋怨吕公说：你常说要特别看待这个女儿，把她嫁给贵人。沛县县令和你是朋友，要你把女儿嫁给他，你都不答应，怎么糊里糊涂地许给刘季这个穷光蛋呢？吕公说，这不是妇女和孩子所能懂得的。吕公把女儿吕雉嫁给了刘季，她就是后来的吕后，生了孝惠帝刘盈和鲁元公主刘乐。

刘邦当泗水亭长时，常休假回家。吕雉带着两个孩子在地里拔草，有一个过路的老人向她讨水喝，吕雉就招待他吃了顿饭。老人端详了吕雉一会儿，说：夫人是天下的大贵人。吕雉又让他给两个孩子看看相，老人先看了看刘盈，说：夫人之所以显贵，就是这个孩子的缘故。又看了看刘乐，也说是贵人之相。

老人刚走，刘邦回来了。吕雉告诉他，过路老人给她母子看相，说她娘儿仨都是富贵相。刘邦问，老人到哪里去了？吕雉说，才走不多远。

刘邦急忙追上老人，向他请教。老人说：我刚才给您夫人和孩子看了相，他们都和您相似。您是大富大贵的相，贵不可言。刘邦向老人道谢说：如果真像你说的那样，我绝不忘记你老人家对我的恩德。到后来刘邦真的显贵了，就是不知道老人到哪里去了。

早在1926年，毛泽东就指出："汉高祖是流氓，也是无产阶级推倒贵族阶级的革命家，不过在农业社会里他们革命成功后，又做起皇帝，自己又变成贵族阶级了。"（《毛泽东文集》第一卷，人民出版社1993年版，第35页）所谓"流

看
八·大·帝·王

氓"，本指无业游民。后用以指不务正业、为非作歹的人。刘邦虽非游民，但作为农民子弟不努力耕田，又经常惹是生非，所以毛泽东说他"是流氓"。

（二）沛县起兵

刘邦做泗水亭长时，经常戴一顶用竹皮编的帽子，这种帽子是他派人到薛县定做的，等到显贵时也仍然常戴着，被人们称为"刘氏冠"。从这件小事可以看出，刘邦是一个特立独行的人物。

刘邦虽然只是一个小小的亭长，但他人脉不错，交际颇广，士农工商，三教九流，几乎无所不交。属于上层的，如夏侯婴、萧何、曹参、任敖。还有他的属员周昌、周苛兄弟，乃至市井屠夫樊哙，他都能开诚相见，结为好友。

有一次，刘邦奉命送一批民夫到骊山秦始皇陵墓工地服劳役，走在路上，这些人开小差的越来越多。他估计，等走到骊山，差不多也就逃跑光了。到那时，按照秦朝法律，不按期服役或逃跑都要处以死刑。刘邦想，到达咸阳也是死罪，还不如大家逃个活命。一天夜里，他让民夫们吃饱了饭，喝足了酒。然后，对大家说：各位都逃吧，我也从此逃走了！

民夫中有十多个年轻力壮的人，觉得刘邦挺讲义气，愿意跟着他走。刘邦带着酒意，当夜抄小路通过一片沼泽地，派两个人到前面探路。不一会儿，探路的人回来报告说：前面有一条大蛇横在路上，我们另找别路吧。刘邦毅然决然地说：好汉走路，无所畏惧！于是，他冲到前面，拔出所背的剑来，把大蛇砍为两段。他带着人们继续往前走，走了几里路，酒力发作，便躺下睡觉。这时，有一个老太太哭着走来。人们问她为什么哭？老太太哽咽着说，有人把她的儿子杀了，她怎能不哭？人们又问老太太，人家为什么杀她的儿子？老太太说她儿子是白帝的儿子，转化为蛇，横在路当中，现在被赤帝杀了。大家知道老太太说的是刘邦斩的那条蛇，都将信将疑，想要再向老太太问个明白，老太太却忽然不见了。大家喊醒刘邦，把刚才老太太说的话告诉了他。他听了心里非常高兴，觉得自己不是一般凡人。那些跟随他的人对他更加敬畏了。

秦始皇曾说，东南有天子气。因而多次巡游东方，想以此来镇压东南的天子气。刘邦怀疑是指他，就逃跑到芒砀山中藏了起来。吕雉和别人一起去找他，常常一去就能找到。刘邦感到奇怪，就问吕雉原因。吕雉说：你所藏身的地方，上面常有云气，向着有云气的地方去找，就能找到你。沛县子弟听到这件事后，很多人都想归附刘邦。

对于史书中这种迷信的描写，毛泽东有十分精辟的评论。1975年5月29日，据当时陪毛泽东读书的北京大学女教师芦荻回忆，毛泽东认为二十四史大半是假的，并举出了如下理由和例证加以说明。他说："一部二十四史，写祥瑞、迷信的文字，就占了不少，各朝各代的史书里都有。像《史记·高祖本纪》和《汉书·高帝纪》里，都写了刘邦斩白蛇的故事，又写了刘邦藏身的地方，上面常有云气，这一切都是骗人的鬼话。"（芦荻：《毛泽东读二十四史》，《光明日报》1993年12月20日）

秦二世元年（前209）七月，阳城（今河南登封）人陈胜（？—前208）、阳夏（今河南太康）人吴广（？—前208）带领秦朝政府征发间左贫民屯戍渔阳（今北京密云西南）的戍卒900人，走到蕲县大泽乡（今安徽宿州西南），因为下大雨，不能按指定时间到达。由于按秦朝法律，过了时间就要杀头，屯长陈胜、吴广便组织群众，杀死押解戍卒的都尉，举行起义，揭开了秦末农民大起义的序幕。此次起义，各地纷纷响应，郡县多杀其长吏响应陈胜。沛县县令也想在沛县发动起义。主吏萧何、狱掾曹参对他说：你身为秦朝的官吏，如今背叛朝廷，率领沛县子弟，发动起义，恐怕他们不愿听从你的命令。你最好召集逃亡在外的人，可以得到几百人。利用这股力量，胁持群众，他们就不敢不听你的命令了。县令派樊哙去召回刘邦，此时刘邦已有上百人的队伍了。

刘邦跟着樊哙回到沛县，沛县县令又后悔了，害怕刘邦危害自己，就紧闭城门，派人把守，不许刘邦进城，打算杀掉萧何、曹参。萧何、曹参十分害怕，就翻越城墙逃出来投奔刘邦。刘邦用帛写了一封信，用弓箭射到城上，告诉沛县父老乡亲说，天下遭受秦朝的苦难已经很久了！现在父老乡亲为县令守城，但各国诸侯都起义了，一旦城被攻破，就要屠杀全

毛泽东看八·大·帝·王

城。如果沛县父老乡亲共同起来杀掉沛县县令，推选子弟中可以当首领的当头，响应各路义军，那就能保全身家性命。不然的话，全城百姓都会被杀害，死得毫无意义。

沛县百姓觉得刘邦说得很有道理，就一起冲进县衙，杀死县令，打开城门，欢迎刘邦入城，想让他做县令。刘邦对大家说：现在天下大乱，诸侯都已起义，如果推举的将领不能胜任，就会一败涂地。我不是怕死，只怕自己能力有限，不能保全父老乡亲。这是一件大事，希望大家另外推举一位能胜任的人。

萧何、曹参都是文官，看重身家性命，怕起义失败，秦朝会诛灭他们的家族，所以都推举刘邦。父老们一起对刘邦说：我们平时听到你很多奇异的故事，看来你是个大福大贵的人。而且经过占卜，没有比你更吉利的。刘邦再三谦让，其余人都不敢担当，最后还是立他为沛公。人们在衙门大院里祭祀黄帝和蚩尤，又用牲畜血液衅鼓，旗子一律红色，因为刘邦被认为是赤帝的儿子，所以崇尚赤色。于是，少年子弟和有势力的权贵，如萧何、曹参、樊哙等人，都帮助刘邦征集士兵，很快就聚集了两三千人。刘邦起兵反秦。先攻打附近的胡陵、方与，后攻占丰邑（今江苏丰县）进行固守。

萧何像

（三）入关破秦

秦二世二年（前208），陈胜的部将周章率部队向西攻打到戏亭（今陕西临潼东北戏水西岸），战败退回。燕、赵、齐、魏都自立为王。项梁、项羽叔侄在吴地率兵起义。秦泗水郡郡监平率兵包围了丰邑，两天后刘邦出兵应战，打败了秦军。刘邦把丰邑交给雍齿把守。雍齿是刘邦的同乡，很有才干，刘邦当亭长时，曾被他在大庭广众下羞辱过。刘邦不计前嫌，让他守卫自己的大本营。但刘邦忘了，雍齿一向看不起他，根本不愿在他手下效力。所以，一有机会，雍齿就想脱离刘邦。

刘邦自己率兵去攻打薛郡（今山东曲阜），泗水郡守壮在薛地战败，逃往戚地（今河南濮阳北）。刘邦擒获泗水郡守壮，并将其杀死。刘邦回到亢父（今山东济宁市南），到了方与，没有交战。陈胜派魏人周市攻城略地。周市派人对雍齿说：丰，原来梁王曾迁徙到这里。如今魏王已攻占数十座城池，你雍齿如果降魏，魏王会封你为侯，仍然驻丰邑。不投降的话，我们的军队就要血洗丰邑。雍齿便投降了周市，为魏驻守丰邑。

刘邦得知雍齿背叛，十分恼火，领兵攻打丰邑，没有攻下。刘邦因心急而患病，便回到沛县。他听说东阳县的宁君、秦嘉立景驹为假王，住在留县，就去归附他们，目的是想借他们的兵力攻打丰邑。

这时，秦朝大将章邯正在追击陈胜的起义军，另一位将领司马展则率部向北进军，攻占楚地，到了砀县（今河南永城东北）。宁君、刘邦引兵西进，与司马展在萧县（今安徽萧县）交战，没有取得胜利。刘邦退回来收集残兵，聚集在留县（今江苏沛县东南），带兵去攻打，三天就攻下了砀县。他收编砀县的秦军，得到五六千人，将下邑（今安徽砀山县）攻破。然后，部队撤回丰邑。刘邦听说项梁在薛县，便带了一百多名随从骑兵去见项梁。项梁给刘邦拨士兵五千多人，小军官十人。刘邦回来后，率兵再攻丰邑，此战胜利，雍齿败走魏地。

刘邦跟随项梁一个多月，项羽已经攻克襄城（今河南襄城）返了回来。项梁将其他部将都召集到薛城，确信陈胜已死，就立原来楚王室的后人楚怀王的孙子熊心为楚王，都城在盱眙（今江苏盱眙），项梁为武信君。七月，向北攻打亢父，刘邦跟随项梁救援东阿（今山东平阴东南旧东阿）被秦军包围的齐将田荣，大破秦名将章邯。齐军撤回齐地，楚军单独追击败兵。楚王派刘邦、项羽另率军队攻打城阳（今山东菏泽东北），城破后，大肆屠杀城中军民。刘邦、项羽把军队驻扎在濮阳（今河南濮阳）东面，与秦军交战，取得了胜利。随后秦军又卷土重来，固守濮阳，引黄河水绕城作为护城河，楚军离去，转攻定陶（今山东定陶），没有攻下。

八月，刘邦和项羽率军西进，攻城略地，直到雍丘（今河南杞县）城下，与秦军交战，大破秦军，杀了秦将三川守李由。李由是丞相李斯的儿子，他的被杀，震动很大。他们又回军攻打外黄（今河南兰考东南），没有攻下。

项梁又一次打败秦军，十分骄傲。宋义劝他，不听。秦派兵增援章邯，章邯夜间令士兵偷袭，项梁战死。当时，刘邦、项羽正在指挥部队攻打陈留（今河南开封东南45里陈留镇），听说项梁死了，他们就带领队伍和吕臣一起向东进发。吕臣部驻扎在彭城（今江苏徐州）东面，项羽部驻扎在彭城西面，刘邦部驻扎在砀。

章邯打垮了项梁的部队以后，以为楚地的敌人不用担心了，便渡过黄河，向北进军赵地，大破赵军。当时，赵歇为赵王，秦将王离将赵王歇围困在巨鹿（今河北巨鹿），这支部队，就是所谓"河北之军"。

秦二世三年（前207），楚怀王熊心，原是一个牧羊人，却颇有才干，不愿当傀儡。项梁活着，他也许只能当个傀儡，因为项梁是楚军的实际领袖，其威望、实力和军事才能无人能比，况且楚军是以八千子弟为核心的项家私人武装。现在项梁的部队被打垮了，项梁战死，他便着手削弱项氏的力量。他下令将吕臣、项羽的部队合并在一起，由他亲自统率；任命刘邦为砀郡郡长，封为武安侯，统领砀郡的部队；项羽为长安侯，号称鲁公；吕臣任司徒；其父吕青作令尹。楚怀王将兵分两路：一路以宋义为上将，项羽为副将，范增为末将，北上援助赵军；一路由刘邦率领，向西攻城略地，进攻关中。另外，与各位将领约定：先攻入关中的，就封在关中做王。项羽因怨恨秦将杀死其叔父项梁，积极请战，要求率兵攻关中。楚怀王认为他剽悍残暴，不准；而认为刘邦比较宽厚，所以派刘邦进攻关中。

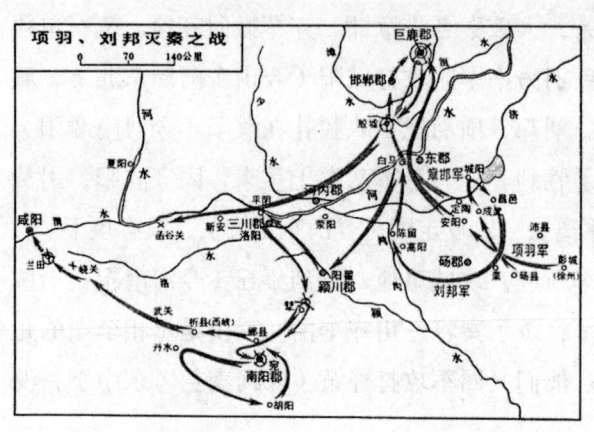

刘邦、项羽灭秦之
战示意图

刘邦率军从砀郡出发，在成阳、杠里两败秦军，到昌邑（今山东巨野东南）遇见彭越，合兵一处，共击秦军。没有取胜，还军栗（今河南夏邑），夺取楚怀王部将刚武侯的部队，得到4000人，向西进到高阳（今河南杞县高阳镇）。

当时，刘邦手下有三杰：萧何、张良和韩信；也有三说客：郦食其、随何与陆贾。其中，郦食其被称为秦汉之际第一说客。郦食其是高阳人，他当时去见刘邦，并献了破陈留之计。1962年1月30日，毛泽东在扩大的中央工作会议上饶有兴致地叙述说："另外一个人叫刘邦，就是汉高祖，他比较能够采纳各种不同的意见。有个知识分子名叫郦食其，去见刘邦。初一报，说是读书人，孔夫子这一派的。回答说，现在军事时期，不见儒生。这个郦食其就发了火，他向管门房的人说：你给我滚进去报告，老子是高阳酒徒，不是儒生。管门房的人进去照样报告了一遍。好，请。请了进去，刘邦正在洗脚，连忙起来欢迎。郦食其因为刘邦不见儒生的事，心中还有火，批评了刘邦一顿。他说：你究竟要不要取天下，你为什么轻视长者！这时候，郦食其已经60多岁了，刘邦比他年轻，所以他自称长者。刘邦一听，向他道歉，立即采纳了郦食其夺取陈留

"另一个人叫刘邦，就是汉高祖，他比较能够采纳各种不同的意见。"（《毛泽东文集》第八卷，中央文献出版社1999年版，295页）

县的意见。此事见《史记》郦生陆贾列传。"（《毛泽东文集》第八卷，
中央文献出版社1999年版，第295页）

由于郦食其的指点，刘邦顺利地攻下了西进关中的战略要冲陈留县，
夺得了大批粮草，武装了部队。刘邦封郦食其为广野君，其弟郦商为将
领，统领陈留的部队六千人，与刘邦一起攻打重镇开封。然而，开封城池
坚固，很难攻下，就转而向北攻白马（今河南滑县旧城东）、曲遇，大破
秦将杨熊。杨熊被迫退到荥阳（今河南荥阳），被秦二世派使者斩首示众。

刘邦最初打算一路向西，从函谷关（今河南灵宝东北）攻入关中，直
捣秦都城咸阳。但他一路猛攻，屡屡受挫。这时，又听说赵将司马卬正准
备渡过黄河，进入函谷关，心里更加紧张，生怕别人抢了头功。于是，
刘邦就向北进军，攻打平阴（今河南孟津北），切断黄河渡口。然后，
率领部队向南进发，在洛阳东面作战。战斗不利，退回阳城（今河南登
封东南告成镇），集中军中的骑兵，与南阳郡守齮交战，打败了齮，攻
取了南阳郡的郊县，齮逃回宛城（今河南南阳）坚守，一时攻不下来。

刘邦想绕过宛城西进，直取关中。张良劝谏说：沛公你虽然急于进
入函谷关，但秦兵还很多，又占据险要地方防守。如今不先打下宛城，宛
城守军从背后攻击，强大的秦军在前面阻击，我军就会陷入腹背受敌的境
地，这种战术非常危险！于是，刘邦就在夜间率兵从另一条道路返回，天
亮时将宛城包围得水泄不通。郡守齮想自杀，他的舍人陈恢对他说，不如
投降刘邦，投降不成，再死也不迟。

于是，陈恢翻越城墙去见刘邦，说：我听说阁下接受楚怀王的约定，
先攻入咸阳的在关中称王。现在阁下的部队停驻在宛城。宛城是个大郡的
治所，连绵几十座城池，人口众多，粮食充足，官吏和民众以为投降肯定
会被处死，所以都登上城墙，坚决抵抗。如果足下长时间被拖在这里攻
城，士兵死伤一定很多；如果率兵离开宛城，宛城守军自然会跟踪追击。
那样，足下在前方将失去先入咸阳的机会，后方又有强大的宛城守军为
患。为足下设想，不如明确约定，招他们投降，封南阳郡守官爵，让他留
守，足下带领宛城士兵一起向西进发。许多没有攻下的城邑，听到这个消

息，都会争先恐后打开城门，等待足下，足下可以通行无阻。

刘邦说，好。于是他封南阳郡首为殷侯，封给陈恢一千户。然后他带领部队向西进发，所到之处，没有不降服的。到达丹水，高武侯鳃、襄侯王陵在西陵向刘邦投降。他回军攻打胡阳，正好碰到番君的别将梅鋗，与他一起，迫使忻县（今山西忻州市）、郦县（今河南南阳西北）投降。刘邦派遣魏人宁昌出使秦关中，使者没有回来。这时章邯已经带领所部在赵地投降项羽。

起初，项羽和宋义向北进军援助赵王，等到项羽杀死宋义以后，代替宋义的职位自己做了上将军，英布等许多将领都成了他的部下。后来，项羽打垮了秦将王离的部队，章邯又向他投降，诸侯都归附了他。这时宦官赵高杀死秦二世，立子婴为秦王。他派人来见刘邦，想和刘邦订立盟约，在关中分地称王，刘邦没有答应。刘邦采用张良的计策，派郦食其、陆贾去游说秦军将领投降，用重金引诱他们，晓以利害。刘邦趁秦军懈怠，绕过峣山，翻越黄山，突然发起进攻，在蓝田（今陕西蓝田）南大破秦军，又在蓝田北再破秦军，秦军彻底瓦解。

汉元年（前206年）十月，刘邦的部队先于其他各路部队到达灞上（今陕西西安东），灞上为古代咸阳、长安附近军事要地。秦王子婴乘坐白马拉的不带装饰的车子，用丝带系着脖子，捧着皇帝的印玺和符书，在轵道亭（在今陕西西安东北）旁向刘邦投降，秦朝灭亡。

（四）约法三章

当时，刘邦的部将中，有人主张杀掉秦王子婴。刘邦说：当初楚怀王派我率兵西进，本来是因为我待人宽厚。况且秦王已经主动投降，还要杀死他，不吉利。于是，将秦王交给了官吏，刘邦率军向西进入咸阳。秦"宫室帷帐、狗马、重宝、妇女以千数"。刘邦向来贪酒好色，一见宫中富丽堂皇、珠光宝气，自然经不起诱惑，便想留在宫中居住。当时，率直的樊哙对他一顿批评，他并不听从。谋士张良再次苦苦劝谏，刘邦才下令封存府库，还军灞上。这时，刘邦的思想发生了变化。正如项羽的谋士范

增所说："沛公居山东时，贪于财货，好美姬。今入关，财物无所取，妇女无所幸，此其志不在小。"（《史记·项羽本纪》）

十一月，刘邦召集诸县父老豪杰说："父老苦秦苛法久矣"，"与父老约法三章耳：杀人者死，伤人及盗抵罪。余悉除去秦法"。秦民大喜，争献牛羊酒食飨军。刘邦因为仓库粮食多，不劳民破费，拒收百姓所献食物，百姓更加高兴，"唯恐沛公不为秦王"。

有人劝刘邦说，秦地比天下富足十倍，地势好。如今听说章邯投降了项羽，项羽就封他为雍王，在关中做王。现在即使来到关中他自己的封地，沛公恐怕也不能占有这个地方了，应该赶快派兵把守函谷关，不让诸侯兵马进来，在关中逐渐征集军队，以加强实力，抵抗诸侯军队。

十一月中旬，项羽率领各路诸侯大军来到函谷关。听说刘邦先入了关，并派部队把守函谷关，不放诸侯入关，项羽大怒，派遣英布率兵攻破函谷关。十二月，项羽至戏亭（今陕西临潼东北戏水西岸），准备攻打刘邦。在项伯、张良的斡旋下，刘邦到鸿门与项羽和解。

二、打败项羽

秦王朝灭亡之后，社会矛盾发生了变化。刘邦与项羽争夺天下，成了天下大事，最终刘邦打败项羽，建立了汉朝。

（一）鸿门宴

刘邦与项羽的第一次较量，应该是鸿门宴。这场没有硝烟的战争，实在惊心动魄，关涉重大。

刘邦的左司马曹无伤听说项羽发怒，要攻打刘邦，便派人告诉项羽说，刘邦想在关中称王，让子婴做相国，珍宝全部归他所有。他打算以此求得项羽的封赏。项羽听后更加愤怒，谋士范增劝项羽进攻刘邦。当时项羽让士兵饱餐战饭，准备次日与刘邦决战。这时项羽有军队40万，号称百万。刘邦有军队十万，号称二十万，众寡悬殊，兵力比不上项羽。恰巧项羽的叔父项伯早年犯死罪，得到张良救助得脱，知恩图报，眼看刘邦的部队面临灭顶之灾，他想救张良。他骑马夜里去见张良，并把项羽进攻刘邦的军事情报泄露给张良。张良赶忙告知刘邦。刘邦与项伯结为儿女亲家，让他劝说项羽。项羽便取消了进攻刘邦的计划。

第二天，刘邦带了随从骑兵一百多人，来拜见项羽。到了鸿门，他向项羽谢罪说：我和将军您同心协力攻打秦国，将军在黄河北作战，我在黄河南作战，我真没料到自己能先进入关中，而且能在这儿又见到您。现在，由于坏人的挑拨离间，使得将军与我有了误会。项羽说：那些话是你的左司马曹无伤说的，不然的话，我怎么会这样呢？

项羽当天就留刘邦饮宴。项羽、项伯面向东坐在首座，亚父范增面向南坐，刘邦面向北坐在下座，张良面向西坐着作陪。

席间，范增几次向项羽使眼色，举起他所佩戴的玉玦暗示项羽，意思要他下决心杀掉刘邦。范增这样做了三次，项羽总是默默地没有表示。于是，范增起身离席，走到外面，叫来项庄，对他说：我们的大王心肠太软，不忍下手。现在你快进去，上前去敬酒；敬完酒，请求舞剑助兴。趁舞剑的机会，就在筵席上把刘邦刺死。否则，你们这些人将来都会被他所虏辱！项庄听了，便进去敬酒，敬酒过后，说道：大王和沛公一起饮酒，在军营中没有什么娱乐，请让我舞剑助助兴吧！项羽说：好的。项庄就拔出剑，在席前挥舞起来。项伯猜到了项庄的用意，也赶紧离席拔剑，跟项庄对舞，并且常常用自己的身体挡住刘邦，使项庄找不到刺杀刘邦的机会。

这时候，张良走到营门外边去找樊哙。樊哙一见，忙问道，今天的事况怎么样？张良说，危急万分！现在项庄拔剑起舞，常在沛公身上打主意。樊哙说：这太危险了！让我进去，跟沛公同生死！樊哙立即一手握着剑，一手提着盾牌护身，冲向营门口。两旁持长戟交叉着的卫兵们想拦住他，不让进去，樊哙侧着盾牌用力一撞，卫兵跌倒在地，樊哙闯了进去。他掀开帐幕，往西边一站，怒目直视项羽。

项羽抬头看见，紧握宝剑柄，挺直上身，问道，这个人是来干什么的？张良说，这是沛公的卫士官樊哙。项羽说，好一个壮士！赏他一杯酒喝！旁边侍奉的人听了，立刻给他倒了一大海碗酒。樊哙拜谢起身接过酒

看
八·大·帝·王

来，就站着把它喝干了。项羽又说，赏给他一只猪腿！侍奉的人就给他一个生的猪腿。

樊哙就把盾牌反扣在地上，再把猪腿放在盾牌上，拔出剑来，一块一块地切着吃了。项羽说，真是壮士！还能喝酒吗？樊哙说：我连死都不怕，一杯酒又哪里值得推辞！从前秦王残暴得像虎狼一样，杀人唯恐不多，处罚人唯恐用不尽酷刑，因此天下的人都反对他。怀王曾与各位将军约定：谁先攻破秦军，攻入咸阳，就立他为秦王。现在沛公最先攻破秦军，进入咸阳，城里的东西，连最细小的东西都不敢碰一碰，把宫室仓库封闭好后，把军队退到灞上驻扎，等待大王到来。他之所以派将守住函谷关，也不过是防备其他的队伍进出，怕发生意外的事故罢了。沛公这样劳苦功高，不但没有封侯的赏赐，大王反而听信小人的话，想要杀害有功的人，这是继续走秦朝灭亡的老路，我个人认为大王是不该这样做的！项羽听了，无话可答，只说了声，坐下吧！樊哙就挨着张良坐下。坐了一会儿，刘邦起身上厕所，便招呼樊哙一起出来，商量如何逃走。刘邦出去后，项羽派都尉陈平去叫刘邦回来。

刘邦对樊哙等人说，刚才没有向项王告别，怎么办呢？樊哙说：干大事不可拘泥小节，行大礼不必计较琐细的礼节。如今人家正像切肉的刀和砧板，我们是鱼和肉，何必告辞呢？于是，决定不辞而别。刘邦叫张良留下向项羽去辞谢。张良问道：大王您来时可带了什么礼物吗？刘邦说：我带来白玉璧一双，打算献给项王；一对玉杯酒，打算送给范增。不巧碰上他们生我的气，因此就不敢奉献，你代我去献给他们吧！张良说：我一定照办。

当时，项羽的军队驻扎在鸿门，刘邦的军队驻扎在灞上，双方相距有四十里。刘邦留下随从的车马和跟从的人，独自骑上马，叫樊哙、夏侯婴、靳强、纪信等四人拿着剑和盾牌步行保护他。他顺着骊山脚下，经过芷阳，抄小路逃走了。临走时，刘邦对张良说：从这条小路走到我们军营，不过二十里罢了。你暂且留在里面，估计我们已经到了营地，才可进去见项王。

刘邦走后好一会儿，张良估计他们已经回到了军中，就进去向项羽辞谢，说道：沛公酒量有限，已经喝醉了，不能来面辞。他叫我奉上白玉璧一双，献给大王；玉杯一对，敬献给大将军。项羽问道，现在沛公在哪里？张良说，他听说大王有意责备他，就单身离去，现已回到军中了。项羽就接受了白玉璧，把它放在坐席上。范增接过玉杯，随手摔在地上，拔出剑来，将其砍碎，气愤地说：唉！这小子真不配和他商量大事！将来夺去项王天下的人，一定是刘邦！我们这些人都要成为他的俘虏了。

　　刘邦回到营地，立刻把曹无伤杀掉了。

　　在秦末的农民大起义中，项羽和刘邦逐渐发展成两支最强大的军事力量，最后共同推翻了秦朝的残暴统治。"鸿门宴"标志着项刘联合反秦到项刘互相争霸的历史转折点，双方出场人物的谋略、气度，高下立见，预示了刘邦打败项羽的发展趋势。

　　鸿门宴，后来指含有杀机的宴会，它还给人们留下了一个成语：项庄舞剑，意在沛公。比喻表面上有正当好听的名目，实则别有用心。

　　1945年4月20日，毛泽东在中共六届七中全会上发表《对〈关于若干历史问题的决议〉草案的说明》的讲话。他说："1940年不许提路线，1941年谈了路线，以后就发生了王明同志的问题。他养病的时候，我们整了风，讨论了党的历史上的路线问题，'项庄舞剑，意在沛公'，这是确实的，但'沛公'很多，连'项庄'自己也包括在内。"（《毛泽东文集》第三卷，人民出版社1993年版，第283页）

　　毛泽东在这里用"项庄舞剑，意在沛公"这个典故，"项庄"指王明，"沛公"指以他为首的党中央。1941年9月10至12月22日举行的中共中央政治局扩大会议，一致认为十年内战后期的错误是路线错误，但对四中全会的路线是否错误认识不一。王明拒不承认错误，反而提出要检查中央的路线。所以，毛泽东用了这个典故，意思是说王明反对中央是别有用心，其实他自己也在清算之列。

（二）夺取关中

破秦后，项羽无论威望还是实力，完全可以主宰天下。但他却没有这样做，以致坐失良机。他带领部队进入咸阳，一把火烧毁了秦朝宫殿，大火三月不熄，又滥杀无辜百姓，掠夺了秦宫财宝和美女带往彭城。关中百姓看到项羽的这些做法，大失所望。有位韩生劝他在关中建都，他拒绝了。他要回乡光宗耀祖，他认为，富贵不回故乡，就像穿着锦绣衣服走夜路，有谁知道呢！所以，有人讽刺他说，人们说楚国人就像穿着大衣、戴着人帽的猕猴，外表像人，其实不是人。现在看来，果然如此。这话传到项羽耳朵里，他就把这个人抓来活活烹死。

项羽派人去报告楚怀王，楚怀王说，按原来的约定办。项羽怨恨楚怀王不肯让他与刘邦一起向西进兵，攻打关中，而派他率兵向北救赵，在天下诸侯争夺称王关中的约定中落在后面。他说：怀王这个人，是我叔父项梁立的，没有什么功劳，凭什么主持约定？本来使天下安定的人，是各位将领和我项羽。他在表面上推尊楚怀王为义帝，实际上不听他的命令。

汉元年（前206）正月，项羽放弃了"山河四塞，地肥饶，可都以霸"（《史记·项羽本纪》）的关中，东归彭城。他自立为西楚霸王，将梁、楚地区的九个郡划为自己的领地，建都彭城。他背弃了原来的约定，改封刘邦为汉王，让其在巴、蜀、汉中称王，都城建立在南郑；把关中一分为三，封给秦朝的三个降将：章邯为雍王，都城建立在废丘（今陕西兴平南），司马欣为塞王，都城建立在栎阳（今陕西西安阎良），董翳为翟王，都城建立在高奴（今陕西延安）。封楚将瑕丘申阳为河南王，都城建立在洛阳；封赵将司马卬为殷王，都城建立在朝歌（今河南淇县城）；赵王歇迁徙易地称王；封赵将张耳为常山王，都城建立在襄国；封当阳君黥布为九江王，都城建立在六安（今安徽六安）；封楚怀王的柱国共敖为临江王，都城建立在江陵（今湖北江陵）；封少数民族首领吴芮为衡山王，都城建立在郴县（今湖南郴州）；封燕将臧荼为燕王，都城建立在蓟县；原来的燕王韩广迁徙到辽东称王，韩广不服从，臧荼在无终（今天津蓟县）攻杀韩广；封成安君陈余河间三县，住在南皮（今河北南皮）；封给梅鋗十万户的封邑。他在关东地区共封了14个诸侯王。项羽自称各诸侯王的盟主，凌驾在各诸侯王之上。

四月，诸侯们离开项羽的部队，各自回封国、封地就任。刘邦本来不同意项羽的分封，但萧何以为寡不敌众，劝他先"王汉中，养其民以致贤人，收用巴、蜀，还定三秦，天下可图也"。汉王曰："善。"刘邦到封地去，项羽让他带三万士兵，楚国和其他诸侯国的士卒仰慕刘邦追从的有几万人。他们从杜县（今陕西西安西南）南面进入蚀中（即子午谷）后便烧毁栈道，以防备诸侯军和匪徒的袭击，也向项羽表示没有东进的意图。

刘邦到达南郑（今陕西汉中东），那些将领和士兵很多在半路逃跑，剩下的都唱歌表示思念东方。韩信也在夜晚开了小差，后来萧何连夜把韩信追回，这就是有名的"萧何月下追韩信"。萧何认为韩信是难得的军事奇才，他劝刘邦斋戒沐浴，登坛拜为大将。刘邦如法做了，韩信非常高兴。他劝刘邦说：项羽封各有功的将领为王，而大王您独自封在南郑，这实际上是降职迁徙。军中将士都是函谷关以东的人，日夜翘首盼望回到自己的家乡。趁他们气势旺盛时加以利用，可以建立大的功业，等到天下稳定了，人们都安下心来，就不能再利用了。不如制订计划向东进军，争夺天下。他问刘邦，今东乡争权天下，岂非项王邪？汉王曰："然。"（《史记·淮阴侯列传》）

项羽出了函谷关，派人迁徙义帝。他说，古代做帝王统辖千里见方的土地，必须居住在上游。他派使者把义帝迁徙到长沙郴县（今湖南郴州），催促义帝快走。群臣觉得项羽太苛刻，义帝虽然没有战功，但他是一面旗帜，在起义中还是有一定号召力的，项羽这样对待他，太不公平，便逐渐背叛了项羽。项羽命令衡山王、临江王暗害义帝，把他杀死在长江以南。

齐相田荣无破秦之功，又与项羽有怨，没有得到项羽封赏。田荣一气之下，自立为齐王，杀死项羽扶植的田都，公开反对项羽的楚政权，把将军印给了彭越，让他在梁地起兵反楚。项羽派萧公角率兵攻打彭越，彭越刘邦是「一位高明的政治家」

大败萧公角。

魏地名士陈馀怨恨项羽不封自己为王，派夏说劝田荣借兵攻打张耳。张耳逃跑归附了刘邦。陈馀从代郡接回赵王歇，又立为赵王，赵王就封陈馀为代王。项羽大怒，出兵向北攻打齐国。

八月，刘邦乘项羽攻打田荣之机，采用韩信的"明修栈道、暗度陈仓"（今陕西宝鸡东）的计策，雍王从原来进军汉中的那条路回军，袭击雍王章邯。章邯在陈仓迎击刘邦军，兵败退走，停下来再战，又失败了，逃到废丘（今陕西兴平东南）。刘邦继续东进，到达咸阳，在废丘包围了章邯，汉军引北灌城，城破后章邯自杀。又派将军攻占了陇西（今甘肃临洮南）、北地（今甘肃庆阳西南）、上郡（今陕西榆林东南）。派将军薛欧、王吸从武关（今陕西丹凤东南）东出，借助王陵驻扎在南阳的兵力，到沛县去迎接太公、吕雉。项羽听到这一消息，出兵在阳夏（今河南太康）阻挡，刘邦的部队不能通过。项羽封原吴县县令郑昌为王，抵抗刘邦的部队。

萧何追韩信图青花瓷瓶

汉二年（前205），刘邦向东进攻，塞王司马欣、翟王董翳、河南王申阳都投降了，唯有韩王郑昌不愿归附，刘邦派韩信将其击败。于是，设置了陇西、北地、上郡、渭南、河上、中地各郡，改立韩太尉信为韩王。将领中率领一万人或一郡投降的，封给一万户作食邑。正月，俘虏了雍王的弟弟章平。

刘邦出函谷关到达陕县（今河南三门峡市峡州区），抚慰关外百姓，回来后张耳来降，刘邦给了他优厚待遇。

二月，刘邦下令废掉秦国号，改国号为汉。

当刘邦进入关中时，项羽认为他未必能撼动大局，而齐有赵、梁辅佐，不可不除。他打算先东后西。这时，张良送来一封信，声称刘邦只是想得到关中，无意与项羽为敌，随信还送去了齐、赵相约灭楚的盟书。这当然是为了麻痹项羽，但项羽却信以为真。他立刻决定亲自统率大军征齐，只派偏将防范刘邦。

刘邦以摧枯拉朽之势，夺得三秦，占领关中。他为了把关中建成与项羽争夺天下的基地，仍用萧何为丞相，负责政务，并采取了一系列得民心举措：秦故苑囿地都令百姓耕种；免除蜀汉民众两年的租税，关中民众参军的再加免一年租税；又令"举民年五十下以上，有修行，能帅众为善，置以为三老，乡一人。又择乡三老一人为县三老，与县令、丞、尉以事相教，复勿徭戍"。刘邦得关中是与楚争天下的第一步。

对于刘邦经营汉中、关中，毛泽东认为这是他建立了稳固的根据地。1937年春天在延安，毛泽东和萧劲光等首次登上宝塔山。他说："我们走了二万五千里，把所有的根据地几乎都丢了，只剩下这一块落脚之地。我们要在这里扎根，要学汉高祖刘邦，建立根据地。"（《世纪风采》2000年第10期第8页）

（三）彭城惨败

三月，刘邦率兵从临晋（今陕西大荔）北渡

1937年春天，毛泽东和萧劲光等首上宝塔山。他说："我们走了二万五千里，把所有的根据地几乎都丢了，只剩下这一块落脚之地。我们要在这里扎根，要学汉高祖刘邦，建立根据地。"（《世纪风采》2000年第10期第8页）

看
八·大·帝·王

黄河，魏王豹率兵随从，攻下河内（今河南武陟西南），俘虏了殷王司马卬，设置河内郡。又折向西从平阴（今河南孟津东）渡口南渡黄河，到达洛阳。新城（今河南洛阳南）三老董公拦住刘邦，向他讲述了义帝被害的经过。刘邦听了，袒臂大哭，并听取董公的建议为义帝发丧，全军戴孝，哭吊三天。另外，派使者通告诸侯说：天下共同拥立义帝，对他北面称臣。现在项羽放逐义帝，又在长江以南杀死了他，倒行逆施，不仁不义。我亲自为他发丧，诸侯都要穿白色丧服。我调发关内所有兵力，征集三河的士兵，沿长江、汉水东下，愿意跟随各诸侯王讨伐楚国杀害义帝的那个人。刘邦为义帝发丧，从道义上孤立了项羽，也从而正式打出讨伐项羽的旗子，楚汉战争拉开了序幕。

各地诸侯群起响应，不到两个月，会聚到刘邦手下的诸侯部队就达五十六万之多。刘邦率领这支大军，浩浩荡荡，一举攻下了项羽的老巢彭城。

项羽得知刘邦东进，仍想待平齐后再回师，当时项羽正在攻打齐国，田荣和他在城阳（今山东菏泽东北）交战。田荣兵败，逃到平原（今山东平原南），平原的民众把他杀了。齐国各地都投降了项羽。项羽焚烧了齐国的城郭，掳掠他们的子女。于是，齐国人又起来反对项羽。田荣的弟弟田横立田荣的儿子田广为齐王，在城阳（今山东莒县南）反叛项羽。当项羽得知刘邦快打到彭城时，才留下部将继续攻齐，自己亲率三万精兵回援，昼夜兼程，但为时已晚，彭城已被刘邦攻下。

但项羽毕竟身经百战，经验十分丰富。四月的一天早晨，他从鲁地绕道胡陵，直插萧县（今安徽宿州），截断了汉军的退路。他利用骑兵机动性强的优势，采取包围闪击战术，猛攻刘邦联军侧后。与汉军在彭城、灵璧东面的睢水上大战，大破汉军，一直追到彭城东北的泗水，杀死、淹死的汉军将士有十万多人，尸体把睢水堵塞得流不动了。

睢水岸边，刘邦被楚军包围，不得突围。说也奇怪，这时，突然刮起一阵西北风，飞沙走石，天昏地暗，大风阻挡了楚军西进，刘邦乘机带领几十个心腹将士，突围出来，直奔沛县，去接家属。不料，此前项羽派人到沛县捉拿他的家属，家属闻讯，已经先逃了。刘邦到家中没有找到人，折而西行，半路上遇到了自己的一双儿女。

楚军骑兵在后面急追，刘邦几次遇险。在楚军追击中，刘邦只觉得车子太慢，几次伸手把儿女推下车去，夏侯婴都又捡了回来，说：追兵再急，我们的马跑得再慢，也不能抛弃孩子不管呢！刘邦大怒，几次手按剑柄，但车子毕竟跑得不快，终于被楚军追上。事有凑巧，领兵的将领是楚军骁将丁公，此人与刘邦曾有一面之缘。刘邦大呼：丁将军，今天下胜负未可知，你我都是好人，岂可相互危害？望将军网开一面，容后图报！丁公闻言，带着部队回去了。刘邦终于脱险，但其父刘太公和妻子吕雉却落入项羽之手，成了人质。

彭城惨败，诸侯们看到楚军的强大，又纷纷叛汉降楚。塞王司马欣也逃到了楚国。

对于这次战役，毛泽东曾有精彩的评论。1958年9月20日，他从安徽马鞍山到南京的火车上和张治中（原国民党高级将领，时任国防委员会副主席）谈话，当江渭清（时任中共江苏省委书记）汇报江苏省的工农业情况时，说到1957年的台风给江苏带来的巨大损失，毛主席插话说："你们要知道，台风有时也有好处呢。楚汉相争时，刘邦从关中出兵，一路上很顺利，一直打到徐州，正在和文武官员置酒高会的时候，项羽突然率三万精骑来袭，刘邦措手不及，大败落荒而逃。项羽尾追不舍，正在万分危急的时候，忽然阵前刮起一阵巨大的台风，顿时飞沙走石，天日无光，刘邦才得侥幸保全性命，逃回洛阳去了。"（余湛邦：《张治中和中国共产党》，中共中央党校出版社1991年版，第177页）

（四）荥阳对峙

彭城之败，刘邦率数十骑突围，狼狈逃走。吕雉的哥哥为刘邦带领一支部队，驻扎在下邑。刘邦到他那里，渐渐收集散兵游勇，驻守砀山，后又向西绕过梁，到了虞，派谋士随何到九江去游说黥布。黥布，本姓英，因犯罪受了黥刑，故人称黥布。此人胆气过人，早年曾在长江上当强盗，后入楚军，每战冲锋陷阵，总是一马当先，是楚军中的骁将，被项羽封为九江王。他心满意足，安守本分，不太愿管外面的龙争虎斗。项羽伐齐，他借口有病，只派个部将去应付一下了事。刘邦攻彭城，他也不出兵救援。项羽大怒，几次派人责备他，召他去彭城，黥布惧怕不往。项羽两面受敌，还想利用黥布，没有立刻翻脸，只派人到九江督促他赶快发兵。

随何几经周折，才见到黥布，凭他那三寸不烂之舌，对黥布晓以利害，说得黥布怦然心动，但他嘴上答应助刘邦，实际上拖延观望，不敢公开叛楚。随何用反间计，趁楚使催促黥布发兵之时，大模大样地走进大厅，坐在楚使上首，以示他在这里受到的礼遇比楚使高。随何张口就说，九江王已归服汉王刘邦，楚使怎么跑到这里发兵来了。黥布大惊，楚使愤愤离去。黥布没有办法，便杀了楚使，宣布归汉。楚军进击，大破九江兵，黥布与随何潜行归汉。

黥布来拜见时，刘邦正在洗脚，大大咧咧地召见了他。黥布又悔又恨，想自杀，等到住处一看，吃住的水平与汉王一样，又大喜过望。刘邦封黥布为淮南王，统兵攻楚，与韩信、彭越从侧翼攻击楚军。

汉三年（前204），魏王豹拜见汉王，请求归还魏地，借口省视父病，回国后立即封锁黄河渡口，叛汉归楚。刘邦派郦食其去和解，许诺事成后封郦食其万户侯，但没有成功。他派韩信前去征讨，大破魏军，魏王豹被俘，平定了魏地，设置高河东、太原、上党三郡。刘邦命令张耳和韩信东进，打下井陉关（今河北井陉西北井陉山上），进攻赵地，攻杀了陈馀和赵王歇。第二年，封张耳为赵王。

刘邦坚守的荥阳、成皋（今河南荥阳氾水镇）一线，是出关东进的必经之路。这里依山傍水，地势险要，黄河从北面流过，西面是函谷关，是进可攻、退可守的战略要地。北面有秦朝关东最大的粮仓敖仓。刘邦的军队驻扎在荥阳南面，修筑了一条直通黄河的甬道，以便取用敖仓的粮食。凭借这些有利条件，刘邦与项羽对峙一年多。项羽多次侵汉军的甬道抢夺军粮，汉军缺乏粮食，项羽乘机进攻，形势对刘邦非常不利。刘邦向项羽请求讲和，划分荥阳以西的土地归汉，项羽没有答应。刘邦非常忧虑，就采用陈平的计策，离间楚国君臣关系。

陈平（？—前178），汉初阳武（今河南兰考北）人，少时家贫，有盗嫂之虞，刘邦不嫌弃，大胆任用，从一名降卒一跃而成护军中尉。陈平多谋，与张良堪称双璧。刘邦给了陈平四万斤黄金，收买项羽部将，离间项羽与他的主要谋臣范增的关系，因此项羽对亚父范增产生了怀疑。范增当时正劝项羽攻占荥阳（今河南荥阳东北），看到自己被怀疑，非常气愤，就以年老多病为借口，要求回家当老百姓去，可没走到彭城就死在半路上了。

五月，楚兵攻城更急，汉军已无粮可吃，刘邦决定突围。他采用声东击西之计，命令手下大将纪信冒充自己，乘坐他的车驾，由2000多名身披铠甲的妇女随护，趁着夜色出城东门，诳骗楚军。楚军以为是汉王刘邦出城投降，便都拥向东门外观看。因此，刘邦得以带领数十骑从西门逃走。刘邦命令御史大夫周苛、枞公和魏豹一起守卫荥阳，周苛、枞公对投降的魏豹不放心，商量说，魏豹这个反国之王，很难和他一起守城。就杀死魏豹，专心守城。

刘邦逃出荥阳回到关中，收集兵马，想再次东征。袁生劝他说：汉与楚在荥阳相持多年，汉军常常处于不利境地。汉王你这次从武关出兵，项羽必然率兵南下，那时汉王深沟高垒，易守难攻，让荥阳、成皋一带的部队得以整顿和休息。派韩信等到黄河北，去聚集赵地的士兵，再联合燕、齐，然后汉王再进军荥阳，也为时不晚。这样，楚军四面受敌，穷于应付，兵力分散；而汉军则得到休整，以后再与楚军作战，就一定能打败楚军。刘邦采用了袁生的计策，从宛（今河南南阳）、叶（今河南叶县）一带进军，和黥布一起，边走边收集士兵。

项羽听说刘邦出兵宛县，果然率兵南下。刘邦坚壁固守，不与项羽交战。这时，彭越渡过睢水，在下邳与项声、薛公作战，打败了楚军。于是，项羽领兵向东去打彭越。刘邦率兵北攻成皋。项羽很快击溃了彭越，得知刘邦又回到成皋，就又率兵西进，攻克荥阳，杀了周苛和枞公，俘虏了韩王信，再围成皋。

刘邦只身和夏侯婴乘车从成皋北面的玉门逃出，北渡黄河，跑到修武（今河南修武）住了一夜。当时，韩信听取李左车建议，按兵不动。第二天清晨，两人驾着马车，自称是汉国使臣，在天未亮时就冲进韩信的军营，悄悄将韩信的兵符和官印拿到手，然后出来将其军队重新调动一遍，换上了自己的亲信，夺了韩信手中的兵权。刘邦派张耳往北收采赵地的兵马，派韩信向东进攻齐国。

韩信伐齐之前，郦食其已奉命出使齐国，说服了齐王，齐国以七十余城同时附汉。韩信闻讯想收兵回去。手下谋士蒯通是范增、张良一流人物，陈胜起义后，派武臣进取赵地，他说服范阳令徐公归降，武臣不战而得赵地三十余城。这次他用激将法说服韩信，趁齐国已解除防备，突然袭破齐国，并劝韩信背弃刘邦自立。齐王认为郦食其欺骗他，用油锅烹了他，齐王田广投楚，兵败被杀。齐相田横投奔彭越。

项羽得知韩信伐齐，派大将龙且援齐，龙且轻敌，兵败自杀。韩信下赵、平齐、破楚，自以为功劳很大，就派人请示刘邦，要求封他为假王。

韩信的使者来拜见时，刘邦正指望韩信能出兵敌后，牵制项羽。见韩信请求封王，顿时大怒，指着使者的鼻子破口大骂：我被围困在这里，日夜盼韩信来相助，他却想自立为王。张良、陈平一听，脸色都吓变了，同时踩了刘邦一脚。刘邦一愣，马上反应过来了。他继续骂道，大丈夫平定诸侯，要当就当个真王，当什么假王呢！此后，他就派张良带上印信，去齐地封韩信为齐王，借以安抚韩信。

项羽也认识到韩信在楚汉相争中的作用，可谓"为汉则汉胜，与楚则楚胜"，中立则三分天下。他派说客武涉出使，极力陈说汉王不可信，楚灭，韩信也就无法自存的道理，劝韩信附楚。韩信也明白这个道理，但他估计到楚灭后，自己羽翼已经丰满，刘邦未必敢轻易对自己下手，因此他婉言谢绝了武涉的好意。楚使走后，蒯通两次献策，主张不附汉，不助楚，独立发展，做大做强，三分天下。韩信仍不肯叛汉。蒯通叹息，知道韩信难成大业，为免他日之祸，装疯卖傻，做了巫师。

刘邦得到韩信的部队后，军威又重新振作起来。于是，他率兵到达黄河岸边，在修武南面让士兵饱餐一顿，准备再与项羽作战。郎中令郑忠劝阻刘邦，让他深沟高垒固守，不要出战。刘邦采纳了他的建议，派卢绾、刘贾率领两万步兵、数百骑兵，渡过白马津（在今河南滑县东北古黄河南岸），进入楚地，和彭越一起在燕县（今河南延津东35里）外城的西面打败楚军，又攻占了梁地的十几座城池。

汉四年（前203），项羽嘱咐海春侯曹咎说：谨慎防守成皋。如果汉军挑战，千万不要应战，只要不让汉军东进就行了。我在15天之内，必定平定梁地，那时再与将军会合。项羽率军出发，一路攻下了陈留、外黄（今河南兰考东南）、睢阳（今河南商丘市）。在成皋的汉军多次向楚军挑战，楚军始终闭城不出，汉军派人在阵前骂了五六天，曹咎怒不可遏，就领军渡汜水出战。楚军刚渡到河中心，汉军便杀了过来，楚军大败，汉军缴获了楚军大量财物和军需物资。大司马曹咎、长史司马欣都在河中自杀。项羽在睢阳听说曹咎兵败，就率领军队返回成皋。汉军正在荥阳东面围攻钟离昧，见项羽军队回来，就全部撤回到险要地带据守。

楚、汉两军长期相持，不分胜负，刘邦凭险据守，不肯出战。项羽十分着急，有一次，他命令人把刘太公放在高台上，旁边架着油锅，逼刘邦投降。如果刘邦再不投降，就把刘太公下油锅烹死。刘邦本来就是一个流氓无赖，哪会吃项羽这一套，他神情自若地说：我和你共事楚怀王时，曾经拜为兄弟，我的父亲就是你的父亲，你一定要烹你爹，别忘了分给我一杯肉汤喝！项羽

项羽像

大怒，当真要烹刘太公，又被项伯劝住了。

楚汉相争，旷日持久，双方人力、物力消耗殆尽。年轻力壮的男子苦于作战，年老体弱的疲于运输粮草。有一天，刘邦和项羽隔着广武涧（河南荥阳东北）对话。项羽要和刘邦单打独斗。刘邦历数项羽的罪状，说：起初我们俩共同接受楚怀王的命令，怀王约定，先入关中的就做关中王。你项羽背信弃义，把我封为汉王，这是罪状之一；你项羽假托怀王的命令，杀死上将军宋义，自称上将军，这是罪状之二；你项羽完成救赵的使命，应该回军向怀王复命，而你却擅自胁迫诸侯入关，这是罪状之三；楚怀王预先规定进入关中，不准烧杀掳掠，你项羽却焚烧秦朝宫殿，挖掘始皇陵墓，盗取墓中珍宝，这是罪状之四；你又毫无道理地杀死已经归降的秦王子婴，这是罪状之五；在新安，你用欺诈的手段坑杀秦兵二十万，却封秦朝的降将为王，这是罪状之六；你项羽把好的地方都封给你手下的将领，而迁移、放逐原来的诸侯王，使臣下争先背叛，这是罪状之七；你项羽把义帝赶出彭城，自己在那里建都，又夺去韩王的封地，兼并梁、楚，扩大自己的地盘，这是罪状之八；你项羽派人在江南暗杀了义帝，这是罪状之九；作为臣子而谋杀君主，屠杀已经投降的人，执法不公，君主的约定不遵守，为天下人所不容，大逆不道，这是你项羽的罪状之十。我统率正义之师，跟随各路诸侯，诛伐残暴的贼子，只要让那些受过你刑罚的人杀死你就行了，我何苦与你挑战呢！

项羽听罢，怒不可遏，命令埋伏的弓弩手放箭，一支流箭射中了刘邦的胸部，刘邦却摸着脚说，这个贼子，射中了我的脚指头！

刘邦身受重伤，病倒在床上，张良请他勉强起来去慰劳士兵，以安定军心，不让楚军有机可乘。刘邦到军营巡视一遍，创伤加重，就回成皋养病去了。

刘邦痊愈以后，西行入关，来到栎阳（今陕西临潼东北），设酒宴，慰问父老乡亲。刘邦在栎阳住了四天，又回到军中，驻扎在广武（今河南荥阳东北广武山上）。关中的士兵源源开来增援。

这时，彭越率领部队驻扎在梁地，经常骚扰楚军，切断楚军的粮食运输线。田横又去依附彭越。项羽多次攻打彭越，齐王韩信也攻击楚军。项羽三面受敌，军粮短缺，十分不安。这时，刘邦派谋士陆贾去见项羽，请求释放刘太公和吕雉，项羽不许。接着，刘邦又派侯公去，侯公比陆贾技高一筹，说服项羽与刘邦约定，中分天下，鸿沟以西归汉，鸿沟以东归楚。

鸿沟，是古运河名。大约战国魏惠王十年（前361）开通。故道从今河南荥阳北引黄河水，向东流经今中牟北，又东经开封北，折向南经通许东、太康西，至淮阳东南入颍水。

以鸿沟为界，从战略上来看，刘邦背依豫西山区，进可攻退可守，比较有利；项羽占据地区则全是平原，门户洞开，无险可凭，非常不利。后来楚汉战争的发展，完全证明了这一点。现在棋盘上的"楚河汉界"就是这样得来的。

（五）垓下决战

订立和约以后，项羽归还了刘邦的老父和妻子，东归彭城。刘邦也想回长安，后来采用张良、陈平的计策，进兵追击项羽，到达阳夏（今河南太康）南而停住军队。刘邦与齐王韩信、建成侯彭越约定时间，会合攻打楚军。到了固陵（今河南太康南），韩信、彭越的部队没有来会合。楚军进攻汉军，汉军大败。刘邦又进入营垒，挖深了壕沟进行防守。

刘邦大惑不解，本来与韩信、彭越约好的，他们怎么不来？急得直呼"奈何"。张良明白其中奥妙，说，楚军败在眼前，而韩信、彭越的封地还没有划定，他们当然不会来。大王能和他们共分天下，二人召之即来；不能分地，胜负尚未可知。刘邦立刻明白应该怎么做了。他派使者骑快马告知韩信、彭越，楚灭后，自陈（今河南淮阳）以东直至大海都归齐王；睢阳（今河南商丘市）以北至谷城（今山东平阴西南东阿镇）归建成侯。

汉五年（前202），刘邦和韩信、彭越三路大军及其诸侯的部队，联合攻打项羽，双方在垓下（今安徽灵璧南沱河北岸，一说在今河南夏邑东）决战。齐王韩信统率三十万大军独挡正面，孔将军从左面进攻，费将军从右面进攻，刘邦跟在大军后面指挥，绛侯周勃和将军柴武紧紧护卫着他。

项羽的军队约有十万。韩信首先指挥部队和项羽交锋，退了回来。孔将军、费将军两面夹击，楚军抵挡不住，韩信又乘机反

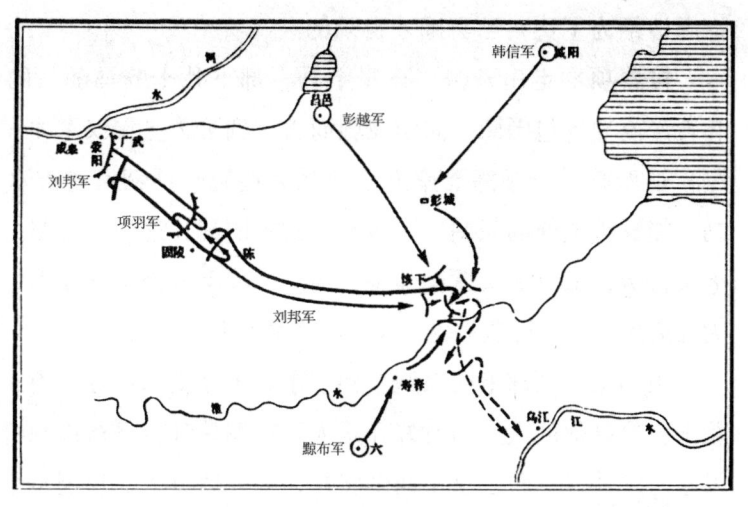

垓下决战示意图

攻，把楚军打得落花流水，溃不成军。

项羽的军队在垓下筑垒抵抗，兵少粮绝，汉军和各路诸侯军队把它重重包围起来。夜里，听到四面都响起了楚歌声，项羽大为震惊，说，汉军已经全部占领楚国了吗？为什么楚国人这么众多啊？项羽夜间起来，在军帐中饮酒。项羽有一个美人，名叫虞姬，很受宠爱，常常跟随在他身边。还有一匹青白色的骏马，项羽经常骑着它作战。于是，项羽与虞姬对饮后，虞姬拔剑起舞，项羽慷慨悲歌，唱道：

力拔山兮气盖世，时不利兮骓不逝。
骓不逝兮可奈何，虞兮虞兮奈若何！

项羽一连唱了好几遍，虞姬也应和着他一同唱，唱着唱着，项羽泣不成声，泪下几行，左右侍从都伤心落泪，不忍心抬头看他。虞姬舞到最后，突然自刎而死，项羽悲痛不已，知

道虞姬是为了让自己突围才自杀的。

接着项羽走出营帐，飞身上马，部下壮士骑马随从的有八百多人，趁着深夜冲出包围圈，向南飞驰而去。到了天亮，汉军才发现项羽已经突围，忙派骑兵将领灌婴率五千骑兵去追赶。项羽渡过淮水之后，检点人马，能够跟上他的只剩一百多人。到了阴陵，迷失了道路，向一个种田的老头打听，那个老头欺骗他说，向左。项羽和部下向左走，不料陷进了一大片沼泽地中，行动不快，因此被汉军追上。

项羽又率领部下向东跑，到了东城（今安徽定远东南），只剩下28名壮士，追赶他的人马却有好几千人。项羽估计自己难以脱身了，他向汉军发起三次冲锋，斩了汉军两个将军，杀死数百人。项羽本来想渡过乌江，回江东去，重整旗鼓，卷土重来，乌江亭长撑船相待，但他感到无颜再见江东父老，遂把心爱的乌骓马送给亭长，拔剑自刎而死。

项羽已死，楚地降汉，只有鲁地不降。刘邦本想率大军攻打，但又想鲁人忠诚于项羽，于是把项羽的头颅到处传看，鲁人遂降。当初，楚怀王初封项羽为鲁公，所以用鲁公礼把项羽葬在谷城。刘邦为他举哀，泣之而去。

各项氏的支属，刘邦一个不杀。他封项伯为射阳侯。桃侯、平皋侯、玄武侯都姓项改赐刘姓。

在楚汉战争中，刘邦总打败仗，但他总是败而不气馁，屡败屡战。他靠韧劲和毅力，与比他强大得多的项羽周旋了五年。他遭受一次次失败，不断总结经验教训，又善于集中众人智慧，组成广泛的反楚统一战线，直到汉五年（前202）十二月垓下决战，取得灭楚的最后胜利。他笑到了最后。

三、开创帝业

汉五年（前202）正月，楚王韩信、韩王信、淮南王黥布、梁王彭越、衡山王吴芮、赵王张敖、燕王臧荼联合上书，劝刘邦称帝。他们说："大王起微细，诛暴逆，平定四海，有功者则裂地而封为王侯。大王不尊号，皆疑不信。臣等以死守之。"刘邦再三推让后，于二月甲午日即帝位。立

刘盈为太子，建都长安。从此，开始了他的帝业谋划。

（一）定都之议

刘邦称帝时，本打算建都洛阳。拉车夫出身的娄敬知道后，走后门去见刘邦，劝他建都关中，理由是关中表里山河，易守难攻，山东虽乱，也能保住关中。但群臣都是函谷关以东的人，他们争先恐后地说，周朝建都洛阳，传国数百年，而秦朝建都咸阳，只传两代就灭亡了，因此建都洛阳好。刘邦一时之间不知如何是好。唯独张良说，洛阳四面受敌，非用武之国。长安地险土肥，可以东制诸侯。诸侯安定，山东粮帛可漕运至京师；诸侯有变，又可顺流委输，这可以说是金城千里，天府之国呀！娄敬之言可从。刘邦听出了张良的话外之音，韩信等异姓王未除，乱因仍伏，一旦建都洛阳，战争又起，真难料鹿死谁手。刘邦大悟，当日就率领文武百官西去，建都长安。为此，赐娄敬姓刘，所以娄敬又叫刘敬，拜为郎中，号奉春君。

（二）封诸侯王与强本弱末

汉六年（前201），刘邦开始剖符（古代帝王分封诸侯、功臣时，以竹符为信证，剖分为二，君臣各持其一）封功臣，封萧何、曹参等为彻侯（古代一种官名，秦汉二十等爵的最高级，岁俸一千石）。刘邦在位期间，功臣封侯者137人，与外戚合计，共143人。封爵有誓，誓约是："使河如带，泰山若厉，国以永宁，爰及苗裔。"（《史记·高祖功臣年表》）这些得以封侯的人，是汉朝统治集团的核心人物。

在此之前，由于战争的需要，刘邦也不情愿地分了一些异姓王，如楚王韩信、韩王信、淮南王黥布、梁王彭越、衡山王吴芮、赵王张敖、燕王臧荼等。另外，还封了一批同姓王，如其兄刘仲封代王、弟刘交为楚王、从兄刘贾为荆王等。刘邦对这些人一直虎视眈眈，特别是几个势力强大的异姓王，刘邦视为心腹之患，必欲除之才心安。

汉九年（前198），刘敬出使匈奴回来，因说匈奴离长安，"近者七百里，轻骑一日一夜可至秦中。秦中新破，少民，地肥饶，可益实，夫诸侯初起时，非齐诸田楚昭屈景莫能兴。今陛下虽都关中，实少人。比近胡寇，东有六国之族宗强。一日有变，陛下亦未得高枕而卧也。愿陛下徙齐诸田、楚昭屈景、燕赵魏后及豪杰名家居关中。无事可以备胡；诸侯有变，亦足率以东伐。此强本弱末之术也"。刘邦采纳其建议，命令刘敬负责把他所说的齐楚大姓迁到关中，共有十多万人（《史记·刘敬传》）。

把齐楚大姓迁往关中，加强了汉朝廷的掌控，与此相辅而行的是，以刘姓子弟分王齐楚。汉六年（前201），大夫田肯劝刘邦说："陛下得韩信，又治秦中。秦，形胜之国，带山河之险，县隔千里，持戟百万，秦得百二焉。地势便利，其以下兵于诸侯，譬犹居高屋之上建瓴水也。夫齐，东有琅邪即墨之饶，南有泰山之固，西有浊河之限，北有渤海之利，地方两千里，持戟百万，悬隔千里之外，齐得十二焉。故此东西秦也。非亲子弟，莫可使王齐矣。"刘邦采纳其建议，分楚地为二国，以从兄刘贾为荆王，弟刘交为楚王；以子刘肥为齐王，共七十余城，老百姓能说齐地方言的区域都划给齐国。

这是刘邦实行强本弱末两个措施。刘邦晚年还宣布："非刘氏而王者，若无功，上所不置而侯者，天下共诛之。"（《史记·吕后本纪》）这就把强本弱末制度化了。

强本弱末是刘邦巩固政权的一个战略方针，而除去心腹大患，也是势在必行的。刘邦在灭楚战争中手下大将，以韩信功最大，威望最高，彭越、黥布次之。楚汉战争结束之后，功高震主的韩信、彭越、黥布便成了刘邦的心病。垓下之战，翦灭项羽后不久，刘邦便故技重施，突然来到韩信军营，夺了韩信的兵权，并将原封韩信齐王加以变动，改封韩信为楚王，韩信成了光杆司令。汉六年十二月，有人告发楚王韩信谋反，刘邦询问身边大臣，大臣们都争着要出兵攻打。刘邦采用陈平的计策，假装巡游云梦，在陈县（今河南淮阳）会见诸侯，乘韩信出迎时，逮捕了他。这次没有杀他，贬为淮阴侯。汉十一年（前196），陈豨反汉，刘邦亲率大军征讨，太子刘盈和丞相萧何在京留守。韩信称病不随军，却暗中派人与陈豨勾结，想里应外合，袭击吕后、太子，部署已定，专等陈豨消息。不料，被人告发。吕后与萧何商谋，派一个人假作从刘邦那里回来，说陈豨已被擒住杀死了，群臣都去祝贺。萧何欺骗韩信说，虽然生病，还是勉强进宫去祝贺一下的好。韩信进了宫，吕后派武士逮捕韩信，把他斩于长乐宫悬钟的室中，并灭韩信父、母、妻三族。

同年，有人告彭越谋反，刘邦派使者逮捕彭越，查无实据，将他贬到四川当平民百姓。彭越在路上遇见吕后，哭诉一番，请吕后讲情，愿归故乡。吕后佯装答应，把彭越带回洛阳，见了刘邦却说，彭越是个壮士，如今流放到四川，无异养虎遗患，不如杀了。于是杀彭越，并灭三族。

俗话说，兔死狐悲，物伤其类。韩信、彭越被诛，黥布自知在劫难逃，便索性起兵造反。刘邦亲率大军征讨，汉十二年（前195）十月，黥布败走，逃到鄱阳，被俘后斩杀。刘邦晚年，卢绾被迫逃入匈奴。至此，汉初异姓王只剩下一个长沙王吴芮，国小地僻，没有野心，得以保全。

（三）制定朝仪和法令

刘邦的功臣，多起自草莽，都和刘邦一样，是些"大老粗"，文化水平不高，待人接物的礼仪不太讲究。他们在朝会时，常常饮酒争功，大呼大叫，甚至拔剑击柱，不成体统。博士叔孙通看到刘邦有建立朝廷秩序的想法，便提出"起朝仪"。经刘邦同意，叔孙通从鲁地征集30人，加上朝臣中的学者及其弟子百余人，参照秦朝朝仪，制定出新的朝仪。汉七年（前200），长乐宫落成，诸侯朝臣朝贺，启用新的朝仪。自诸侯王以下，莫不肃然起敬。"诸侍坐殿上皆伏抑首，以尊卑次起上寿。"御史执法，把不合朝仪的就拉出去。竟朝置酒，没有敢喧哗失礼的。这一套朝仪，突出了尊卑不同的封建等级。于是，刘邦高兴地说："吾乃今日知为皇帝之贵也。"（《史记·叔孙通列传》）

此外，刘邦还有更多方面的建制，史臣说："初，高祖不修文学而性明达，好谋能听，自监门戍卒，见之如旧。初顺民心作三章之约。天下既定，命萧何次律令，韩信申军法，张苍定章程，叔孙通制礼仪，陆贾造

《新语》。又与功臣剖符作誓,丹书铁契,金匮石室,藏之宗庙。虽日不暇给,规摹弘远矣。"《汉书·高帝纪》上面所说,自萧何次律令以下,章是历数的章法,程是度量衡的规定,军法是讲用兵之道,《新语》是讲历代兴衰的原因,礼仪内容比朝仪要宽泛得多。这些基本上都属于立法工作,为后世立制垂范。汉承秦制,这样多方面的改造、丰富和创新,开国规模之完备,是前代不曾有的。

(四)对匈奴和亲

匈奴在秦朝末年,趁内地变乱,扩张势力,不断南侵。汉六年(前201),韩王信被刘邦徙都边地,抵御匈奴。汉七年(前200),匈奴冒顿单于在马邑(治所在今山西朔州市朔城区)侵扰韩王信,韩王信就跟匈奴勾结起来,进攻晋阳(今山西太原)。白土城的曼丘臣、王黄拥立前赵国的将领赵利为王,反叛朝廷。刘邦挂帅亲征,一连打了几个小胜仗,心里骄傲起来。他派了十个人去匈奴搜集情报,回来后都说匈奴可打。刘邦又派刘敬去探听虚实,刘敬回来却说匈奴不可打。他陈述理由说,两国交兵,理应自矜所长,慑服对手。今臣往,所见士卒皆老弱,马匹皆瘦瘠,其中必定有诈,匈奴不可击。当时刘邦三十万大军已枕戈待命,他大骂,齐虏(刘敬是齐人)!靠嘴皮子得官,今日竟敢妄言,沮丧军心。下令把刘敬下狱。

刘邦指挥汉军长驱直入,深入到匈奴腹地平城(今山西大同),果然中了匈奴的埋伏,被匈奴围在白登山(在大同东北)上,士兵七天七夜水米不曾沾牙,正遇上天气寒冷,十之二三都冻掉了手指头。后来,陈平派人用重金买通单于阏氏(皇后),说是汉朝将进献绝色美女,阏氏暗中要匈奴对汉军网开一面,刘邦才得以逃脱,史称"白登之围"。此后,刘邦厚赏刘敬。韩王信屡侵边塞,后被汉将击杀。

战后,刘敬提出和亲政策,建议将鲁元公主嫁给匈奴单于,被刘邦采纳,并派他前往匈奴缔约。但吕后不愿让她的女儿远行,便让宗室之女代替。和亲政策便是从这里开始,以后汉、唐长期实行。这种封建王朝利用

看
八·大·帝·王

婚姻关系与边疆各少数民族统治者结亲和好的办法，对缓和民族矛盾有一定作用，但不能从根本上解决问题。

　　1965年8月11日，毛泽东和中央政治局常委听取总参谋长罗瑞卿汇报关于诱敌深入的备战方针时，他非常高兴地说：就是要诱敌深入。毛泽东即兴谈起自己的读史感受：我最近研究历史，古今中外，凡是诱敌深入的，就把敌人歼灭了；凡是开始打了胜仗，兴高采烈，深入敌境，就打败仗。……刘邦也是几次轻敌冒进，被打得大败，差一点被敌人捉住。一次是孤军深入平城（大同），被匈奴单于包围了七天，弹尽粮绝，后来用陈平之计，才冲出来。一次是深入彭城，被项羽一个反击，几十万人被歼，刘邦只乘了一辆车和几十个人突围逃走。途中遇到自己的儿女，又因楚军追赶，几次把儿女推下车，夏侯婴几次把他们捡回来。不让敌人打些胜仗，尝到味道，他就不来了。这件事要经常研究才好。（陈晋主编：《毛泽东读书笔记解析》，广东人民出版社1996年版，第515页）

（五）安排后事

　　汉十二年（前195）十月，刘邦征黥布还京，路过家乡沛县，停留下来。他在沛宫举行酒宴，把父老乡亲都请来，让大家纵情痛饮，又挑选沛县儿童120人，教他们唱歌。喝酒喝到畅快的时候，刘邦击着筑，唱起来自己作的《大风歌》：

1957年6月毛泽东在同吴冷西等人的谈话中说："汉高祖刘邦比西楚霸王项羽强，他得天下一因对策对头，二因用人得当。"（吴冷西：《忆毛主席》，新华出版社1995年版，第43页）

大风起兮云飞扬，

威加海内兮归故乡。

安得猛士兮守四方？

刘邦让儿童们也跟着学唱。后来，他又跳起了舞蹈，感慨伤怀，流下几行热泪。此次，刘邦宴饮了十多天才回长安。这首诗是刘邦这位开国皇帝的心态的真实祖露，既表现了英雄风云际会的豪迈之情，又流露出思得良将保守边疆的愿望，气势雄伟。毛泽东曾对他的表侄女王海容称赞说："这首诗写得很好，很有气魄。"他还认为，刘邦没有读过几天书，能写出这样的"好诗"，很不容易。（张贻玖：《毛泽东批注历史人物》，鹭江出版社1993年版，第53页）

1949年3月23日，毛泽东在离开西柏坡北上途中，说："红军不怕远征难，万水千山只等闲。"随即又说："大风起兮云飞扬，安得猛士兮守四方。"韩桂馨说："主席，我知道前两句诗是你写的，可后两句我就不知道是谁写的了，也听不懂。"毛泽东微微地笑了，说："后两句是汉高祖打败了楚霸王项羽后，回家乡沛县时吟唱的《大风歌》，他也希望国家平定了，再不要

毛泽东手书
刘邦《大风歌》

发生战争呢！"（丘邸生：《历史的真言》，河北人民出版社2006年版，第352—353页）毛泽东，这位中华人民共和国的开国领袖和西汉王朝的开国皇帝，心理有相通之处。

战争过后，刘邦登基，便该立太子了，太子是储君，是皇帝的接班人，也就是未来的皇帝，至关重要。所以，历代王朝围绕废或立太子的斗争都十分激烈，汉朝也是如此。刘邦在称帝之初，立吕后所生儿子刘盈为太子，顺理成章。但刘盈软弱无能，所以雄才大略的刘邦，直到晚年，每有战事，都还得亲自出征。他感到刘盈生性怯弱，不足以立国，因而要改立戚夫人所生的儿子赵王如意。

刘邦本来有病，在征讨黥布时带病出征，偏又受了箭伤，病得更重了，更急于改立太子，但大臣们异口同声地反对。大儒叔孙通引经据典，据理力争。功臣周昌为人倔犟，更是以死相争。周昌口吃，刘邦问他为什么反对，盛怒之下，他说话更是结结巴巴："臣口不能言，然臣期期知其不可。陛下虽欲废太子，臣期期不奉诏。"（《史记·张丞相列传》）张良劝阻，高祖也不听，留在宫中养病，不上朝议事。

一日宴会，太子侍从，有四个八十多岁的老人，须眉皆白，衣冠甚伟，跟着太子。刘邦感到奇怪，问四个人，四个人各报自己的姓名，原来是他征召好几年都没有征召到的贤者：东园公庾宣明、甪里先生周术、绮里季朱晖、夏黄公崔广。刘邦大惊，问他们：我征召你们好几年，你

"这首诗（《大风歌》）写得很好，很有气魄。"（张贻玖《毛泽东批注历史人物》，鹭江出版社1993年版，第53页）

们总躲着我，现在为什么同我儿来往呢？四个一齐回答说：陛下看不起知识分子，好骂人，臣等义不受辱，所以躲起来了。我们私下听说太子仁义孝顺，尊敬爱护知识分子，天下没有不愿意为太子出死力的，所以我们就来了。刘邦说：麻烦你们好好地照应保护太子！

原来这个主意是吕后央求张良出的。刘邦见自己征召不到的商山四皓，现在竟成了太子的辅弼，误以为太子羽翼已成，立即改变了主意。他指着跟随太子离去的商山四皓的背影，无奈地对戚夫人说：我想改立太子，商山四皓辅佐他，辅佐太子的力量已养成，难更改了，吕后真是你的主人了！戚夫人哭了起来，刘邦说：你给我跳楚舞，我唱楚歌！歌曰：

鸿鹄高飞，一举千里。

羽翮已就，横绝四海。

横绝四海，当可奈何？

虽有矰缴，尚安所施？

他一连唱了好几遍，戚夫人只是叹息流泪，刘邦终于没有废太子，这是张良聘请商山四皓出山的力量。

十一月，刘邦从征讨黥布的前线回到长安。他在返回途中得了病，越来越重。吕后请求最好的医生调治。医生进去见刘邦，刘邦询问医生，医生说，病可以治好。于是，刘邦骂医生说：我凭一个平民的身份，用武力取得天下，这不是天命吗？命运在天，即使有扁鹊那样的神医，又有什么用处！刘邦不让医生为他治病，赐给他黄金五十斤，让他走了。

不久，吕后问刘邦，陛下百年以后，萧相国如果死了，让谁接替他？刘邦说，曹参可以。又问接下来会是谁，刘邦说，王陵可以。然而，王陵稍为憨直，陈平可以帮助他。陈平智慧有余，然而难以独当大任。周勃稳重厚道，缺少文才，但能安定刘氏天下的一定是周勃，可以让他做太尉。吕后又问接下来会是谁，刘邦说：这以后也不是你所知道的。

惠帝元年四月甲日，刘邦在长乐宫病逝，享年63岁。丁未日发丧，大赦天下。丙寅日，安葬了刘邦。己巳日，太子刘盈登上皇帝宝座，便是汉惠帝。

四、成功原因

刘邦以"一介布衣提三尺剑取天下",是我国历史上农民起义领袖登上皇帝宝座的第一人,的确是个奇迹。究其原因,有以下几个。

(一)"了解人民心理"

在议论刘邦战胜项羽的原因时,王陵对刘邦说:陛下您看起来常轻慢侮辱人,项羽看似仁厚爱人。但陛下派人攻城略地,把打下来的或者降服的都分给他们,和天下人共享利益,项羽妒忌有才、有能力的人,有功劳的就坑害掉,有才能的就会怀疑他们,他们打了胜仗也不给别人应得的功劳,得到了土地也不给别人好处,这就是项羽失利的原因。能与天下人共享利益,这是很重要的一条。韩信、黥布、陈平等,本是项羽部下,因为项羽对有功当封爵者,"刻印刓,忍不能予"(《史记·韩信传》)。所以他们先后投奔刘邦,成为刘邦打败项羽的得力干将。若刘邦也像项羽一样,吝啬封赏,他们不仅不会来投奔,就是来也不会拼死卖命,出主意。

王陵所说与天下人共利,是要刘邦论功行赏,不要独吞胜利果实。刘邦是一个平民百姓,生活在底层,比较了解人民的痛苦和要求。他领导起义,以"天下苦秦久矣"作号召,顺应了民众的诉求,代表了他们的利益。刘邦称帝后,从一个农民起义领袖,蜕变为一个封建皇帝,从根本上,他代表的是封建地主阶级的利益,但他采取的一些政策,注意休养生息,轻徭薄赋,释放奴婢,复员士兵,重农抑商等,恢复和发展了封建社会经济,也符合人民群众的要求,这才是与天下人共利。而项羽力图恢复分封制,是历史的大倒退。刘邦顺应历史发展的要求,继秦始皇之后,重建了中央集权的多民族的统一国家,这是他的主要历史功绩。虽然在称帝前后,他封了一些异姓王和同姓王,但不过是权宜之计,局势稳定后他就着手消灭异姓王,而且在他去世前,认识到同姓王也有反叛的可能,诏示天下,对叛乱诸侯要"天下共击之",这就为后来文、景二帝顺利平定同姓诸侯王叛乱,武帝彻底废除分封制做了铺垫。

"刘邦能够打败项羽，是因为刘邦和贵族出身的项羽不同，比较熟悉社会生活，了解人民心理。"（《读苏联〈政治经济学〉〔教科书〕的谈话》，《党的文献》1994年第5期）

早在1921年，毛泽东在广州第三届农民运动讲习所讲课时就说："秦朝末年，陈胜、吴广不堪其苦，遂辍耕而叹，揭起义旗，他们纯粹代表农民利益者。同时有汉高祖、项羽等起兵讨始皇，结果汉高祖胜，项羽等失败。因高祖为地主阶级，初入秦，即与父老约法三章，得一般人之信仰，故当时秦人大悦。项羽入关，粗恶无比，不得一般人之信仰，又一至咸阳，便大焚秦之故宫，遂大失地主阶级之信仰，此其失败之重要原因也。"（王子今：《毛泽东与中国史学》，中共中央党校出版社1993年版，第122页）

毛泽东说："刘邦能够打败项羽，是因为刘邦和贵族出身的项羽不同，比较熟悉社会生活，了解人民心理。"（《读苏联〈政治经济学〉〔教科书〕的谈话》，《党的文献》1994年第5期）这是刘邦战胜项羽的最根本的原因。

（二）知人善任

毛泽东认为："汉高祖刘邦比西楚霸王项羽强，他得天下一因决策对头，二因用人得当。"决策对头，就是领袖人物能根据时局发展变化，采取适合时宜的对策；用人得当，就是能知人善任。

刘邦善于捕捉战机，作出正确决策。例如，他趁项羽征讨田荣之机，果断从汉中返回关中，迅速平定项羽所封三个诸侯王，建立了巩固的根据地。再如，他和项羽约定以鸿沟为界，中分天下后，项羽履行诺言，率军东归，而他却听从张良的建议，背信弃义，追击项羽。再如，在垓下之战的关键时刻，他派遣使者给韩信、彭越封地，促成三支军队合力攻打项羽，取得最后胜利。事例很多，不胜枚举。

知人善任，是刘邦自己总结的一个经验。汉五年（前202）五月，刘邦在洛阳南宫设宴，总结楚汉成败的原因，让大臣各抒己见，王陵认为，刘邦能与天下人共利，故得天下；项羽不能与天下人共利，故失天下。刘邦坦率地说："公知其一，未知其二。夫运筹帷幄之中，决胜千里之外，吾不如子房；镇国家，抚百姓，给馈饷，不绝粮道，吾不如萧何；连百万之军，战必胜，攻必取，吾不如韩信。此三者，皆人杰也。吾能用之，此吾所以取天下也。"《史记·高帝纪》刘邦说了大实话，事实的确是这样。刘邦起兵以来，几乎所有好主意都是出自别人。西进时杀了个回马枪，顺利夺取宛城，乘秦军懈怠攻取武关、楚汉画界后追击项羽、给韩信封王的主意，出自张良；利用士卒思归心理，夺取关中，出自韩信；解"白登之围"、以佯游云梦，在陈会见诸侯为名提拿韩信，出自陈平；徙都长安、对匈奴和亲，出自刘敬；制定朝仪，出自叔孙通，等等。当然，刘邦能及时采纳这些人的建议，说明他是一个高明的政治家。

刘邦称帝后，曾与韩信谈论将领的才能。刘邦问：像我这样，能带多少兵？韩信说：陛下不过能带十万人。刘邦又问：你能带多少人？韩信说：我带的兵，越多越好。刘邦笑着问：你带的人越多越好，怎么你反让我捉住了？韩信说：陛下不能将兵，而善将将，此乃信之所以为陛下禽也。且陛下所谓天授，非人力也。（《史记·淮阴侯列传》）韩信所说，很有道理。刘邦能转弱为强，自己老打败仗而却能领导善战的将领，这说明在当时历史条件下军事领导的才能，从而最后打败项羽，取得胜利。

（三）"豁达大度，从谏如流"

毛泽东曾说："从前有个项羽，叫做西楚霸王，他就不爱听别人的不同意见……另外一个人叫刘邦，就是汉高祖，他比较能够采纳各种不同的意见。……刘邦是在封建时代被历史学家称为'豁达大度，从谏如流'

的英雄人物。刘邦同项羽打了好几年仗，结果刘邦胜了，项羽败了，不是偶然的。"（《在扩大的中央工作会议上的讲话》，《毛泽东文集》第八卷，人民出版社1999年版，第295页）

毛泽东认为刘邦之所以胸襟开阔及乐于听取别人意见，与他是个"大老粗"密切相关。他曾说："书读多了，就做不好皇帝，刘秀是大学士，而刘邦是个大草包。"（萧延中：《毛泽东晚年政治伦理观述描》，《晚年毛泽东》，春秋出版社1989年版，第257页）有些知识分子书读多了，思想易受局限，往往小肚鸡肠。有些人出身高贵，往往自视甚高，刚愎自用，项羽就是这样。这两种人都不可能"从谏如流"。刘邦自知知之甚少，所以乐于听取别人意见，为人大度，不怕丢面子，才敢于听取别人意见。

毛泽东又说："可不要看不起老粗。……一些老粗能办大事情，成吉思汗、刘邦、朱元璋。"这三位著名帝王确实是不折不扣的"大老粗"。

1967年1月7日，毛泽东在一次讲话中又一次讲到这个话题，说："'老粗出人物'，自古以来，能干的皇帝大多是老粗出身。汉朝的刘邦是封建皇帝里边最厉害的一个。刘敬劝他要建都长安，他立刻就去长安。鸿沟画界项羽引兵东退，他也想到长安休息，张良说，什么条约不条约，要进攻，他立刻听了张良的话，向东进。韩信要求封假齐王，刘邦说不行，张良踢了他一脚，他立刻改口说，要封就封真齐王，何必要假的。……南北朝，宋、齐、梁、陈，五代，梁、唐、晋、汉、周，很有几个老粗。"

1951年冬，中国人民志愿军炮兵二师师长朱光在中南海见到毛泽东。当毛泽东问及部队出过什么问题没有时，朱光说："我发现几个战士组织投敌，便给处决了。"毛泽东说："这不好！有了全国政权，这类人可以送去改造，变成好人，还有用嘛。从历史上看，凡是杀人过多的，都没有好结果。汉高祖刘邦杀人最少，汉朝也就维持得较长，这个问题要十分注意才行。"（《毛泽东思想研究》1995年第1期，第143页）

1959年仲夏，毛泽东在浙江杭州西湖刘庄。谈话时，毛泽东要林克研究历史，还介绍说："《后汉书》、《曹操传》、《郭嘉传》等史书，

值得读一读。"据林克《毛主席和我谈学习》说，毛主席曾让他看范晔的《后汉书》，鼓励他学一点历史。还对他说："西汉高、文、景、武、昭等读起来较有兴味，东汉两头均无意思，只有光武可以读。"（张贻玖：《毛泽东读史》，中国友谊出版公司1992年版，第25页）

毛泽东总是在刘邦与项羽的对比中，探讨二人得失原因，总结历史经验，激励后人。他多次称赞刘邦是个"大老粗"，有"豁达大度"的胸怀，"从谏如流"的作风，终于办成了大事，成就帝业。这是因为："项王非政治家。汉王则是一位高明的政治家。"（《读中华书局版〈史记·高祖本纪〉批语》，《毛泽东读文史古籍批语集》，中央文献出版社1993年版，第121页）项王就是项羽，汉王就是刘邦。

殷纣王

秦始皇

刘彻

李世民

朱元璋

曹操

刘邦

赵胤

匡

「汉武帝雄才大略」

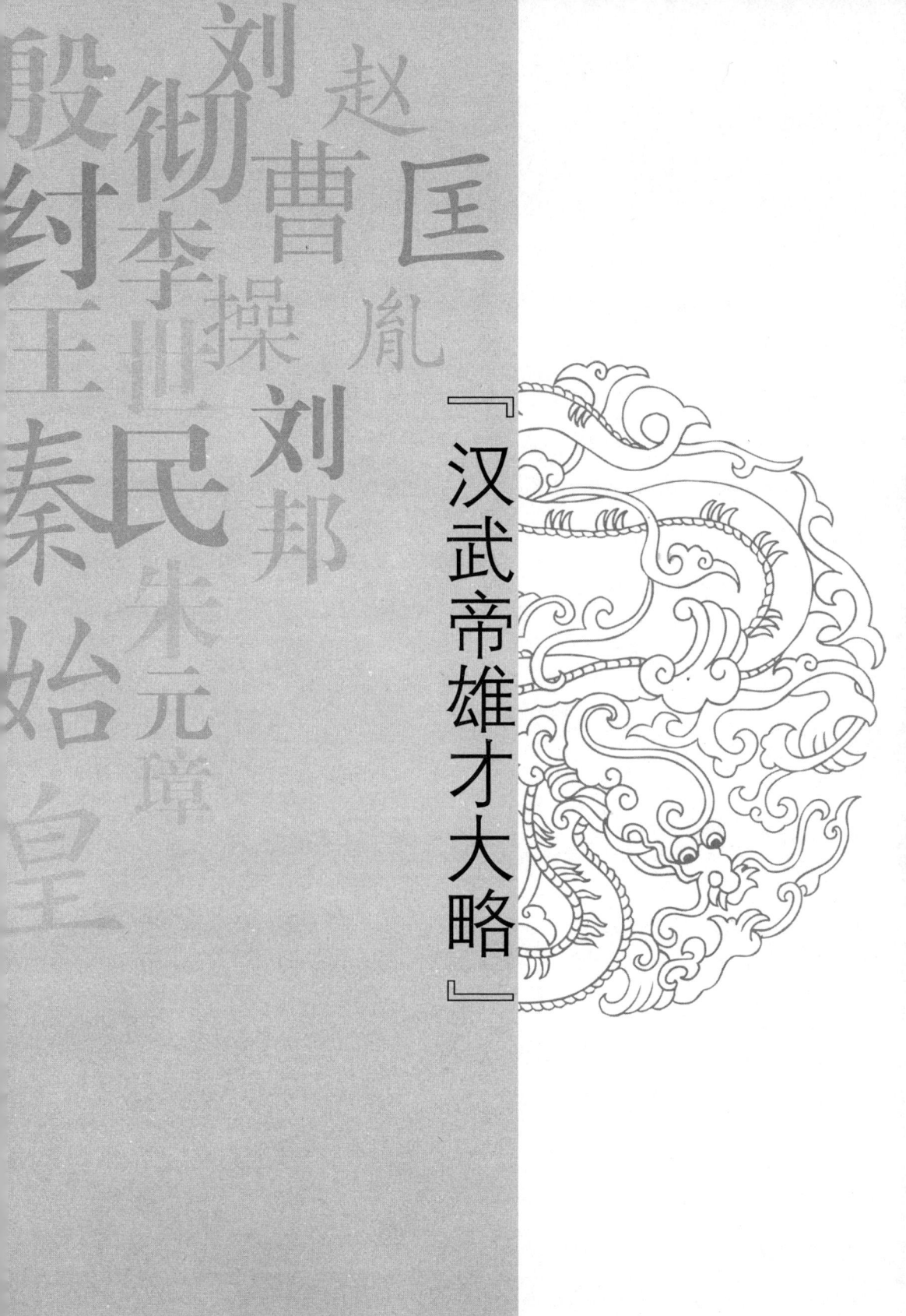

1936年，毛泽东与斯诺谈话说："关于中国古代帝王尧、舜、秦皇、汉武的记载使我着迷，我读了许多有关他们的书。"（《毛泽东1936年同斯诺的谈话》，人民出版社1979年版，第16页）

1953年6月13日晚，毛泽东在卧室和即将调往《人民日报》任总编辑的吴冷西谈话时，从领导的决策和用人评说汉代几个皇帝的优劣。他赞扬汉武帝说："高祖之后，史家誉为文景之治，其实，文、景二帝乃守旧之君、无能之辈，所谓'萧规曹随'，没有什么可称道的。倒是汉武帝雄才大略，开拓刘邦的业绩，晚年自知奢侈、黩武、方士之弊，下了罪己诏，不失为鼎盛之世。"（吴冷西：《忆毛主席》，新华出版社1995年版，第43页）

那么，汉武帝是怎样一个人呢？他怎样凭着自己的雄才大略，创造了一个鼎盛之世呢？晚年又是怎样幡然悔悟的呢？

刘彻像

1936年，毛泽东与斯诺谈话说："关于中国古代帝王尧、舜、秦皇、汉武的记载使我着迷，我读了许多有关他们的书。"（《毛泽东1936年同斯诺胡谈话》，人民出版社1979年版，第16页）

一、少受历练

汉武帝（前156—前87），名刘彻，西汉皇帝，景帝刘启的儿子，7岁当太子，16岁登上皇帝宝座，前140年至前87年在位，长达54年之久，71岁逝世。在汉武帝统治期间，封建社会经济、政治、军事、外交、文化等各个方面都发展得很快，使西汉王朝成为中国历史上的鼎盛时期之一。

（一）取名刘彘

俗话说："龙生龙，凤生凤，老鼠生仔会打洞。"这是封建社会里血统论者经常散布的一种流言，用以蛊惑人心，宣扬统治阶级出身可贵，其他人无法可比，要人们听天由命，安于现状。一些统治阶级人物，包括皇帝，出身并不一定都高贵。汉武帝刘彻毫无疑问是景帝刘启的儿子，当然是"龙种"，但刘彻的母亲王皇后却是个已有两个孩子的有夫之妇。

王皇后，名叫王娡。王娡的母亲臧儿是汉代初年异姓诸侯王——燕王臧荼的孙女。燕王臧荼因为谋反，被汉高祖刘邦镇压了。臧儿便成了犯官的后代。她先嫁给一个叫王仲的人，生下一个儿子和王皇后兄妹俩，儿子就是后来大名鼎鼎的王信。不久，王仲死了。臧儿改嫁到长陵附近一个姓田的人家，又给田家生了两个儿子，这就是田蚡和田胜。而王皇后则是臧儿与前夫生的长女，仍然姓王。

臧儿带着几个孩子，孤儿寡母，艰难度日，实在难熬，便把大女儿王娡嫁给一个家境一般的金王孙。王娡给金家生了个女儿叫金俗。

臧儿对这种状况很不满足，试图改变自己的命运。果然一个机会来了：有一天，她听说驿站里来了个宫里的太监，是到别处选秀女入宫的。

毛泽东在1936年2月写的著名词作《沁园春·雪》中说："惜秦皇汉武，略输文采；唐宗宋祖，稍逊风骚。一代天骄，成吉思汗，只识弯弓射大雕。"

毛泽东看
八·大·帝·王

她找到女儿王娡，两人一拍即合，便瞒着金王孙，偷偷地去参选。

不知臧儿施展了什么手段，蒙骗了选秀女的太监，王娡竟被选入太子刘启的宫中做粗活。花容月貌的王娡很快就赢得了太子刘启的宠爱。一年后，王娡为刘启生了一个女儿。王娡既为太子所爱，宫中的人便改口称她为王美人。

王美人一口气给刘启生了四个孩子，头三胎都是女儿，这就是后来的平阳公主、南宫公主和隆虑公主；最小的一个是男孩，就是后来的汉武帝刘彻。后来，文帝驾崩，太子刘启即位做了皇帝，史称汉景帝。

武帝出生在传统的"七夕节"。在这个传说牛郎和织女渡河相会的夜晚，作为景帝和王美人爱情产物的刘彻在漪兰殿降生。"王美人生了一位王子！"内侍飞快地把这个好消息报告了汉景帝。

闻听佳节得子，汉景帝的兴奋溢于言表。他很快来到床前，探看疲惫不堪的王美人，然后就着宫灯仔细端详他的第十个儿子。

"这孩子一生下来就长得很壮实，哭声洪亮，将来必定是个英才，真应该向皇上道贺。"在榻边替王美人接生的老宫人对景帝说。

王美人恳求说："请皇上给皇子赐个名吧！"

汉景帝心中早有了主意，原来他昨天晚上做了个梦，有一只红色的猪从天而降，直落宫中。汉景帝刘启吩咐说，王美人所生的儿子，应起名叫彘，彘的意思也就是猪。景帝为什么给这个皇子起这么一个不雅的名字呢？原来他想起了民间的小孩，有时故意起个卑贱的小名，据说可以避凶趋吉。况且这小皇子，长得肥肥胖胖，就像一头小猪仔，不妨就叫他彘吧。王美人生子之后，晋升为贵妃，地位又提高了。

（二）金屋藏娇

王妃入宫为汉景帝生儿育女之后，毋庸置疑，已经摆脱了贫困生活的困扰。但她并不满足，可当时也没有别的办法。因为当时景帝早已奉祖母薄太皇太后之命，娶了薄氏的内侄女为皇后。有薄太皇太后为薄皇后撑腰，当然没有人能动摇她的地位。

但是薄皇后命运不好，一直没有给景帝生个一男半女。薄皇后不能生育，注定了她将来的悲剧命运。果然，公元前155年4月，薄太皇太后去世后，薄皇后失去了靠山，不久便被削去了皇后封号。

薄皇后被废后，皇后空缺，而且又一直没有立太子，这使野心勃勃的后妃们看到了新的希望。一场立后、立储的争夺战在王娡和栗妃中间展开了。

栗妃是汉景帝做太子时的妃子，清新秀丽，容貌出众，深受景帝宠爱，况且她为景帝生了三个儿子，其中刘荣又是长子，所以她的地位仅次于薄皇后。现在薄皇后失宠，栗妃自认为没有人比自己更适合担任皇后一职。

王娡是个工于心计的人，有一次她对汉景帝说："妾在怀上彘儿的时候，梦见一轮红日直入怀中。"她编造这样一个梦，暗示刘彘是神授的真命天子，为争夺太子之位制造舆论。

当然，栗妃也不是等闲之辈，封建社会是嫡长子制，就是说长门长子是理所当然的继承人，这使她在这场立后、立储的斗争中，处于有利地位。终于，在孝景四年（前153）汉景帝立刘荣为皇太子，封三岁的刘彘为胶东王。

王娡在第一回合中败下阵来，但她并没有认输。而使这场争储、争后的斗争发生逆转的，是馆陶公主刘嫖的介入。馆陶公主刘嫖是窦太后的独生女儿，汉景帝一母同胞的姐姐，即刘彘的姑母，她下嫁到功臣陈婴家，做了陈婴的孙子堂邑侯陈午的妻子。

长公主与陈午只生了一个女儿，名叫阿娇。这个阿娇，受到长公主的无比宠爱。长公主一心想让她做皇后。长公主见景帝已经立刘荣为太子，想把阿娇许配给刘荣。于是，长公主便放下架子，托人向栗妃提亲。

谁知栗妃倚仗自己受景帝的宠爱，加上她心胸狭窄，平时总是妒忌景帝对长公主言听计从，这次要抓住机会报复她一下。所以，对于长公主替女儿求亲的事，一口便回绝了，还把前去提亲的人羞辱了一顿。

长公主恼羞成怒，从此与栗妃结下了冤仇。她改变了主意，要把阿娇嫁给刘彘。

而王娡听说此事，认为有机可乘，就去假装劝慰长公主。长公主在骂了一顿栗妃不识抬举后，便直截了当地提出把阿娇许配给刘彻的事。

王娡自然是求之不得。因为她深知长公主在景帝心中的分量，与她结成儿女亲家，这对刘彻争立太子、自己争立皇后都十分有利，所以就满口答应下来，只是意味深长地说："可彻儿不是太子，太委屈了阿娇。"

长公主冷笑说，太子也不是铁定的，自古以来废立太子的事多了！就这样，王娡与长公主自作主张，结成了儿女亲家。

接着，王娡与长公主定了一计，迫使景帝对这门亲事表态。一天，长公主带着阿娇来宫中见汉景帝，景帝高兴地接待了她们。王娡也带着刘彻来给长公主请安。

《汉书》书影

长公主把刘彻抱过来，放在自己的膝上，笑着问他：彻儿要不要娶媳妇啊？刘彻说，要娶。长公主指着身边的宫女，逐个问了100多人，刘彻都说不娶她们。最后，长公主指着自己的女儿阿娇问：阿娇好不好？刘彻回答好。长公主又问：阿娇给你做媳妇好不好？刘彻回答：如果我能娶阿娇做媳妇，应当盖一所金屋让她住。大家听了，都大笑起来。这就是"金屋藏娇"的故事。

这件事得到景帝的默许，王娡与长公主联手，使她在立后、立储的斗争中处于有利地位。但景帝要废长立幼，有违祖训，遭到了太子太傅窦婴（窦皇太后之侄）的反对。究竟立谁为皇后，一时仍未定下来。

为了争夺后位，王娡又使出阴招，她使人怂恿掌管宾客之礼的官员大行，向汉景帝建议，册立栗妃为皇后。

　　大行是个头脑简单的人，以为此事责无旁贷，就去奏请汉景帝说，自古以来都是"子以母贵，母以子荣"，现在刘荣殿下被立为太子，他的母亲栗妃娘娘理所当然地应该立为皇后。

　　大行哪里知道，汉景帝正为不能废掉刘荣生气，大行还劝景帝立刘荣的母亲为皇后，不禁勃然大怒，厉声斥责大行说：这是你应该说的话吗？喝令把大行下狱，判处死刑。

　　由于这件事，汉景帝终于下定决心，孝景七年（前150），废太子刘荣为临江王；不久，栗妃和刘荣死去。此后，窦皇太后又想让她的小儿子梁王刘武继承王位。汉景帝当然不愿意将皇位传给弟弟，再加上他姐姐刘嫖的反对，梁王刘武在王位的争夺中很快出局，胶东王刘彘便被立为太子。王娡自然也当上了梦寐以求的皇后。

　　皇太子是皇位的继承人。刘彘被立为太子后，景帝觉得"刘彘"这个名字用来称呼未来的接班人，毕竟有点不雅。他想起来《庄子·外物篇》中有一句"心彻为知"的话。原话是这样的："目彻为明，耳彻为聪，鼻彻为颤，口彻为甘，心彻为知，知彻为德。"唐人成玄英疏："彻，通也。颤者，辛臭之事也。六根无壅，故彻。聪明不荡于外，故为德也。""彘"和"知"又是一音之转，所以景帝将刘彘的名字改为刘彻，希望这个皇太子能够聪明绝顶而又不外露。

（三）经受历练

　　七岁的刘彻战胜了对手太子刘荣和梁王刘武，被立为皇太子，取得了继承皇位的资格。为了将来光大帝业，汉景帝很重视对太子的历练。概括起来，他采取了三种办法：

　　1. 延请名师

　　当刘彘被立为太子时，窦皇太后把景帝叫到跟前，对如何教育太子进行指导，早些年大臣贾谊上了一个奏本，说皇太子要成才，就要早期教

育，并应为他选择贤良的人做老师。只要教育得法，老师品行端正，则皇太子也能品德端正，这样天下就安定了。

景帝选中了卫绾。卫绾是一个忠厚老实又多才多艺的人，在文帝时做过负责保卫工作的中郎将。景帝时，他先被任命为河间献王刘德的太傅，把刘德从一个纨绔子弟教育成一个知书达理的王爷。吴楚七国之乱中，他忠于景帝，平叛有功，被升为宫城外禁卫军的中尉，后来又封为建陵侯。景帝现在聘他为皇太子刘彻的老师，称为太子太傅。卫绾是个儒者，后来成为独尊儒术的执行者。他担任太子太傅，长达六七年之久，对刘彻的思想很有影响。后来卫绾调任御史大夫，他推荐了另一位儒学家王臧给汉景帝。王臧是当时有名的儒学大师申公的学生，有深厚的儒学功底。景帝任命他为太子少傅。

皇太子刘彻在宫中接受了多种学术思想的影响。在窦皇太后控制的宫廷氛围内，他接受了黄老思想的熏陶；从父皇景帝那里，接受了刑名思想的影响；从卫绾和王臧那里他又接受了儒家思想的精髓。少年刘彻不仅受到多种思想的影响，而且喜欢吟诵当时流行的辞赋。此外，他还学习骑马射箭，经常到野外进行打猎，养成了"自击熊豕，驱逐野兽"的习惯。

2. 实践测试

刘彻学习努力，很有悟性，深受景帝喜爱。景帝有时也拿一些问题测试他。

一天，景帝看了一个防年弑母的案件，觉得可疑，就让刘彻去看。

原来这个案件是这样的：有一个叫防年的小伙子，早年丧母，父亲又给他娶了一个继母。这位姓陈的继母品行不端，与邻人勾搭成奸，被防年的父亲发现了。生性歹毒的陈氏，一不做，二不休，竟用药酒把防年的父亲毒死。血气方刚的防年一怒之下，就把陈氏杀死了。杀人偿命，欠债还钱。中国法律，自古而然。而且，防年杀死的是继母，是大逆不道之罪，按汉代法律，应判死刑。主管刑罚的廷尉认为，应以弑母罪论处。

景帝问刘彻有什么看法。刘彻不慌不忙地说，大家都说继母就像母亲一样，这明明是说继母到底不如母亲。只是因为子女对父亲有感情，所以才把继母比作母亲的。现在防年这个继母竟恶毒地杀害了他的父亲，可以说从她伸出罪恶的手杀人那时起，她的夫妇之情、母子之义就不存在了。她变成了一个杀人犯，而防年杀掉她，只是杀掉一个普通的妇人，而不是他的继母了。所以这个案子，应该与一般的杀人罪一样处理，而不应该作为大逆不道的弑母罪判决。

景帝见刘彻分析得有理有据，十分满意，周围的人都投以赞许的目光。这年刘彻才14岁。

3. 铲除障碍

周亚夫（？—前143），沛县（今江苏邳州市）人，西汉名将。他的父亲周勃是汉初大臣，不仅从高祖刘邦打天下有功，而且是后来铲除诸吕、安定刘氏的主要人物。周亚夫治军有方，文帝时，驻军细柳营，肩负防御匈奴进犯的重任；景帝继位，任太守，平定"吴楚七国之乱"，立有大功，升任丞相。位高权重的周亚夫居功自傲，在立太子、立皇后的问题上屡次与景帝唱反调。

最初，景帝废除太子刘荣时，周亚夫和窦婴就极力反对，这是得罪刘彻的开始。因为刘荣不被废除黜，刘彻就没有立为太子的可能。

接着，景帝要立王娡为皇后，周亚夫再一次坚决反对。好在景帝主意已决，没有听周亚夫的话。

窦皇太后因为王皇后孝顺，就让景帝封王皇后的哥哥王信为侯。周亚夫又出来反对，他对景帝说，高皇帝有约在先"没有功劳的人不得封侯"。虽然王信是王皇后的兄长，但他什么功劳也没有，所以不应该封侯。这次景帝虽然采纳了他的意见，但他又得罪了窦皇太后、王皇后。

恰在这时，匈奴王徐卢等六人来降，景帝为了奖励匈奴人投降，决定把徐卢等六人封为侯爵，不料又遭到周亚夫的反对。这次景帝不仅没有接受他的意见，还斥责了他。

周亚夫意识到自己已经不得景帝信任，就推说有病，请求辞职。窦皇太后、王皇后等人求之不得，便在景帝面前说了周亚夫许多坏话。景帝批准了周亚夫的辞职的请求。

看
八·大·帝·王

周亚夫辞职之后，赋闲在家。鉴于他已到老迈之年，他的儿子为了准备他的后事，便到营造署购买了五百件作废的盔甲，以便为他这个赫赫有名的将军殉葬。不料，有人乘机陷害，告周亚夫谋反。这一下惹了大祸。周亚夫是不是谋反，这本来是不难查明的。但景帝竟然下令廷尉审理这个案子。周亚夫辩称，自己买这些废弃的盔甲，只是为了殉葬，为什么说他造反呢？廷尉竟说：这正好说明，你生前不造反，死后也要造反。周亚夫知道无话可说了，料到景帝也不会赦免他，便在狱中绝食而死。

周亚夫之死，搬掉了刘彻上台执政的一个最大障碍。

十年的太子生活，刘彻在读书和骑射中度过了，如今他已经成为一个英俊的少年。景帝后元三年（前141）正月，汉景帝驾崩，刘彻顺利地登上了皇位。

二、煌煌文治

登上皇位的汉武帝刘彻，从此经营汉王朝半个多世纪，充分展现了他的雄才大略和文治武功，使西汉王朝进入鼎盛时期，也是中国历史上最强盛的时期之一。他的文治主要表现在强干弱枝、朝廷铸钱、盐铁官营、赋税政策、独尊儒术、选拔人才、重视农业等方面。

（一）强干弱枝

强干弱枝，又作"彊干弱枝"，意思是加强

1957年4月，毛泽东在同《人民日报》负责人及有关领导谈话中说道："倒是汉武帝雄才大略，开拓刘邦的业绩，晚年自知奢侈、黩武、方士之弊，下了罪己诏，不失为鼎盛之世。"（吴冷西：《忆毛主席》，新华出版社1993年版，第43页）

树干，削弱枝叶。这是拿树木作比拟，比喻加强中央的力量，削弱地方的势力。语出《史记·汉兴以来诸侯年表序》："而汉郡八九十，形错诸侯间，犬牙相临，秉其阨塞地利，彊本干，弱枝叶之势，尊卑明而万事皆得其所矣。"《后汉书·班固传》也说："与乎州郡之豪杰，五都之货殖，三选七迁，充奉陵邑，盖以强干弱枝，隆上都而观万国也。"

强干弱枝，既然是加强中央集权，削弱地方势力，所以它是建立封建专制主义体制的思想基础。秦始皇废封国，立郡县，建立中央集权的封建主义制度，反映了这种思想。

汉高祖刘邦时，刘敬对高祖献策移民，正式提出强干弱枝的思想。

刘敬，西汉初年齐地人。高祖五年（前202），以戍卒身份求见刘邦，成为刘邦的重要谋士之一。他建议说："臣愿陛下徙齐诸田，楚昭、屈、景、燕、赵、韩、魏后，及豪杰名家居关中。无事，可以备胡；诸侯有变，亦足率以东伐。此强本弱末之术也。"于是，刘邦派刘敬负责迁徙所说的人员到关中居住，多达十余万人。

高祖时，基本上消灭了割据的异姓王后，半割据的同姓王的问题就突出起来了。这些同姓王国与汉朝廷无异，朝廷只派遣太傅、丞相两个大官，其余官吏则由诸侯王自己任用。当时诸侯王多是幼童，诸侯国内军政用人大权实际掌握在丞相手中。

汉文帝时，诸侯王都长大了，开始驱逐汉朝廷委派的官员，图谋叛变。贾谊陈政事，提出："欲天下之治安，莫若众建诸侯而少其力。力少则易使以义，国小则亡邪心，令海内之势，如身之使臂，臂之使指，莫不制从。"这种"众建诸侯而少其力"的观点，就是把原来的诸侯国分成几个，使每个诸侯国更小，无力反叛，从而有利于在朝廷、诸侯国之间建立封建专制体制。文帝采纳了这种"强本弱末"的主张，但未能真正实行。

汉景帝时，推行的由晁错提出来的削藩政策也是这种强本弱末的做法，但因操之过急而引起了"吴楚七国之乱"。

晁错（前200—前154），颍川（今河南禹州）人，西汉政论家。初从张恢学申不害、商鞅的法家学说。文帝时，任太常掌故，曾奉命跟随博

看
八
·
大
·
帝
·
王

士伏生学习《尚书》。后为太子家令，得太子（即景帝）信任，号"智囊"。景帝即位，任御史大夫，晁错成为毛泽东所说"汉景帝的主要谋划人物"。他建议逐步削夺诸侯王国的封地，以加强朝廷（中央政府）的权力，为景帝所采纳。不久，吴楚等七个诸侯国以"请诛晁错以清君侧"为名，发动武装叛乱。晁错为政敌袁盎所中伤，被杀。叛乱被平定以后，改定诸侯国制度，诸侯王的权力全部被削去。

元朔二年（前127），汉武帝采纳主父偃的建议，颁布推恩令。

主父偃（？—前126），临淄（今山东淄博）人，任中大夫。元光元年（前134），主父偃抵达长安，为武帝献策。他说："古者诸侯地不过百里，强弱之势易制。今诸侯或连城数十，地方千里，缓则骄奢，易为淫乱，急则阻其强以合从以逆京师。今以法割削，则逆节萌起，前日晁错是也。今诸侯子弟或十数，而嫡嗣代立，余虽骨肉，无尺地之封，则仁孝之道不宣。愿陛下令诸侯得推恩分子弟，以地侯之。彼人人喜得所愿，上以德施，实分其国，不削而稍弱矣。"武帝采纳了他的建议，下"推恩令"，从此大诸侯王国被分成许多小王国和侯国，封地越来越小，名存实亡。推恩的办法，是有关的皇族所愿意或乐于接受的。这种办法，不断加强着朝廷的统治，也不断削弱着地方的力量，这对于封建专制主义政治体制的巩固有重要意义。

汉武帝又设置官吏，按六条考察政事，第一条考察豪强，其余五条考察郡守。六条外还有一条不成文的规定，就是考察诸侯王，有罪便奏闻。不法的诸侯王因此受到惩罚。汉武帝承袭景帝时旧制，皇子可以封国称王，但不能拥兵割据。这个分土不治民的制度，十分有利于国家的统一和巩固。所以，应该说，至汉武帝时，才真正牢固地建立了封建的中央专制主义制度。

（二）朝廷铸钱

在经济方面，汉武帝也建立了一些重要制度，以削弱地方的割据势力和富商大贾的经济实力，加强朝廷对全国经济命脉的掌控，增加朝廷的财政收入，加强综合国力。

武帝首先下令把钱币的铸造权收归朝廷。

战国时期币制紊乱，至秦始皇统一货币，确定为黄金和铜钱两种，其他原六国各种货币一律废止。汉改秦制，黄金以一斤（约合今半斤）为单位（一斤也称为一金），铜钱直到汉武帝时才确定用五铢钱。在此之前，铜钱轻重不一，私自铸钱盛行，钱法很乱。汉高祖废秦半两钱，行榆荚钱，重三铢（一两三十铢，一铢约合今二分），令民间（豪强）自铸。自惠帝二年（前193）至武帝元鼎四年（前113）间，钱法变动了九次，也就是在铸钱问题上，朝廷和豪强作了九次斗争，直到第九次才取得了胜利。

汉武帝铸造标准铜币

当时豪强役使贫民，开采铜矿、锡矿，用铅、铁掺入铜内，铸劣质铜钱，牟取暴利。这种情况非常严重。据《汉书·食货志》载，汉武帝时盗铸黄金（伪造黄金）、铜钱的人，应该判死罪的有数十万人；豪强率众互相斗杀，不可计数；自首免罪的人多到上百万人；不敢自首的人比自首的人还要多。这说明盗铸金钱的豪强，聚数百万对抗朝廷，是一个破坏中央集权的巨大势力。

鉴于情况如此严重，元鼎四年（前113），汉武帝下令销毁及废除各种铜钱，禁止私铸钱币，改由官铸，把铸钱权收归朝廷。由掌管上林苑的水衡都尉所属三官负责在京城铸造，称为上林钱或三官钱，即五铢钱，通行天下。以后朝廷每年派10万人采铜铸钱，至西汉末年共铸280万钱。五铢钱轻重适宜，从汉至隋700年间，基本上使用而不废。朝廷铸钱权的确立，有利于国力的增强。

（三）盐铁官营

冶铁、煮盐与铸钱是三宗大利，朝廷收归官营以前，都被豪强大族掌控。一个豪强，往往奴役贫民数千人。战国以来，著名大商贾多经营盐铁业，在地方上都是大豪强。

到秦朝时，朝廷集中一切权力，山东豪富被迁入关中，原来的盐铁业由盐官、铁官经营。

汉高祖向豪强让步，冶铁、煮盐和铸钱都允许民间私营，最大的盐铁商积财多至万金。如大盐商东郭咸阳，大铁商孔仅，家产都有千金。

元狩四年（前119），汉武帝擢用桑弘羊、东郭咸阳、孔仅三大商贾做理财官，实行盐铁专卖。盐铁专卖，就是盐铁官营（国营），即由朝廷垄断盐铁的经营权力，在全国设立盐铁官，进行经营管理，凡是私铸铁器或煮盐的都处以重刑，并没收其货物。

这三位盐铁官都不简单。东郭咸阳，齐人，大盐商出身。孔仅，南阳（今河南南阳）人，大冶铁商出身。桑弘羊（前152—前80），洛阳（今河南洛阳东）人，西汉政治家，出身商人家庭，武帝时任治粟都尉、大农丞、御史大夫等职，担任中央政府财政领导职务达30多年。他受命和任大农丞的东郭咸阳、孔仅主管盐铁官营的事。三人从重农抑商的政策出发，制定、推行盐铁官营、酒类专卖、均输平准和屯田屯垦等经济政策，从商贾手里夺回盐铁等业的掌控权。

这是一个艰难的斗争，汉武帝用刑罚并没收器物来禁止私铸铁器和煮盐，又招歇业盐铁商做盐铁官，换取盐铁商的合作。产铁的郡国设铁官，全国有铁官44处（一说50处）。产盐的地方设盐官，全国有盐官32处（一说36处）。从此，盐铁官营成为定制，朝廷的财政收入巨额增加，为巩固新兴的地主阶级专政，加强封建中央集权和反击匈奴的侵扰作出了贡献，有利于国家统一。

汉武帝死后，汉昭帝年幼，朝政由大将军霍光把持。始元六年（前81），霍光以"问民间疾苦"为名，纠集各地所谓贤良、文学等儒生60余人，召开了一次盐铁会议，向桑弘羊发动突然袭击。在会上，两派在政治、经济、军事、文化等方面展开了极其激烈的论战。儒生们大肆攻击秦始皇，反对盐铁官营和北抗匈奴的政策。桑弘羊旗帜鲜明，舌战群儒，斥责儒生"饰虚言以乱实，道古以害今"，热情赞扬秦始皇，维护盐铁官营政策，把贤良、方正们批驳得狼狈不堪，捍卫了武帝巩固中央集权制的政策。但第二年，霍光诬陷他"谋反"，杀死了他。

元封元年（前110），汉武帝还下令实行均输、平准制度。所谓均输，就是调剂运输，在各部国设置均输官，令各地以其土特产作为贡物，由工官制造运输工具运往京城。所谓平准，就是平抑物价，由大司农在京城设立平准官，"尽笼天下之货物，贵则卖之，贱则买之"（《史记·平准书》），以平抑物价。这样，就把过去被富商大贾掌控物资、操纵物价的权力收归朝廷所有。

（四）独尊儒术

在思想文化方面，汉武帝"罢黜百家，独尊儒术"，树立了儒学的统治地位。汉高祖用太牢（猪、牛、羊各一）祭孔子，承认儒学在学术上的正统地位。但西汉前期，占统治地位的思想是黄老、刑名之学，其次是阴阳五行学说，儒学博士不受朝廷重视。所谓黄老是黄帝和老子的并称，被后世道家奉为鼻祖。《史记·老子韩非列传》："申子之学，本于黄老而主刑名。"道家以清净无为作为治世之术，主张无为而治。所谓刑名，是战国时申不害为代表的学说，主张循名责实、慎赏明罚。后人称为"刑名之学"，也省略作"刑名"。

所谓阴阳，指星相、占卜、相宅、相墓的方术。所谓五行，指水、火、木、金、土。我国古代称构成各种物质的五种元素，古人常用以说明宇宙万物的起源和变化。旧时的星相家以五行相生相克推算命运。

这种风气与汉景帝的母亲窦太后关系很大。窦太后（？—前155），清河观津（今河北衡水东）人，好黄老之学。吕后执政时，她是代王姬。代王入京为皇帝，即汉文帝，她被立为皇后。景帝即位，尊为皇太后。武帝即位，尊为太皇太后。她做了23年皇后，16年皇太后，两年太皇太后，在宫中高位上已经坐了41个春秋，她在朝廷中的权势和影响可想而知。她在做文帝的皇后时，就曾经命令宫中太子和皇子、公主们以及窦家子弟都要读黄老之书。她做皇太后时，朝廷召来《诗经》专家辕固生讲儒家经典。辕固生生性狂傲，瞧不起黄老之学，他当着窦太后的面鄙视地说，老子的书写的尽是些奴仆的话。

窦太后一听，大为恼火，反唇相讥道：你又是从哪里得到罪徒们所看的书呢！儒家骂道家是奴仆，道家骂儒家是罪徒，儒道两家的冲突非常尖锐。之后，窦太后便罢黜大臣窦婴、田蚡、赵绾、王臧和儒生辕固生等，以打击儒家思想。

儒道两家的对立，对政治统一是有害的。汉武帝完成了学术统一这一巨大任务，把道、名、法、阴阳五行各家统一在儒学里面。

汉武帝采用策问（考试）的办法，凡对策公开讲黄老、刑名、纵横的人，一概罢黜不取，独取董仲舒、公孙弘等儒生，并给官做。

（五）选拔人才

君主要在政治上有所成就，贤能的辅佐是不可缺少的。汉高祖是创业皇帝，他深知人才

毛泽东的印章（润之）

的重要。他称帝后，同群臣议论他和项羽的得失。他说他有萧何、张良、韩信等人，能各用其材，因而获得胜利；项羽有一个范增而不能用，所以灭亡。

汉武帝继承先帝这个传统，多次下诏求贤。汉代选拔官员的制度叫"察举"。察举就是由丞相、列侯、刺史、守相等推举，经过考核，授以官职。这种制度始于武帝时，有孝廉、贤良方正、贤良文学等科。孝廉，指孝子廉吏，在家称孝，为吏廉洁。汉代提倡的操守，或孝或廉，都可以察举。这种制度，始于董仲舒的奏请。贤良由各郡国所属吏民中荐举，限每个郡国内每年至少向朝廷举荐一人。名义上以封建伦理为标准，实际上多由世家大族掌控，弄虚作假，后来人们用"举秀才，不知书；举孝廉，父别居"进行讽刺。举孝廉的人往往会任为"郎"。贤良方正，为汉文帝时始行，武帝时继续使用，中选的人则授以官职。贤良文学，简称贤良或文学。西汉后期，儒生往往借此取得出身。

通过察举的办法，汉武帝延揽了大批人才。武帝和董仲舒的"天人三策"的问答，已成为选拔人才的佳话。武帝读了司马相如的《子虚赋》，说："朕独不得与此人同时哉！"给他主管猎犬的狗监杨得意说：我的同乡司马相如说这篇赋是他写的。于是，司马相如得到武帝召见，又作《上林赋》，铺写田猎之乐，颇为武帝赏识，任命为郎官，后又奉使西南。除了司马相如，武帝对于其他人才，也是礼遇有加。武帝见汲黯，从来都是衣冠不整不见。临菑人主父偃、严助，无终人徐乐都是元朔元年（前128）被召见的。

主父偃徒步入关，上书武帝。早晨上书，晚上就受到接见。他所奏陈的九事，八件是律令，一件是谏伐匈奴。严助原是丞相史，上书杜绝奢靡之风，皇帝不可以带头奢侈；不要穷兵黩武，应防备兵久而变起；反对扩大郡守势力、削弱刘氏宗室。徐乐更直言不讳地指出，天下的祸患不在瓦解而在土崩，现在民多困穷，加上不断用兵，土崩之势已成，不可不防患于未然。武帝说："公皆安在，何相见之晚也！"（《汉书·主父偃传》）三人都被任为郎中，成为武帝近臣。其中主父偃最为得宠，一年之

内四次升迁，从郎中提为中大夫，几乎是言听计从，像推恩令、设置朔方郡、迁徙关东豪强于茂陵等决策，均出自主父偃。

济南人终军（？—前12），少年好学，18岁被选为博士弟子。到京都长安后，终军上书言事，武帝欣赏他的文采，立即拜为给事中，在朝廷中供职。

当终军步行入关时，守关小吏发给终军帛制的符传，终军问：这有什么用处？关吏说：这是出关的凭证，等你回来时验看。终军把符传扔掉，说：大丈夫西游，回来时用不着符传。后来终军作为使者，建节出关。节是一种高级凭证，形状像竹节，持节出巡，意味着奉皇帝命令视察，自然就不必再用帛制的符传了。后来南越与汉和亲，武帝派终军出使，果然不辱使命，说服南越王归顺汉朝。

东方朔（前154—前93）上书，就更有戏剧性了。东方朔初到长安，到公车令官署上书，他的奏章写了3000个竹简，公车令叫两个小吏去取奏章，两人勉强抬回来。这3000个竹简，武帝耐着性子读，每天在截止的地方做个记号，断断续续两个月才读完。后东方朔被武帝用为太中大夫。因为他善辞赋，性格诙谐滑稽，成为武帝身边近臣。

汉武帝通过察举的办法，征召人才，延揽了一大批奇才异能之士，当时朝中可谓人才济济。汉书的作者班固称赞说：

"公孙弘、卜式、倪宽皆以鸿渐之翼困于

"吾人揽（览）史时，恒赞叹战国之时，刘、项相争之时，汉武与匈奴竞争之时，事态百变，人才辈出，令人喜读，若承平之代，则殊厌弃之。非好乱也，安逸宁静之境，不能长处，非人生之所堪，而变化倏忽，乃人性之所喜也。"（《毛泽东早期文稿》，湖南出版社1995年版，第185—186页）

燕爵，远迹羊豕之间，非遇其时，焉能致此位乎？是时，汉兴六十余载，海内艾安，府库充实，而四夷未宾，制度多阙。上方欲用文武，求之如弗及，始以蒲轮迎枚生，见主父而叹息。群士慕向，异人并出。卜式拔于刍牧，弘羊擢于贾竖，卫青奋于奴仆，日磾出于降虏，斯亦曩时版筑饭牛之朋已。汉之得人，于兹为盛，儒雅则公孙纠、董仲舒、倪宽，笃行则石建、石庆，质直则汲黯、卜式，推贤则韩安国、郑当时，定令则赵禹、张汤，文章则司马迁、相如，滑稽则东方朔、枚皋，应对则严助、朱买臣，历数则唐都、洛下闳，协律则李延年，运筹则桑弘羊，奉使则张骞、苏武，将率则卫青、霍去病，受遗则霍光、金日磾，其余不可胜纪。是以兴造功业，制度遗文，后世莫及。……"（《汉书·公孙弘卜式倪宽传赞》）

体制的建立，人才的选用，是治国的两件大事。汉武帝在这两件大事方面的文治成就，是他雄才大略的重要标志，也为他的赫赫武功奠定了坚固的基础。

三、赫赫武功

汉武帝的赫赫武功，主要表现在通过抗击匈奴、开通西域、闽粤除国和通西南夷，拓展了版图，扩大了疆域，使西汉帝国空前强大。

（一）抗击匈奴

西汉王朝与匈奴的关系，一直以来，都处于被动挨打的地位。汉武帝改变了这种局面，变被动为主动，使西汉王朝处于优势地位。

建元六年（前135），匈奴派使者请求和亲，汉武帝令公卿大臣商量对策。所谓和亲，指封建王朝利用婚姻关系与边疆各族统治者结亲和好。《史记·刘敬叔孙通列传》记载："高祖取宗人子名为长公主，妻单于。使刘敬往结和亲约。"汉代和亲是从高祖开始的，一直延续到武帝。和亲政策虽然对中原人民与匈奴之间的经济文化交流，对多民族组成的中华民族的形成起了一定的作用，但汉初的和亲政策，并没有从根本上改变匈奴政权的野蛮性、掠夺性。匈奴贵族不时南进，侵扰汉朝北部边疆，掠夺人口和牲畜，对北部人民的生活和生产造成很大的破坏。

所以，当这次武帝让大臣讨论对策时，大行令王恢主张"兴兵击之"。御史大夫韩安国反驳说，在千里沙漠作战，是匈奴人的强项，而是汉军的缺失。现在匈奴的统治者，依靠他们的威力，怀着永不满足的贪婪心理，到处侵袭掠夺。他们的骑兵结集、移动迅速，不是用武力能轻易歼灭的。如果派大军征讨，必须先驰骋数千里，就是不打仗，人马也会很疲惫。匈奴人估计他们能打赢的话，就会调动全部兵力攻击汉军；如果他们估计难以取胜，就会逃得无影无踪。所以，还是同匈奴和亲为上策，免得大军远征无功，劳民伤财。

由于韩安国的威望，在主战派和主和派的争议中，大部分官僚附和韩安国的意见，武帝勉强同意和亲。然而，和亲之后，匈奴仍然大肆侵扰。

元光二年（前133），雁门马邑（今山西北部雁门关一带）的大商人聂壹，献诱匈奴军伏而歼之的策略，得到汉武帝的批准。朝廷先派聂壹带着货物到长城外与匈奴人交易，并和匈奴单于搭上关系，杀了几个囚犯，把人头挂在马邑城头示众，诈称杀了汉朝官吏，以诱匈奴军入城伏击。

汉武帝在马邑周围的山谷里，埋伏30万大军，派了李干、公孙贺、韩安国、王恢和李息五位将军。韩安国称护军将军，统一指挥部队，王恢和李息负责战斗打响后袭击敌后运输辎重。汉武帝设围马邑，等单于领兵自投罗网。不料走漏了消息，匈奴单于发觉中计后，火速引兵退去，功败垂成。从此，和亲断绝。

此后，汉武帝命名将卫青、霍去病、李广等人多次统兵征讨匈奴，其中最著名的有三次战役。

元朔二年（前127），漠南战役。这已是武帝第四次反击匈奴。以前几次汉军都是直奔匈奴侵扰的地区，把敌人赶走，战果不大。武帝改变了策略，声东击西。这次匈奴入侵的是汉朝东北部的边郡渔阳（今北京市密云西南）和上谷（今河北怀来东）。卫青率领部队先向匈奴侵扰的东北方挺进，到北部后却突然折向西方，长驱直入攻击匈奴西部没有设防的军事重镇高阙（今内蒙古阴山西长城上）和陇西（今甘肃临洮南），再由北向

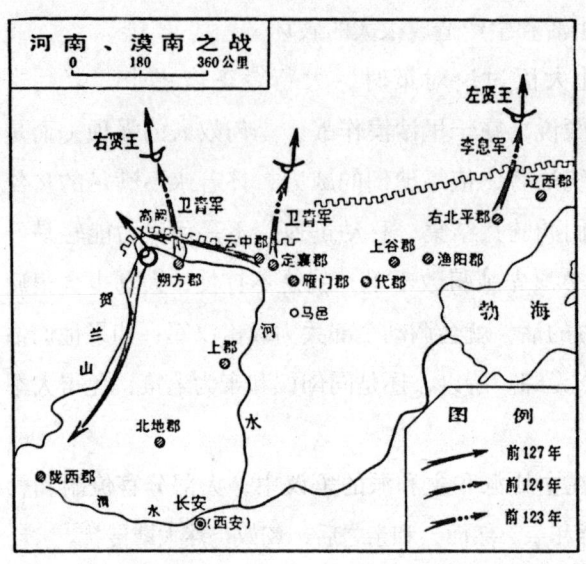

河南、漠南之战示意图

南迁回攻击寄牧于河南地（今内蒙古河套以南）匈奴军队，匈奴兵死伤五千余人。在河南地的匈奴楼烦王和白羊王，只带少数心腹士兵弃地而逃，匈奴人蓄养的百万头牛羊尽归汉军所有。自秦朝末年，匈奴人经营了八十多年的河南地，又收归汉朝所有，建立朔方郡（今内蒙古自治区河套南），招募贫民十万口徙居朔方，作为边防的重镇。匈奴屡遭打击，公元前123年单于龙廷被迫迁往瀚海以北。

元狩二年（前121），汉武帝下令三次对匈奴用兵，进行了河西战役。所谓河西，指今甘肃、青海两省黄河以西，即河西走廊与湟水流域，当时为匈奴人所盘踞。这一年，霍去病被升为骠骑将军。他奉武帝命令，带领一万精锐骑兵出塞，转战六天，越过焉支山（祁连山一峰，在今甘肃山丹县内），又前进一千多里，斩杀匈奴的折兰王、卢侯王，俘虏浑邪王的王子、相国和都尉，捕获斩杀匈奴八千九百多人。霍去病还把休屠王用来祭天的金人神像夺了过来。陇西匈奴受到了沉重打击。

到了夏季，武帝再次下令对匈奴汗国发起攻击。他派骠骑将军霍去病和合骑侯公孙敖，率领数万骑兵从此地（今甘肃宁县）出塞，卫侯张骞和郎中令李广从右北平（今河北平泉）出塞，两部分道向北挺进，合击匈奴。

李广和张骞率1.4万兵马，追击到代郡和雁门关，拦截后撤的左贤王部。李广孤军深入，陷入了匈奴军四万多人的包围之中，经过激烈拼杀，死伤过半。然后，又占据有利地势，和匈奴军队对峙了一天一夜。第二天，匈奴军队又发起攻击，李广的部队只剩下一千多人。正在全军即将覆没之际，张骞率兵一万多人赶到解了围。

东路北进汉军遭受严重挫折，而西路的进军却捷报频传。骠骑将军霍去病和合骑侯公孙敖分两路从陇西出塞后，两军失去联系。霍去病孤军挺进，跨过居延海（今内蒙古额济纳旗北嘎顺诺尔及索果诺尔一带），穿过小月氏，直抵祁连山下，大获全胜。霍去病共斩获匈奴30200人，其中有五个匈奴王，以及王母、王后和王子共59人，相国、将军、当户、都尉共63人。匈奴损失十分惨重。

这时候，霍去病得到汉武帝的宠信，几乎和他的舅舅大将军卫青平起平坐。汉武帝为他盖了一座豪华的府第，想叫他去看看。霍去病推辞说："匈奴未灭，何以家为？"汉武帝对他十分敬重。

卫青、霍去病率领军队对匈奴的连续沉重打击，使匈奴内部发生了分裂，浑邪王带领四万多匈奴人投降汉朝，匈奴人在河西地区势力大大衰弱，金城（今甘肃兰州）、河西（河西走廊、甘肃中部），西至祁连山，直到盐泽（今罗布泊），几乎没有匈奴人的踪迹。汉武帝在黄河以西地区设置武威郡和酒泉郡，前111年又增设张掖、敦煌两郡。河西四郡的设立，不仅切断了匈奴与西羌的联系，更重要的是开辟了通往西域的道路，为中国与中亚、欧洲在文化上的交流准备了必要的条件。

元狩四年（前119），又发生漠北战役。经过多次打击和浑邪王的投降，匈奴西部的势力一蹶不振，而东部的势力却没有遭受多大损失。

这年春天，匈奴兵入侵右北平和定襄两地，杀掠一千多汉人。汉武帝决定向匈奴东部的左贤王和中部的伊稚邪单于部进攻。他把用黍米特别饲养的10万匹战马平分给卫青和霍去病，各配备精锐骑兵五万人，官兵自带私马四万多匹，还有几十万步兵和十四万万匹驮辎重的马跟随在骑兵之后。分工是骑马负责出击，步兵负责防卫。

多次与匈奴作战的名将李广，向汉武帝请缨，被任命为前将军，太仆公孙贺为左将军，主爵都尉赵食其为右将军，平阳侯曹襄为后将军。他们都归卫青指挥。

两支军队出击，情况与预计的完全相反，卫青碰上了伊稚邪单于的主力，而霍去病捕捉到的却是左贤王的人马。

卫青率大军出定襄，获悉伊稚邪单于王庭在漠北的情况，便亲率精锐骑兵向王庭挺进。卫青令李广所部与右将军赵食其所部合并，担任大军右翼护卫，定下日期到漠北合击匈奴主力。

李广所部从右翼进军必须绕到东面行军，路程遥远，水草又少，而且卫青没有给他们配备向导，所以两个人带领军队在沙漠中迷失了方向，误了会合期限。卫青派长史诘问误期的原因。李广无言以对，自己承担了全部责任。然后，他声泪俱下地对部下说：我李广从十六岁起参加对匈奴的战争，至今已经历大小七十多次战斗。而现在，有幸随大将军出征，本来应该充当先锋直扑单于。而大将军却把我调到右卫，路途遥远，又没有向导指引，以致迷失了道路，这可能是天意吧。我今年已经六十多岁了，怎么能去面对那些只会舞文弄墨的军法官之类的家伙呢！说罢，拔刀自刎而死。可惜一代名将竟落个如此下场。右将军赵食其被判死罪，交了一笔赎金后被贬为平民。

霍去病率领大军从代郡和右北平出塞，向北挺进了两千余里，横穿瀚海沙漠，捕捉到了匈奴左贤王的主力部队，把他们打得七零八落，左贤王带少数随从落荒而逃。霍去病一路追杀，直到狼居胥山（在今蒙古国境内）。他们在山顶祭祀了天，又在较矮的姑衍山上祭祀了地，然后班师回朝。

这次战役霍去病大获全胜，一共斩杀和俘虏了70430人之多，匈奴左贤王所部主力损失殆尽。

这次漠北大战，两路汉军虽然都取得重大胜利，但也付出了沉重的代价。出征时的十四万匹战马，班师入塞时仅剩下不到三万匹，其他损失可想而知。

漠北决战之后，匈奴的主力遭到毁灭性的打击。此后，伊稚邪单于在很长一段时间内，再也不敢到大沙漠以南侵扰，匈奴的各个王也不敢在大漠以南建立王廷，"漠南无王廷"，汉代北部边境也稳定了好长一段时间。

汉与匈奴的战争，是历史上有名的旗鼓相当的大战，毛泽东早在青年时期就已注意到了。1917—1918年，他读泡尔生《伦理学原理》写的批注中说："是故治乱迭乘，平和与战伐相寻者，自然之例也。伊古以来，一治即有一乱，吾人恒厌乱而望治，殊不知乱亦历史生活之一过程，自亦有实际生活之价值。吾人揽〈览〉史时，恒赞叹战国之时，刘、项相争之时，汉武与匈奴竞争之时，事态百变，人才辈出，令人喜读。至若承平之代，则殊厌弃之。非好乱也，安逸宁静之境，不能长处，非人生之所堪，而变化倏忽，乃人性之所喜也。"（《毛泽东早期文稿》，湖南出版社1995年3月第2版，第185—186页）这种看法，一直到晚年，毛泽东也未改变，可谓英雄慧眼识英雄吧！

（二）开通西域

为了切断匈奴"右臂"，也为了发展经济文化交流，汉武帝一再命张骞出使西域。

所谓西域，是汉代以来对玉门关、阳关以西广大地域的总称。狭义专指葱岭以东而言，广义则凡通过狭义西域所能到达的地区，包括亚洲中、西部及印度半岛、欧洲东部、非洲北部都在内。《汉书·西域传序》："西域以孝武时始通，本三十六国，其后稍分至五十余，皆在匈奴之西，乌孙之南。南北有大山，中央有河，东西六千余里，南北千余里。东则接汉，陁以玉门、阳关，西则限以葱岭。"

张骞（？—前114），汉中城固（今陕西城固）人。汉武帝建元三年（前138年）以郎（皇帝侍从官）应募，出使大月氏，约月氏人夹击匈奴。

途中被匈奴人俘获，拘禁十年之久。后设法逃脱，越过葱岭，经大宛（今哈萨克斯坦境内）、康居（今哈萨克斯坦境内）、大夏（今阿富汗阿姆河流域）等中亚国家，最后找到大月氏国。此国已由游牧"行国"改向农业定居，没有东归之意，张骞只好返回。途中又被匈奴俘获，拘禁一年多，于元朔三年（前126年）才返抵长安。此次出使，张骞行程万余里，历时十余年，同西域各国开始建立联系，归来后把所了解情况报告朝廷。后因出击匈奴有功，封博望侯。

元狩四年（前119），武帝再次派张骞出使西域。这时，汉朝已设置河西四郡，由内地至西域交通畅通无阻。张骞顺利到达西域，加强了天山南北各族和汉朝的联系，同乌孙建立起和亲关系，并派许多副使随同张骞到达大宛、康居、大月氏、安息等国，回国后张骞被拜为大行。张骞两次出使西域，虽未达到联合大月氏、乌孙夹击匈奴的目的，但从此以后，西域各国同中原地区的政治关系和经济文化联系日趋密切，开辟了贯通中西的丝绸之路。

所谓丝绸之路，是指古代我国通往西方的交通要道。早在3000多年前，我国劳动人民就养蚕、缫丝、织绸。到了汉代，制造丝绸技术又有新的提高。张骞出使西域后，我国制造的丝绸运输到中亚、波斯（今伊朗）、地中海沿岸的罗马等国，引起了西方人的惊奇和喜爱，人们便把我国称为"丝国"，把这条商路称为"丝绸之路"，或简称"丝路"。其主要路线是：东起汉都城长安（一说洛阳），向西沿河西走廊到达敦煌（今甘肃敦煌），从敦煌向西分南北两道。南道沿昆仑山北麓经鄯善、于阗、沙车等地至疏勒（今新疆喀什），越葱岭，到大月氏、安息等国；北道经罗布泊，沿天山南麓西行，再经车师前国、龟兹、库车、疏勒。由疏勒越葱岭到大宛、康居、奄蔡，由奄蔡南下抵安息，再由安息向西，经波斯往大秦（罗马帝国）。

为了保障汉使以及商队往来的供应和安全，元封三年（前108），西汉开始在邻近西域的酒泉、玉门（皆在今甘肃西北部）建立亭障。后来，把亭障延伸至盐泽（今新疆罗布泊）一带，并在天山南北屯田。每处有屯田士兵数百人，设置卫司马和校卫戍守，兼护天山南北各国。从此，天山南北三十六国和乌孙，都先后成为汉朝西北边疆的一部分。

毛泽东对张骞出使西域十分欣赏。新中国成立之初，1950年3月，毛泽东在勤政殿接见共和国未来的大使们，并与他们进行了亲切的交谈。他走到黄镇面前，好像想起了什么事，问道："黄镇，你原来那个名字黄士允不是很好吗，改它做什么？"黄镇答话："我的脾气不好，需要提醒自己'镇静'。"毛泽东说："黄镇这个名字也不错。《楚辞》中说，白玉兮为镇。玉可碎而不改其白，竹可黄而不可毁其节。派你出去，是要完璧归赵喽。你也做个蔺相如吧。"几个将军皱起眉头："我们连外国话都不会说，怎么搞外交呀？"毛泽东说："班超、张骞不也不懂外文么，出使西域而不辱使命。你们不会外文，但是，还是要你们去干外交，因为首先你们跑不了，你们出使可以学学沈括的办法，他每到一地，都把那里的大山河流、险要关口，画成地图，还把当地的风土人情也调查得清清楚楚，并叫随员背得滚瓜烂熟。所以和辽国边界谈判，他对答如流，有凭有据，辽国没有空子好钻哪……"（尹家民：《将军不辱使命》，解放军文艺出版社1992年版，第10页）

（三）闽粤除国

武帝时期，割据东南地区的东瓯、闽粤（越）和南粤（越）之间，经常发生战乱。汉武帝先后派兵平定了这些地区，废除其封国，设置了郡县。

东瓯、闽粤和南粤，是在今福建和广东沿海地区的这三个小国，战国时期都被楚国所灭。秦灭楚之后，曾设置会稽郡、闽中郡，归秦中央政府管辖。秦朝末年，放弃了对这些蛮夷地区的管辖。

汉高祖刘邦立无诸为闽粤王，统治闽中故地，治所在东冶（今福建福州附近）。惠帝时又立闽粤君摇为东海王，建都瓯东（今浙江温州），号称东瓯。这两个小国都是西汉王朝的附属国。它们离汉中央政权很远，关系松懈，因而叛逆的诸侯王把它们看做天然的同盟者。文帝前元六年（前

174），淮南王刘长和棘蒲侯太子侯奇勾结在一起，发动叛乱。他们派人到闽粤和匈奴等处求助，匈奴和闽粤都答应派兵参加这次叛乱。

景帝前元三年（前154），吴王刘濞联合胶东、胶西、淄川、济南、楚、赵，发动"吴楚七国之乱"。失败后，刘濞跑到东瓯隐藏起来，东瓯王骆望听汉中央政府使者晓以利害，设计刺杀了刘濞。刘濞的儿子刘驹逃到闽粤，闽粤王骆郢收留了他。16年之后，刘驹唆使骆郢对东瓯发动了战争。

骆望派使者急向汉武帝求救。汉武帝派大臣严助持节赶往会稽郡，调动地方部队支援东瓯，对付闽粤。初时，会稽太守未见兵符，不肯发兵；后来严助命令随行人员将反对出兵最坚决的郡司马杀了，太守才肯发兵。

严助见从陆地上支援已经来不及了，就命令太守准备船只。随后，他带领会稽郡的部队，渡海直扑闽粤。闽粤王骆郢见大事不好，下令把军队全部撤回国内。严助这支小舰队，还没有到达闽粤，闽粤王就退了兵。严助兵不血刃，解除了东瓯的危难，不战而屈人之兵，成为军事史上一段佳话。

建元三年（前138）秋天，四万名东瓯居民迁往长江与淮河之间，取消了附属国的地位。

东瓯人内迁之后，闽粤国乘机侵占了一部分土地，逐渐强大起来，又把矛头指向南端的南粤国。早在秦二世时，南海尉任嚣病死，在龙川当县令的赵佗接替了他的职务。在秦末农民大起义中，赵佗乘机出兵桂林和象郡，把这两个郡并归自己管辖，自立为"南粤武王"。从此，就以南粤为王号和国号。

汉朝初立时，为了稳定南方的局势，对赵佗占据南海等地，予以承认，汉高祖下诏，肯定了赵佗的功绩。建元六年（前135），赵佗病故，其孙赵胡即位，国内形势比较混乱。一心想成为南方新霸主的闽粤王骆郢见有机可乘，便出兵攻打南粤边地。赵胡紧急向武帝求救。汉武帝派大行令王恢领兵出豫章（今江西南昌）南下，令大农令韩安国率军从会稽（今浙江绍兴）出兵，两路大军直指闽粤境内。南粤王奉武帝命令率军北进，南北对进，形成合击之势。闽粤内讧，骆郢被其弟骆余善杀死。在这次叛乱中，唯一没有参与的无诸的孙子繇君丑被册立为粤繇王，闽粤国中出现了两王并立的局面。

元鼎五年（前112），南粤国内发生内乱，南粤相吕嘉杀掉汉朝使节和南粤王赵兴、樛氏太后母子，兴兵反抗汉朝。元鼎六年（前111），骆余善听说楼船将军杨仆上书请求汉武帝出兵东瓯，就封自己手下的骑力为"吞汉将军"，命他率军反抗。他命人给自己刻了一方"武帝"玉玺，自立为东粤武帝，妄图与汉武帝平起平坐。

汉武帝立即派出讨伐大军，兵分四路，水陆并进。横海将军韩说出句章（今浙江慈溪），乘船南下攻打东瓯沿海各地；楼船将军杨仆从武林（今浙江杭州）南下，攻打骑力的部队；中尉王温舒出梅岭，矛头直指闽西，与杨仆形成掎角之势；越侯二人为戈船、下濑将军，出若耶（今浙江绍兴南）、白河。这年冬天，四路大军推进到东瓯境内，打了一年多，互有胜负，战争呈胶着状态。后粤繇王居股设计捕杀了骆余善，其部投降。

战争结束之后，汉武帝下令撤销闽粤国的封号，正式将闽粤国包括东瓯国的土地并入了汉王朝版图。

（四）通西南夷

居住在今四川、贵州、云南等省的少数民族，汉朝时统称西南夷。这些少数民族发展滞后，有的还处于氏族部落状态，有的才进入奴隶社会，形成了许多小国家。在这些小国家中，夜郎（今贵州西部遵义一带）、滇（今云南晋宁一带）和邛都（今四川西昌一带）较大。

西南夷一向和巴、蜀、南粤有商业来往。汉武帝元狩元年（前122年），张骞说他在大夏国（今阿富汗北部一带）时，见到蜀布和邛竹杖，知道是从身毒（印度）得来的，印度在大夏西南数千里，有蜀地产物，推想自西南夷至身毒一定不会很远。汉武帝听了非常高兴，派遣唐都等官员十余人，带着财物，分四路深入西南夷地区，寻求通往身毒的道路。不久，武帝又派司马相如通使邛都、筰都，在那里设置十余个县，隶属于蜀郡。元鼎六年（前111年），灭南粤后，汉武帝发兵击西南夷，夜郎、滇等国及其附近许多部落，先后请归附。汉先后设置牂牁、越嶲、沈黎、汶山、武都、犍为和益州七郡。封滇（今云南昆明一带）人的首领为滇王，发给王印。从此，西南地区同内地的联系更加紧密了，统一的多民族国家的规模也进一步扩大。

四、奢侈腐化

一方面，汉武帝是一个有雄才大略的有道明君，他的文治武功彪炳史册，毋庸置疑；另一方面，他又是一个地主阶级头子，地主的剥削阶级本性使他奢侈腐化，追求享乐、食色不厌、妄求长生，其剥削阶级的劣根性表现十足。

（一）开池修殿

武帝从元鼎二年（前115）起，就大兴土木，修宫殿，凿池沼，先后修建了建章宫、明光宫、柏梁台。长安周围还建有长杨宫、五柞宫等六座宫殿。为了便于巡狩，各地还建有行宫。例如柏梁台，故址在今陕西省西安市长安区西北长安故城内。《三辅皇图·台榭》："柏梁台，武帝元鼎二年春起此台，在长安城中北门内。"《三辅旧事》云："以香柏为梁也，帝尝置酒上，诏群臣和诗，能七言者乃得上。太初中台灾。"相传汉武帝在柏梁台上和群臣共赋七言诗，人各一句，每句用韵，后人把这种诗体叫柏梁体。其诗曰：

日月星辰和四时，（汉武帝）

骖驾驷马从梁来。（梁孝王武）

郡国士马羽林材，（大司马）

总领天下诚难治。（丞相石庆）

和抚四夷不易哉！（大将军卫青）

刀笔之吏臣执之。（御史大夫倪宽）

撞钟伐鼓声中诗，（太常周建德）

宗室广大日益滋。（宗正刘安国）

周卫交戟禁不时，（卫尉路博德）

总领从官柏梁台。（光禄勋徐自为）

平理请谳决嫌疑，（廷尉杜周）

修饰舆马待驾来。（太仆公孙贺）

郡国吏功差次之，（大鸿胪壶充国）

乘舆御物主治之。（少府王温舒）

陈粟万石扬以箕，（大司农张成）

徼道宫下随讨治。（执金吾中尉豹）

三辅盗贼天下危，（左冯翊盛宣）

盗阻南山为民灾。（右扶风李成信）

外家公主不可治，（京兆尹）

椒房率更领其材。（詹事陈掌）

蛮夷朝贺常会期，（典属国）

柱枅欂栌相枝持。（大匠）

枇杷橘栗桃李梅，（大官令）

走狗逐兔张罘罳。（上林令）

啮妃女唇甘如饴，（郭舍人）

迫窘诘屈几穷哉！（东方朔）

这种人各一句，每句用韵的诗体，被称为联句；因为每句都是七个字，虽不是最早的七言诗，也是较早的七言诗。汉武帝在享乐之中，创造了联句这种诗体，对我国诗歌的发展作出了贡献，这可能是他没有想到的。

又如昆明池，汉武帝元狩三年（前120）于长安西南郊所凿，以习水战。池周围40里，广332顷。《汉书·武帝纪》："发谪吏穿昆明池。"颜师古注引臣瓒曰："《西南夷传》有越嶲、昆明国，有滇池，方三百里。汉使求身毒国，而为昆明所闭。今欲伐之，故作昆明池象之，以习水战，在长安西南，周回四十里。"

再如上林苑，本是秦朝旧苑，汉初荒废，汉武帝重新扩建。故址在今陕西省西安市。《三辅黄图·苑囿》载："汉上林苑，即秦之旧苑也。《汉书》云：'武帝建元三年，开上林苑，东南至蓝田宜春、鼎湖、御宿、昆吾，旁南山而西，至长杨、五柞，北绕黄山，濒渭水而东，周袤三百里。'离宫七十所，皆容千乘万骑。"

这些都是浩大的工程，耗费人力物力，可想而知。

（二）巡游不止

武帝巡游无度，从元光二年（前133）以后，多次携带文武百官和侍卫巡游全国各地，见诸记载的巡游达二十多次，足迹遍于长江以北各郡县，次数之多，范围之广，远远超过了秦始皇。每次"巡狩郡县，所过赏赐，用帛百万匹，钱金以巨万计"。

例如，元封五年（前106）冬天，武帝向南方巡视，到达盛唐，遥祭九嶷山（在今湖南宁远南）虞舜墓，登上灊县天柱山（今安徽潜山县），从浔阳（今江西九江）渡长江，亲自在江中射蛟，获得一只蛟。船只前后相接，千里不绝，作《盛唐枞阳之歌》。接着，他向北到了琅邪郡（今山东诸城），依海，所经之处祭祀名山大川。春季三月间，回到泰山，增加一次封禅。二十一日，在明堂祭祀高祖刘邦，以配上帝，因而朝会诸侯王和侯爵一级官员，接受各郡国的帐策。夏四月间……回来巡视甘泉宫，郊祭天神。这一次巡游，时间之长，到的地方那么多，活动那么多，靡费人力物力，可想而知。

看
八·大·帝·王

还有两件巡游中发生的有趣故事。元鼎六年（前111）冬十月间，武帝向东巡视，乘船由汾河南下，走到桐乡，传来南粤叛乱被平定的捷报，下令把这个地方改称"闻喜"。这就是山西省闻喜县的来历。第二年春，武帝乘车巡游到汲县（今河南卫辉市）新中乡，传来了南粤叛乱头目吕嘉被擒的消息，下令把这个地方改称"获嘉"。这就是河南省获嘉县的由来。

毛泽东知识渊博，熟知历史。1958年3月，毛泽东在成都会议上听取了省委书记陶鲁笳汇报山西省缺水，有引黄河入汾河的设想时，他又问："你们山西有个闻喜县，你知道为什么叫闻喜？"陶鲁笳说不知道。他说："汉武帝乘楼船到了这里，正好传来在南越（即现在的越南）打了大胜仗的捷报，汉武帝就给这地方起名为闻喜。汉武帝时就能坐楼船在汾河上行驶，可见当时汾河水量很大，现在汾河水干了，我们愧对晋民呀。"（陶鲁笳：《毛主席教我们当省委书记》，山西人民出版社2003年11月第2版，第65页）

（三）荒淫无度

武帝做太子时，就娶了陈阿娇为太子妃，即位之后，便立为皇后，也算实践了他"金屋藏娇"的诺言。可是，皇帝后宫佳丽三千人，怎能专宠在一身？况且陈阿娇性妒，不让武帝亲近其他宫妃，自己又不争气，没有生个一男半女。所以，后来有一次武帝到姐姐平阳公主家看望，在众多歌女中一眼便看上了卫子夫。其实，卫子夫不过是平阳公主的家生婢女，她的母亲卫氏就是平阳公主家的仆妇。武帝携其入宫，恩宠有加，不久就怀了孕，封为夫人。其弟卫青也到朝中供职。陈阿娇一再闹个不休，终被废黜皇后，打入冷宫。后来，陈阿娇花了一百斤黄金，请大辞赋家司马相如写了一篇《长门赋》，大肆描写陈阿娇被废后的孤独、寂寞的苦闷心情。

陈皇后被废以后，卫子夫就被立为皇后，其弟卫青为将军，后来因抗击匈奴有功，官至大将军，是西汉名将，封为长平侯。卫青的三个儿子也都封侯。卫皇后的姐姐卫少儿的儿子霍去病，因军功至骠骑将军，封冠军侯。卫氏家族共有五人封侯，荣宠无比。卫皇后的儿子刘据被立为太子。

毛泽东签名手迹

卫皇后年老色衰了，赵国来的王夫人又得宠了，她生了一个儿子刘闳，封为齐王。

王夫人早早死了，而李姬又得宠了，她生了两个儿子刘旦和刘胥，后来分别封为燕王和广陵王。

李姬也不长寿，她死后中山的李夫人又得到了汉武帝的宠爱。

李夫人也是红颜薄命，早早死了。她的得宠也很偶然。她的哥哥李延年精于音乐，是个乐工，官名协律。有一次李延年为武帝演唱了自己谱写的一首乐曲：

北方有佳人，绝世而独立。
一顾倾人城，再顾倾人国。
宁不知倾城与倾国，佳人难再得！

这里李延年用"倾城倾国"形容女子的极其美丽，使武帝这个好色的皇帝垂涎三尺。在座的平阳公主说，李延年有个妹妹长得就这么漂亮。武帝即刻召见，携入后宫，封为夫人，宠爱无比。入宫不久，李夫人也生了一个男孩，这就是后来封为昌邑王的刘髆。

李夫人生来体质单薄，生子之后便落下疾病，而且久治不愈，一天天加重，不久便骨瘦如柴，形容枯槁了。武帝多次要去探试，她都婉言谢绝了。到了她奄奄一息的时候，武帝来到病榻前，要见她最后一面，她却用被子盖住转头向里，不肯让武帝再看一眼。

武帝走后，李夫人长叹一声说："大凡以色事人的，色衰必然爱弛，爱弛必然恩绝。刚才皇上死活要见我一面，乃是因为我平日的容貌尚不大丑的缘故。现在我这副模样，皇上见了避之唯恐不及，哪里肯追念我而加恩于我的兄弟呢？"

李夫人香消玉殒之后，汉武帝心目中一直保留着李夫人的美好形象，悲痛不已。齐人方士少翁说，能把她的魂招回来。因此，夜里点燃灯烛，设置帷帐，摆上酒肉，而让武帝在帷帐中远远眺望。果然，看到一个如李夫人美貌的女子在房中坐立不安，走来走去，又不能走近去看。武帝就更加思念不已，悲痛欲绝。作了一首诗："是邪？非邪？立而望之，偏何姗姗其来迟。"命令乐府中的乐工配上谱子演唱。此外，他还写了一篇《悼李夫人赋》，投入了真挚的感情，写得缠绵悱恻、凄楚动人，为世所称。但后来李夫人的弟弟李季与宫女私通被发觉，李氏竟遭灭族之祸，这是李夫人始料不及的。

1936年11月至1937年4月4日，毛泽东读西洛可夫、爱伦堡等著，李达、雷仲坚合译《辩证法唯物论教程》（中译本第三版），读到"对立相互渗透，一个对立向另一个对立的转变，存在于一切过程之中"时批注道："……良药苦口，同时却利于病；忠言逆耳，同时却利于行；羊肉好吃，无奈烫的〈得〉慌；玫瑰花儿可爱，刺多刺手；佳人却可倾国；祸兮福所倚，福兮祸所伏；都是互相渗透，互相转变的对立。一切对立都是这样的。"（《毛泽东哲学批注集》，中央文献出版社1988年版，第78页）

这个批注中的"佳人却可倾国"，即出自李延年咏其妹李夫人的那首歌。倾城、倾国，既可指颠覆国家，如《诗经·大雅·瞻卬》："哲夫成城，哲妇倾城。"也可用来形容女子的绝美，如唐代白居易《长恨歌》，"汉皇重色思倾国"。毛泽东在这里指旧谓绝美女子可以误国、亡国。可见，他对李夫人的故事非常熟悉。

李夫人死后，又有尹夫人与邢夫人同时都受到宠幸。最后，得武帝宠幸的是钩弋夫人。钩弋夫人，姓赵，河间人，武帝宠幸她时已经快70岁了，她后来生了一个儿子，就是汉昭帝刘弗陵。但刘弗陵被立为太子，武帝就命钩弋夫人自杀了，理由是怕将来刘弗陵继位后，后宫干政。

从以上所述武帝所宠幸的妃中，我们可以看出汉武帝是个喜新厌旧的人；事情远非如此，他的后宫中的美人竟达七八千人之多。他体格健壮，纵情恣欲，荒淫无度。不仅平时如此，就是外出巡狩，嫔妃陪伴同辇车的要有十六人之多。所以，可以说汉武帝是一个荒淫无度的人。

（四）妄求长生

武帝还宠信方士，迷信神怪。他惑于方士们所谓神仙长生不死之说，希望通过方士求得不死之药。他多次派人入海求仙，还想亲自入海求神仙，后被东方朔固谏乃止。例如，他对方士公孙卿就很宠信。先是公孙卿在河南等候神仙，说在缑氏（在今河南偃师境）城上看见仙人的脚印，有一种像雉的动物，在城上飞来飞去。武帝亲自到缑氏去看神仙脚印。他告诉公孙卿：你不要像文成、五利一样欺骗我！公孙卿答，仙人不是要求皇上，而是皇上要求他。求仙之道在于宽假些时日，否则仙人是不会出现的。谈到神仙这种事，看起来好像很荒谬，其实一点都不，只要一年的时间就可以看到了。于是，各郡国都扫除街道，广治宫观、山川神祠，祈望神仙的到来。

过了几年，公孙卿说在蓬莱看到仙人，好像说：我要见天子。武帝于是到缑氏城，拜公孙卿为中大夫。他又到蓬莱，住了好几天，什么也没看见，也没有仙人脚印。于是，又派上千名道士访求神仙，采取灵芝草。

后来，公孙卿又对武帝说，仙人是可见的，只是皇上您每次都匆忙地来去，所以看不见仙人。陛下您可以建一个道观，住在通往缑氏城的路上，里面摆一些肉脯枣子，仙人就会来。而且，仙人喜欢住高楼。于是，武帝在长安建蜚廉桂观，在甘泉宫建益延寿观，派公孙卿持符节摆设肉脯枣子等候仙人。又建通天台，放许多肉脯枣子，希望也招来其他的小仙人。虽然毫无应验，但汉武帝却深信不疑。

对于神仙鬼怪、长生不死药之类的谎言，现在很少有人相信，因为科学进步了。1954年，毛泽东就对他的保健医生徐涛说过："人哪有长生不死的，古代帝王都想法去找长生不老不死之药，最后还是死了。在自然的生死问题面前，皇帝与贫民都是平等的。"

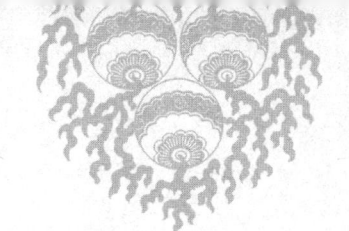

"每个人都希望自己长寿也是合乎情理的吧？"徐涛说。

"不但没有长生不死，连长生不老也不可能。有生必有死，生、老、病、死，新陈代谢，这是辩证法的规律。人如果都不死，那孔夫子现在要活着该有两千五百岁了吧？那世界上该成个什么样子了？"（《缅怀毛泽东》（上），中央文献出版社1993年版，第167、268—272页）

到了1961年9月22日，毛泽东再一次谈到这个话题。当时外交官熊向晖和浦寿昌根据周恩来的指示，乘专机从北京到武昌，向正在那里准备次日会见来访的英国元帅蒙哥马利的毛泽东汇报情况。当毛泽东知道蒙哥马利在参观医院时曾经对医生说："你们中医中药很神奇，应该发明一种药，让你们的毛主席长生不死"时，他对熊向晖、浦寿昌说："什么长生不老药！连秦始皇都找不到。没有那回事，根本不可能。这位元帅是好意，我要告诉他，我随时准备见马克思。没有我，中国照样前进，地球照样转。"（董保存：《在历史的漩涡中》，中外文化出版公司1990年版，第188页）

毛泽东的谈话，不仅指出了所谓"长生不死"的荒谬，而且科学地阐明了生死的规律。表达了对于生老病死的乐观态度，值得我们学习。

五、晚年罪己

汉武帝晚年，看到穷兵黩武，对外用兵，和自己的奢侈腐化所造成的社会动荡、时局不稳，

"什么长生不老药！连秦始皇都找不到。没有那回事，根本不可能。"（董保存：《在历史的漩涡中》，中外文化出版公司1990年版，第188页）

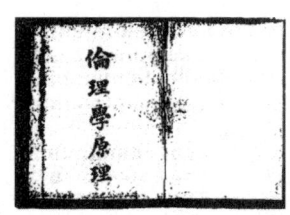

毛泽东在湖南第一师范读过的美国哲学家泡尔生著《伦理学原理》封面

幡然悔悟，下诏自责，改变政策，表现了一个政治家的风范。

（一）废立太子

汉武帝在培养自己的继承人时，犯有严重错误，他首先追悔的就是这件事。

武帝先后立过两个太子，就是刘据和刘弗陵。刘据是卫子夫所生，七岁时被立为皇太子，史称戾太子；刘弗陵是钩弋夫人所生，武帝死前两天才立，且其母同时被杀。

那么，为什么会发生这种废立的事呢？原来卫子夫得宠，被立为皇后，其弟卫青和外甥霍去病是掌管军队的两位大将军，儿子刘据是皇太子。

皇太子刘据渐渐长大，他慈祥仁厚，小心谨慎，武帝认为他不够凌厉，缺乏魄力，不像自己的性格。因而，对卫皇后和太子的宠爱就逐渐衰减。到了元狩五年（前118），霍去病英年早逝，元封五年（前106），卫青也去世了，卫皇后和太子失去了两大支柱。

原先受压制的小人苏文、常融、江充便设计陷害太子。他们把自己刻制的小木头人，偷偷埋在皇后和太子宫中，诬告太子谋反。太子听信石德的话，要先发制人，铤而走险，便假传圣旨，征调部队，前去捉拿江充一伙。虽然杀掉了江充，但他的两个同伙却在混乱中逃去报告。

武帝命令丞相刘屈氂率兵平乱。双方在京城交战，杀了三天三夜，不分胜负。到第四天，

"汉武帝晚年自知奢侈、黩武、方士之弊，下了罪己诏，不失为鼎盛之世"。（吴冷西：《忆毛主席》，新华出版社1995年版，第43页）

毛泽东看八·大·帝·王

164

他又调来两支胡人骑兵来给刘屈氂助战，太子抵挡不住，领着两个儿子逃到湖县（今河南灵宝北）躲藏起来，后走漏了风声，邻近的新安县令李寿率兵前去捉拿，太子见不能逃脱，自缢而死，他的两个儿子也死在乱刀之下。在太子出逃后，汉武帝派宗正刘长、执金吾刘敢前往皇后收缴卫皇后的印信，她交出印玺后，大哭一场，悬梁自尽。这就是历史上有名的戾太子案。

刘据被废以后，汉武帝很长时间没有再立太子。只是到了后元二年（前87年），他死前两天，才又立了钩弋夫人生的刘弗陵。其实，武帝一共有六个儿子，除了刘据和刘弗陵外，还有四个儿子，为什么不立他们呢？三子刘闳是王夫人所生，元狩六年立为齐怀王，早亡；次子刘旦和四子刘胥是李夫人所生，与刘闳同时分别立为燕王和广陵王。但刘旦有辩略，喜好星历术数之术，不合武帝口味；刘胥是个花花公子。而李夫人生的昌邑王刘髆，天汉四年立，后元二年死。以上四位皇子不合武帝心意，最后立了钩弋夫人生的刘弗陵。

钩弋夫人，又称"钩翼妇人"，汉武帝宠妃赵氏的称号。《史记·外戚世家》："钩弋夫人姓赵氏，河间人也。得幸武帝，生子一人，昭帝是也。"汉刘向《列仙传·钩翼夫人》："钩翼夫人者，齐人也。姓赵，少时好清净，病卧六年，右手拳屈……姿色甚伟。武帝披其手，得一玉钩，而手寻展，遂幸而生昭帝。后武帝害之，殡尸不冷，而香一月间。后弗陵即位，更葬之，棺内但有丝履，故名其宫曰钩翼，后避讳改为弋庙。闻有神祠阁在焉。"

后元二年（前87）二月二十日，汉武帝下诏立刘弗陵为储君，任霍光（霍去病之弟）为大司马大将军，金日磾为车骑将军，上官桀为左将军，让他们和丞相田千秋、御史大夫桑弘羊共同辅佐太子，但大权实际掌握在霍光手中。

刘弗陵既然被立为太子，顺理成章，钩弋夫人就应该被立为皇后。但钩弋夫人不但没有这个福分，反而被赐自尽。这是为什么呢？当时刘弗陵才七岁，其母亲钩弋夫人才二十多岁。据说钩弋夫人怀了十四个月才生下刘弗陵，非同寻常。传说古代圣君尧是其母怀了十四个月才降生的，因而武帝赐刘弗陵降生的钩弋宫的门为"尧母门"，对刘弗陵十分钟爱，寄予厚望。所以，立刘弗陵为太子不是偶然的，但命钩弋夫人自尽未免太残酷了。其理由用他自己的话说，自古以来，国家之所以混乱，都是由于君主年纪太小，而母后却青春正盛。年轻的女人一旦掌握大权，什么事情她都敢做。钩弋夫人正值青春年少之时，定会桀骜不驯，做出淫乱的事来，没有人能约束她。难道你们没有听说过吕后擅权的事吗？所以，朕才不得不痛下狠心把钩弋夫人除掉，避免类似的事情发生。原来他是怕钩弋夫人干政，危害刘家江山稳固啊！

（二）轮台罪己诏

不仅如此，最重要的是，汉武帝对长期以来实行的内外政策重新审视，进行改革。

汉武帝在位54年，不仅生活奢侈，而且穷兵黩武，进行了五十多年的大小战争，"海内虚耗，人口减半"。靡费了大量的人才、物力，增加了人民的负担，而且上行下效，使整个统治集团日益腐化，公卿大夫以下争比奢侈，府第车马违背规定，再加上繁重的徭役、兵役和御役，造成了"民力屈，财用竭"的恶果。武帝末年，出现了"天下虚耗，人复相食"的局面。广大农民穷困破产，无以为生，流亡农民越来越多，终于导致了天下的动乱。

天汉二年（前99），黄河流域和长江流域纷纷爆发农民起义。起义声势之大，甚至超过秦末农民大起义初期的情况。其中"南阳有梅免、百政，楚有段中、杜少，齐有徐勃，燕、赵之间有坚卢、范主之属"（《汉书·酷吏·咸宣传》）。起义军多则数千人，少则数百人，到处攻城打邑，夺取兵器，杀戮官吏，释放囚犯，开仓放赈。汉武帝急忙派遣军队到各地镇压，对起义军大肆屠杀，甚至对供应过起义军饭食的群众也一并处死。他还下令实行"沉命法"，规定：凡是发生起义的地方，如果郡县官员没有发觉，或是捕杀起义军不够多的，有关的大小官吏都要处以死刑。

尽管朝廷用尽一切办法，起义还是没有全被镇压下去。

面对着风雨飘摇、危机四伏的局面，汉武帝陷入了深深的反思，他痛下决心，对他的政策进行调整。征和四年（前89），他曾对群臣说："朕即位以来，所为狂悖，使天下愁苦，不可追悔。自今事有伤害百姓、靡费天下者，悉罢之。"（《汉书·西域传》）于是，他下令罢去各类方士、侯神人员。

武帝又于同年下诏，"陈既往之事"，罢轮台（今新疆轮台东南）之戍。轮台国，为大将李广利所灭。当时，搜粟都尉桑弘羊等人建议说：轮台以东可以灌溉良田五千顷以上，应派军队前往屯田开垦，由酒泉、张掖两郡派出司马专门主持这项工作。招募民间有胆量的人前去耕种，加强拓荒。同时，兴建亭障和城堡，既可以扬国威于西域，又可以帮助我们的盟友乌孙王国。

汉武帝毫不犹豫地否定了桑弘羊等人的建议，他在六月颁发《轮台罪己诏》，追悔自己以往的过错：

"前些时，有司奏报，要求增加赋税，每人多纳30钱作边防用，这是加重老弱孤独的负担啊。现在又要求派遣士兵到轮台屯田，朕以为不可。轮台在车师国以西一千多里，记得成娩攻车师虽然大获全胜，迫使车师王投降，但因为路途遥远，军中粮草供应不上，死在半路上的士兵竟有数千人之多。朕调发酒泉郡的驴、骆驼驮粮出玉门关去接应，吏卒们从张掖郡出发，路还不算太远，可已经有很多人滞留掉队，何况轮台更在车师国西边呢？

"过去都是朕的不明智，相信占卜。占卜的结果都认为匈奴必然灭亡，而卦辞中却表示，将领中李广利是最合适的统帅人选。朕就派贰师将军率大军进攻匈奴。可实际情况却同占卜的结果相反，贰师将军大败，兵士不是死就是当了俘虏、逃兵。朕每想到这些就难过。"

接着，又批评了屯田轮台的建议：

"现在又请求到轮台去屯田，还要设置亭障和烽火台，这是扰劳老百姓而不是体恤老百姓。让朕不忍听！"

最后，武帝在诏书中提出了今后的大政方针：

"当务之急，在于严禁官吏的苛刻暴虐，禁止擅自增加赋税。全国人民都要尽力投身农业，恢复养马的人不服差役的命令。鼓励民间养马，用来填补战马损失后的缺额，不使边塞缺乏戒备能力，这才是正事。"

轮台诏表明汉武帝不愿再对外用兵，下决心恢复农业生产，进行休养生息。这不失为一个明智之举。作为一个封建帝王，汉武帝能追悔己过，改弦更张，勇于自省，尤为可贵。

武帝下诏后，"由是不复出军"，减少了边事。他又封丞相田千秋为"富民侯"。田千秋，本来是管理高祖刘邦陵园的一个小吏。由于他上书为戾太子刘据鸣冤，迎合了武帝晚年追悔以江充谮杀太子和悔征伐连年的心情，因而擢升为大鸿胪，数月后又代刘屈氂为丞相，封富民侯，取"大安天下，富实百姓"之意。为了恢复农业生产，武帝还任命赵过为搜粟都尉，推广缦田法（轮休法）和耦犁、耧车等新技术，兴修水利等措施。这些政治上的改革挽回了当时的危局，使汉朝没有重蹈秦朝的覆辙。

后元二年（前87）二月二十四日，汉武帝溘然长逝，享年71岁，葬于今陕西兴平茂陵。本始二年（前72），宣帝下诏说："孝武皇帝，躬行仁义，武咸远播，功勋与品德，都已臻天盛。"命臣下给汉武帝确定一个尊号。大臣们根据汉武帝一生的主要活动，给他追赠一个谥号"武"，史称汉武帝。

六、几位武将文臣

汉武帝之所以能成就不世之伟业，除了他自己雄才大略，还有就是有众多文臣武将的辅佐。择其最有名的有下面几位：

（一）三位将军

讨伐匈奴的胜利，与汉武帝选用卫青、霍去病这两位统帅以及名将李广是分不开的。

1. 卫青

卫青（？—前106），字仲卿，河东平阳（今山西临汾西南）人，西汉名将。本为汉武帝姐姐平阳公主的看马奴，后来因为姐姐卫子夫受到武帝宠爱，因而受到武帝重用。他从宫监、侍中、太中大夫，一直做到大将军，封长平侯。平阳公主丈夫死后，又与平阳公主结为伉俪，和汉武帝是亲上加亲。他先后七次出击匈奴，保卫了与匈奴邻接各郡的安全，对解除西汉初年以来匈奴对汉王朝的威胁作出了重大贡献。

2. 霍去病

霍去病（前140—前117），河东平阳人，西汉名将。霍去病是个私生子，其父霍仲儒是平阳侯曹寿的家臣，与卫青的姐姐卫少儿私通生下霍去病。所以，他是卫青的外甥。霍去病在汉武帝和卫青的关照下，一路晋升。从公元前121年至公元前117年五年间，霍去病前后六次出击匈奴，对击溃匈奴主力部队、保卫汉朝北部边境的安全作出了重要贡献。官至骠骑将军，封冠军侯。特别令人敬佩的是，他不居功自傲。当汉武帝要为他盖造豪华府第时，他拒绝说："匈奴未灭，何以家为？"元狩六年（前117），年方24岁的霍去病英年早逝。

毛泽东非常欣赏霍去病。1958年9月22日，毛泽东到了杭州，浙江党政领导人来见，毛泽东为随行的原国民党高级将领张治中一一介绍，介绍省委第一书记霍士廉说："是霍去病的霍。霍去病在汉代名声功劳最大，不幸24岁时就死了，

"霍去病在汉代名声功劳最大，不幸24岁时就死了。"（余湛邦：《张治中与中国共产党》，中共中央党校出版社1991年版，第170页）

霍书记大概是霍去病的后裔吧？"（《张治中与中国共产党》，中共中央党校出版社1991年版，第170页）

毛泽东对霍去病的"匈奴未灭，何以家为？"的豪言壮语十分欣赏。1937年4月，毛泽东为祭黄帝陵写了一篇祭文，由延安边区代表林伯渠前往宣读，祭文中写道："东等不才，剑屦俱奋，万里崎岖，为国效命。频年苦斗，备历险夷；'匈奴未灭，何以家为'。"充分表达了以毛泽东为首的边区军民誓死抗日的决心。

1959年7月17日，毛泽东在庐山会议上的一次讲话中说："南北朝有个姓曹的将军，打了仗回来作诗：'去时儿女悲，归来笳鼓竞。借问行路人，何如霍去病？'"这里所说姓曹的将军，就是梁武帝萧衍的大将曹景宗，他把自己比作霍去病，毛泽东比较认同。

3. 李广

李广像

李广（？—前119），陇西成纪人，西汉名将。善骑射，以勇敢善战著称。文帝时，参加反匈奴攻掠的战争，为郎、武骑常侍。景帝、武帝时，任陇西、北地等郡太守。元光元年（前134），为卫尉。后任右北平太守，匈奴数年不敢攻扰，称之为"飞将军"。1931年夏，毛泽东写的《渔家傲·反第二次大围剿》词中"枪林逼，飞将军自重霄入"，借用李广被匈奴称为"飞将军"的典故，用来称赞行动隐蔽神速的红军。

1949年5月21日，毛泽东在《致柳亚子》的信中说："附带奉告一个消息，近获某公诗云'射虎将军右北平，只今乘醉夜难行，卢沟未落登埠月，易水还流击筑声'，英雄所见，略有不同，亦所遭者异耳。"这里所用"醉尉夜行"的典故，也是李广的故事。据《史记·李将军列传》："顷之，家居数岁。广家与故颍阴侯孙屏野居蓝田南山中射猎。尝夜从一骑出，从人田间饮。还至霸陵亭，霸陵尉醉，呵止广。广骑曰：'故李将军。'尉曰：'今将军尚不得夜行，何乃故也！'止广宿亭下。"这个典故一般用来指受下吏侵侮。这是毛泽东劝柳亚子心胸宽大一些时，讲到领导者应制止发生的现象。

（二）三位文臣

"汉代文章两司马"，司马迁、司马相如和儒学大师董仲舒都对后世影响很大。

1.司马迁

司马迁（前145—？），字子长，夏阳（今陕西韩城南）人，西汉史学家、文学家。太史令司马谈之子。早年游踪几遍全国，到处考察风俗，采集传说。初任郎中，元封三年（前108）继父职，任太史令，得尽读史官所藏图书。太初元年（前104）与唐都、洛下闳等共订太初历，对历法进行改革。后因替李陵辩护，获罪下狱，受宫刑。出狱后升任中书令，发愤完成所著史书。人称其书为《太史公书》，后通称《史记》。它是我国最早的通史，开创了纪传体史书的新体制，对后代史学、文学都有深远影响。

1949年12月，毛泽东在赴苏联的列车上，同翻译师哲谈话："你是什么地方人？""韩城。"毛泽东双眸一亮，"陕西的韩城？"师哲点点头。"噢，那你是司马迁的同乡喽！"毛泽东谈兴甚浓。他用手中的烟头点燃了一支香烟，深吸一口，再问师哲："你住的地方离司马迁有多远？""大约四十里。"师哲告诉毛泽东，司马迁得罪汉武帝被施以宫刑后，人们害怕受到株连，有一段时间，竟没有人敢姓司马了，分成了冯周二姓，冯姓住县南，周姓住县北。毛泽东听后，不无感慨地说："打小报

《史记》书影

告的人，看来什么时候都有啊！"

对于司马迁，毛泽东寄予了无限同情。谈到司马迁所受的宫刑，毛泽东颇有些感伤，他半天无语，许久后才扼腕叹息道："汉武帝七岁被立为皇太子，16岁即位，在位54年，把汉朝推向全盛时期。可就是这么一个还算有作为的皇帝，一旦臣子违逆他的意思，竟下如此毒手。"说到这儿，毛泽东连连摇头，"和皇帝老倌有什么理好讲？汉武帝没有杀掉司马迁，已算是手下留情。不过，施以宫刑，也实在是够残忍的了！"师哲接言："司马迁也确实称得上一代人杰，身心受了那么大的屈辱，居然能潜心著书，写出了'无韵之离骚，史家之绝唱'的《史记》！"

经典古籍烂熟于胸的毛泽东连连点头，随口背诵出了司马迁《报任安书》中的一段话："'文王拘而演《周易》；仲尼厄而作《春秋》，屈原放逐，乃赋《离骚》；左丘失明，厥有《国语》；孙子膑脚，《兵法》修列；不韦迁蜀，世传《吕览》，韩非囚秦，《说难》、《孤愤》；《诗》三百篇，大抵圣贤发愤之所为作也。'在这里，与其说司马迁是感叹厄运对人精神世界的砥砺，不如说在抒发自己的一种情怀、一种抱负！"

说着，毛泽东站起身，在车厢里来回踱了两趟，又回身望着俄语翻译，"司马迁'身残处秽，动而见尤'，却'隐忍苟活，幽于粪土之

中所不辞'，是因为他内心的积郁还没有来得及宣泄，苦衷还没有昭之于世人，满腹文采还没有来得及表露，他希望自己正在写着的著作能'藏之名山，传之后人，通邑大都'。诚如是，则虽九死而不悔，这愿望确实是达到了。可以说，真正的信史自司马迁始，'史学之父'，他是当之无愧的！"

"唐诗、晋字、汉文章，汉代的文章，因有了司马迁的《史记》，确实被推向了极致。"师哲附和。

毛泽东点点头，重新坐回沙发上，轻轻地在烟灰缸上蹭掉烟灰，道："有人说中国没有鸿篇巨制的史诗，怎么没有？司马迁的《史记》，难道不是一部有着广博学识、深刻目光、丰富体验和雄伟气魄的史诗！评论司马迁可以有不同的侧面，单以文章论，他也不朽了。"（曹兵编：《震撼共和国的大阴谋》，团结出版社1993年版，第25—30页）

2. 司马相如

司马相如（前179—前117），字长卿，蜀郡成都（今四川成都）人，西汉大辞赋家。景帝时为武骑常侍，因病免职。他到了梁（今河南开封）投靠景帝的弟弟梁孝王刘武，很受优待，并和枚乘等人郊游。他善写辞赋，所作《子虚赋》为汉武帝所赏识，因被召见，又作《上林赋》，武帝任命为郎官。郎是皇帝侍从之官，又因他熟悉西南夷情况，所以奉命出使西南夷，很好地完成了任务。

此公风流韵事不少。其中最有名的是和卓文君私奔。梁孝王病死后，司马相如回到成都，可是家境穷困，难以维持生活。他一向跟临邛县县官王吉很有交情，王吉叫人对他说：你谋求官职，一直不得意，就到我这里来住一个时期吧。司马相如就到了临邛，住在城边的驿站里。王吉装出毕恭毕敬的样子，天天去拜访他，想借以抬高司马相如的身价。司马相如在开头几天，还出来跟王吉相见，后来假称有病，王吉来访时，就叫随从的人辞谢不见。王吉不但不嫌他怠慢，态度反而更加恭敬起来。

临邛有很多家产丰厚的财主，最著名的是卓王孙，家里有奴仆800人；还有个叫程郑的，家里也有几百个奴仆。他们两人听到这事，互相商量说：现在县令有位贵客，我们应该设宴招待一下，并且请县令也来赴宴。

这天，王吉到卓王孙家喝酒，看见宾客有上百人。到了中午，差人去请司马相如，司马相如推说有病不能来。王吉连菜也不敢尝，立刻亲自去迎接。司马相如没法，只好勉强前往。一到那里，在座的人看到他那潇洒的风采，都大为钦慕。酒酣耳热之时，王吉捧着琴到司马相如面前，说：我听说您喜欢弹琴，不敢说请您弹给我们听，您就弹一曲自己消遣消遣吧！司马相如推辞了一下，便接过琴来弹了一两支曲子。

卓王孙有个女儿，名叫文君，新近死了丈夫。她非常喜欢音乐，司马相如也知道，所以他在琴声中流露出爱慕之意，表面上像是推重王吉，心底却是挑逗文君。原来司马相如到临邛来时，带的随从、坐的车马都非常阔气、漂亮。这天在卓王孙家喝酒弹琴，文君偷偷地从门缝里看了他，不由得心生爱慕之情，唯恐自己配不上他。宴饮完毕，司马相如差人贿赂卓文君的侍婢，托她向卓文君表达自己的爱意。卓文君在当天夜里跑到司马相如住的旅舍，决心跟他一同生活。

司马相如带着卓文君连夜一起回到成都。可是，他的家里穷苦不堪，家徒四壁，一无所有。卓王孙知道了文君跟司马相如私奔而去，十分恼火，怒道：女儿太不成器，我不忍心打死她，可是她别想得到我一文钱！有人劝卓王孙不要这样，但他总是不听。

卓文君在成都住了一些时候，心中不快乐，对司马相如说：长卿啊，你只要跟我同回临邛去，向我的同族弟兄们借些钱，就可以设法维持生活，何必自己这样受苦呢！司马相如听了她的话，跟文君一起回到临邛。他们把车马卖掉作本钱，开了一家酒店。卓文君当垆卖酒，司马相如腰里系着围裙，夹杂在伙计中间洗涤杯盘瓶罐。

卓王孙听到这事，认为非常可耻，觉得没脸见人，就关起门来，躲在家里。他的弟兄和长辈们都劝他说：你只有一个儿子和两个女儿，并不是钱财不够分配啊。现在文君已经跟司马长卿生活在一起，长卿一时不想再到外面求官，虽然家境清贫，但究竟是个人才，文君以终身相托，并没有找错人。而且，他是我们县令的贵客，您怎么叫他难看到这种地步呢？卓

王孙没法，只得分给文君奴仆百人，铜钱百万，又把她出嫁时候的衣物珠宝统统拿给她。于是，卓文君就和司马相如同回成都，买了些田产住宅，一下子就成为富人了。

文君私奔，不待父母之命，没有媒妁之言，自由结合，成就一段爱情佳话，并且具有一定的反封建意义。因此，被后世小说、戏曲广为传唱。

司马相如与卓文君是真心相爱的。晋人葛洪《西京杂记》对两人的爱情生活有具体描写："文君姣好，眉色如望远山，脸际常若芙蓉，肌肤柔滑如脂。十七而寡，为人放诞风流，故悦长卿之才而越礼焉。长卿素有消渴疾，及还成都，悦文君之色，遂以发痼疾。乃作《美人赋》，欲以自刺，而终不能改，卒以此疾致死。"这对郎才女貌的夫妇婚后生活和谐，性生活特多，以致司马相如病情加重，导致死亡。可见，他们相爱之深。《西京杂记》又载："相如将聘茂陵女为妾，文君作《白头吟》以自绝，相如乃止。"也说明他们的爱情是专一的。

3. 董仲舒

董仲舒（前179—前104），广川（今河北景县）人。武帝即位之后，举贤良文学之士，于是董仲舒以"贤良对策"（即"天人三策"）上书汉武帝。据《汉书·武帝纪》记载："元光五年（前130）五月，诏贤良……于是董仲舒、公孙弘等出焉。"

董仲舒在未央宫三次接受汉武帝面试。第一次，汉武帝问董仲舒：朕继承先帝的尊位和德行，治国责任重大，而朕又能力有限，所以想选拔英才，虚心地向你们求教。

董仲舒回答说：这是我主圣哲的体现，臣等当肝脑涂地以报圣上知遇之恩。

接着，汉武帝问道：从前三皇五帝的时候，天下太平，到后来王道衰微，国家灭亡，这是不是天命如此呢？朕原想取法上古，向尧、舜看齐，不知道这样做有没有用。夏、商、周三代受天命而兴起，它们的祥兆又是什么呢？世界上为什么会出现灾异变化呢？人的年岁有寿夭，天性有好坏，究竟是什么道理呢？还有，朕现在希望在社会上充满淳朴的风气，法令能顺利执行，刑罚减轻，奸臣改过。朕也希望百姓和乐，政治清明。如何修治整饬，从而达到雨露滋润，五谷丰登，享受天的保佑和神鬼的福庇，洋溢着的德泽足以施及四海群生，但不知道怎样才能实现。

董仲舒从容答道：陛下问到天命和惰性，愚臣不敢回答，但臣根据《春秋》的记载，看到天人相应的情况，确实使人敬畏。

汉武帝催促道：请说下去。

董仲舒接着说道：国家如有乱事发生，上天会先用灾害怪异来进行警告，但只要这个世道不是太离道，上天还是愿意扶持、成全的，不过自己也要勉力才成。……所谓道，是国家走上大治的途径。仁义礼乐，又是推行道的工具。……并且按照《春秋》的本义，寻求王道的出发点，那就是个正字。作为一个帝王，要上承天意，纠正自己的所作所为，要任用德教，不专用刑罚，因为单靠刑罚不可能治理好天下。《春秋》讲过一元的问题。一是万物之始，元是大的意思。一元就是万物开始于大。只有开始于大，才能正本清源。所以，做君主的要正心以正朝廷，正朝廷以正百官，正百官以正万民，正万民以正四海。四海正，则远近之处莫不统一于正，这样才能实现王道，达到治理国家的大道。

董仲舒的第一次对策，适应了当时汉朝从政治、思想上巩固封建统治的需要，很符合汉武帝的需要。所以，紧接着又进行了第二次对策。

在第二次对策中，董仲舒进一步总结了三代以来历史经验教训，特别指出秦朝以刑法治天下，赋敛无度，导致因触犯刑律而被处死的人很多，犯奸作乱的人比比皆是。他从而提出，应以德治天下，为了培养一批德治人才，建议设立太学，作为教化的场所。他在对策最后写道：陛下若能通过考试和策问的方式，招揽天下的英才，就可实现三代的至治局面，圣上的美名也就能和古代的明君尧、舜媲美。

董仲舒在第一策中讲了"天"，在第二策中讲了"人"，接着又在第三策中又强调天道永恒不变，他说："之道，之大原于上天，天不变，道亦不变。"他在对策的最后部分，又提出了政治上的大一统思想。他说，大一统思想是天地间正常的轨道，自古至今，通畅无阻的大义。董仲舒的排斥百家，着重一统的议论正合乎汉武帝独霸天下的需要。

这次对策后，董仲舒被任命为江都国的相。此外，会稽吴县的严助被提升为中大夫。菑川人公孙弘，以六十岁高龄被征为博士，以后做到丞相。这是"罢黜百家，独尊儒术"的开端，此后这种学术思想上儒术独尊的局面便逐渐形成了。

董仲舒的"天人感应"说，成为神化皇权的理论根据，他的"三纲"说，即"父为子纲，君为臣纲，夫为妻纲"的说法，成为普遍的道德规范。尽管在现实政治斗争中，法家思想更受重视，但"外儒内法"，法家思想也往往要披着儒家的外衣登场。

对于董仲舒鼓吹的天道观，毛泽东在1937年写的《矛盾论》中批评道："在中国，则有所谓'天不变，道亦不变'的形而上学的思想，曾经长期地为腐朽了的封建统治阶级所拥护。"（《毛泽东选集》第一卷，人民出版社1991年版，第301页）揭露了董仲舒鼓吹的天道观的阶级实质。

综观汉武帝一生，不愧为一个雄才大略的君主，在他统治期间，以汉族为主体的多民族的统一国家，得到了进一步的巩固和发展，中国开始以一个高度文明和富强的国家闻名于世。因而，汉武帝才得到毛泽东的赞扬。

殷纣王

周武

刘彻

李世民

朱元璋

赵匡胤

曹操

刘邦

秦始皇

魏武帝曹操

『有真男子气，是大手笔』

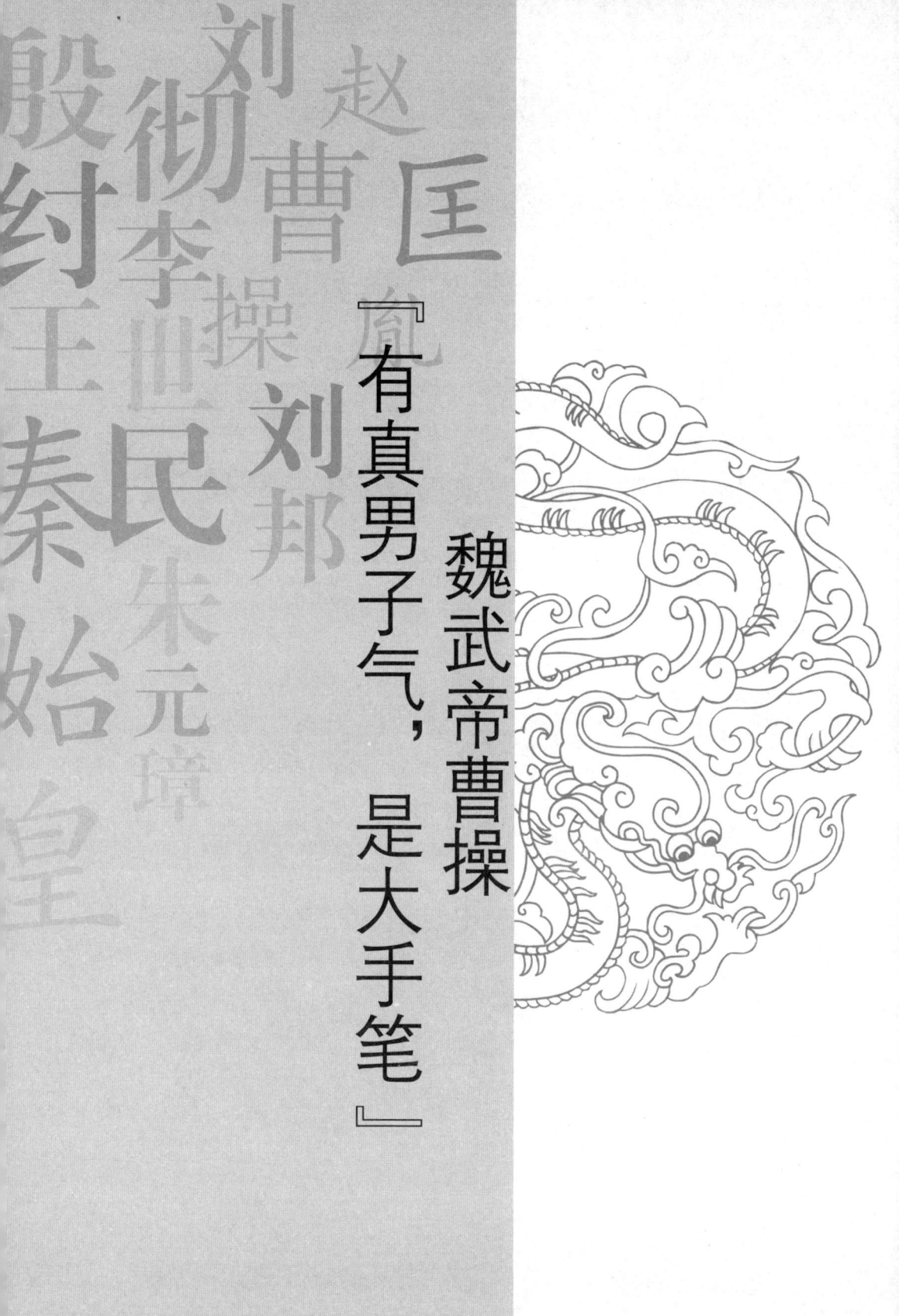

1954年夏，毛泽东在《浪淘沙·北戴河》一词中写道："往事越千年，魏武挥鞭，东临碣石有遗篇。萧瑟秋风今又是，换了人间。"其中"魏武"，即魏武帝曹操。曹操终生为汉朝丞相，并未称帝，其子曹丕代汉自立称帝后，追赠他为魏武帝。这是毛泽东给曹操的定论。毛泽东寥寥数语，一个政治家、军事家和诗人的曹操形象便跃然纸上，同时也表现了他对曹操的追慕和景仰。

曹操像

但是，曹操这样一位英雄人物，在中国古代小说、戏曲中却被写成一个白脸奸臣，一个十恶不赦的大坏蛋。这当然是不公平的，因此毛泽东提出要为曹操翻案，同时提出应该翻案的，还有在历史上被骂为"暴君"的商纣王和秦始皇。

"历史上说曹操是奸雄。不要相信那些演义。其实，曹操不坏。当时曹操是代表进步一方的，汉是没落的。"（《毛泽东著作专题摘编》，中央文献出版社2003年版，第2284页）

一、"现在我们要给曹操翻案"

毛泽东早就对历史上把曹操当做奸臣十分不满。1954年夏，毛泽东在北戴河吟诵了曹操的《观沧海》一诗后，对他的保健医生徐涛说："曹操统一中国北方，创立魏国，他改革了东汉的许多弊政，抑制豪强，发展生产，实行屯田制，还督促开荒，推行法制，提倡节俭，使遭受大破坏的社会开始稳定、恢复、发展。这些难道不该肯定？难道不是了不起？说曹操是白脸奸臣，书上这么写，戏里这么演，老百姓这么说，那是封建正统观念制造的冤案。还有那些反动士族，他们是封建文化的垄断者，他们写东西就是维护封建正统。这个案要翻。"（陈晋：《毛泽东之魂》〔修订本〕，中央文献出版社2001年版，第358页）。

1957年4月10日，毛泽东在同《人民日报》负责同志等人谈话时，说："历史上说曹操是奸雄。不要相信那些演义。其实，曹操不坏。当时曹操是代表进步一方的，汉是没落的。"（《毛泽东著作专题摘编》，中央文献出版社2003年版，第2284页）

1957年11月2日，毛泽东正在莫斯科访问。有一次，毛泽东将胡乔木、郭沫若等请来一道用餐。毛泽东与郭沫若等人纵谈三国历史，官渡之战、赤壁之战、夷陵之战，讲了诸多战例。你一段，我一截，夹叙夹议，谈到热烈处，毛泽东忽然转向翻译李越然，问："你说说，曹操和诸葛亮这两个人，谁更厉害些？"李越然听到问话，一时不知如何回答好。毛泽东说："诸葛亮用兵固然足智多谋，可曹操这个人也不简单。唱戏总是把他扮成个大白脸，其实冤枉。这个人很了不起。"（李越然：《外交舞台上的新中国领袖》，解放军出版社1989年版，第157页）

1958年11月初，毛泽东在第一次郑州会议上，又提出了把曹操"看做坏人，这是不正确的"。（斯·施拉姆：《毛泽东的思想》，中央文献出版社1990年版，第184页）

1958年11月10日，毛泽东在郑州召开的部分中央领导人和部分地方负责人郑州工作会议上，谈及商品生产问题时，说："商品生产从古就有，商朝的'商'字，就是表示当时已经有了商品生产的意思。把纣王、秦始皇、曹操看做坏人是完全错误的。"（《毛泽东文集》第七卷，人民出版社1999年版，第439页）

11月20日，毛泽东在武汉东湖畔的住所召集柯庆施、李井泉、王任重、陶鲁笳等四人开的座谈会上，谈到曹操时说："你们读《三国演义》和《三国志》注意了没有，这两本书对曹操的评价是不同的。"座谈会中有的同

志说："一个是贬，一个是褒。"主席说："是的。《三国演义》是把曹操看做奸臣来描写的；而《三国志》是把曹操看做历史的正面人物来叙述的，而且说曹操是天下大乱时期出现的'非常之人'、'超世之杰'。可是，因为《三国演义》又通俗又生动，所以看的人多，加上旧戏上演三国戏都是按照《三国演义》为蓝本编造的。所以，曹操在旧戏舞台上就是一个白脸奸臣。这一点可以说在我国是妇孺皆知的。"毛主席说到这里，愤愤不平地说，"现在我们要给曹操翻案。我们党是讲真理的党，凡是错案、冤案，十年、二十年要翻，一千年、两千年也要翻。"他实事求是地评价曹操说："曹操统一北方，创立魏国，抑制豪强，实行屯田，兴修水利，发展生产，使遭受大破坏的社会开始稳定和发展，是有功的。说曹操是奸臣，那是封建正统观念制造的冤案，这个冤案一定要翻。"（陶鲁笳：《毛主席教我们当省委书记》，山西人民出版社2003年11月第二版，第17页）

毛泽东提出为曹操翻案后，1959年，中国学术界展开了一场颇有声势的"替曹操恢复名誉的讨论"。毛泽东对当时史学界举行了关于"替曹操恢复名誉"的讲座表示支持。这场讨论首先由郭沫若、翦伯赞发起。郭沫若连续发表《替曹操翻案》等文章，认为："曹操对于民族的贡献是应该作高度评价的，他应该被称为民族英雄。"翦伯赞在题为《应该替曹操恢复名誉》的文章中也认为："曹操不仅是三国豪强中第一流政治

"曹操统一北方，创立魏国，抑制豪强，实行屯田，兴修水利，发展生产，使遭受大破坏的社会开始稳定和发展，是有功的。说曹操是奸臣，那是封建正统观念制造的冤案，这个冤案一定要翻。"（陶鲁笳：《毛主席教我们当省委书记》，山西人民出版社2003年11月第二版，第17页）

家、军事家和诗人，并且是中国封建统治阶级中有名的杰出人物。"毛泽东对这些文章表示赞同，并且在读了翦伯赞的文章后说："曹操结束汉末豪强混战的局面，恢复了黄河两岸的广大平原，为后来的西晋统一铺平了道路。"

同年8月11日，毛泽东在庐山会议上所作的讲话里，说："曹操被骂了1000多年。好的讲不坏，坏的讲不好。"

有关曹操的书主要有两部：《三国志》和《三国演义》。《三国志》是正史，《三国演义》是历史小说，二者性质不同。《三国志》，西晋陈寿撰，共65卷，分魏、蜀、吴三志，是一部纪传体三国史，无表志。魏志前四卷称纪，蜀吴两志有传无纪。对魏的君主称帝，叙入纪中；吴蜀则称主不称帝，叙入传中。就是说，它以曹魏为正统。南朝宋裴松之为之作注，博引群书，注文多出文本数倍，保存的史料非常丰富。近人卢弼有《三国志集解》。

《三国演义》，全称《三国志通俗演义》，是一部长篇历史小说。元末明初罗贯中著。根据陈寿《三国志》和裴松之注，以及范晔《后汉书》、元代《三国志平话》和某些有关传说，再创作而成。书中通过尊刘（备）抑曹（操）等描写，鼓吹封建的正统观念和仁义道德。大意是说，刘备是中山靖王之后、汉宪帝的叔父，所以他后来建立蜀汉政权，是刘汉王朝的合法继承者，是正统；曹操"挟天子以令诸侯"，其子曹丕代汉自立，创立魏国，是篡逆。

两部书的看法截然相反，自古而然，但也事出有因。毛泽东曾说："《三国演义》的作者罗贯中不是继承司马迁的传统，而是继承朱熹的传统。南宋时，异族为患，所以朱熹以蜀为正统。明朝时，北部民族经常为患，所以罗贯中也以蜀为正统。"（逄先知等：《毛泽东读书生活》，生活·读书·新知三联书店1986年版，第2588页）

至于在旧戏曲中，比如在京剧中，《捉放曹》、《战宛城》、《击鼓骂曹》、《群英会》、《华容道》等传统剧目里，曹操都被写成奸臣，扮相是个大白脸。

大约在1958年前后，毛泽东读卢弼撰《三国志集解》卷一《魏书》云：《魏武故事》载公十二月己亥令曰："孤始举孝廉……又刘表自以为宗室，包藏奸心，乍前乍却，以观世事，据有当州。孤复定之，遂平天下'。"何焯曰："孙刘方睦，而云'遂平天下'，盖其器限之也。史家评操攻伐，至克绍而止，过此，则鼎足虎争，非复所能裁定矣。"

"……或者人见孤强盛，又性不信天命之事，恐私心相评，言有不逊之志。"胡三省曰："言其将篡也。"

"……孤祖、父以至孤身，皆当亲重之任，可谓见信者矣，以及子桓兄弟，过于三世矣。孤非徒对诸君说此也，常以语妻妾，皆令深知此意。孤谓之言：'顾我万年之后，汝曹皆当出嫁，欲令传道我心，使他人皆知之。'"欲明心迹，何至令妻妾改嫁。择言不慎，一至如此。然临终遗命，卖履分香，登台奏伎，闺房恋恋，至死不忘，乃知没曹出嫁之言，为奸雄欺人之语。

"……然欲孤便尔委捐所典兵众，以还执事，归就武平侯国，实不可也。何者？诚恐已离兵为人所祸也。上文但计投死为国，以义灭亲之言，皆欺人语也。既为子孙计，又己败则国家倾危，是以不得慕虚名而处实祸，此所不得为也。"黄恩彤曰："方操夷袁绍，下荆州，天下大势，骎骎乎折而入于己，惟其丧师赤壁，十年精锐，付之一炬。孙权既雄踞江东，刘备复奄有荆楚，鼎足势成，始知大物，不能骤致邺中。下令鳃鳃以臣节自明。其令中所云：'人见孤强盛，言有不逊之志。'此乃其肝鬲至言，欲盖弥彰者也。陈志削而不录，亦恶其言不由衷耳。"

"……奉国威灵，仗钺征伐，推弱以克强，处小而禽大。意之所图，动无违事，心之所虑，何向不济。"然则汴水之战，何以为流矢所中？濮阳之图，何以坠马烧掌？淯水之难，何以丧昂和安民？乌林之役，何以狼狈北归？潼关北渡，何以为马超所困？志骄气盈，言大而夸。（卷一《魏书》第78—81页）

毛泽东读了这段文字，批注说："此篇注文，贴了魏武不少大字报，欲加之罪，何患无辞。李太白云：'魏帝营八极，蚁观一祢衡。'

此为近之。"（《毛泽东读文史古籍批语集》，中央文献出版社1993年版，第138页）

这篇注文中，卢弼除了自己加的三段注文外，还征引了何焯、胡三省、黄恩彤三人的话，共六条注文，而这些注文都是毫无道理的，所以毛泽东说"贴了魏武不少大字报"。毛泽东认为这是"欲加之罪，何患无辞"。语出《左传·僖公十年》：晋献公死后，晋大夫里克先后杀公子奚齐、公子卓及大夫荀息，新君晋惠公即位后杀里克。将杀里克时，惠公派使臣对他说："微子则不及此。虽然，子弑二君和一大夫，为子君者不亦难乎？"对曰："不有废也，臣何以兴？欲加之罪，岂无辞乎？"于是伏剑而死。毛泽东用此典故，意谓卢弼的注文是给曹操罗织罪名，这是冤假错案。

据《三国志·武帝纪》注记载，建安十五年（210）十二月，曹操写了一个《让县自明本志令》。其内容是叙述自己辗转征战的经历及许多内心活动，表明自己守义为国，并无取代汉室之意，为明此志，决定让出受封的阳夏、柘、苦三县，以解除别人的误会。卢弼对此作了考证、订谬后，对曹操提出许多指责。曹操在令中说，他曾告诉妻妾，自己死后，她们无论嫁到哪里，都希望为他说明无叛汉之心。卢弼在注中说是"奸雄欺人之语"。曹操在令中说，自己之所以不放弃军权，"诚恐已离兵为人所祸也"，这是"既为子孙计，又己败则国家倾危"。卢弼说"皆欺人语也"。黄恩彤认为陈寿写《三国志》对这些话"削而不录"，是"处小而禽大"。卢弼在这里又列举曹操军事生涯中的一系列败仗，指责他"志骄气盈，言大而夸"。对曹操让出食邑中的三县一事，卢弼在注里又引别人的话说，"文词绝调也，惜出于操，令人不喜读耳"。卢弼用旧史学家以刘汉为正统的思想，先入为主地视曹操为奸雄，对曹操的功过是非不能公正、客观地评论，这是毛泽东所不能同意的。

那么，到底应该怎样正确评价曹操呢？毛泽东说："李太白云：'魏帝营八极，蚁观一祢衡。'此为近之。"李太白，即唐代伟大诗人李白，太白是他的字。他有一首古诗《望鹦鹉洲怀祢衡》。全文是：

毛泽东看
八·大·帝·王

魏帝营八极，蚁观一祢衡。

黄祖斗筲人，杀之受恶名。

吴江赋《鹦鹉》，落笔超群英。

铿锵振金玉，句句欲飞鸣。

鸷鹗啄孤凤，千春伤我情。

五岳起方寸，隐然讵可平？

才高竟何施，寡识冒天刑。

至今芳洲上，兰蕙不忍生。

毛泽东读《三国志集解·魏书·武帝纪》批注

祢衡，字正平，般（今山东临沂）人，东汉末年名士。恃才傲物，狂放不羁。建安初年游许都（今河南许昌），与孔融、杨修友善。孔融把他推荐给曹操，曹操用为鼓吏。他在曹操面前脱光衣服，换上鼓吏服装，羞辱曹操，后又到曹府大门外大骂。曹操不忍杀之，推荐给荆州牧刘表，刘表也不能容，又推荐给江夏太守黄祖。黄祖的长子黄射在鹦鹉洲上大会宾客，有人献鹦鹉，他就让祢衡写赋以娱宾客。祢衡一挥而就，辞采甚丽，鹦鹉洲由此得名。其地在今湖北汉阳西南。后来黄祖终因祢衡言不逊顺，把他杀了。毛泽东在批语中引此诗的前两句，赞颂曹操经营天下、统一北方的历史功绩，而把徒有狂名而无实绩的祢衡视作蝼蚁之辈。认为李白这样评价曹操，接近正确。

二、"曹操统一北方，创立魏国"

在中国古代人物中，曹操是得到毛泽东的评价最多的人，据不完全统计，共有30多次。

毛泽东年轻时就对曹操十分推崇。早在1913年他在湖南第四师范读书（后并入一师）时，曾经在《讲堂录》中写道："才不胜今人，不足以为才；学不胜古人，不足以为学。

"天下无所谓才，有能雄时者，无对手也。以言对手，则孟德、仲谋、诸葛而已。"（《毛泽东早期文稿》，湖南人民出版社1979年版，第587页）

孟德，曹操的字；仲谋，孙权的字；诸葛，即诸葛亮。这是说三国时期，曹操、孙权、诸葛亮三人棋逢对手，旗鼓相当。

1918年8月，毛泽东乘火车去北京，走到郾城，大雨把路基冲坏，他和罗章龙、陈绍林步行到许昌，瞻仰魏都旧墟，凭吊曹操，并与罗章龙作《过许都》联句诗一首：

横槊赋诗意气扬（宇），
自名本志好文章（润）。
萧条异代西田墓（润），
铜雀荒凉落夕阳（宇）。

联句中的"宇"为罗章龙，时化名"纵宇一

郎"；"润"为毛泽东，字润之。联句表达了对曹操的钦佩之情。以后，毛泽东在不同场合多次谈及曹操，读史时又多次点评，都给予很高评价。

1952年11月1日，毛泽东视察河南安阳，参观殷墟。他向北边挥着帽子，对安阳行署专员程耀吾说："这西面、北面是什么地方？""西面是太行山，北面是漳河。""漳河，就是曹操练水兵的地方。""对。""曹操也是个了不起的人物。这里属于古邺城。邺城建于春秋齐桓公时，战国时属魏国。西门豹为邺令。西汉时邺城是魏郡治所，东汉末年是冀州牧袁绍驻地。曹操破袁绍后，于公元204年进邺建都，此后史称邺都为魏都。东汉建安十八年（213）曹操被封为魏公，后为魏王，掌握中央一切军政大权。邺都成为朝臣聚集、发布政令的中央政权所在地，直到公元220年曹丕代汉，虽建都洛阳，但仍称邺郡为'北都'，七庙不废，直至公元365年司马炎灭魏建晋，故魏国在邺建都52年。曹操在邺时，进行大规模的扩建。著名的三台，即金凤台、铜雀台、冰井台，就是那时修建的。晋朝文学家左思曾写《魏都赋》对邺都进行了很好的描写。曹操在这一带实行屯田制，使百姓丰衣足食，积蓄力量，逐渐统一北方，为后来晋统一全国打下了基础。"（杨庆旺：《毛泽东指点江山》，中央文献出版社2000年版，第1232—1233页）

毛泽东曾对在他身边工作的同志说："曹操结束豪族混战的局面，恢复了黄河两岸的广大平原，为后来西晋的统一铺平了道路。"

直到1975年，毛泽东谈到三国历史时还说："三国的几个政治家、军事家对统一都有所贡献，而以曹操为最大。"同年，他又对陪他读书的北京大学女教师芦荻说："汉末开始大分裂，黄巾起义摧毁了汉代的封建统治，后来形成了三国，这是向统一发展的。三国的几个政治家、军事家对统一都有所贡献，而以曹操为最大。司马氏一度完成了统一，主要就是他那时打下的基础。"（芦荻：《毛泽东谈二十四史》，1993年12月30日《光明日报》）

（一）"治世之能臣，乱世之奸雄"

"汉末开始大分裂，黄巾起义摧毁了汉代的封建统治，后来形成了三国，这是向统一发展的。三国的几个政治家、军事家对统一都有所贡献，而以曹操为最大。司马氏一度完成了统一，主要就是他那时打下的基础。"（芦荻：《毛泽东谈二十四史》，1993年12月30日《光明日报》）

曹操出身于显赫的宦官家庭。其祖父曹腾是东汉末年宦官集团中的一员，汉桓帝时，任中常侍大长秋，封费亭侯。曹腾死后，其养子曹嵩继承了爵位。曹嵩的出身，当时就弄不清楚，所以《三国志》的作者陈寿称他："莫能审其生出本末。"（《武帝纪》）但也有人认为他是夏侯氏之子，是夏侯惇的叔父，曹操与夏侯惇是本家兄弟（《武帝纪》注引《曹瞒传》及郭颁《世官语》）。曹嵩，字巨高，为司隶校尉，灵帝时擢拜大司农（主管钱粮）、大鸿胪（主管接待宾客），代崔烈为太尉。

曹操是曹嵩的长子，"少机警，有权数"。他自幼养成无拘无束的性格，喜欢飞鹰走狗，游荡无度，不务正业。他的叔父很担心他，有好几次去向曹嵩告状，使曹操受责骂。所以，曹操很讨厌他叔父。为了摆脱困境，他心生一计。一次，曹操远远看见叔父向他走来，便扑通一声倒在地上，翻着白眼，口吐白沫，装作中风的样子。他叔父感到奇怪，连忙跑到跟前，关切地问他原因，曹操说，中了恶风。他叔父慌忙去告诉曹嵩。曹嵩大惊，急忙赶来叫曹操，曹操样子和平时一样，说话也没有什么不同。曹嵩问他：你叔父说你中风，已经好了吗？曹操说：我从来就没有中过风，叔父不喜欢我，所以诬告我。曹嵩开始怀疑其弟弟。从此以后，叔父再去告他的状，其父不再相信。曹操就更加为所欲为了。

曹操博览群书，特别喜欢兵法，他把各家兵法抄录汇集在一起，名为《兵书接要》，又注《孙武》十三篇，进行深入学习、研究。

青年时期的曹操没有名气，不被时人所重。但素以知人名世的太尉桥玄，一见曹操，就非常惊异，说：我见过许多天下名士，其才能没有一个能超过你的，你好自为之。我老了，把妻子孩子托付给你。又说，天下将要大乱，没有杰出的治国人才就没法挽救了，能够安定天下的，就是你吧！桥玄还告诉他：你还没有名气，可与许子将交往。

当时汝南人许劭，字子将，才华出众，善于品评人物。曹操听了桥玄的话，就去拜访许劭。他问许劭：我是个什么样的人呢？许劭不回答。曹操一再追问，许劭才说："子治世之能臣，乱世之奸雄。"曹操大笑。

许劭给曹操的评语，本来是一句模棱两可的话，可以有多种解读。最普遍的解释是，曹操在太平盛世是治理国家高才干练的大臣，在动乱年代，曹操是一个祸国殃民的奸诈之徒。但不管怎么说，都肯定了曹操的才干，因而曹操闻听大笑。

灵帝熹平三年（174），二十岁的曹操，被地方官举荐为孝廉，进入首都洛阳做郎官（帝王侍从官），从此踏上仕途。不久，曹操被任命为洛阳北部尉，负责洛阳城北部的治安工作。洛阳是东汉都城，是皇亲国戚聚居之地，很难治理。曹操一上任，就修缮四门，申明禁令，严明法纪，制造数十根五色大棒，悬挂在城门两边，每门两边挂十多根，"有犯禁者，皆棒杀之"（《三国志·魏书·武帝纪》注引《曹瞒传》）。皇帝宠幸的小宦官蹇硕的叔父违禁夜行，曹操毫不留情，立即打死。于是，"京师敛迹，无敢犯者"（同上注）。皇帝的近臣、宠臣都很讨厌他，然而也没有办法中伤他。于是，共同以推荐为名，把他任命为顿丘（今河南清丰西南）令，赶出了京城。

不久，曹操因他的本家妹夫宋奇被杀，受株连被免官。因为他懂得古学，又被征为议郎。议郎是皇帝的顾问官，可以参与讨论朝政大事。当时，政治腐败，贪污受贿成风。有才能的地方官吏往往得不到举荐和任

东汉末年黄巾起义示意图

用；根基浅、没靠山的官吏，往往被陷害。而政绩平庸、为害一方的官吏，未被检举治罪。光和五年（182）正月，汉灵帝下诏太尉、司徒、司空三府各官员，举奏州县政绩不佳、侵扰百姓的官员，经查检举属实，立即免职。曹操两次上书灵帝，谴责三府官员举奏不实，庇护权臣，欺蒙圣上。灵帝有所警觉，把曹操的奏章发给三府，罢免了接受贿赂、偏袒权贵、宦官的太尉许馘、司空张济的官职。

灵帝中平元年（184），黄巾起义爆发。这是东汉末年的农民大起义。"太平道首领"张角秘密地进行组织活动，十余年间，徒众达数十万人，遍布青、徐、幽、燕、冀、荆、扬、兖、豫八州，提出"苍天（东汉地主政权）已死，黄天（农民阶级政权）当立，岁在甲子（184），天下大吉"的政治口号。中平元年（184），各地同时起义。起义军因头裹黄巾而被称为"黄巾军"。他们焚烧官府，捕杀官吏，攻打地主庄园，旬日之间，天下响应。东汉政府派皇甫嵩、朱儁、卢植等率军镇压，先后在南阳（今河南南阳）、颍川（今河南禹州）和河北地区被张角、张曼成等打败。后来，由于起义军缺乏战斗经验，在东汉政府军和地主豪强武装的联合镇压下，先后在颍川、南阳失败。

危急关头，曹操被朝廷任命为骑都尉，在卢植的率领下进攻颍川的黄巾起义军，斩首数万级，立了战功。因而，他被提升为济南诸侯国（今山东济南一带）国相。

济南国管辖十多个县。各县官吏大多依附权贵，贪赃枉法，危害百姓。曹操之前的历任国相都不管不问。曹操上任后，大力整饬，一下奏免八个长吏，大小官员无不惊恐，一些罪大的纷纷逃往外地躲避。"政教大行，一郡清平"（《三国志·武帝纪》注引《魏书》）。

当初，城阳景王刘章对汉朝有功，所以他的封国为他立祠堂，青州各郡县竞相效仿，济南国特别严重，立有六百多座祠庙。一些商人也仿效皇室宗亲立祠庙，假冒官员服装和车辆，一天比一天奢侈，老百姓穷困不堪，当地历任官员都不敢禁止。曹操到任，下令毁坏祠庙，禁止官员和民众立祠，奸邪鬼怪之事一扫而光。

中平四年（187），曹操因政绩优良，被提升为东郡太守（治所在今河南濮阳西南）。当时正是东汉政治极度黑暗的时候，曹操不肯迎合权贵，并多次触犯豪强，引起忌恨，怕因此遭祸累及全家，托病不去就职，回到故乡，春夏读书，秋冬打猎，暂时隐居了。

中平五年（188），汉灵帝为巩固自己的统治，设置西园八校尉，曹操因其家世被任命为典军校尉（略次于将军的军职），成为皇帝警卫部队的将领。官虽不大，位置重要。不久，冀州刺史王芬、南阳刺使许攸、沛国刺史周旌等相互勾结，阴谋废掉灵帝，立合肥侯为帝。他们拉拢曹操参加，被曹操拒绝了。王芬等人的计划遂告失败。

第二年四月，汉灵帝病死。围绕立太子一事，宦官与外戚的矛盾进一步激化。生前，灵帝有意立王贵人所生的刘协为太子，但按封建社会立嫡长子的礼法，应立何皇后所生的刘辩。灵帝死后，何进与何太后立刘辩为帝，太后临朝听政。何进与袁绍蓄谋铲除宦官势力，太后不同意。何进密召并州刺史董卓入京，打算用武力胁迫太后。董卓还没有到京，事情就败露了，何进被宦官杀死。袁绍入宫大开杀戒，宦官两万多人被杀，势力基本上被消灭了。

（二）讨伐董卓

中平六年（189），董卓带兵进入洛阳，废少帝刘辩为弘农王，改立九岁的陈留王刘协为帝，即汉献帝，自任太尉，掌控朝政。后又杀太后，纵容部下大肆烧杀抢掠，京师大乱。

董卓得知曹操才能出众，上书奏请任命他为骁骑都尉，想把他招致在自己麾下，共图大谋。曹操觉得董卓残暴不仁，积怨太深，必然失败，所以不去赴任，带领几个人偷偷地逃出洛阳。出了关卡，来到成皋（今河南荥阳汜水镇）老朋友吕伯奢家。伯奢和他的五个儿子，备宾主之礼，招待曹操一行。吕伯奢连忙骑驴到邻村打酒，弟兄几个，磨刀的磨刀，烧水的烧水，准备杀猪做饭菜，款待曹操。曹操自以为违背董卓命令，听到霍霍的磨刀声，便误认为要杀害自己。他手持宝剑，一连杀吕伯奢一家七口。后来，他知道杀错了，便连忙逃走。他一行刚走到村外，正巧遇见吕伯奢打酒回来。曹操硬着头皮向前搭话时，趁机把吕伯奢也杀死了。他感慨地说："宁教我负天下人，不教天下人负我。"之后，他连夜逃走。

曹操一路东行，来到中牟县（今河南中牟），被认出是逃亡的人，抓了起来。当时县令的掾属已接到董卓通缉曹操的文书，县令陈宫心里知道被拘捕的人就是曹操。陈宫认为，现在天下大乱，不应该拘捕天下的英雄豪杰，于是下令释放了曹操。

曹操继续东行，来到陈留郡（今河南开封县陈留镇），曹操的老朋友陈留太守张邈也不满董卓专权，胡乱屠戮百姓。曹操在陈留招兵买马，在孝廉卫兹以家财资助下，很快便组建了一支五万人的队伍，又联合其他义军，准备讨伐董卓。

汉献帝初平元年（190）正月，后将军袁术、冀州牧韩馥、豫州刺史孔伷、兖州刺史刘岱、河内太守王匡、渤海太守袁绍、陈留太守张邈、东郡太守桥瑁、山阳太守袁遗、济北相鲍信，同时起兵，部众各数万人，共推袁绍为盟主。曹操以奋武将军的身份参加。

二月，董卓见各路兵起，形势对自己不利，将弘农王刘辩杀死，胁迫献帝迁都长安（今陕西西安西北），并放了一把大火，把宫殿全部焚毁，自己留居洛阳抵御。董卓的凉州军骁勇善战，其义子吕布英勇异常。这时，袁绍驻扎在河内（治所怀县在今河南武陟西南），张邈、刘岱、桥瑁、袁遗驻扎在酸枣（今河南延津北），孔伷驻扎在颍川（今河南禹州），袁术驻扎在南阳（今河南南阳），韩馥驻扎在邺县（今河北临漳西南邺镇）。由于董卓兵强，袁绍等人谁也不敢进兵。曹操说：我们兴义兵，是为了讨伐董卓乱贼。现在大军已经会合，各位还有什么迟疑的呢？当初董卓听到山东起兵，倚仗朝廷的威望，占据洛阳的险要地势，出兵东下控制天下，尽管他用不合道义的手段干这些事，但仍然是很大的祸患。如今他焚烧宫室，劫持皇帝，全国震惊，人们都不知何去何从，这是上天让他灭亡的时候。一战就可平定天下，千万不能坐失良机啊！

于是，曹操便独自率军西进，想要占领成皋。张邈派部将卫兹带部分军队与曹操一起进军，在荥阳附近的汴水岸边被董卓的部将徐荣打败，伤亡惨重。曹操也被流矢射中，骑堂弟曹洪的马，才得以连夜逃脱。

曹操回到酸枣时，各路义军已经有十多万人，每天摆酒设宴，不考虑进兵的事。曹操责备他们，并趁机为他们谋划说：请各位听我的计策，让渤海太守袁绍率领河内的军队前往孟津（今河南孟津北黄河渡口），酸枣的各位将领防守成皋，占据敖仓（今河南荥阳东北），封锁辕（今河南偃师东南）、太谷（今山西太谷）两座关口，把这些险要的地方控制住；再让袁术将军率领南阳的部队进驻丹水县和浙县，挺进武关（今陕西丹凤东南），使关中震恐；各路大军都高筑堡垒，深挖堑壕，不要与敌军交战，多设疑兵，表明天下的形势，以正义之师讨伐叛逆，天下很快就可以平定。现在军队已经高举义旗行动起来了，如果还迟疑不决，不敢进兵，就会使天下人失望，我私下替各位感到羞耻！但张邈等人不肯采纳曹操建议。

曹操兵少，就和夏侯惇等人到扬州招兵买马，扬州刺史陈温、丹阳太守周昕给了他4000多人。回到龙亢县（治所在今安徽怀远西北），新招来的士兵大多数都已叛逃。到铚县（治所在今安徽宿州西南）和建平县（治所在今河南永城西南）时，又招收一千多名新兵，于是进驻河内（今河南黄河以北地区）。

关东各路义军名为讨伐董卓，实际各怀鬼胎，伺机扩张自己势力。不久，各军之间发生摩擦，互相火拼。

刘岱与桥瑁互相仇怨，刘岱杀了桥瑁，让王肱兼任东郡太守。

袁绍和韩馥谋划立幽州牧刘虞当皇帝，曹操反对。袁绍曾经得到一方玉印，从曹操座位举向他的肘旁，曹操因此越发厌恶袁绍。

初平二年（191）春天，袁绍、韩馥立刘虞当皇帝，但刘虞始终不敢当。

夏季四月间，董卓回到长安。秋季七月间，袁绍胁迫韩馥，夺取冀州。

黑山一带的农民起义军十多万人，在于毒、白绕、眭固等人带领下，到魏郡和东郡抢掠，王肱无法抵挡。曹操率兵进入东郡，在濮阳攻击白绕，并把他打败。袁绍上表举荐曹操任东郡太守，郡治在东武县（今山东诸城）。

初平三年（192），曹操驻扎在顿丘。于毒等人听说以后，便放弃东武阳回兵。曹操在半路上截击眭固，接着又在内黄县（今河南内黄）攻打匈奴人於夫罗，全部击败了他们。

夏季四月间，司徒王允定连环计，把义女貂蝉先送给董卓为妾，又许给董卓义子吕布为妻，父子情仇，吕布遂杀董卓。董卓的部将李傕、郭汜等人杀死王允，攻打吕布。吕布战败，向东逃出武关。李傕、郭汜等人把持了朝政。

（三）收编"青州兵"

初平三年，青州地区黄巾起义军大发展，有部众百万进入兖州地界，杀了任城国相郑遂后，又转入东平境内。兖州刺史刘岱打算攻打他们，济北国相鲍信劝阻说，现在黄巾军有上百万人，百姓都震惊恐惧，我们的士兵也没有斗志，抵挡不住。我看黄巾军有成群的老少跟随，而且部队没有后备的兵器、粮草，全凭强取豪夺作为给养。眼下不如让我们的部队养精蓄锐，坚持固守。这样，他们想打打不着，想攻攻不下，势必军心涣散，

看
八·大·帝·王

196

然后我们挑选精锐，占据险要，就可以打败他们。刘岱不听，于是与黄巾军交战，果然失败被杀。

鲍信和州吏万潜等人到东郡去迎接曹操兼任兖州刺史。曹操和鲍信进攻寿张县东面的黄巾军，鲍信战死，曹操"设奇谋，昼夜会战"（《武帝纪》注引《魏书》），才勉强打败了黄巾军。曹操悬赏寻找鲍信的尸体，没有找到，大家只好用块木头刻出鲍信的形象，哭着祭奠他。曹操追击黄巾军一直到济南北部，黄巾军请求投降。这年冬天，曹操得降兵三十多万，家属男女百余万口，收编了其中的精锐，号称"青州兵"。

汉宪帝初平四年（193）春天，曹操进攻鄄城（今山东鄄城）。荆州牧刘表切断了袁术的运粮道路，袁术率兵进入陈留郡（今河南开封东南45里陈留镇），驻扎在封丘（今河南封丘），黑山黄巾军余部和匈奴于夫罗帮助他。袁术派部将刘祥驻守匡亭，曹操率兵攻打，袁术前去救援，双方发生激战，袁术大败，退守封丘，曹操挥师追击。袁术退到襄邑（今河南睢县），曹操追到太寿，决渠水灌城。袁术退到宁陵（今河南宁陵），曹操继续追击，最后一直追到九江寿春（治所在今安徽寿县）。这年夏天，曹操率兵回到定陶（今山东省菏泽市定陶区东北）。

下邳人阙宣聚集几千人，自称天子。徐州牧陶谦和阙宣共同起兵，攻占了泰山郡的华郏（治所在今山东黄县东北）和费县（今山东费县西北），夺取了任城（治所在今山东济宁任城区）。秋天，曹操率兵进攻陶谦，一连攻下了十多座县城，陶谦退到郯县（今山东郯城县北）坚守，不敢出城迎战。

兴平元年（194）春天，曹操军粮将尽，撤围回军。当初，曹操的父亲曹嵩，卸任后回到家乡谯郡（治所在今安徽亳州市），董卓作乱时，曹嵩避乱到琅邪（治所开阳在今山东临沂北），被陶谦的部将张闿杀害，抢劫了他的财物，投奔淮南袁术。因此，曹操决心要为父亲报仇。次年夏天，曹操派荀彧、程昱驻守鄄城，亲率大军再征徐州，先后攻下五座县城，一直打到东海郡地界。曹操回师经过郯县时，陶谦部将曹豹和刘备截击曹军，曹军把他们打败，并攻克襄贲（今山东苍山东南），所过之地，大肆破坏和屠杀，"鸡犬亦尽，墟邑无复行人"（《三国志·魏书·荀彧传》）。

这时曾参加讨伐董卓的陈留太守张邈和曹操部将陈宫叛离曹操，迎接吕布为兖州牧。

当时只有鄄城和东郡的范（今河南范县东南）、东阿（今山东阳谷东北）两县还在曹操掌控之中，分别由司马荀彧和寿张令程昱、东郡太守夏侯惇等人坚守，形势十分危急。

曹操从徐州赶回，吕布攻打鄄城，没有攻下，便向西驻军濮阳。曹操说，吕布忽然之间得到一个州，但没有占据东平，切断亢父、泰山的通道，凭借险要地形来截击我们，反而驻守濮阳，我断定他成不了大事。于是，他便进军攻打。吕布出城迎战，先用骑兵侵扰青州兵。青州兵败退，曹军阵势大乱。曹操骑马急速冲出火阵，摔下马来，左手被烧伤。司马楼异扶曹操上马，这才撤出。部队还没有返回营寨就停了下来，将士们没有看见曹操，都很惊慌。曹操硬撑着去慰问将士，下令军中赶快制作攻城器械，再次攻打吕布，双方对峙了一百多天。

这时蝗虫成灾，庄稼颗粒无收，老百姓都很饥饿，吕布军粮也吃完了，各自退兵。曹操退还鄄城。

兴平二年（195）春天，曹操袭击定陶（今山东定陶）。济阴太守吴资固守定陶南城，没有被攻破。正好吕布来援，曹操打败了他。这年夏天，吕布部将薛兰、李封驻守巨野（今山东巨野），曹操前去攻打，吕布又来援，薛兰兵败被俘，吕布逃走，于是曹操把薛兰等人杀死。吕布又从东缗与陈宫率兵一万多人来交战，当时曹操的兵少，便设下埋伏，出奇制胜，把吕布打得大败。吕布连夜逃走，曹操再次发起进攻，占领定陶，分兵平定周围各县。

吕布东逃投奔刘备，张邈跟随吕布，让弟弟张超带着家属守住雍丘（今河南杞县）。八月，曹操围攻雍丘。十月，汉献帝下诏任命曹操为兖州牧。十二月，曹操攻破雍丘，张超兵败自杀，三族被灭。张邈向袁术求救，被部下杀死。兖州平定后，曹操向东扩展。

曹操从陈留起兵到兴平二年把吕布、张邈赶出兖州，被任命为兖州

牧，经过六年的打拼，终于有了自己的一块根据地，也有了一支自己掌控的军队。这两个条件，为曹操的大发展奠定了基础。

（四）征讨徐州

建安三年（198），吕布派高顺攻打刘备，援助袁术，夺取下邳。刘备投奔曹操，程昱劝曹操：我看刘备有雄才大略，而且很得人心，不会甘居人下，不如趁早除掉他。曹操说，现在正是招揽英雄豪杰的时候，杀掉一个人就失掉天下人的心，不能这样做。

曹操派夏侯惇援助刘备，交战不利。刘备被高顺打

曹操对袁术、张绣、吕布、刘表之战示意图

败。九月，曹操亲率大军东征徐州，攻打吕布。十月，曹操攻破了彭城（徐州），俘获了国相侯谐。进军到下邳（治所在今江苏睢宁西北），吕布亲自率骑兵迎战。曹操大败吕布，俘虏了吕布的勇将成廉，一直追吕布到下邳城下。吕布想投降，但被陈宫等人劝阻，便派人向袁术求救。吕布再次出战，又被打败，就退到城内固守。曹军因连续作战，将士都很疲乏，打算退兵，便采用荀攸、郭嘉的计策，扒开泗河和沂河，用河水灌下邳城。一个多月后，吕布的部将宋宪、魏续等

人活捉陈宫，献城投降。吕布见大势已去，下城投降。曹操把吕布、陈宫尽皆处死，收降吕布部将臧霸、孙观等人，初步控制了徐州。

当时，袁绍已经击败了公孙瓒，兼有四州之地，有十万多军队，即将进军攻打许都。曹操的部将都认为抵挡不住，曹操说：我熟悉袁绍的为人，志气大，才能小；外表严厉，内心怯懦；好嫉妒人，威信不高；士兵虽多，部署不当；将领骄横而政令不统一；土地虽广，粮食虽丰，却正好奉送给我。话虽这么说，但对于这样强大的敌手，曹操还是采取了多项措施，认真对付。八月间，他命令在青州有潜在影响的臧霸、孙观等人进攻青州，占领齐（治所在今山东淄博）、北海（治所在今山东寿光东南）、东安等地，巩固右翼。九月，曹操回许都，又命大将于禁驻军黄河南岸，监视袁军。十一月，占据南阳（今河南南阳）的张绣听从谋士贾诩之计，投降曹操，曹操大喜，拜张绣为扬武将军，解除了后顾之忧。十二月，曹操自率大军驻扎在官渡（今河南中牟东北），准备大战袁绍。

刘备在徐州牧陶谦死后，曾一度出任徐州牧，后徐州被吕布攻占，刘备投奔曹操，来到许都，曹操待之甚厚。刘备假装在后园种菜，韬光养晦；曹操派人监视，颇不放心。一天，曹操设宴请刘备叙话，以探虚实。来至小亭，只见盘里放着青梅，酒已满上。二人分宾主坐下，开怀畅饮。

酒喝到半醉，忽然天空黑云翻滚，暴雨将至。侍从遥指天外的龙挂，曹操与刘备凭着栏杆观看。曹操说：使君知道龙的变化吗？

刘备说：不太清楚。

曹操说：龙能大能小，能升能隐；大就兴云吐雾，小就隐藏身影；升就在宇宙之间飞腾，隐就潜伏在波涛之中。现在正是春末，龙随时变化，如同人得志而纵横四海一样。龙这种动物，可以用来比世上的英雄。您久历四方，必定知道当今世上的英雄。请试着说说他们。

刘备说：我肉眼凡胎，怎能识得英雄？

曹操说：不要过于谦虚。

刘备说：我蒙丞相庇护，得以在朝中做官。天下英雄，实在不知道。

看
八·大·帝·王

曹操说：即使没有见过面，也听说过他们的名声。

刘备说：淮南的袁术，兵多粮足，可算英雄？

曹操笑着说：坟墓中的一把骨头，我早晚一定捉住他。

刘备说：河北袁绍，四代都位居三公高位，门下有很多做官的老朋友；现在像老虎一样雄踞冀州，部下能办事的人很多，可算英雄？

曹操笑了笑，说：袁绍颜色严厉，胆子很小，好谋划，不善决断；想干大事，又舍不下身份，贪占小利，忘掉性命，不是英雄啊。

刘备说：有一个人名列八俊，威镇九州——刘景升可算英雄吗？

曹操说：刘表徒有虚名，没有实际本领，不能算英雄啊。

刘备像

刘备说：有一个人血气方刚，是江东领袖——孙伯符是英雄吗？

曹操说：孙策凭借其父的名声，不是英雄。

刘备说：益州的刘季玉，可以算英雄吗？

曹操说：刘璋虽然是刘氏宗室，是一条看家狗，算什么英雄！

刘备说：其他像张绣、张鲁、韩遂等人都怎么样？

曹操拍手大笑，说：这种碌碌小人，何足挂齿！

刘备说：除了这些之外，我实在不知道。

曹操说：英雄啊，胸怀远大志向，腹有良好计谋，有包藏宇宙的心机，吞吐天地的志向。

刘备问：谁能当得起？

曹操用手指刘备，然后又指自己，说：现在天下的英雄，只有你与我啊。

刘备听罢，大吃一惊，手中拿的筷子不觉落到地上。当时正值大雨将至，雷声大作。刘备从容地从地上捡起筷子，说：一声霹雳的威力，竟然这么大啊。

曹操笑着说：男子汉大丈夫也害怕打雷吗？

刘备说：孔子遇到疾雷暴雨，必定要改变脸色，怎能不害怕？他把听到曹操说自己是英雄的话，吓得把筷子掉在地上的原因，轻轻地掩饰过去了。

据毛泽东的秘书林克回忆："1957年3月20日下午，我随毛泽东由南京飞往上海。途经镇江上空时……毛泽东讲到《三国演义》中曹操煮酒论英雄一节。曹操说：夫英雄者，胸怀大志，腹有良谋，有包藏宇宙之机，吞吐天地之志者也。刘备问：谁能当之？曹操以手指刘备后自指说：今天下英雄唯使君与操耳。接着，毛泽东的话就从文学作品中跳出，指出尽管刘备与曹操所见略同，但刘备这个人会用人，能团结人，终成大事。"

（林克：《潇洒莫如毛泽东》，《历史的真实》，中央文献出版社1998年版，第209页）

曹操认为刘备是个英雄，先后上表奏请任命他为豫州牧、左将军。曹操攻占徐州不久，淮南袁术准备逃往青州，依附袁绍，曹操派刘备率兵去截击。恰在这时，袁术病死了。程昱、郭嘉听说曹操派刘备出兵，就对他说，刘备不能放走！曹操立即派人去追赶，但已经来不及了。当刘备还没有走的时候，曾暗中和董承等人图谋刺杀曹操。到了下邳，刘备就攻杀了徐州刺史车胄，把军队驻扎在沛县。曹操派刘岱、王忠率兵攻打刘备，但未能取胜。

建安五年（200）春天，董承、刘备等人的阴谋暴露了，董承等五人及其家族七百余人被杀，只有马腾、刘备在外地得以幸免。曹操要亲率大军东征刘备，将领们都劝阻说，和你争夺天下的是袁绍。现在袁绍正率兵前来许都，而你却撇开他去征讨刘备，要是袁绍抄了我们的后路，怎么办？曹操说，刘备是人中的豪杰啊，现在不打败他，一定会成为后患；袁绍虽有大志，但遇事难下决断，一定不会怎么样。谋士郭嘉支持曹操的意见。于是，曹操向东攻打刘备，并把他打败，活捉他的部将夏侯博。刘备投奔袁绍而去，曹操俘虏了刘备的两位夫人和儿子。刘备的部将关羽驻军下邳，曹操去进攻他，关羽也被迫归降。直到曹操回到官渡，袁绍一直没有出兵。

（五）官渡之战

官渡之战是我国历史上以少胜多的著名战役，结果是曹操大胜袁绍，奠定了统一北方的基础。毛泽东对此评价甚高。他在《论持久战》一文中说："主观指导的正确与否，影响到优势、劣势和主动、被动的变化，观于强大之军打败仗、弱小之军打胜仗的历史事实而益信。中外历史上这类事情是多得很的。中国如晋楚城濮之战、楚汉成皋之战、韩信破赵之战、新汉昆阳之战、袁曹官渡之战、吴魏赤壁之战、吴蜀彝陵之战、秦晋淝水之战等等，外国如拿破仑的多数战役、十月革命后的苏联内战，都是以少击众，以劣势对优势而获胜，都是先以自己局部的优势和主动，向着敌人局部的劣势和被动，一战而胜，再及其余，各个击破，全局因而转成了优势，转成了主动。在原占优势和主动之敌则反是；由于其主观错误和内部矛盾，可以将其很好的或较好的优势和主动地位，完全丧失，化为败军之将，亡国之君。"（《毛泽东选集》第二卷，人民出版社1991年版，第491页）

毛泽东在《中国革命战争的战略问题》一文中又一次指出："虽然是一个不大的战役（指春秋时期的齐鲁长勺之战），却同时是说的战略防御的原则。中国战史中合此原则而取胜的实例是非常之多的。楚汉成皋之战、新汉昆阳之战、袁曹官渡之战、吴魏赤壁之战、吴蜀彝陵之战、秦晋淝水之战等等有名的大战，都是双方强弱不同，弱者先让一步，后发制人，因而战胜的。"（《毛泽东选集》第一卷，人民出版社1991年版，第204页）

袁绍是当时北方最强大的一股割据势力，也是曹操统一北方的主要对手。袁氏一门，自袁绍曾祖父袁安以来，"四世都位居三公"（太尉、司毛泽东在《中国革命战争的战略问题》一文中又一次指出："虽然是一个不大的战役（指春秋时期的齐鲁长勺之战），却同时是说的战略防御的原则。中国战史中合此原则而取胜的实例是非常之多的。楚汉成皋之战、新汉昆阳之战、袁曹官渡之战、吴魏赤壁之战、吴蜀彝陵之战、秦晋淝水之战等等有名的大战，都是双方强弱不同，弱者先让一步，后发制人，因而战胜的。"（《毛泽东选集》第一卷，人民出版社1991年版，第204页）

徒、司空），"门生故吏遍于天下"，势力本来很大，后来袁绍又夺得冀、并、幽、青四州之地，实力更强，拥有数十万军队。袁绍令其长子谭、次子熙、外甥高干分守青、幽、并三州，后方巩固，兵精粮足，根本不把曹操放在眼里。他挑选精兵十万万人、战马万匹，打算一举消灭曹操。

建安五年（200）二月，袁绍的先头部队在郭图、淳于琼、颜良等将领的带领下，进攻驻扎在白马（今河南滑县旧城东）的东郡太守刘延，袁绍本人也到了黎阳（今河南浚县东），准备渡黄河南进，攻打曹操。白马守将刘延坚持了一个多月，挡住了袁军的进攻。

四月间，曹操要亲自率兵去援助刘延，谋士荀攸献计说：现在我军兵少，袁绍兵多。如果直接去解白马之围，很难取胜，应该设法分散袁绍的兵力，我们才能取胜。您到了延津（古津渡名，指古代黄河流经延津至滑县以北一段），佯装要渡过黄河攻其后方的样子，袁绍一定会分兵向西增援。然后，我们用精锐兵力攻打白马，乘其不备就可以捉住颜良，解除白马之围。曹操采纳了这一声东击西的策略。

袁绍得知曹操率军要渡河攻占延津，就立即分兵西去迎战。曹操见袁绍中计，率军日夜兼程，向东直奔白马。在离白马十余里时，被颜良发觉，慌忙统兵接战。曹操派张辽、关羽为先锋，大败袁军，关羽阵斩颜良，解了白马之围。曹操担心白马难以据守，下令把城中百姓沿黄河西迁。

袁绍得知后，下令大军渡过黄河追击曹军，推进到延津南。曹操下令部队在南阪下扎营，派人登到高处观察袁军动静，观察的人说，大约有五六百骑兵。过了一会儿，又报告说，骑兵逐渐增多，步兵多得数不清。曹操说，不要再报告了。于是，下令骑兵解下马鞭，放开战马。这时从白马缴获的粮草正被运上大道。曹操部将认为敌人太多，不如撤回去保护营寨。谋士荀攸说，这是用来引诱敌人的，怎么能撤走呢？袁绍的骑兵将领文丑和刘备率领五六千骑兵赶来。曹操的将领又说，可以上马了。曹操说，还不到时候。过了一会儿，袁绍的骑兵越来越多，纷纷下马抢夺马匹和物品。曹操说，可以了。于是，将士一齐上马，向袁军发起攻击，以仅不满六百骑兵，追击砍杀，大败袁军，杀了文丑。颜良、文丑都是袁绍的名将，两仗下来，都被斩首，袁军大为震惊。

曹操在白马、延津的胜利，并没有改变他兵少粮乏的被动局面，他于是决定撤军回官渡，加强防守。袁绍坚守阳武（今河南原阳东南）。关羽乘机逃归刘备。

八月，袁绍的军队前后步步推进，靠着沙滩扎营，东西绵延数十里。当时曹操分兵扎营与之对阵，交战不利，退守官渡。袁绍的谋士许攸劝他说：您不要与曹操互相攻打。赶快分兵数路与之相持，而直接从别的道路去迎接汉献帝，那么事情马上就定下来了。袁绍不听，说：我要先捉住曹操。许攸十分恼火。

当时曹军不满一万人，其中受伤的有十分之二三。袁绍的军队又逼近官渡，堆土山，挖地道。曹军也在军营内堆土山，挖地道，与袁军对抗。袁绍见曹操拒不出战，便从高处向曹营射箭、投石，曹兵在营内行走都需用盾牌护身，士兵都很惊慌。曹军则用"霹雳车"抛投石块，击毁袁军在土山上修筑的堡垒。

曹操率军与袁绍对峙数月，不能取胜，军粮也快要吃完了，给谋士荀彧写信说，打算退回许都。荀彧回信认为：袁绍全部人马都聚集在官渡，想要和您一决胜负。您以最弱的兵力，抵挡最强大的敌军，如果不能战胜

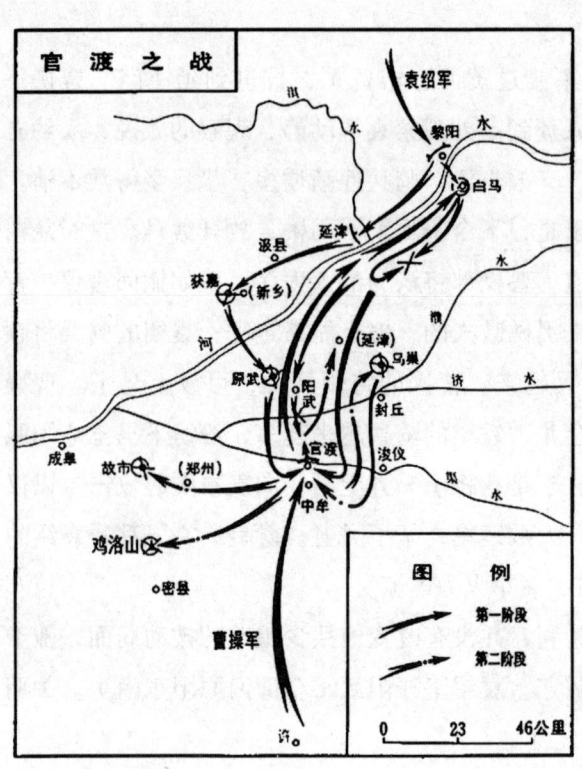

官渡之战示意图

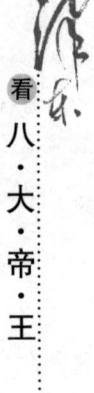

他，就一定会被对方打败，这可是争夺天下成败的关键时刻。况且，袁绍不过是一个平庸的人，虽能笼络人，但不会使用人才。凭借您非凡的英勇和智慧，再加上代天子讨伐奸贼名正言顺，有什么打不胜的呢！曹操采纳了荀彧的意见，没有撤兵。

占据江东的孙策，听说曹操与袁绍在官渡对峙，图谋袭击许都，还没有来得及行动，就被刺客杀死了。

汝南投降的刘辟等人反叛曹操，响应袁绍，并抢掠许都城郊，袁绍又派刘备去援助刘辟。曹操则派大将曹仁打败刘备，攻下了刘辟的营地。刘备逃往荆州依附刘表去了。

袁绍从河北运来粮草数千车，曹操采用荀攸的计策，派徐晃、史涣率军伏击，大败袁军，把他们的粮草车全部烧毁。曹操与袁绍相持了好几个月，虽然屡次战斗都斩杀敌将，但兵少粮尽，士兵疲乏。曹操对运粮的人说：再过十五天等打败了袁绍，就不再劳累你们了。到了冬季十月间，袁绍又派车运粮，命令淳于琼等五位将领带兵一万多人护送，驻扎在袁绍的大营北面四十里。

这期间，袁绍的谋士许攸来投奔曹操。曹操得知许攸来降，鞋子也没有来得及穿，光着脚便出来迎接，鼓掌笑着说：子远（许攸字子远）一来，我大事成了！落座后，许攸问曹操：袁绍的军队气势很盛，您打算怎样对付他？现在还有多少粮食？曹操回答，还可以吃一年。许攸说：没有这么多。再说说！曹操又说，够吃半年。许攸说：您不是想打败袁绍吗？为什么说假话呢！曹操说，刚才是开玩笑。实际上只够吃一个月，应该怎么办？许攸说：您孤军独守，外无援兵而粮草已尽，这是危急的时候。现在袁绍的粮草有一万多车，储存在故市、乌巢，驻守的士兵把守不严，你用轻快的骑兵去袭击，出乎他们意料之外，烧掉所存粮草，过不了三天，袁绍自己就败走了。

曹操大喜，于是派全部精锐骑兵和步兵，都用袁军的旗号，人衔枚马束口，夜间从小道出动，每人抱一抱柴草，经过的道路上有人问，告诉他，袁绍将军恐怕曹军抄后路，派兵增加后方力量。问的人都信以为真。曹军到了地方，把袁军包围起来，放起大火，袁军营中大乱。这一战大败袁军，把他们的粮草宝货全部烧毁，督将眭元进、骑都尉韩莒子、吕威璜、赵叡等被斩首，淳于琼先被割鼻，后也被杀。

袁绍刚得知曹操攻打淳于琼的时候，对大儿子袁谭说：趁曹操攻打淳于琼，我们去攻占他的大营，他就无处可归了。于是派张郃、高览去攻打曹洪。可张郃等人听说淳于琼失败，就投降了曹操。

袁军溃散，袁绍和袁谭丢下部队逃跑，渡过黄河。曹操大获全胜，缴获了袁军的全部粮草、地图、户口册和珍宝，斩首七万余，俘虏了大批袁军将士。曹操在缴获的袁绍的信件中，发现有自己部下写给袁绍的信，他全部都烧了，说："当绍之强，孤犹不能自保，而况众人乎？"（《三国志·魏书·武帝纪》引《魏氏春秋》）。随后，冀州很多郡县都投降了曹操。

建安六年（201）夏季四月间，曹操在黄河边炫耀武力，攻打袁绍驻仓亭的守军，打败了他们。袁绍逃回冀州后，又收罗了溃兵，平定了反叛的郡县。

袁绍自从官渡败回后，发病吐血，建安七年（202）五月死去。小儿子袁尚接替了他的职位，袁谭自称车骑将军，驻扎在黎阳。这年九月，曹操讨伐他们，接连打了几仗，袁谭、袁尚屡次战败，退兵固守。

建安八年（203）二月，曹操攻打黎阳城，袁军出战，曹操大败袁军，袁谭、袁尚连夜逃走。四月，曹操进攻邺城。五月间，曹操回到了许都，留贾信守黎阳。之后，袁谭、袁尚弟兄不和，发生火并。袁谭不敌袁尚，向曹操请降。

建安九年（204）二月，曹操乘袁尚攻打袁谭之机，进军围攻邺城。袁尚率军回援，依滏水（今滏阳河）安营扎寨，曹操进军把他包围起来。袁尚害怕，请求投降，曹操不许。袁尚乘夜逃走，袁军溃散。袁尚逃奔中山（今河北定州市）。曹操派人拿着缴获的袁尚的印绶节钺招降邺城守军，守军斗志瓦解，邺城这个袁氏的政治中心遂被曹操攻破。以后邺城变成了曹操统治的政治经济中心。

曹操围攻邺城的时候，袁谭夺取甘陵、安平二县和渤海、河间二国。袁尚战败回到中山后，袁谭又进攻袁尚，袁尚逃往故安县，袁谭兼并了袁尚的部队。曹操以袁谭违反约定为借口，进军讨伐。袁谭很害怕，便离开平原县（今山东平原），逃到南皮（今河北南皮）据守。十二月，曹操进入平原县，又夺取和平定了几个县。

建安十年（205）正月，曹操进攻袁谭，打败袁军，杀了袁谭和他的妻子、儿女，冀州因而平定。于是，曹操让还兖州牧，改任冀州牧。

袁尚兵败后，投奔幽州刺史袁熙。不久，袁尚、袁熙又逃奔三郡乌桓。

官渡一战，曹操击溃了最强大的敌人袁绍，接着又击败袁绍的儿子，夺得冀州，奠定了他统一北方、创立魏国的基础。

（六）东征乌桓

乌桓，也作"乌丸"。原是东胡族的一支，西汉初被匈奴击败，迁到乌桓山，因以此为名。东汉末年，辽西、辽东、右北平三郡乌桓结为一

体，称为三郡乌桓，其首领是辽西部的蹋顿。三郡乌桓与袁氏关系一直很好，还屡次侵扰边塞，掳掠人口、财物。

建安十二年（207），为了彻底肃清袁氏残余势力，解决三郡乌桓入塞为害的问题，曹操决定亲征乌桓。将领们都说，袁尚只不过是一个逃敌罢了，夷狄贪婪而不讲亲情，哪能被袁尚利用呢？现在深入乌桓境内，刘备肯定会劝说刘表偷袭许都。万一出了事，就后悔莫及了。只有谋士郭嘉料定刘表必不会信任刘备，劝曹操东征乌桓，他说：明公您虽然威震天下，但胡人仗着他们地处僻远，鞭长莫及，必定对我军不加防备。我军现在趁他们没有防备，突然袭击他们，一定会击败、平定他们。况且，袁绍对乌桓北夷的人有恩，袁尚兄弟还活着。如今原属青、幽、冀、并四州的民众，不过只是因为惧怕您的兵威而暂时归附，您对他们的恩德施舍还没有加到他们身上。如果舍弃袁尚等而去南征刘表，袁尚如果依靠乌桓的军队，再召回愿为他效命的旧臣，胡人们再一支持，汉胡民众群起响应，乌桓单于蹋顿又因此萌生南下中原的野心，形成觊觎窥伺帝业的奸计，恐怕到那时青、冀等州就不是我们自己能保有的了。刘表只是一个坐而论道的政客。他自知才略不足以驾驭刘备，重用刘备，恐怕刘备不受节制；轻用呢，刘备又不甘心为他所用。因此，我们就是国内空虚去远征乌桓，您也不必有什么顾虑。

于是，曹操就率大军北行了。大军开进到

往事越千年，魏武挥鞭，东临碣石有遗篇。萧瑟秋风今又是，换了人间。
　　——《浪淘沙·北戴河》

易县（今河北易县），郭嘉对曹操说，兵贵神速，如今千里行军，奔袭他人，辎重过多，就难以驱驰赴利，而且如果让敌人知道了，必定早做准备。不如留下辎重，率轻装的精兵日夜兼程，在他们没有防备时发动突然袭击。

这年五月，曹操亲率大军到达无终（今天津蓟州区）。七月，正是雨季，雨下得很大，沿海大路，"浅不通车马，深不载舟船"，无法前进。

曹操听从本地人田畴的建议，改从一条久已断绝，但"尚有微径可寻"（《三国志·魏书·田畴传》）的路线进军。田畴做向导，人马跟着他前进。大军出卢龙塞（今河北喜峰口一带），但塞外路断不能通行，就开山填谷五百多里。经过白檀、平冈等地，长途跋涉，直捣乌桓老巢柳城（今辽宁朝阳南）。曹军推进到离柳城不到二百里的地方，乌桓才发现，于是蹋顿与袁尚、袁熙等人率数万骑兵迎击。

八月，曹操率兵登上白狼山，突然和乌桓的军队遭遇，敌兵很多，当时曹军粮草、兵器都在后面，穿铠甲的士兵很少，他的随从都很害怕。曹操登高瞭望，远看乌桓阵容很不整齐，就派张辽为先锋，带领军队发起猛攻，乌桓军一下子就崩溃了，交战中曹军杀死蹋顿和许多乌桓首领，胡、汉20万人投降。辽东单于速仆丸和辽西、右北平的许多乌丸酋帅，丢下他们本族的人，和袁尚、袁熙一同逃奔辽东，只剩下几千名骑兵跟随。

当初，辽东太守公孙康仗着居地僻远，不服从曹操管辖。曹操大破乌桓后，有人劝他乘胜征讨公孙康，这样就可以抓住袁尚、袁熙兄弟。曹操说：我要让公孙康斩袁尚、袁熙的头送来，不要再用兵了。

九月，曹操率兵从柳城回来，公孙康果然杀了袁尚、袁熙和速仆丸等人，把他们的头送了过来。有的将领问曹操：您一班师，公孙康就斩了袁尚、袁熙的头送来，这是为什么？曹操说：公孙康平常就怕袁尚等人，我逼急了，他们就会合力抵抗，我暂缓进攻，他们就会互相残杀，这是必然的事。

十一月，曹操到达易水，代郡乌桓代理单于普富卢、上郡乌桓代理单于那楼率领乌桓首领前来祝贺。

曹操攻破三郡乌桓，彻底肃清了袁氏势力，把管辖地域扩展到辽东一带。

（七）赤壁之战

北方稳定后，曹操便把斗争矛头指向荆州的刘表和江东的孙权。

刘表（142—208），字景升，东汉末山阳高平（今山东邹城市）人，是当时著名的"八俊"（名士）之一。他八尺多高，身体雄伟。毛泽东读《三国志·魏书·刘表传》时，批注说："虚有其表。"（《毛泽东读文史古籍批语集》，中央文献出版社1993年版，第140页）刘表是东汉皇族，初平元年（190），任荆州刺史，取得豪族蒯良、蒯越等人的支持，据有今湖南、湖北地方。后为荆州牧。对当时军阀的混战，采取观望态度，因此他所据地区破坏较少，中原人前去避难的很多。他原来和袁绍的关系比较密切。刘备反对曹操失败后，也逃到他那里，没有固定地盘，没有多少兵力。

刘备（161—223），字玄德，涿郡涿县（今河北涿州市）人。三国蜀汉的建立者，公元221—223年在位。幼贫，与母贩鞋织席为业。东汉末年起兵，参加镇压黄巾起义军的战争。在军阀混战中，他曾先后投靠公孙瓒、陶谦、曹操、袁绍、刘表。建安十二年（207），刘备"三顾茅庐"，从南阳请出诸葛亮当军师，军事力量不断增强。

孙权（182—252），字仲谋，吴郡富春（今浙江富阳）人。三国时吴国的建立者，公元229—252年在位。东汉末年继其父孙坚、兄孙策开创的基业，占据江东六郡。

为了顺利平定南方的刘表、刘备和孙权，曹操做了充分准备。建安十三年（208），他在邺城开凿了一个玄武池训练水军，又派人到凉州（今甘肃武威）劝降马腾，并把马腾调入京城任职，解除西方关中的后顾之忧。

这年七月，曹操率兵进攻荆州的刘表。当时刘表已病重，两个儿子刘琦、刘琮为争夺继承权明争暗斗。刘表死后，次子刘琮继任荆州牧，驻守襄阳（今湖北荆州），长子刘琦出任江夏太守，驻军夏口（今湖北武昌）。

九月，曹军抵达新野（今河南新野），软弱无能的刘琮遣人投降。正在樊城训练水军的刘备，率部撤往江陵（今湖北江陵）。当他走到当阳长坂坡（今湖北当阳东北），被曹操率5000骑兵追上，刘备被打得溃不成军，跟随刘备的数万百姓四散逃亡，刘备的糜夫人跳井而死，赵云于千军万马中出生入死救得刘备儿子阿斗，人马和辎重大多被俘获，刘备和诸葛亮等人率残部逃到夏口。除江夏外，曹操先后控制了江陵、长沙、零陵、桂阳四郡，收编荆州投降的士兵七八万人，缴获大小战舰1000多艘。

曹操攻占荆州后，远在益州（今四川成都）的刘焉表示愿意归顺曹操。野心勃勃的曹操准备顺江东下，攻打孙权，首先统一江南。

当初，鲁肃听到刘表的死讯，就向孙权建议说：荆州与我们邻接，地势险要，土地肥沃，百姓富足，如果占有了这个地方，是创建帝王大业的资本。如今刘表刚死，他的两个儿子又不和睦，军队中的将领各有打算。刘备精明强干，与曹操有旧仇，刘表却嫉妒他的才能不肯重用。如果刘备与刘表同心协力，我们就同他们结成联盟；如果他们互不合作，我们就另想办法夺取荆州，成就大业。请派我去向刘琦、刘琮吊丧，并慰问他们军队中的将领，说服刘备安抚刘表的部众，同心一意，共抗曹操，刘备必然高兴地同意。如果能够合作，天下就可以平定了。如今不快去，恐怕让曹操抢了先。

孙权立即派鲁肃出发。鲁肃到了夏口，听说曹操已经向荆州进发，日夜兼程，到了南郡（今湖北江陵），而刘琮已向曹操投降，刘备正率部队向南撤退，鲁肃径直迎上去，在当阳长坂坡与他相遇。鲁肃先向刘备转达了孙权联合抗曹的意向，又纵论天下大势，致慰问之意。他问刘备，豫州您现在向哪里去？刘备说：我与苍梧太守吴巨是老朋友，想去投奔他。鲁肃说：讨虏将军孙权聪明仁惠，敬贤礼士，江东英雄都归附他。他已占据江东六郡，兵精粮多，足成大事。如今我替您打算，不如差遣心腹之人与江东结好，以共同成就大业。而您却想投奔吴巨，吴巨是个平凡的人，又在僻远的州郡，即将被人吞并，难道值得托付吗？一席话，说得刘备大喜。鲁肃又对诸葛亮说：我是令兄子瑜的朋友。当即商定共抗曹操。刘备采纳了鲁肃的计策，率部进驻鄂州的樊口。

此时，曹操已攻占江陵，并准备顺江东下，形势十分危急。诸葛亮对刘备说：事情太危急了，请让我奉命去向孙权将军求救。于是，同鲁肃一起去拜见孙权。

诸葛亮在柴桑（在今江西九江西南）拜见孙权，说：天下大乱，将军您在江东起兵，刘豫州在汉南收服部众，与曹操共争天下。如今曹操削平北方军阀，战乱已经平定。如今又打破荆州，威震四海。英雄无用武之地，所以刘备才逃到这里。愿将军估计自己的力量办吧！如果能用吴、越之兵与中原抗衡，不如早与曹操断绝关系；如果不能，为什么不停止进军，捆起武器，向曹操投降称臣！如今将军您表面上服从，而内心犹豫不决，战事紧急而不能决断，大祸就要临头了！孙权说：假如像你说的那样，刘备为什么不向曹操称臣！诸葛亮说，田横，只是齐国的一个壮士，还保守道义不受侮辱；况且刘备是皇室的后代，英才盖世，众士景仰，就像江河水流向大海一样。如果事情不能成功，这是老天的安排，怎么能位在曹操的下面呢！

孙权听了，勃然大怒，说：我不能带着全吴国的地盘，十万大军，受别人的管辖。我的计策决定了！不是刘备没有能抵挡曹操的人；然而，刘备新近被打败之后，还能抵挡这次灾难吗？诸葛亮说，刘备的军队虽然在长坂坡被打败，如今回来的战士和关羽的水兵精锐还有一万人，刘琦集合江夏的士兵也不少于一万人。曹操的军队远来疲惫，听说追赶刘备，轻装骑兵一天一夜跑三百多里，这就是人们所说的"强有力的弓弩射出的箭，到了最后力尽的时候，连鲁国出产的一种薄绢也射穿不了"。所以，《兵法》忌讳这种情形，说"必使主将受挫折"。并且，北方的士兵不熟悉水战；再说，荆州的老百姓归附曹操，是被军事形势逼迫，不是真正心服。如今将军真能派猛将统领数万精兵，与刘备同心协力，肯定能打败曹操。曹操失败，必定回北方去。这样，荆、吴的势力强大，三足鼎立的局面就形成了。成败的机遇，就在今天。孙权大喜，与群臣商量共同抗曹这件事。

当时，曹操给孙权写信说：近来我奉皇帝圣旨讨伐有罪的人，主将的大旗向南一指，刘琮小儿就束手就擒。如今我训练水军80万人，正要与将军会合在一起去吴地打猎。孙权把曹操的来信让手下看，没有不震惊失色的。

长史张昭等人说：曹操，是个豺狼虎豹一样的人物。挟天子来征讨四方，动不动就说是皇帝的旨意；今天抵抗他，事情更难办。并且，将军您可以抗拒曹操的优势是长江；如今曹操得到荆州，占领那地方，俘获刘表水军的蒙冲斗舰上千艘。曹操把兵舰全都沿江摆开，再加上步兵，水陆齐下，长江天险已与我们共有了，而双方势力大小又无法相提并论。我想最好的计策不如迎降。只有鲁肃独自一个不表态。

孙权上厕所，鲁肃追到屋檐下。孙权知道他的意思，拉住鲁肃的手说，你有什么话说？鲁肃说：刚才我听众人的议论，专想误导将军，不能够和他们商量国家大事。现在我鲁肃可以投降曹操，但将军您不行。为什么这样说呢？如今我投降曹操，曹操会把我交到乡里去品评，品其名位，也不失在地方政府做下层长官，乘牛车，有小吏、士兵跟随，在官场中交朋结友，积累年月上升到州郡长官。将军您投降曹操，想得到什么归宿呢？愿将军早定大计，不要采纳那些人的建议。孙权叹息道：各位臣工的主张，很使我失望；如今你阐明大计，正和我的想法相同。

当时周瑜受孙权派遣，在鄱阳湖训练水军，鲁肃劝孙权把他召回来。周瑜回来后，与老将程普一起，被孙权任命为正、副都督，统率大军与刘备共抗曹操。孙权还任命鲁肃为赞军校尉，帮助制订作战方案。

刘备驻军樊口，每天派巡逻兵在江边等候孙权的部队。士兵看见周瑜的船只后，就飞速报告刘备。刘备派人来慰问周瑜的部队。周瑜说：军务在身，不能随便委托给别人。假如刘豫州能降低身份前来，那是我的殷切期望。于是，刘备乘小船前去会见周瑜，说：如今联合抗击曹操，是条好计策。你带来了多少人马？周瑜说，三万人。刘备说，恐怕少了点。周瑜说：这就足够了，你就看我怎样打败曹军吧。刘备想叫鲁肃等人来共商作战计划，周瑜说：鲁肃有公务在身，不能前来见你；如果你想见鲁肃，另

外去看他吧。刘备感到惭愧，但见周瑜治军严整又很高兴。

孙吴联军继续前进，十一月，在长江南岸的赤壁（今湖北蒲圻西北）与曹军相遇。当时，曹军中已经发生了瘟疫。刚一交战，曹操的先头部队就被打败，退到长江北岸驻扎在乌林（今湖北洪湖市东）。

周瑜等人率军驻扎在长江南岸，老将黄盖献计说：现在敌人兵多，我军兵少，很难与它长久对峙。曹军正在把舰船都连接起来，首尾相接排在一起，如果用火烧就能大破曹军。于是，黄盖带了十艘蒙冲、斗舰，装上干燥的芦苇、柴草，在中间浇上油，外面用帐幕围住，船头插上大旗，又准备了逃走用的快艇拴在大船的后面。黄盖先派人给曹操送信，假意说要向他投降。

当时东南风刮得正急，黄盖的十艘斗舰走在最前面，到了江心扯起风帆，其余的船只按顺序跟进。曹军官兵都走出营帐观看，用手指着说，这是黄盖投降来了。黄盖等船只行驶到离曹营只有两里远的时候，命令各船同时点火，火借风势，风助火威，熊熊燃烧的船像箭一样驶向北岸的曹军，把曹军的舰船全部烧坏，又烧到岸上曹军的营帐。一会儿，烟焰满天，人马烧死和淹死的无法计算。周瑜率轻装精锐部队随后杀来，擂鼓进军，曹军大败。

曹操带领残兵败将从华容道（今湖北监利西北）逃走，碰上道路泥泞不堪，无法行走，天又刮着大风，全靠瘦弱老兵背草填路，马匹才得以通过。瘦弱士兵被人马践踏，陷入泥中，死得很多。刘备与周瑜水陆并进，一直把曹操追击到南郡。此时，曹军除了战场上的伤亡，还有饥饿和瘟疫，死亡一大半。曹操留下征南将军曹仁、横野将军徐晃守江陵，折冲将军乐进守襄阳，自己带兵回许都去了。

赤壁之战是我国历史上以弱胜强的著名战役。曹操的二十多万军队，被五万孙刘联军打败。战后，曹操再也无力进攻南方，孙权地位更加巩固，刘备据有荆州的大部分，不久又得到益州，形成了曹、孙、刘三足鼎立的局面。

毛泽东曾两次在自己的军事理论著作中援引这个战例。他在《中国革

"孙刘联合，一把火烧了曹操，烧出一个三国鼎立。"（权延赤《真实毛泽东》，内蒙古人民出版社1999年版，第70页）

命战争中的战略问题》一文中，用来说明作战双方强弱不同，弱者先让一步，后发制人，因而制胜的道理，阐明了战略防御的重要意义。在《论持久战》一文中，则用来说明指挥员的主观指导的正确与否，影响到优势劣势和主动被动的变化，从而导致战争的不同结局。赤壁之战影响深远，正如毛泽东所说："孙刘联合，一把火烧了曹操，烧出一个三国鼎立。"（权延赤：《真实毛泽东》，内蒙古人民出版社1999年版，第70页）

据毛泽东的秘书林克回忆："1957年3月20日的下午，我随毛泽东由南京飞往上海。途经镇江上空时，毛泽东触景生情，随手写下宋人辛弃疾的《南乡子·登京口北固亭有怀》：'何处望神州？满眼风光北固楼。千古兴亡多少事，悠悠。不尽长江滚滚流。年少万兜鍪，坐断江南战未休。天下英雄谁敌手，曹刘。生子当如孙仲谋。'

"写完后，毛泽东又讲了很多。开始还是围绕词的内容，说辛词里'不尽长江滚滚流'，是借引杜甫诗的句子。'生子当如孙仲谋'，是借引曹操的话。"（林克：《潇洒莫如毛泽东》，《历史的真实》，中央文献出版社1998年版，第208—209页）

1975年5月3日，毛泽东召集在京的政治局委员开会。在会议最后快结束时，他对自己所作《水调歌头·游泳》一词的两句作了解释："我说'才饮长沙水'，就是白沙井的水。'武昌

看

八·大·帝·王

216

鱼'不是今天的武昌，是古代的武昌，在现在的武昌到大冶之间，叫什么县我忘了，那个地方出鳊鱼，所以我说'才饮长沙水，又食武昌鱼'。孙权后来搬到南京，把武昌的木材下运到南京，孙权是个能干的人。"（贾思楠：《毛泽东人际交往实录》，江苏文艺出版社，1989年版，第351—352页）。

赤壁之战，曹操失败的原因很多，但他的骄傲轻敌、把战舰连在一起的瞎指挥、盲目相信黄盖诈降，都属于他作为指挥员的主观指导的失误。因此，毛泽东在《读卢弼〈三国志集解·武帝纪〉》批注说："赤壁之战，将抵何人之罪？"（《毛泽东读文史古籍批语集》，中央文献出版社1993年版，第138页）意思是反问曹操：既然你颁布的军令要追究败军之将的责任，那么赤壁之战的惨败，应该追究谁的罪责呢？据《文帝纪》载，建安八年，曹操曾颁布过一道法令："《司马法》：'将军死绥。'故赵括之母，乞不坐括。是古之将者，军破于外，而家受罪于内也，自命将征行，但赏功而不罚罪，非国典也。其令：诸将出征，败军者抵罪，失利者免官爵。"事后，并未见曹操有自贬自罪的举动，所以毛泽东有此一问，实是批评曹操缺乏自我批评精神。

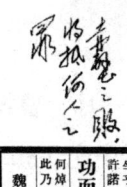

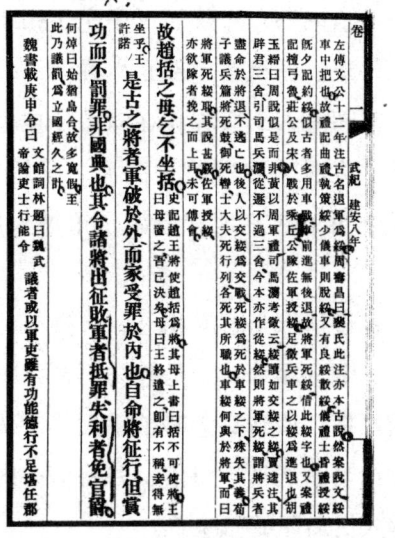

毛泽东读《三国志集解·魏书·武帝纪》批注之一

（八）后期武功

建安十六年（211）三月，曹操派司隶校尉钟繇率大将夏侯渊以讨伐汉中（治南郑，今陕西汉中东）张鲁为名，进兵关中（函谷关以西）。马超、韩遂、杨秋等十部心生疑惧，一时俱反。曹操立即派大将曹仁进攻关中，马超等人率军驻扎在潼关（在今陕西潼关县境）。七月，曹操率大军亲征。九月，曹军渡过渭河，马超等人多次挑战，曹操都不予理睬；马超又一再请求割地并愿派子弟做人质，曹操采用贾诩的离间计，假装答应他。

韩遂请求与曹操相见。曹操与韩遂的父亲同年举孝廉，又和韩遂年纪相当、辈分相等，于是并马而行，晤谈多时，只叙京城老友旧事，不涉及眼前军情，谈到高兴时拍手大笑，从而引起马超等人的怀疑。过了几天，曹操给马超送来一封信，并将信中内容篡改多处，像是韩遂改的样子，马超等人更加怀疑韩遂了。

曹操约定日期会战，先派轻装部队挑战，在交战很长时间后，才出动骑兵前后夹击，斩了成宜、李堪等将领，马超、韩遂兵败，逃往凉州（今甘肃武威），杨秋逃到安定（治临泾，今甘肃镇原南）。十月，曹操进军安定，杨秋投降，曹操恢复了他原来的官职，让他留在本地安抚百姓。关中地区基本平定。

建安十七年（212）十月，曹操发兵40万，亲自南征孙权。次年正月，曹军进到濡须口（今安徽巢湖），攻破孙权设在江北的营寨，俘获了孙权的都督公孙阳。

孙权亲率七万大军，进至濡须口抵御曹军。曹操出濡须口，夜渡至水陆洲。孙权指挥水军围攻，俘虏三千多人，淹死也有好几千人。孙权屡次挑战，曹操坚守不出。孙权亲自来到前线，乘快艇，从濡须口进入曹军防区。曹军将领以为是来挑战的，要攻击他。曹操说：这一定是孙权亲自来窥视我军阵容的。他命令部队检选良弓利箭，弓弩不得随便发射。孙权船行五六里，返回时奏起音乐。曹操看见船只、兵器、部队整肃，大声叹道，生儿子应当像孙仲谋，刘景升（表）的儿子好像猪狗啊！孙权给曹操写信，说：春天江水正在涨，你应该赶快离开。曹操临别赠言：足下不死，我不得安宁。曹操对部将说，孙权不骗我。于是，撤军北还（《三国志·吴书·吴主传第二》注引《吴历》）。两军对峙两个多月，皆无所获。

建安二十年（215）三月，曹操得知刘备夺得益州，而汉中是益州北部的门户，"若无汉中，则无蜀矣"（《三国志·蜀书·杨戏传》），料想刘备必然要夺取汉中。于是，曹操便抢先一步，率十万大军亲征占据关中的张鲁。

张鲁，字公祺，沛国丰县（今江苏丰县）人，东汉末年天师道首领，天师道创立者张道陵之孙，世为天师道教主。初平二年（191），他任益州牧刘焉的督义司马，率徒众攻取汉中，以教中祭酒管理地方，统治汉中长达三十多年。

七月，曹操大军进到阳平关（今陕西勉县西北）。张鲁得知阳平关失守，逃往巴中（今四川巴中）。曹操进军南郑（今陕西汉中东），得到张鲁府库所有珍宝。十一月，张鲁投降曹操，被任命为镇南将军，封阆中侯，汉中遂为曹操所有。

曹操主力退出汉中后，刘备随即亲率大军进至阳平关，夏侯渊等人与刘备夹关对峙。七月，曹操亲率大军赶往关中，在长安坐镇指挥。建安二十四年（219）正月，刘备从阳平关南渡沔水（今汉水），依山推进，在定军山（今陕西勉县东南）安营扎寨，夏侯渊与刘备争夺地势，被刘备老部将黄忠杀死，曹军大败。曹操于是放弃汉中，军队全都撤回长安。

当年七月，曹操刚从汉中撤出，镇守荆州的刘备大将关羽，从荆州向他的东南防线襄、樊一带发起进攻。曹操得知，立即派大将于禁率兵增援曹仁，驻守樊城，抵抗关羽。八月，关羽乘汉水泛滥之机，在樊城上游筑坝蓄水，然后放水，水淹七军，于禁大败，投降关羽。关羽围住樊城，城内曹军只有数千人，城被水淹，水面离城楼仅有数尺，曹仁率军死守。曹操又派徐晃领兵去救樊城。十月，曹操从关中赶回洛阳，亲自指挥救援樊城。

关羽据守的荆州处在孙吴的上游，孙权不愿意看到关羽势力发展，而且他早有夺取荆州之意，于是乘机联结曹操，准备派大将吕蒙偷袭荆州要地江陵。曹操接信后，把这个消息通知曹仁，命他继续坚守，自己进至摩陂（今河南郏县东南），就近指挥，又派12营兵增援徐晃，命令他反击关羽。当时关羽只顾前方进攻，而致后方空虚。不久，吕蒙偷袭荆州得手。关羽败走麦城被吴兵活捉，不屈而死。

建安二十五年（220）正月，曹操还军洛阳。正月二十三日，曹操在洛阳病逝，享年66岁。入殓时穿平时衣服，不让在墓中埋葬金银珠宝。二月二十一日，葬在高陵。这年十月，其子曹丕代汉称帝，国号魏，追尊曹操为太祖武皇帝，史称魏武帝。

曹操的俘虏政策比较好，也是他取胜的原因之一。《三国志·魏书·刘表传》写道："司马彪《战略》曰：'刘表之初为荆州也，江南宗贼盛。遂使（蒯）越遣人诱宗贼，至者五十五人，范书作"诱宗贼帅，至者十五人。皆斩之。"袭取其众，或即授部曲。'"所谓宗贼，就是土霸豪酋胁迫同姓人及附近农民据地做盗贼。盗贼投降，就是俘虏，弃暗投明，应该受到优待，不应受到严惩。刘表使人诱降盗贼，杀掉，这不是好

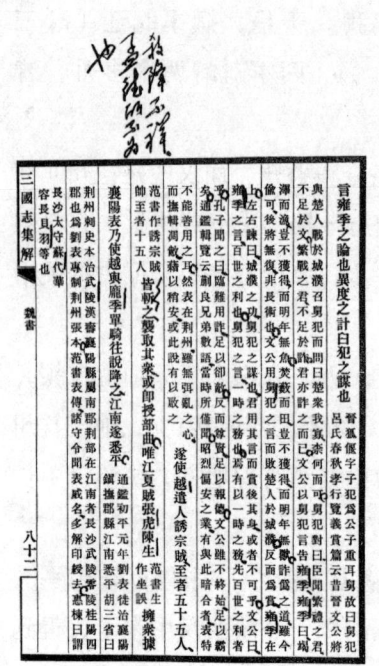

毛泽东读《三国志·魏书·刘表传》批注

的俘虏政策。所以，毛泽东读了以后，批注道："杀降不祥，孟德不为也。"孟德，是曹操的字。在俘虏政策的对比中，批评了刘表，赞扬了曹操。

曹操戎马一生，参加了大小近50次战役，足迹遍及大半个中国。在战争中，他不但充分发挥自己卓越的军事才能，还善于采纳群下智慧，因此常能变被动为主动，化劣势为优势，以少胜多，以弱胜强，把北方的许多割据势力各个击破，显示了非凡的军事天才，不愧为我国历史上一位卓越的军事家。

三、文治有成

曹操不仅从马上得天下，统一北方，是一位卓越的军事家，也是一位杰出的政治家。他不仅武功盖世，其文治也斐然有成。

（一）"挟天子以令不臣"

汉献帝刘协自从被董卓劫持到长安后，一直处在颠沛流离之中。建安元年（196）七月，汉献帝终于回到京都洛阳。但洛阳经过董卓之乱，已成一片废墟。官员没有地方居住，"披荆棘，依丘墙间"（《三国志·魏书·董卓传》）；官员也没有粮食吃，"州郡各拥强兵，而委输不至，群僚饥乏，尚书郎以下自出采稆，或饥死墙壁间"（《后汉书·宪帝纪》）。

早在初平三年（192），曹操的谋士毛玠，就向曹操提出"奉天子以令不臣，修耕植，畜军资"（《三国志·魏书·毛玠传》）的战略性建议，曹操深以为是。建安元年（196）八月，曹操亲自到洛阳朝见汉献帝，随即挟持汉献帝迁都许昌。从此，曹操取得了挟天子以令诸侯的政治优势。

挟天子以令诸侯，意思是控制天子，并用其名义号令诸侯（《三国志·魏书·武帝纪》）。建安三年，"夏五月，刘表遣兵救（张）绣，以绝军后"。裴松之注引《献帝春秋》："田丰使（袁）绍早袭许，挟天子以令诸侯，四海可指麾而定。"这是说袁绍的谋士田丰，建议他"挟天子以令诸侯"，而袁绍没有采纳，而后来曹操却身体力行，在讨伐各地军阀中占据政治上的有利地位，是政治上一大成功。

曹操在政治上占据主动后，从建安元年（196）开始，便有计划地进行统一战争。他先派钟繇奉朝廷命到关中，稳定韩遂、马腾等十几股大割据者。曹操首先率军击败自称皇帝的袁术，袁术渡淮南逃。建安三年（198），曹操击杀骁勇善战的吕布，夺得徐州。建安五年（200），曹操以一比十的劣势兵力在官渡大败地广兵强的袁绍。此后，连年进击，建安十年（205），袁绍军全部溃灭，北方大割据者或死或降，黄河流域基本上统一了。建安十三年（208），曹操进击刘表军，夺得荆州。能和曹操对抗的只剩下占据吴、会稽等江东六郡的孙权与声望甚高、拥有一万精兵的刘备。在赤壁之战中，曹操败北，回到洛阳后，不久死去，结束了他的戎马生涯。在这些战争中，曹操始终"挟天子以令诸侯"，在政治上占据主动。

曹操做丞相多年，"挟天子以令不臣"，后封魏公，再封魏王，位极人臣，与皇帝相差无几，一些文武官员劝他登皇帝位，他却始终不肯。建安二十四年（219），曹操在孙权擒杀关羽，夺得荆州后，表奏孙权为骠骑将军、荆州牧。孙权派遣使者进献贡品，向曹操称臣，并劝曹操代汉称帝。曹操把孙权的来信遍示内外群臣，说："是儿欲踞吾著炉火上邪！"（《三国志·魏书·武帝纪》注引《魏略》）曹操手下群臣乘机又向他劝进。曹操还是不肯废献帝自立，他宣布一篇语词恳切的《让县自明本志令》，说自己实在没有"不逊"（灭汉）的野心，还说："若天命在吾，吾为周文王矣。"（《三国志·魏书·武帝纪》注引《魏氏春秋》）表示自己不称帝。他在一篇文告中说："如国家无孤一人，正不知几人称帝，几人称王！"他位止魏王，终为人臣，不沾皇位，这在三国中，只有曹操能做到这一点。曹操之所以这样做，自然有上层士族的阻力，但主要是出于政治上的考量。这表现出一个杰出政治家的高明之处。

毛泽东对曹操这种做法非常欣赏。1970年4月下旬，毛泽东在中共中央政治局会议上第三次提出他不当国家主席，也不设国家主席。他说："孙

毛泽东看八·大·帝·王

权劝曹操当皇帝，曹操说，孙权是要把他放在炉火上烤。我劝你们不要把我当曹操，你们也不要做孙权。"（王年一：《大动乱的年代》，河南人民出版社1988年版，第393页）毛泽东用曹操不当皇帝的故事，表示坚决不当国家主席，坚持不再设国家主席，粉碎了林彪要当国家主席、急于抢班夺权的阴谋。

曹操不做皇帝，更不做割据一方的"土皇帝"。而刘表却以做土皇帝自得。《三国志·魏书·刘表传》载："长沙太守张羡叛表。表围之，连年不下。羡病死，长沙复立其子怿。表遂攻并怿。南收零桂，北据汉川，地方数千里，带甲十余万。"《通鉴》："建安五年，表攻张怿，平之。表地方数千里，带甲十余万。遂不供职贡，郊祀天地，居处服用，僭拟乘舆焉。"袁宏记："张昭为孙策与袁术书，亦云：'刘表僭乱于南。'"何焯曰："刘表郊祀天地，事在《孔融传》。"王补曰："荆州牧刘表不供职贡，多行僭伪，遂乃郊祀天地，拟斥乘舆。事见范书《孔融传》，而《表传》略不之载。"

毛泽东读了这段话，批注道："做土皇帝，孟德不为。"这里又把曹操与刘表进行对比：刘表是荆州牧，属于地方官，他却郊祀天地，僭用

毛泽东读《三国志·魏书·刘表传》批注

皇帝的车驾仪仗，不向汉献帝进献贡品，这就是割据一方，做土皇帝，实际是盘踞一方的军阀；而曹操是不屑于这样做的，高下立判。

（二）发展农业生产

东汉末年，由于战乱不止，人民流亡，土地荒芜，"出门无所见，白骨蔽平原"（王粲：《七哀诗》），"白骨露于野，千里无鸡鸣"（曹操：《蒿里行》），生产严重破坏，人民大量死亡。粮食供应成为各军事集团的最大问题，有的军队甚至用桑葚和蚌蛤充饥，有的军队"瓦解流离，无敌自破"。

为了解决军粮问题，建安元年（196），曹操采纳部下枣祗、韩浩的建议，在许县招募流亡农民实行屯田。屯田分民屯和军屯两种。民屯是把招募来的农民，按军事编制组织起来耕种荒地，称做"屯田客"（也称典农部民）。屯田有管理系统，中央设大司农，大郡设典农中郎将，小郡设典农校尉，县设见农都尉和屯司马。每个屯司马管屯田客五十人。屯田的农民直属于国家，可以不服徭役。屯田的收获物采用分成制：用官牛耕种的缴纳收获物的十分之六，自备耕牛的交十分之五。

军屯和民屯大致相同，由大司农和度支中郎将调遣。军屯保持军事建制，以营为生产单位，每营有佃兵六十人。曹操在许县屯田的第一年，就获得谷物一百万斛。以后，又把屯田制推广到扬州、淮南等地。除屯田以外，曹操还督促荒田的开垦，按照各州郡户口数比较垦田多少，作为赏罚地方官的标准。

曹操自己也身体力行，某次行军，路过麦田。他下令：践踏麦子者死。话音刚落，他自己的马一惊，窜到麦田里，把麦苗踏倒一片，他叫部属议罪。部将都说是主帅不可妄杀，割一绺头发放在地上，以发代首。这虽然是一种权术，但也说明他对农业的重视。到了建安末年，上等地已经逐渐开垦出来，结果，"数年中，据积粟，仓廪皆满"，不但保证了军粮供应，使军队"征伐四方，无运粮之劳"，而且安定了人民生活，为曹操战胜割据军阀、统一北方打下了坚实的物质基础。

（三）"唯才是举"

曹操在延揽人才方面，也颇有值得称道之处。他实行"唯才是举"的用人方针，延揽人才，充实和加强统治机构。曹操曾三次颁布求贤令。建安十五年（210）春，曹操发布《求贤令》，明确提出"唯才是举，吾得而用之"，意思是只要有才能就推荐上来，使我能够任用他们。这种用人的新方针是对汉末视门第高低任用官吏制度的挑战。

建安十九年（214），曹操颁布《求贤第二令》，进一步指出："夫有行之士，未必能进取，进取之士，未必能有行也。……由此言之，士有偏短，庸可废乎？"意思是有德行的人，不一定有所作为；有作为的人，不一定有德行。……由此说来，对于有缺点的人，怎么能废弃不用呢？强调对于有作为的人，即使有缺点错误也要任用。

建安二十二年（217），曹操颁布《求贤第三令》，强调说："……负污辱之名，见笑之行，或不仁不孝而有治国用兵之术，其各举所知，勿有所遗。"意思是有的人背负着不好的名声，有被人耻笑的行为，或者被认为不仁不孝，却有治国用兵能力的人，对于这些人才，你们要各自举荐自己所知道的，不要有所遗漏。

曹操这种"唯才是举"的用人方针，简而言之，只要"有治国用兵之术者"，不论出身门第高低、名声好坏，一律录用。

在实际行动上，曹操也是按照这种方针办的。他手下的几位谋士，如郭嘉、满宠等都出自寒门，有的仅当过小吏，曹操均破格提拔他们担任要职，参与军国大事。他手下能征惯战的几位名将，于禁、乐进拔自行伍，张辽、张郃、徐晃、庞德则是敌方被俘人员。曹操不仅不杀降，还敢于任用他们。

建安三年（198），曹操在兖州，任用毕谌，后来张邈叛，将毕谌的母、弟、妻劫去，曹操对他说："卿老母在彼，可去。"毕谌去后就没有回来。及其讨平张邈，毕谌被捕，大家都为他的性命担心，曹操说："夫人孝于其亲者，岂不亦忠于君乎？吾所求也。"他不仅没有杀毕谌，反任为鲁相。

董卓的部将张绣，曾和曹操多次交战，在一次战斗中，杀死了曹操的长子曹昂和贴身护卫典韦，最后投降了曹操。曹操知道他有指挥作战的才干，便不念旧恶，任命他为扬武将军，仍让他指挥军队。而后他在官渡之战中立有战功，曹操又封他为列侯。

原是袁绍谋士的陈琳，官渡之战时曾作讨曹檄文，不仅罗列曹操罪状，还骂他祖宗三代，曹操惜其有才，被俘后不但不杀，还留在身边，掌管文书，充分体现了一位政治家的宽宏大度。

十分难能可贵的是，曹操还非常重视对子弟的培养。毛泽东对此也进行了充分的肯定。1958年8月中旬，中共中央在北戴河召开政治局扩大会议，毛泽东召集各大协作区主任开会，他在会上说："我们与劳动者在一起，是有好处的，我们感情会起变化，影响几千万干部子弟，曹操骂汉献帝'生于深宫之中，长于妇人之手'是有道理的。"毛泽东以这种历史教训来告诫干部不要脱离群众。

还有一次，毛泽东同湖北省委副秘书长梅白谈起领导干部子女的教育问题，毛泽东问梅白："你记得曹操评汉献帝的话吗？"梅白回答："记得，有这样两句'生于深宫之中，长于妇人之手'。"毛泽东称赞说："不错，你读书不少。现在有的高级干部的子女也是'汉献帝'，'生于深宫之中，长于妇人之手'，娇生惯养，吃不得苦，是温室里的花朵，有些是'阿斗'呀！中央、省级机关的托儿所、幼儿园、部队的八一小学，孩子们相互之间比坐的是什么汽车来的，爸爸干什么，看谁的官大，这样不是从小培养一批贵族少爷吗？这使我很担心呀！"

曹操还广开言路，采纳部下的正确意见。建安十一年（206），他下《求言令》，规定："自今以后，诸掾属、治中、别驾，常以月旦各言其失，吾将览焉。"意思是从今以后，各掾属、治中、别驾，要经常在每月初一各自写出我的过失（送给我），我要阅看。曹操能多方面听取不同意见，集中群众智慧，是他制胜的原因之一。

由于曹操重视选拔人才，听取他人意见，当时投奔他的人很多，在他的周围形成"猛将如云，谋臣如雨"的盛况。

（四）"曹操就多谋善断"

1959年6月，毛泽东同《人民日报》负责人吴冷西谈话时说："有些人是书生，最大的缺点是多谋寡断。刘备、孙权、袁绍都有这个缺点，曹操就多谋善断。

"要反对多端寡要，没有要点，言不及义。要一下子看到问题所在。曹操批评袁绍，'志大而智小，色厉而胆薄'，没有头脑。还批评袁绍有其他缺点，兵多而分工不明，将骄而政令不一，地虽广，粮虽多，完全可为我所用。"（《要政治家办报》，《毛泽东新闻工作文选》，新华出版社1983年版，第215—216页）

毛泽东称赞曹操"多谋善断"，批评袁绍"多端寡断"是有根据的。建安五年（200）春天，曹操即将东征占据徐州的刘备，手下将领都说：与曹公您争天下的人是袁绍。袁绍正在逼近。他如果乘人之危袭击我们，怎么办？曹操说，刘备是豪杰之士，现在不攻打，将来一定是大患。袁绍虽有大志，但他见事迟，他不会用兵来攻的。谋士郭嘉也劝曹操东征。于是，曹操大破刘备。刘备丧失了立足点，去荆州依附刘表去了。

袁绍的缺点是"多端寡断"，瞻前顾后，下不了决心，以致坐失良机。曹操东征刘备的时候，袁绍的谋士田丰建议他从背后攻打曹操。袁绍却以儿子有病为理由进行推辞，田丰用手杖捣着地面说：你遇到了千载难逢的机会，却以小孩子生病为由白白丧失，太可惜了！后来官渡之战中，袁绍进军黎阳，派颜良到白马去攻打曹军。谋士沮授提出，颜良气量狭窄，性情暴躁，虽然勇猛但不能独当此任。袁绍不听，结果颜良被关羽斩首，袁军大败。袁绍"没有头脑"、"志大而智小"，于此可见一斑。

毛泽东认为，曹操"有时也优柔寡断"。1963年3月，毛泽东在杭州的一次谈话中就说："曹操打过张鲁之后，应该打四川。刘晔、司马懿建议他打。刘晔是个大军师，很能看出问题。他说刘备刚到四川，立足未稳。曹操不肯去，隔了几个星期，后悔了。曹操也有缺点，有时也优柔寡断。"

四、有"真男子气，是大手笔"

曹操不但是中国历史上一位杰出的政治家、军事家，也是一位杰出的诗人。曹操多才多艺，擅长草书，精于围棋，特别在文学上有很高的造诣，善诗歌，用乐府旧题，抒发自己的政治怀抱，气魄雄伟，慷慨悲凉，对汉末人民的苦难生活也有反映。散文也清峻质朴。他是一位很有成就、影响当世、泽及未来的文学家和诗人。

曹操非常重视文化，在恢复和发展经济的同时，下令郡国兴办学校，县满五百户，置校官，同时提倡文学创作，奖励有才华的文士。由于曹操惜才，奖励文学，他及儿子曹丕、曹植的周围聚集了许多文人学士，著名的建安七子孔融、陈琳、王粲、徐干、阮瑀、应玚和刘桢，就是突出的代表，他们形成了我国文学史上"俊才云蒸"的建安文学时期。在曹操的推动下，建安文学继承和发扬了《诗经》、《楚辞》和汉乐府的优良传统，创造了一种"志深而笔长"、"梗概而多气"（刘勰《文心雕龙·时序》）的建安风骨。史载：曹操"御军三十余年，手不舍书，昼则讲武策，夜则思经传，登高必赋，及造新诗，被之管弦，皆成乐章"。

曹操尚存乐府诗而20余首，散文40多篇。作为一位身兼政治家、军事家的诗人，他的诗文多数和他的政治、军事生涯密切相关。他常常用诗歌抒写征战中的感受，表达对现实社会的态度，抒发自己的政治理想。

毛泽东非常喜爱曹操的诗文，在中南海故居菊香书屋的藏书中，有四种不同版本的《古诗源》和一本《魏武帝魏文帝诗注》，其中曹操的《短歌行》、《观沧海》、《土不同》、《龟虽寿》和《却东西门行》等篇，毛泽东都多次圈画。大多数诗的标题前画着圈，诗中有浓圈密点。他特别喜爱《龟虽寿》、《观沧海》，不仅反复阅读，多次圈点，还用他那龙飞凤舞的狂草手书全诗。在一本《古诗源》的"武帝"旁，毛泽东用红蓝铅笔画着两条粗线，"武帝"下编者评注曹操的诗风说："孟德诗，犹是汉音。子桓以下，纯乎魏响。沈雄俊爽，时露霸气。"毛泽东对此注圈点断句，足见其对这个评价的重视。

曹操的《短歌行》："对酒当歌，人生几何？譬如朝露，去日苦多。慨当以慷，忧思难忘。何以解忧，唯有杜康。……月明星稀，乌鹊南飞。绕树三匝，何枝可依？山不厌高，水不厌深。周公吐哺，天下归心。"在这些句旁，毛泽东都加了密圈。而且1949年，毛泽东所作的《七律·人民解放军占领南京》一诗，"天翻地覆慨而慷"句中后三字，即由此诗中"慨当以慷"变化而来。

1954年7月23日，毛泽东致女儿李敏、李讷信中说："北戴河、秦皇岛、山海关一带是曹孟德（操）到过的地方。他不仅是政治家，也是诗人。他的碣石诗是有名的。"（《毛泽东文艺论集》，中央文献出版社2002年版，第306页）

信中提到的"碣石诗"，即《步出夏门行·观沧海》。原诗如下：

东临碣石，以观沧海。水何澹澹，山岛竦峙。树木丛生，百草丰茂。秋风萧瑟，洪波涌起。日月之行，若出其中；星汉灿烂，若出其

《步出夏门行·观沧海》
曹操

东临碣石，以观沧海。
水何澹澹，山岛竦峙。
树木丛生，百草丰茂。
秋风萧瑟，洪波涌起。
日月之行，若出其中；
星汉灿烂，若出其里。
幸甚至哉！歌以咏志。

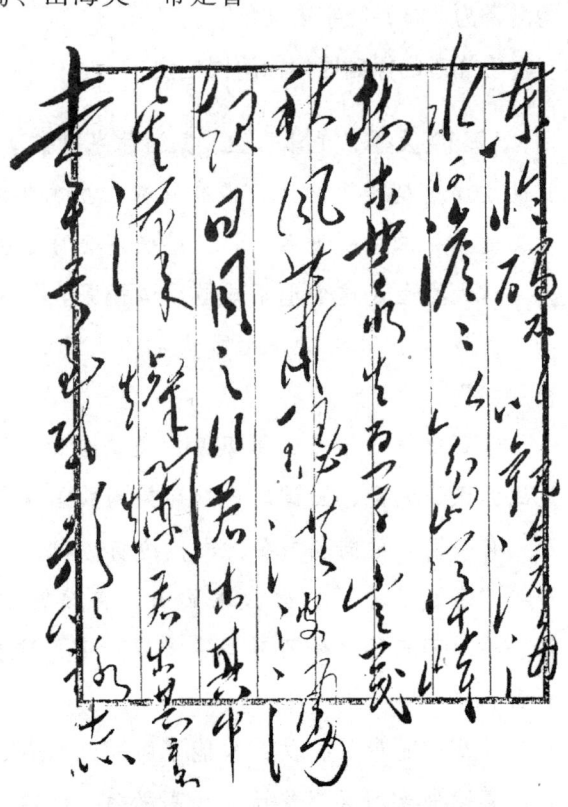

里。幸甚至哉！歌以咏志。

《步出夏门行》，是汉乐府《相和歌辞·瑟调曲》名，大曲之一。夏门，指汉代洛阳的城门。此诗分五部分，最前是"艳"，下为"观沧海"、"冬十月"、"土不同"、"龟虽寿"四章。"观沧海"首句为"东临碣石"，故也称"碣石诗"。碣石，山名，一说在今河北省昌黎县西北，尚有他说。

建安十二年（207），曹操北征乌桓，五月出发，七月出卢龙塞（今河北喜峰口一带），九月从柳城（今辽宁朝阳）班师，归途中登碣石山，写了这首诗。

全诗生动地描写了辽阔雄伟的沧海景观，表现了诗人开阔的胸襟和叱咤风云的英雄气概，抒发了艰苦转战的胜利豪情。它被清代著名诗评家沈德潜誉为"有吞吐宇宙气象"。

毛泽东的保健医生徐涛回忆说：

1954年夏季，毛泽东在北戴河休息时常读曹操的《观沧海》（略）。我问主席这是谁写的诗，很有气魄，主席告诉我是曹操写的《步出夏门行》的第一章《观沧海》。"曹操还会写这么好的诗？"我感到奇怪。

"大学生连这个也不知道，该补课。"

"我从小到现在，凡所认识的人都说他是奸臣，戏台上也是个大白脸。"

"曹操是政治家、军事家，还是个诗人，能文能武，那时封建军阀混战，天下大乱，三国时代魏蜀吴的魏国就是他建立的……"

有一天，他向秘书要地图，边看边说，"曹操来过这里"。

"来过北戴河，登过碣石山，在建安十二年五月，他出兵打败乌桓，得胜回来经过碣石时写了《观沧海》这首诗。"主席后来还要登碣石山。

"曹操能带兵打仗，也能了解民间疾苦，征战环境30多年，手不释卷，喜读书学习又喜作诗，登高必赋，我喜读他的诗。南唐后主写过一

首《浪淘沙》你读过吗？"

"是'帘外雨潺潺，春意阑珊'那首吗？"

"是，他的用词、意境都很美，但是情调柔弱、伤感。婉约派的作品我不大喜欢。你看曹操的诗气魄雄伟，给人鼓舞。真男子气，是大手笔。"

1954年夏，主席写的那首《浪淘沙·北戴河》，我当时根本不知道。直到1957年我在书店里买了一本《诗刊》（1月号）才看到这一首。这才使我联想起当时情景，那年他回北京较晚，北戴河连日大雨，海上确实是白浪滔天，晴天时点点渔舟，此时帆影全无。这首词真正体现了雄健豪放的浪淘沙情调。

主席还向我讲述："曹植是曹操的儿子，很有才华，作品有他自己的风格；曹丕也是他的儿子，也有些才华，但远不如曹操，曹丕在政治上也平庸，可是他后来做了皇帝，是魏文帝。历史上所称的建安文学，实际就是集中于他父子的周围。一家两代人都有才华、有名气，在历史上也不多见呐！"

"一家两代出名的还有吗？"我问。

"二王（王羲之、王献之）三苏（苏洵、苏轼、苏辙）也是。"

隔了些天，又谈到诗词时，主席劝我多读读曹操的诗。他说："《龟虽寿》也是一首好诗。你当医生的更该读读。"

"曹操不信天命，不信神，他承认人总要死去，不能长生不老。本来嘛，有生就有死，哪里有长生不死之理，连长生不老也不可能，生、老、病、死，这是新陈代谢，是辩证法的规律。孔夫子如果一直不死，恐怕快2500岁了吧？那世界该成个什么样子了！"

"那么说，曹操还是唯物主义者呢？"我笑着说。

"陆游也说过'死去元知万事空'，都是唯物的。……人会变老，老不服老，'老骥伏枥'那四句讲得多好呀！要老当益壮嘛！"

"在医学上讲'生理年龄'老了，'心理年龄'要年轻才好。"

"'盈缩之期，不独在天。养怡之福，可得永年。'更说明自己要掌握自己的命运。曹操多年军旅生涯，生活不会很安逸，离现在1700多年前，医疗条件也不会怎么好吧，他活了65岁，该算是会养生的长寿老人喽！你们搞医疗保健的应该学学，不要使人养尊处优，只想吃好、穿好，不想工作还行？更不能小病大养。保健不是保命，不要搞什么补养药品，我是从来不信这些的。主要是革命乐观、心胸开朗，锻炼身体。我的原则是：遇事不怒，基本吃素，多多散步，劳逸适度。"

（徐新民编：《在毛泽东身边》，中共中央党校出版社1993年版，第231—233页）

毛泽东在与徐涛的谈话中，不仅高度评价曹操统一北方、创立魏国的历史贡献，也赞扬了"曹操的诗气魄雄伟，给人鼓舞。真男子气，是大手笔"。这是很高的评价，同时还特别讲解了曹操的《观沧海》和《龟虽寿》两首诗。《龟虽寿》原诗如下：

神龟虽寿，犹有竟时。腾蛇乘雾，终为土灰。老骥伏枥，志在千里；烈士暮年，壮心不已。盈缩之期，不但在天。养怡之福，可得永年。幸甚至哉！歌以咏志。

全诗共14句，除最后两句是为合乐时所加的套语外，其余12句，每四句是一层，共分三层。"神龟虽寿"等四句以神龟和腾蛇终变土灰为喻，写人终究是要死的；"老骥伏枥"等四句是说，千里马虽然老了伏在槽下，但它的心仍然驰骋于千里之外。英雄到了晚年，壮志然不衰减。它表现了诗人在有生之年要积极进取的精神；"盈缩之期"等四句是说，人的寿命长短不全由上天安排。只要会怡心保健，照样可以益寿延年。

这首具有朴素唯物主义色彩而又富于积极进取精神的诗篇，表现了曹操的养生之道。毛泽东非常欣赏。他在与徐涛的谈话中已经讲得很清楚了。不仅如此，他还推荐给别人阅读。1961年8月25日，他在写给因病休养的胡乔木的信中说："你须长期休养，不计时日，以愈为度。曹操诗云：盈缩之期，不独在天。养怡之福，可得永年。此诗宜读。"（《毛泽东书

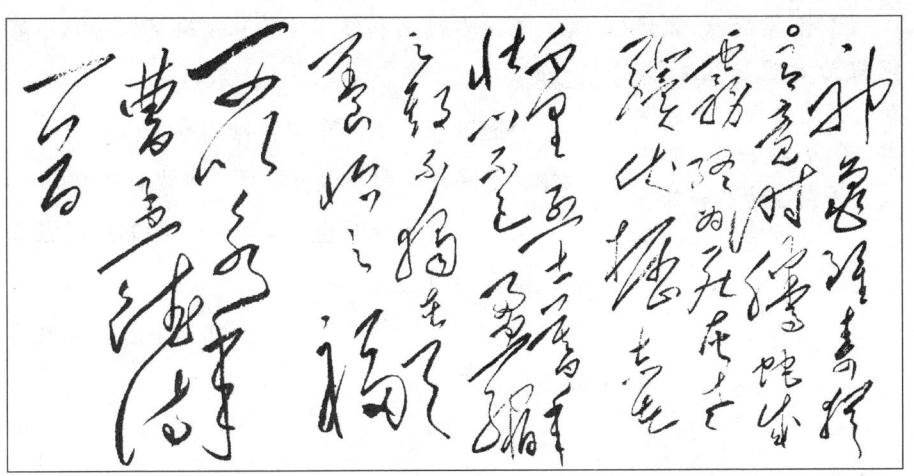

毛泽东《步出夏门
行·龟虽寿》手迹

信选集》，人民出版社1983年版，第585页）

1963年12月，他又给因病休养的林彪写信说：
"曹操有一首题名《龟虽寿》的诗，讲养生之道
的，很好。希望你找来一读，可以增强信心。"

毛泽东还用这首诗中讲养生之道的诗句，批
注其他作品。《南史》卷二十二《王僧虔传》，
叙述刘宋时光禄大夫刘镇之三十岁曾得过一次大
病，家人皆以为必死无疑，已置办棺木，不料不
久病情好转，最后活到90多岁。史家因而写道：
"因此而言天道未易知也。"毛泽东读至此，随
即批注道："盈缩之期，不尽在天。养怡之福，
可得永年。"意思是说并非"天道"不可知，全
在人们自己的养怡而已，实乃"己可造命也"。
所谓"己可造命"，是一种达观的生命意识。毛
泽东认为，这里面有唯物的因素。

1959年9月，毛泽东与他的二儿媳妇邵华谈
话时又说："曹操的文章诗词极为本色，直抒胸
臆，豁达通脱，应当学习。"（毛岸青、邵华：

"曹操的文章诗词极为本色，直抒胸臆，豁达通脱，应当学习。"（毛岸青、邵华《爸爸勤奋读书和练书法》，《瞭望》1993年第12期）

《爸爸勤奋读书和练书法》，《瞭望》1993年第12期）

直到晚年，毛泽东对曹操的看法也未改变。当然，毛泽东对曹操也有批评，主要有两点：

第一，曹操有时也优柔寡断。例如打过张鲁后，没有及时去打四川。

第二，不能严于律己。例如赤壁之战大败后而不自责。

李世民「聪明一世，懵懂一时」

赵胤

刘彻

李世民

曹操

刘邦

殷纣王

刘邦

秦始皇

朱元璋

一、"李世民起兵时才十八岁"

在毛泽东眼中，李世民是一个英武的少年英雄，年轻时就很有作为。他18岁参加起义军，当了总司令，24岁便当了皇帝，十分令人神往。

（一）"济世安民"

李世民（599—649），即唐太宗，唐代第二个皇帝，公元626年至公元649年在位，唐高祖李渊次子，母亲是太穆顺圣皇后窦氏。

李世民像

关于李世民的家世，历来众说纷纭。有人认为李家是胡族血统，也有人认为其先世本为汉族，后来才渐与胡族通婚。不论李家是胡族还是汉族血统，到北朝时期，李家已跻身于关陇贵族的行列。

所谓关陇贵族，是指北魏末年在关陇地区（今陕西、甘肃一带）崛起并创建了西魏、北周政权的军事贵族集团。他们多以军功起家，代表西魏、北周乃至隋、唐的鲜卑族和汉族贵族集团的利益。

李世民出身于关陇集团一个世家大族。据《新唐书·高帝纪》记载，李世民的八世祖是晋末西凉武昭王李暠。李暠生李歆，继任西凉王，后为蒙逊所灭。李歆生重耳，任北魏的弘农太守。重耳生李熙，任金门镇将。李熙生天赐。天赐之子为李虎，就是李世民的曾祖父，西魏时赐姓大野氏，官至太尉。他追随宇文泰开创关中政权，因佐北周取代北魏有功，成为著名的八柱国之一，死后追封唐国公。祖父李昺，袭封唐公，曾任北周安州总管、柱国大将军。父亲李渊，年幼世袭封唐公，而且是隋文帝独孤皇后的姨侄。在隋朝时，他历任谯、陇、岐等州刺史，荥阳、楼烦等郡太守，以及殿内少监、卫尉少卿等职务。这就是后来李渊建国号为"唐"的原因。

李世民的母亲窦氏是隋朝贵族神武将军窦毅的女儿，其先世源于西北少数民族，有人认为李世民有胡人血统，即由此而来。窦氏聪明能干，善于书法，"工为篇章规谏，文有雅体"，李世民爱好书法，可能与母教有关。可惜，她于隋大业九年（613）就在涿郡去世了。

隋朝开皇十八年（598）十二月二十二日，李世民出生于李渊在武功（今陕西武功西北武功镇）的别馆里。武功别馆是李氏家族的旧宅之一，在武功县南十八里，南临渭水。武德六年（623），改名庆善宫，所以史籍上又说："太宗生于武功庆善宫。"据说，李世民出生时，有两条龙在别馆门外戏斗，三天后才离去。

李世民为什么取名"世民"呢？原来李渊到岐州（治所在今陕西凤翔南）任刺史时，世民才四岁。有个书生擅长相面，拜见李渊说：您是贵人，而且有贵子。见到世民，说：龙凤一样的相

1926年，毛泽东在广州农民运动讲习所讲课时说："唐太宗、李密皆当时草泽英雄。"俗有两句说李世民，其词曰："太原公子，褐裘而来。"（陈晋：《毛泽东之魂》（修订本），中央文献出版社1997年版，第361页）

毛泽东
看
八·大·帝·王

貌姿态，天庭隆起的仪表，到20岁，必能济世安民。李渊怕他这话泄露出去惹祸，想杀掉他，那书生却忽然不见了。于是，取"济世安民"的意思作为名字。古代往往认为"龙种自与常人殊"，李世民既然做了皇帝，必是"龙凤之姿"，所以编造出这种离奇的故事。

李世民弟兄五人，哥哥李建成，李世民排行第二，三弟李元霸，四弟李元吉，五弟李智云。李元霸早夭，李智云不是窦氏所生，在晋阳起兵后被隋朝官吏捕杀。

李世民年幼时，聪明过人，处事果断，不拘小节，好骑马射箭，不甚喜读书。据他后来自己回忆说："朕小好弓矢，自谓能尽其妙"，"朕少尚威武，不精学业，先王之道，茫若涉海"。这些自我表白，说明李世民年少时不是文弱书生，而是一个强悍骁勇的贵族子弟，读书不多，善于骑射，性情刚烈，意志倔犟。

大约在隋大业九年，李世民16岁时，与长孙氏结婚。长孙氏，河南洛阳人，其先世源于北魏皇族拓跋氏，因担任过宗室长，故改姓长孙氏。祖父长孙兕，曾任北周左将军。父亲长孙晟，为隋朝右骁卫将军。可见，长孙氏家族与李氏家族一样，都是军事贵族高门。长孙氏"年十三，嫔于太宗"。他们之间的联姻，门当户对，进一步夯实了李世民的社会基础。

（二）"太原公子，褐裘而来"

隋大业末年，昏君隋炀帝在雁门（今山西代县）被突厥军队围困。这时才18岁的世民应募入征，前去救援，隶属于屯卫将军云定兴。部队出发前，李世民对云定兴说：一定要多带旗帜和战鼓，用以虚设队伍，迷惑敌人。况且，突厥始毕可汗带领全国的军队，敢来围困天子，一定认为隋朝仓促间派不出援兵。我方虚张声势，让数十里旗帜相连，夜晚又钟鼓齐鸣，敌人肯定望风而逃。否则，敌众我寡，敌人全军前来应战，我方肯定抵挡不住。云定兴采纳了李世民的建议。部队在崞县（今山西原平东北平阳）宿营，突厥的侦察骑兵跑回去报告始毕可汗说，隋朝的大军已经来到。突厥因此解围而去。这次雁门解围，李世民提出"多赍旗鼓为疑兵"

的策略，有点初生牛犊不怕虎的气势，也开始显露出与众不同的思想。

李渊驻守太原的时候，李世民跟随在身边。当时，有高阳农民起义领袖魏刀儿（？—618），自称"历山飞"，北连突厥，南寇燕赵，拥有十万之众。魏刀儿派部将甄翟儿领大军攻打太原，守将潘长文被打死。李渊为太原留守，率部迎战敌人，至河西郡永安县雀鼠谷，双方发生遭遇战。当时敌众我寡，甄翟儿部众多达两万多人，而李渊所率部骑仅五六千人，一时之间深陷敌阵。李世民用轻骑兵冲入敌阵，射杀贼兵多人，所到之处，敌兵皆倒退。史书上记载，李渊"乃分所将兵为二阵，以羸兵居中，多张幡帜，尽以辎重继后，从旌旗鼓角，以为大阵"，"太宗以轻骑突围而进，射之，所向皆披靡，拔高祖于万众之中"（《旧唐书·太宗本纪》）。这时恰好步兵也赶到了，李渊父子指挥部队，奋力攻打，大破贼兵，取得了胜利。这可以说是李世民小试牛刀的一战。

隋朝大业十三年（617）春夏间，隋朝面临最后垮台的局面：农民起义领袖杜伏威据历阳，自称总管；窦建德自称长乐王；梁师都据郡起兵；刘武周进取咸阳宫；薛举自称西秦霸王；李密攻下兴洛仓，逼近东都。在此形势之下，李世民暗中策划起义，常常屈己下士，舍财养客。所以，巨盗大侠，没有不愿为他效力的。他奉父命"密交豪友"，与晋阳令刘文静相交甚深；而长孙顺德和刘弘基亡命晋阳，他则以优礼待之。后来长孙顺德和刘弘基协助李世民募兵，起了重要作用；刘文静、裴寂都成为起义的决策者。这是为起兵反隋做组织上的准备。

大业十年三月，马邑人刘武周引突厥直逼太原。李渊以讨伐刘武周为辞，自行招募士兵，"远近附集，旬日间近万人"。这支队伍是李渊、李世民父子私自控制和指挥的，成为晋阳起兵的主力军。

大业十三年五月，李渊果断杀掉隋炀帝派来监视他的副留守王威和高君雅，举起了义旗。六月，李渊派李建成、李世民率部直捣河西，斩杀了郡丞高德儒，首战告捷，往返仅用了九天时间。此后，李渊决心南下入关。于是，李渊建置大将军府，分为三军：李建成为陇西公、左领军大都督，指挥左三军；李世民为敦煌公、右领军大都督，指挥右三军。裴寂为长史，刘文静为司马，唐俭和温大有为记室，长孙顺德和刘弘基等为统军。

七月，李渊在野外誓师，留李元吉守太原，亲自率领李建成、李世民从太原出发，拥兵三万，南下贾胡堡，在霍邑打败隋将宋老生。接连攻取临汾郡（今山西临汾）和绛郡（今山西绛县）。八月癸巳，李渊至龙门（今山西河津）。九月，李渊父子率兵围河东。隋骁卫大将军屈突通据城坚守，攻之不克。这时，李渊军队中发生军事策略分歧。裴寂主张先解决屈突通而后入关，李世民认为兵贵神速，应立即入关。他说："宜乘机早渡，以骇其心。我若迟留，彼则生计……屈孙通自守贼耳，不足为虞。若失入关之机，则事未可知矣。"李渊采取"两从之"的办法，分兵两路，主力部队渡河入关，直攻都城长安，同时留相当兵力对付屈孙通。这是着妙棋。

李渊父子率大军渡黄河后，李建成和刘文静等屯守永丰仓和潼关，防止来自东方之敌；李世民率统军刘弘基、长孙顺德等数万人定渭州，包括泾阳、武功等县。十月，20万大军将长安团团围住。李渊命李建成率精兵赴长乐宫，李世民率新兵屯长安故城。李世民屯兵金城坊，从西南方攻城，李建成从东方攻城。十一月，李建成部将雷永吉首先登上城头，长安遂被攻破。

大业十三年（617）一月，李渊立隋代王为皇帝，即隋恭帝。改元为义宁元年。李渊为假黄钺、使持节、大都督内外诸军事、尚书令、大丞相，进封唐王，以武德殿为丞相府，独揽军国机务。又以李建成为唐世子，李世民为京兆尹、秦公，李元吉为齐公，以裴寂为丞相府长史，刘文静为司马。

义宁二年（618）三月，李世民改封赵公。五月，隋恭帝禅位，李渊即皇帝位于太极殿，国号唐，改元武德，建都长安。推五运为土德，色尚黄。武德元年六月，李世民为尚书令，裴寂为右仆射，知政事，刘文静为纳言。不久，李渊又立李建成为皇太子，李世民为秦王，李元吉为齐王。

毛泽东早年就熟读新旧《唐书》和《资治通鉴》，特别赞赏李世民青少年时期的戎马生涯。1926年，毛泽东在广州农民运动讲习所讲课时就说："唐太宗、李密皆当时草泽英雄。"有两句俗话说李世民，其词曰："太原公子，褐裘而来。"李世民常劝他父亲不可固守太原，需要化家为国。李渊大悦，遂起兵直趋陕西，并用种种方法，取悦一般人。如兑钱粮，放2000宫女等。

"褐裘"，也作"裘褐"，指粗陋衣服。语出《庄子·天下》："使后世之墨者，多以裘褐为衣，以为服。"成玄英疏："裘褐，粗衣也。"裘，用毛皮制成的御寒衣物。《诗经·豳风·七月》："一之日于貉，取彼狐狸，为公子裘。"褐，指粗布或粗布衣。古时候为贫贱者所服，最早用葛、兽毛，后通常用大麻、兽毛的粗加工品。《诗经》同篇："无衣无褐，何以卒岁？"郑玄笺："褐，毛布也。"唐杜甫《壮游》："放荡齐赵间，裘马颇清狂。"意谓骑马射箭，放荡不羁。李世民作为太原留守的公子，穿着粗糙衣服，显得放荡不羁、英姿勃发。

1958年3月，毛泽东在成都会议上提出敢想、敢说、敢做，破除迷信，解放思想。他说："从古以来，创新思想、新学派的人，都是学问不足的青年人。"接着，一连举了17个例子，其中一个就是李世民：李世民起义时，只有18岁，当了总司令，24岁登基当了皇帝。两个月后，即同年5月8日，他在中共中央八大二次会议上又说："唐太宗李世民起兵时才18岁，做皇帝时只有24岁。"可见，毛泽东对李世民的少年俊伟英武是非常认同的。

（三）玄武门之变

"玄武门之变"是李世民夺得政权的关键之举。唐王朝建立后，李渊做了皇帝，其长子李建成立为太子，李世民封为秦王，李元吉封为齐王。在反隋战争中，李世民战功最多，他与其谋臣、部将逐渐形成一个政治集团。李世民势力日益强大，严重威胁着李建成的太子地位。于是，李建成便与李元吉联合起来，组成一个与之对抗的政治集团。而双方斗争的核心当然是皇位的继承问题。最初双方都努力争取高祖的信任和支持，削弱对

毛
泽
东

看
八
·
大
·
帝
·
王

方，扩大自己。最后，发展到水火不容，兵戎相见，此时，谁先除掉对方，便能获得胜利。

先下手为强，李建成深深明白这个道理。武德九年（626）六月初，李建成与李元吉邀请李世民入东宫宴饮。李世民饮酒后，突然"心中暴痛，吐血数升"，由同来的淮安王李神通扶走，才免一死。这次鸩杀李世民的目的没有达到。

恰在这时，突厥数万骑兵入塞来犯。平时，这种事都是李世民挂帅出征。这时，李建成恐扩大李世民的势力，要李元吉和李艺出战，而且要借调李世民的大将尉迟敬德、秦叔宝等随从征战，再调秦府程知节出任康州刺史，并让房玄龄、杜如晦离开秦王府，不许私谒秦王李世民。这是釜底抽薪之计，岂能瞒过李世民？李建成与李元吉商定在元吉大军出发，大臣们为其饯行时刺杀李世民。不料，李建成手下的一位官员王至向李世民告了密。在这千钧一发之际，李世民和房玄龄、长孙无忌和杜如晦密谋后，决定先发制人，在玄武门伏杀李建成和李元吉。

六月初三（7月2日），李世民向高祖密奏太子与李元吉"淫乱"后宫，高祖答应次日查清。

六月初四，李渊先召裴寂、萧瑀、陈叔达等在太极宫中"泛舟海池"，等候三个儿子到来。他做梦也没想到，李世民已带领长孙无忌、尉迟敬德、房玄龄、杜如晦、宇文士及、高士廉、侯君集、程知节、秦叔宝、段志玄、屈突通、张士贵等人率精兵埋伏在玄武门（长安太极宫北面正门）内，以待李建成、李元吉经过时下手。

玄武门是宫城北门，是皇宫禁卫部队屯宿之所。当时，负责警卫的将领是常何。早在武德五年（622），常何就随李建成讨平河北，是李建成的心腹之一。所以，后来李建成举荐他担任玄武门卫队首领。其实，武德七年常何已被李世民收买，而李建成却毫不知情。

当李建成、李元吉进了玄武门，走到临湖殿时，发现情况异常，立刻勒转马头往回走。这时，李世民大喊着冲出，李元吉连忙拈弓搭箭射击，但被李世民躲过，而李世民一箭就把李建成射死了。尉迟敬德等七十余骑兵一齐冲出，杀死了李元吉，并杀李建成、李元吉诸子，所部冯立、薛万彻等率众与李世民激战失败。这就是有名的"玄武门之变"。

六月初八，李世民被立为太子，各种政令都由他处理。李世民下令放掉禁苑中所养的鹰犬，停止各地进献珍异物品。李世民政治上崇尚简约严肃，天下人都非常高兴。他又命令百官上书密封的奏章，详细陈述治国安民的要领。

十三日，李世民发布命令说，依照礼制的规定，两个字的名字不单个分开避讳。近代以来，两个字的名字都单个分开避讳，名号、词语、书籍等废弃、空缺已多。随意用异字代替，违背经典本意。凡官号、人名、公私文书，有"世民"两字不相连者，都不必避讳。当日撤销幽州大都督府。

十六日，他废除陕东道大行台，设置各州都督府；废除益州道行台，设置益州大都督府。二十六日，幽州都督庐江王李瑗图谋造反，被废黜为平民。二十九日，撤销天策府。

七月初六，他封太子左庶子高士廉任侍中，右庶子房玄龄任中书令，尚书右仆射萧瑀任尚书左射，吏部尚书杨恭仁任雍州牧，太子左庶子长孙无忌任吏部尚书，右庶子杜如晦任兵部尚书，太子詹事宇文士及任中书令，封德彝任尚书右射。

八月初六，高祖李渊传位给皇太子，李世民在东宫显德殿即皇帝位，是为唐太宗。

二、武功："自古能军无出李世民之右者"

（一）打仗要像唐太宗那样

毛泽东认为，李世民是我国古代第一流的军事家。据冯文彬回忆说："有一天，毛主席和我谈到作战问题时说：'打仗要像唐太宗那样，先守不攻，让敌人进攻，不准士兵谈论进攻的事，谈论者杀。待敌人屡攻不克，兵士气愤已极，才下令反攻，一攻即胜。这样一可练兵，二可练民。'"

毛泽东看八·大·帝·王

（冯文彬：《毛泽东与青年》，辽宁人民出版社1992年版，第160页）

不打第一枪，后发制人，毛泽东非常欣赏这种战略思想。明代小说家冯梦龙编笔记小说《智囊·兵智部·孙膑》中在写孙膑帮田忌与齐诸公子赛马后，引述道："唐太宗尝言：'自少经略四方，颇知用兵之要，每观敌阵，则知其强弱，常以吾弱当其强，强当其弱。彼乘吾弱，奔逐不过数百步；吾乘其弱，必出其阵后反而击之，无不溃败。'盖用孙子之术也。宋高宗问吴璘以胜敌之术，璘曰：'弱者出战，强者继之。'高宗亦曰：'此孙膑驷马之法。'"

毛泽东读了这段话，批注说："所谓以弱当强，就是以少数兵力佯攻敌诸路大军。"（《毛泽东读文史古籍批语集》，中央文献出版社1993年版，第65页）

冯梦龙引述了李世民和宋高宗赵构及南宋名将吴璘三人的话，指出"以弱当强，以强当弱"，用的是战国军事家孙膑的驷马之法。所谓孙膑驷马之法，是孙膑为田忌在赛马中出的高招："今以君（指田忌）之下驷（劣马）与彼之上驷（好马），取君上驷与彼中驷，取君中驷与彼下驷。"结果是"田忌一不胜而再胜"，换言之三打两胜，赢了。李世民可谓深得孙膑驷马之法的精髓，建立了赫赫武功。

"所谓以强当弱，就是集中绝对优势兵力，以五六倍于敌一路之兵力，四面包围，聚而歼之。自古能军无出李世民之右者，其次则朱元璋耳。"（《毛泽东读文史古籍批语集》，中央文献出版社1993年版，第65—66页）

毛泽东读《智囊·兵智部·孙膑》批注

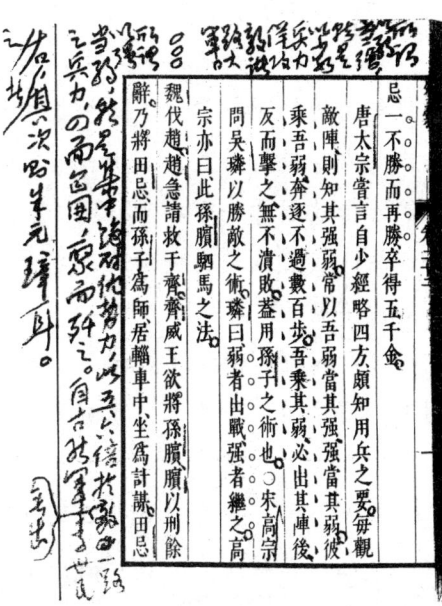

毛泽东批注又说："所谓以强当弱，就是集中绝对优势兵力，以五六倍于敌一路之兵力，四面包围，聚而歼之。自古能军无出李世民之右者，其次则朱元璋耳。"（《毛泽东读文史古籍批语集》，中央文献出版社1993年版，第66页）这是就中国历代的皇帝而言，李世民最会打仗，第二个会打仗的是明朝开国皇帝朱元璋。"无出李世民之右者"，就是没有人能超过李世民。"右"，古代崇右，故以右为上、为贵、为高。《管子·七法》："春秋角试，以练精锐为右。"尹知章注："右，上也。"

毛泽东在读冯梦龙《智囊》卷二十二《兵智部·制胜·孙膑》时的批注，对孙膑的"驷马法"和李世民的"以吾弱当其强，强当其弱"之法，作了进一步的阐释和发挥，指出其要旨就是"以少数兵力佯攻敌诸路大军"和"集中绝对优势兵力，以五六倍于敌一路之兵力，四面包围，聚而歼之"。这个观点，也是毛泽东从自己的军事指挥实践中总结出来的。他在《集中优势兵力，各个歼灭敌人》一文中作了精辟的论述：

（一）集中优势兵力、各个歼灭敌人的作战方法，不但必须应用于战役的部署方面，而且必须应用于战术的部署方面。

（二）在战役的部署方面，当着敌人使用许多个旅（或团）分几路向我军前进的时候，我军必须集中绝对优势的兵力，即集中六倍，或五倍或四倍于敌的兵力，至少也要有三倍于敌的兵力，于适当时机，首先包围歼击敌军的一个旅（或团）。这个旅（或团），应当是敌军诸旅中较弱的，或者是较少援助的，或者是其驻地的地形和民情对我最为有利而对敌不利的。我军以少数兵力牵制敌军的其余各旅（或团），使其不能向被我军围击的旅（或团）迅速增援，以利我军首先歼灭这个旅（或团）。得手后，依情况，或者再歼敌军一个旅至几个旅（例如我粟谭军在如皋附近，八月二十一、二十二日歼敌警察部队五千，八月二十六日又歼敌一个旅，八月二十七日又歼敌一个半旅。又如我刘邓军在定陶附近，九月三日至九月六日歼敌一个旅，九月六日下午又歼敌一个旅，九月七日至九月八日又歼敌两个旅）；或者收兵休整，准备再战。在战役部署上，必须反对那种轻视敌人，因而平分兵力对诸路之敌，以致一路也不能歼灭，使自己陷于被动地位的错误的作战方法。

（三）在战术的部署方面，当着我军已经集中绝对优势兵力包围敌军诸路中的一路（一个旅或一个团）的时候，我军担任攻击的各兵团（或各部队），不应企图一下子同时全部地歼灭这个被我包围之敌，因而平分兵力，处处攻击，处处不得力，拖延时间，难以奏效。而应集中绝对优势兵力，即集中六倍、五倍、四倍于敌，至少也是三倍于敌的兵力，并集中全部或大部的炮兵，从敌军诸阵地中选择较弱的一点（不是两点），猛烈地攻击之，务期必克。得手后，迅速扩张战果，各个歼灭该敌。

（四）这种战法的效果是：一能全歼，二能速决。……（《毛泽东选集》第四卷，人民出版社1991年版，第1197—1198页）

毛泽东继承我国古代军事理论中"以弱当强，以强当弱"的思想，在革命战争中使之发扬光大，成为其军事思想的重要组成部分。

（二）翦灭群雄

李世民的武功，首先表现在反隋战争中横扫群雄，为唐王朝的创建立下了赫赫战功。他指挥的主要有以下几大战役：

1. 贾胡堡之战

隋大业十三年（617）七月，李渊指挥起义大军向西攻打贾胡堡（今山西灵石西南），隋将宋老生率领两万精兵屯驻霍邑（今山西霍州市），阻挡义军前进。李渊大军正赶上连天阴雨，军粮用尽，他与裴寂商议，准备把部队撤回太原，以后再作打算。

李世民说，原本举行起义是为了把老百姓从苦难中拯救出来，一定要先攻入咸阳，号令天下，遇到小部敌军就撤兵，恐怕跟随起义的人将会在一天之内就解散了。回去固守太原一城之地，这不过是贼寇罢了，怎么能保全自己呢！但李渊不听，催促李世民带兵返回。于是，李世民在大帐外放声大哭，声音传入军帐。李渊召他进帐，询问原因，李世民回答说，现在部队为正义而战，前进，战斗，就是胜利，后退一定会失败。部队解散在前，敌人乘机追击在后，死亡将顷刻而至，因此悲伤。李渊顿然醒悟，停止退兵。

八月一日，雨过天晴，李渊率领部队直奔霍邑。李世民唯恐宋老生不出城交战，便带着数名骑兵先到霍邑城下，用马鞭子指指点点，做出要攻城的样子，以激怒对方。宋老生果然大怒，大开城门，让士兵背城列阵。李渊及其长子李建成在城东列阵，李世民和将军柴绍列阵在城南。宋老生迅速指挥士兵发起攻击，先逼近李渊，这时李建成忽然坠马，宋老生趁机进攻，李渊和李建成的部队纷纷后退。李世民带两队骑兵从城南高地俯冲而下，把宋老生的部队冲断为两截，然后领兵奋战，敌军大败，纷纷扔掉兵器逃跑。这时城门忽然关闭，宋老生手拉绳子想爬上城去，结果被士兵砍死，霍邑平定。

2. 浅水原之战

唐高祖武德元年（618）七月，薛举在泾州（今甘肃泾川北）作乱为寇，李世民率部队讨伐，将其击败，胜利班师回京。九月，薛举去世，其子薛仁杲继位。李世民再次担任元帅，率兵前去讨伐，双方在折墌城（今甘肃泾川东北）相持，各自挖战壕、筑堡垒，对抗六十余天。贼寇有十余万人，锋芒毕露，多次挑战，李世民却

毛泽东在与冯文彬谈到作战问题时说："打仗要像唐太宗那样，先守不攻，让敌人进攻，不准士兵谈论进攻的事，谈论者杀。待敌人屡攻不克，兵士气愤已极，才下令反攻，一攻即胜。这样一可练兵，二可练民。"（冯文彬：《毛泽东与青年》，辽宁人民出版社1992年版，第160页）

看
八·大·帝·王

按兵不动以挫其锐气。严令，敢言战者斩！

到十一月，敌军粮食用尽，其将领牟君才、梁胡郎前来投降。李世民对其部将说：敌军士气衰落，是我们击败他们的时候了。于是，便派将军庞玉在浅水原南列阵引诱，敌将宗罗大喜，率全军出战，庞玉的部队几乎被打败。宗罗的部队也颇感疲乏。李世民及时捕捉战机，亲率大军，忽然从浅水原北杀出。宗罗看见，连忙回师抵抗。李世民率领数十名骁勇的骑兵冲入敌阵，内外夹击，宗罗大败。斩敌军首级数千，落入涧谷而死的敌兵不计其数。李世民率领左右二十多名骑兵追击逃敌，直至折墌城下。薛仁杲非常害怕，全城固守。快到傍晚的时候，大军赶到，把折墌城围得水泄不通。次日清晨，薛仁杲请求投降。这次战役俘敌精兵一万多人、男女百姓五万多口，取得了巨大胜利。同月，秦王李世民凯旋回长安，薛仁杲被斩于市。十二月，李世民升太尉、使持节陕东道大行台，镇长春宫，蒲州、河北诸府兵马并受节制。

3. 柏壁之战

宋金刚攻陷浍州（今山西翼城）时，气焰十分嚣张。高祖李渊因王行本占据蒲州（今山西永济），吕崇茂又在夏县（今山西夏县）叛变，晋州（今山西临汾东北）、浍州相继陷落，关中震动，就亲自给李世民写信说，贼寇的势力如此强大，难同他们交战以决胜负，应该放弃河东（今山西），谨慎防守关西（泛指函谷关或潼关以西地区）就可以了。

李世民上奏章说：太原是王业的基础，国家的根本，河东富足，是京城的依托。如果本来据有而要放弃它，我感到心痛。请陛下给我三万精兵，一定能消灭刘武周，收复汾阳、晋州。于是，高祖征发所有关中的部队，加强李世民的兵力，又亲自到长春宫送李世民出征。

武德二年（619）十一月，李世民率领大军直奔龙门关，踏冰渡过黄河，进驻柏壁（今山西新绛西南二十里），与贼将宋金刚相持。

接着，永安王李孝基在夏县打了败仗，于筠、独孤怀恩、唐俭都被贼将寻相、尉迟敬德俘虏。十二月，敌军想撤出浍州，李世民派殷开山、秦叔宝在美良川伏击，大破敌军，寻相等独自逃脱，其部下全部被俘，殷开山、秦叔宝又回到柏壁。

　　将领们全来请战，李世民说：金刚孤军千里，深入到我军腹地，精锐部队，都集中在这里了。刘武周据守太原，只不过依靠宋金刚保卫。敌人士兵虽多，内实空虚，想速战速决。我军加固营垒，养精蓄锐，挫伤敌人的锐气，等到粮尽计穷，敌人自然逃走。

　　武德三年（619）二月，宋金刚因军粮匮乏，士气低落，不得不后撤，李世民追至介州（今山西介休）。四月，又在吕州（今山西离石）大破寻相，乘胜追击，一昼夜行军二百多里，战斗数十回合。进至高壁岭，士兵饥饿疲劳，不肯再追，但李世民策马扬鞭，冲锋在前，士兵紧紧跟上。追到雀鼠谷，一日八战，俘虏斩杀敌人数万人。夜宿雀鼠谷西原，李世民两天没吃上饭，三天不解甲睡觉。接着，追到介休城。当时宋金刚还有两万部队，出西门，背城而战，南北七里，欲决死战。李世民命令李世勣、程咬金、秦叔宝等当其南北，翟长孙、秦武通当其南，亲率三千精骑冲其阵后，宋金刚大败而逃，李世民追到张难堡。敌军将领尉迟敬德、寻相等率余部八千人来降。

　　刘武周得知全军溃败，便带了百余人，弃太原北走，投奔突厥去了。李世民进驻太原，并、汾旧地也收复了。

　　4. 洛阳之战

　　武德三年（620）七月，李世民率军去洛邑（今河南洛阳）攻打王世充。唐军至新安（今属河南）后，李世民遣陕州道行军总管罗士信率前军进围慈涧（今洛阳西），自率轻骑兵五万向谷水（今河南新安西）宿营。王世充率领三万精兵在慈涧（今河南新安东三十里）列阵，敌人挑战。当时敌众我寡，抵挡不住，军队陷入重围，李世民身边的将士都十分害怕。李世民命令随从先撤，自己率兵苦战，俘获敌大将燕欣，王世充于是撤去慈涧的兵力，退守东都洛阳。

　　由于洛阳城坚固，又有重兵把守，一时之间难以攻下，于是，李世民决定先清扫外围再攻城。李世民派行军总管史万宝从宜阳（今河南宜阳）占据龙门（今洛阳南），刘德威从太行山向东包围河内（今河南沁阳），

看·八·大·帝·王

王君廓在洛口（今河南巩义东南）截断贼寇的运粮通道，又派黄君汉率水军夜间从孝水河乘船袭击洛阳，终于将其攻克。黄河以南的各支义军，纷纷响应，城堡一个接一个地陷落，守将前来请求受降。大军进驻邙山（在洛阳北）。

九月，李世民率五百名骑兵先去观察地形，突然与王世充率领的一万多部队遭遇，双方混战一场，又破敌军，斩敌首级三千余，俘虏大将陈智略，王世充独自逃脱。筠州总管杨庆派人请降，李世民命李世勣率军出辕辕道安抚杨庆的部队。荥、汴、洧、豫等九州先后前来投降。于是，王世充向农民起义领袖窦建德求救。

武德四年（621）二月，李世民又进驻青城宫。当时工事还没有修好，王世充的部队两万多人，出方诸门面对谷水列阵。李世民率精锐骑兵在北邙山列阵，派屈突通率五千步兵渡过谷水向敌军发起攻击，他告诫屈突通说，两军一交战，就放烟为号，他就率骑兵南下夹击敌军。

战斗刚打响，李世民便率骑兵冲击敌人，他冲在队伍的最前面，与屈突通夹攻敌人。敌军拼死抵抗，散而复合多次。交战从辰时（上午7点至9点）到午时（上午11点至下午1点），敌军才开始后退。李世民乘胜追击，俘虏、杀死敌人八千人，部队前进到洛阳城下扎营。

此战之后，王世充不敢再出城挑战，只在城内固守，专等窦建德来援。李世民命各部队在军营外挖战壕，准备长期围困。另一个农民起义军领袖杜伏威派部将陈正通、徐召宗率两千精兵与李世民的部队会合。伪郑州司马马悦献虎牢关（今河南荥阳汜水镇）投降，将军王君廓同他配合，擒获了城内的伪荆王王行本。

5. 虎牢关之战

唐军在擒获王行本后，恰巧窦建德领兵十余万来救王世充，已行至酸枣（今河南延津西）。萧瑀、屈突通、封德彝等都认为，唐军腹背受敌，有战败的危险，要求把部队撤到谷州，以观察形势变化。李世民说：王世充粮草已耗尽，军心已动摇，我们应当不劳师攻打，坐等他们破败而得利。窦建德刚击败孟海公，士气骄横，疏于守备，我们应该进兵虎牢关，扼住要塞。败寇如果敢冒险与我们决战，我们肯定能打败他们。如果贼寇不挑战，十日内王世充当自行崩溃。如果我们不主动进攻，贼寇占据虎牢关（今河南荥阳东北），刚刚归附我们的各个城池肯定无法守住。到那时，如果王世充和窦建德两贼合军一处，向我军进攻，我们怎么办呢？屈突通又要求解东都之围，移驻险要之地，以等待敌军的变化，李世民不许。于是，留下屈突通辅佐齐王李元吉包围王世充，李世民则亲率步、骑兵三千五百人奔往虎牢关。

当时，窦建德从荥阳西上，在板渚修筑营垒，李世民则驻守虎牢关，双方相持二十余日。唐军侦探报告说：窦建德在等我军粮草用尽，得知我军在黄河北岸放牧马，乘机要偷袭虎牢关。李世民得知敌人的作战计划，于是便在黄河北岸放牧马匹，以引诱敌人。次日晨，窦建德果然全军出动，在汜水边列阵，王世充的部将郭士衡也在窦建德部队南列阵，绵延数里，击鼓骂阵，李世民的部将都很害怕。李世民骑马登上高地观察敌阵，对将领们说：这些贼寇从山东起兵，没有遇到过强敌。现在他们要通过要塞却喧闹不止，这是军令不严的表现；逼近城堡列阵，这是有轻我之心。我们按兵不动，敌军的锐气就会渐渐衰弱，列阵时间长了，兵士饥饿，一定会自己退兵，到那时进攻敌人，战无不胜。我与诸位相约，在午后一定破敌。

窦建德摆开军阵，从辰时至午时，士兵饥饿疲倦，都坐下休息，又争水喝。他犹豫不决，准备退兵。正在此时，李世民说，可以出击了！说罢，他便亲自率领轻骑兵去追赶并引诱敌人，大部队紧随其后向敌军杀来。窦建德连忙命令部队掉头迎战，还来不及整理部队，李世民就率先发起冲锋，敌军望风披靡。一会儿，众军合战，杀声震天，尘土飞扬。李世民率领史大奈、程咬金、秦叔宝、宇文欣等将领挥旗杀入敌阵，一直冲杀到敌阵最后，打出唐军的旗帜。贼寇看见唐军旗帜，刹那间溃不成军。李世民等一直追击三十多里，斩敌首级三千余，俘虏敌兵五万名，活捉了窦建德。李世民斥责他说：我兴师讨伐王世充，得失存亡，与你无关，为什么越过自己的境域，触犯我军？窦建德吓得两腿发抖，嗫嚅着说：现在我

看
八·大·帝·王

如果不送上门来，恐怕还得劳您远道去抓我。

高祖听到胜利的消息，非常高兴，亲自给李世民写诏书说：隋朝分崩离析，崤山和函谷关隔绝不通。两个豪杰势力联合，在短时间就把他们清除。军队既取得重大胜利，又没有多少伤亡。无愧于臣子的职责，不让自己的父亲忧虑，这些都是你的功劳。

于是，李世民带着窦建德来到东都城下。王世充非常害怕，率领他的属下两千多人到营门请求投降，华山以东地区全被平定。李世民进驻东都宫殿，命令萧瑀、窦轨等封闭并把守仓库，不许拿任何财物，又命令记室房玄龄收集隋朝的地图和户籍。接着，诛杀和窦建德、王世充一起作乱的段达等五十多人，释放被冤枉囚禁的人，写悼文祭奠无罪被杀的人。犒赏将士，按劳行赏。

六月，唐军凯旋。李世民身披黄金甲，队伍中有披甲战马一万匹，带甲的步兵三万人，前后部击鼓吹号，俘虏的两个伪王和隋朝的器物、辇车等献到太庙。高祖非常高兴，在太庙举行盛大宴会仪式犒赏李世民。

6. 洺水之战

武德四年（621）七月，窦建德的旧将刘黑闼又起兵反叛，占据洺水县（今河北永年东南）。十二月，李世民和李元吉率领各军前去征讨。

武德五年（622）正月，刘黑闼自称汉东王，改元天造。李世民率军收复相州（今河南安阳），进军肥乡（今河北肥乡东南），分兵截断敌军的运粮道路，双方相持达两月之久。二月，刘黑闼引兵攻洺水，被唐将秦叔宝打败。三月，李世民移营于洺水之南，分兵屯守南北。刘黑闼窘迫，求战心切，亲率步、骑兵两万人，南渡洺水，清晨逼近唐军。李世民亲自率领精锐骑兵，进攻并打败了敌军的骑兵，然后乘胜追击敌军的步兵，敌军大败，斩敌首级一万多颗。在这之前，李世民派人在水上游筑坝蓄水，河水变浅，让刘黑闼认为能涉水过河。等到战斗打响，下令决坝，水流大增，水深丈余，敌军溃败后，涉水逃跑的人全被淹死。刘黑闼和二百多骑兵向北突围，投奔突厥，其部下全部被俘，自此河北平定。

此前徐元朗于徐、兖二州拥兵自重，李世民班师时将其讨平，于是黄河、济水、长江、淮河流域各郡县全部被平定。十月，加授李世民为左右十二卫大将军。

（三）拓疆扩土

李世民的另一个武功，就是平定边疆，拓疆扩土。主要表现在降东突厥、定吐谷浑和统一高昌等。

1. 降东突厥

唐王朝是疆域空前辽阔的泱泱大国："东极于海，西至焉耆（今新疆焉耆），南尽林邑（即占婆，在今越南中南部），北抵大漠，皆为州县"，在此广袤的国土上形成一个统一的多民族的国家。唐太宗是这个多民族国家的主要奠基者之一。他在各民族中享有崇高的威望，被匈奴尊为"天可汗"，成为各民族的共主。

唐太宗实行的团结、德化、和亲的民族政策，是很开明的。他对少数民族的基本态度是，"降则抚之，叛则讨之"（《资治通鉴》卷一九八，太宗贞观二十年）。少数民族只要不公开与唐王朝对抗，就对其实行羁縻政策，以各部的酋长为都督、刺史，仍按其原来的风俗习惯、社会制度对本民族进行统治。反之，侵扰内地或对唐有严重威胁的，就用武力解决。

突厥是我国北方境内的一个古老民族，在北周、北齐时期渐渐强大，建立了"控弦数十万"的军队。隋朝初年，突厥贵族集团分为东、西两部。东突厥被隋文帝打败，纳贡称臣；西突厥也一度衰落。隋朝末年，天下大乱，东突厥乘机复起，雄踞漠北、西域，成为威胁中原的强大军事力量。

唐朝初年，各路人马逐鹿中原，战事正酣，高祖曾一度"称臣于突厥"，对其纳贡。到全国统一后，突厥贵族仍贪得无厌，经常大军压境，甚至兵进关中，进行抢掠，威胁京师。武德七年（624），颉利、突利两可汗率军攻打原州（今宁夏固原），然后又南下，入扰朔州（今山西朔州市）、忻州（今山西忻州市）。李世民奉命率军抵御，由于关中暴雨成灾，粮道不通，只得屯兵豳州（今甘肃宁县）待粮。颉利、突利指挥万余骑兵居高列阵，唐军畏惧。李世民率百余骑兵奔往敌阵前，指责颉利背约入扰，并要和颉利单独决战。颉利不知唐军虚实，不敢贸然出击，只得狐疑而退。

武德八年（625）颉利又率劲骑十余万，抢掠朔州后，又进犯太原，唐将张瑾寡不敌众，全军覆没，仅以身免。

武德九年（626）八月二十日，颉利率20万大军突然进犯武功（今陕西武功），京城戒严。二十四日，突厥侵犯高陵。二十六日，行军总管尉迟敬德率军同突厥军在泾阳（今甘肃平凉）作战，大败敌军，斩首一千余颗。但突厥主力未受损失，继续前进，二十八日，突厥颉利可汗在渭水便桥北边，派他的酋长执失思力入朝察看形势，擅自绘制地图，被抓获后太宗下令囚禁。太宗亲出玄武门，乘六匹马驾的车到渭水南岸。与颉利隔河对话，指责他负约。不久，唐军大部队跟随而来。颉利见其阵容威武，又知道执失思力被擒，因此要求讲和，太宗允许。当日回宫。三十日，太宗又亲临便桥，与颉利可汗"刑白马为盟"（《旧唐书·太宗纪》上），突厥被迫退兵。

太宗有鉴于此，大力加强军事训练，提高士兵战斗力。每天引数百人在显德殿前教射箭，亲自临试，对射中的人奖给弓刀、布帛，由此"士卒皆为精锐"。太宗又整顿府兵制度，改天下军府为折冲府。当时共有军府634个，而关中置府261个，"举关中之众以临四方"，足以克敌制胜。

九月一日，颉利进献战马三千匹、羊一万头，太宗不收，让颉利送回所掠夺的唐朝百姓。

正当唐太宗积极准备反击突厥的时候，突厥汗国由于颉利可汗"纵欲逞暴，诛忠良，奸佞"，统治集团内部矛盾激化，又加"塞北霜早，糇粮乏绝"（《资治通鉴》卷一九三，太宗贞观三年），给唐朝出兵提供了有利时机。

贞观三年（629），太宗评估敌我双方的力量，唐军明显超过突厥，所以决定反击。十一月，李世民派兵部尚书李靖为定襄道行军总管，并州都督李勣（即李世勣，为避李世民之讳改为李勣）通汉道行军总管，华州刺

步辇图

史柴绍为金河道行军总管，灵州大都督薛万彻为畅武道行军总管，率领十万大军，分两路出击东突厥。

贞观四年（630）正月，李靖率领3000精锐骑兵由马邑（今山西朔州市）直趋恶阳岭（在定襄故城南），火速到达颉利驻扎的定襄（今内蒙古清水），乘夜突袭，大胜突厥，颉利狼狈而逃，李靖夺取定襄。

当时，李勣出云中（今山西大同东），埋伏在颉利撤军必经的白道（今内蒙古呼和浩特西北），颉利败兵被李勣杀得七零八落，"由是酋长率部落五万降于勣"。

颉利遭此惨败，只得遣使请和，表示愿举国内附，其实只是缓兵之策。太宗识破其计策，将计就计，同意遣使谈判。此时，李靖、李勣已会师白道，他们猜透唐太宗的意图，不经请奏，两人共同制订了作战计划。李靖挑选一万精骑，携带20天的干粮，从白道出发。李勣率军跟进，至阴山，俘获突厥1000余骑，然后伏兵碛口（今内蒙古二连浩特西南）。李靖"督兵疾进"，追上颉利，颉利遁逃，部众溃散。李靖大获全胜，斩首万余，俘获男女十余万口，牲畜数十万头。颉利率残兵败将万余人逃到碛口，被李勣阻击，只得调转马头，西逃吐谷浑，途中被唐将张宝相生擒，时值贞观四年三月。东突厥灭亡。原来隶属于东突厥的各族都举唐太宗为"天可汗"。前后不到半年时间，便将骄横的东突厥征服。于是，唐太宗把西起阴山、北至大漠的广阔地区收入了版图，统一了唐朝的北部边境。

2. 定吐谷浑

吐谷浑，隋、唐时我国境内鲜卑族所建的政权。本是鲜卑慕容氏一支，游弋于今辽宁凌海市西北。西晋末年，首领吐谷浑率所部西迁至今青海、甘肃一带，再传至孙叶延，始以吐谷浑为姓氏。从事游牧，用汉文。南北朝时，先后属宋、齐、北周，其王夸吕始称可汗，居伏俟城（今青海湖西岸15里）。隋开皇年间，其王娶公主。

唐朝初年，吐谷浑虽一度与唐通好，但多次侵扰兰州、凉州（今甘肃武威）等地，阻碍唐与西域的交通。

毛泽东手书王昌龄《从军行》

《从军行》之五
王昌龄

大漠风尘日色昏，
红旗半卷出辕门。
前军夜战洮河北，
已报生擒吐谷浑。

贞观九年（635），唐太宗命李靖为西海道行军大总管，统率侯君集、李道宗、李大亮各部进击吐谷浑。

次年闰四月，李道宗在库山（今青海天峻南库库诺尔岭）击溃了吐谷浑精锐骑兵。吐谷浑王伏允为阻挡追兵，沿途遍烧野草，轻骑逃往沙碛，为唐军追击制造困难，以致引起唐军内部争议。多数将领认为，路无野草，马乏人饥，不如撤回兰州休整，待机再攻。侯君集却认为，吐谷浑新败之后，"鼠逃鸟散，取之易于拾芥"，不乘胜追击，"后必悔之"。他提出的"以轻骑掩不备"的方案，得到了主帅李靖的赞同，决定兵分两路，分进合击。

李靖指挥的北路军，一败吐谷浑于曼头山，二败其于牛心堆，三败其于赤水源。其中，赤水源之战特别激烈。李靖部将薛万均被吐谷浑大军围困，其弟薛万彻率部解围，二人浴血奋战，受伤下马，又继续步战，所部死伤过半，被团团围住。幸而另一唐将契苾何力及时赶到，内外夹击，反败为胜，"虏披靡去"。李靖另一部将李大亮在蜀浑山大败吐谷浑，伤虏其名王20人。

侯君集指挥的南路军，穿过荒无人烟的不毛之地，"人吃冰，马吃雪"，五月一直追伏允到达柏海（今青海鄂陵湖和扎陵湖），将其主力击溃，俘其名王。伏允逃到且末（今新疆东南部），打算转向和阗。契苾何力和薛万彻合兵一处，继续追赶，进入沙碛，袭破伏允牙帐，斩首数千级，获杂畜二十余万头。伏允其妻被俘，伏允本人狼狈逃窜，途中被部将杀死，其子慕容顺降唐。至此，李靖胜利地结束了对吐谷浑的战争，解除了吐谷浑对河西走廊的威胁。

唐太宗对归附的吐谷浑，仍以慕容氏为可汗，居其故地。

贞观十四年（640）二月十三日，太宗派左骁卫将军、淮阳王李道明送宗室女弘化公主（623—698）远嫁吐谷浑诺曷钵可汗。

3. 统一高昌

平定吐谷浑以后，唐太宗继续经营西域，用兵高昌。

高昌，为北朝、隋、唐时西域一带的政权之一。公元442年，沮渠无讳率北凉余众逐高昌太守据有其地，次年自立为凉王。公元460年柔然灭沮渠氏，立阚伯周为高昌王。公元491年，高车灭阚氏，改立张孟明为王；公元496年为国人所杀，改立马儒为王；公元497年又为国人所杀，改立麴嘉为王，公元531年建年号为章和。麴氏传九世十王，公元141年，都高昌城（今新疆吐鲁番东二十里）。初疆域只有原高昌旧地。公元450年西并车师国，占全吐鲁番盆地。其后逐渐扩大，至麴氏盛时，南接河南（指罗布泊以南的吐谷浑境），东临敦煌（今甘肃敦煌），西次龟兹（今新疆库车一带），北邻敕勒（在天山北麓）。境内多汉魏以来屯戍西域的汉人后裔，语言风俗、制度与中原相同。

贞观十三年（639）冬，唐太宗为了打击麴文泰的分裂割据活动，决定出兵平定高昌、统一西域。多数大臣谏阻，太宗"皆不听"，下令交河道行军大总管、吏部尚书侯君集率数万人进攻高昌。契苾何力为葱岭道副大总管。麴文泰闻知，一笑置之。次年八月，侯君集大军越过"地无水草，寒风如刀，热冈如烧"（《资治通鉴》卷一九五，太宗贞观十四年），长达两千多里的沙碛，进抵碛口，麴文泰得知，惊惧发病而死。其子麴智盛继位为王。唐军击破田地城（今新疆鄯善县西南鲁克沁），迅速包围高昌都城。唐军填池攻城，飞石雨下，副将薛万均"麾军进，智盛惧，乃降"。唐军取得了高昌三州五县二十二城的地方，以其地为西州，置安西都护府。命郭孝恪为安西都护、西州刺史，州治为高昌旧都，并"流徙罪人与镇兵混杂戍守"。

4. 平定焉耆

焉耆，又作乌耆、乌缠阿耆尼。古西域国名，国都在邑渠城（今新疆焉耆西南四十里附近），位于高昌西部。居民务农、捕鱼、畜牧。有文字，语言属印欧语系。

焉耆初属匈奴，西汉神爵二年（前60）后属汉西域都护府。西汉末又属匈奴。东汉永和六年班超破匈奴，又属汉。唐初附西突厥。高昌灭后，西突厥势力孤单，极力拉拢焉耆，结成姻亲，共拒唐朝。

贞观十八年（644），由于焉耆（今新疆焉耆西南）王突疏支叛唐归附西突厥欲谷设前汗，安西都护郭孝恪奏请太宗让其出兵平叛。唐太宗允请，命郭孝恪以西州道行军大总管身份率领步骑兵三千人，绕出银山道，夜袭王庭，生俘突骑支。平定焉耆，是唐太宗统一西域的重要组成部分。不久，唐朝设焉耆都护府。

5. 统一龟兹

龟兹，又作鸠兹、屈茨、屈支、丘兹等，汉、唐时代西域古国名。位于天山南麓，在焉耆之西，今新疆库车县一带。古龟兹国王治延城。居民主要务农，兼营畜牧，冶铸、酿酒等也较发达。有文字，擅长音乐。贞观初年，与唐有使节往还，不久，西突厥乙毗咄陆可汗勾结龟兹诃黎布失毕，与唐为敌。

贞观十八年（644），郭孝恪进攻焉耆，龟兹派兵援助突骑支。焉耆平，西突厥加紧控制龟兹。为了完成统一大业，贞观二十二年（648），唐太宗任命阿史那杜尔、契苾何力、郭孝恪等将军，率领铁勒十三部及突厥骑兵10万大军，共讨龟兹。次年，阿史那杜尔攻破龟兹却都城，龟兹王轻骑逃跑，后据大都拔城，凭险固守。阿史那杜尔围攻四十余日，城才被攻破，生擒龟兹王，又乘胜连下五大城。阿史那杜尔乘唐军声威大震之机，遣使晓以利害，"降者七十余城，宣谕威信，莫不欢服"。

唐军平定龟兹后，西突厥慑于唐军威力，亦"争犒师"。西域各族首领乘机摆脱了西突厥的统治，归附唐朝，贡使往还，通商频繁。唐太宗为了加强对西域的治理，设置龟兹（今新疆库车一带）、疏勒（今新疆喀什）、于阗（今新疆和田）、碎叶（今吉尔吉斯北市部托马克城附近）四镇，合称"安西四镇"。至此，唐太宗基本上完成了西域的统一。

6. 和合吐蕃

吐蕃，是公元7世纪至9世纪，唐朝时我国古代藏族所建政权。据有今西藏地区全部，盛时辖有青藏高原诸部，势力达到西域、河陇一带。

唐太宗除用军事力量对付敌对势力外，也用和亲政策保持边疆的安定，而唐与吐蕃和亲影响最为深远。

吐蕃是唐太宗时新兴的强国。松赞干布是吐蕃杰出的君主，他仰慕汉族文明，在贞观八年（634）派遣使者给唐朝进贡，后来又向唐朝上书求婚。

贞观十五年（641），唐太宗命令送养宗室女文成公主（？—680）与吐蕃松赞干布联姻，由礼部尚书、江夏郡王李道宗亲自护送入藏。松赞干布也特地从拉萨赶到青海迎接。

文成公主进藏时，不仅带去了大量的金银、绸缎、珍宝，还带去了内地先进的农业技术和精美的手工业品、生产工具、蔬菜种子、医疗器械，以及经史、诗文、工艺、医药、历算等典籍，也带去了工匠和乐队。

松赞干布对这桩婚事十分满意。为了照顾文成公主的生活习惯，他"别筑城郭宫室而处之"，自己还改服汉人的"纨绮"（《资治通鉴》卷196，太宗贞观十五年）。文成公主进入吐蕃，对吐蕃经济、文化的发展以及汉、藏两族人民友好关系的加强作出了积极的贡献。

7. 灭薛延陀

薛延陀，唐朝时我国北部铁勒族所建的政权，为铁勒各部之一。由薛部和延陀部合并而成，是铁勒诸部中最强的，部众有七万帐。初属于突厥。唐贞观三年（629），唐太宗封其首领夷男为真珠毗伽可汗，建牙帐于郁督军山（杭爱山东支）。夷男隶属铁勒诸部及靺鞨、霫等部，成漠北大国，有兵20万。贞观四年，曾帮助唐朝灭掉突厥。

贞观十九年（645），薛延陀真珠毗伽可汗死，内部发生动乱。六月，太宗派兵部尚书、固安公崔敦礼，特进、英国公李勣在郁督军山（今蒙古境内杭爱山东支）北大败薛延陀，斩首五千余颗，俘虏男女三万余人。八月十一日，太宗驻扎泾阳镇（今甘肃平凉西北）。铁勒回纥、拔野古、同罗、仆骨、多滥葛、思结、阿跌、契苾、泽、斛薛等11姓各派使者朝拜，进献贡品，奏道，延陀可汗不附大国，部落如鸟兽散，不知跑到哪里去了。奴婢等各有领地，不能把延陀驱逐走，归命天子，请求派驻汉官。太宗命令他们到灵州（今宁夏灵武西南）会合。

贞观二十年（646），唐太宗派江夏王李道宗等分兵数路，进攻薛延陀，将其灭亡，原来附属薛延陀的各部都投降唐朝。

贞观二十二年（648）二月初二，西番少钵罗叶护率众归附，以俟斤屈斐禄为忠武将军，兼大俟斤。四月初四，戈壁滩北蕃人争夺牧马出了边界，太宗亲自去评断，双方都佩服。初七，右武侯将军梁建方率兵攻打蛮人，攻下72个部落。

在回纥等部置六个都护府七个州，以各酋长为都督、刺史。唐朝设燕然都护府在西受降城（今内蒙古五原县）东南的大单于台，以统领新置各府、州。还根据各部酋长的请求，在回纥以南、突厥以北开了一条"参天可汗道"，置68个驿站，以供往来使者食宿。唐朝的势力已达到漠北广大地区。

五月十二日，太宗派右卫率长史王玄策领兵攻打帝那伏帝国，俘虏其国王、王妃及王子等人，俘获男女1.2万人、牛马两万头，到朝廷进献。吐蕃赞普打败中天竺国（今印度），派使者报告胜利消息。

十一月二十一日，右卫将军梁建方平定眉、邛、雅三州獠人叛乱。二十三日，契丹率领窟哥、奚帅可度者都率领部属归附朝廷。以契丹部为松漠都督，以奚部设立饶乐都督。

唐太宗在统一边疆的过程中，采用了比较开明的民族政策。他认为"夷狄亦人耳，其情与中夏不殊。人主患德泽不加，不必猜忌异类。盖德泽恰，则四夷可使如一家；猜忌多，则骨肉不免为仇敌"（《资治通鉴》卷一九七，太宗贞观十八年）。因而，他很注意改善民族之间的关系，从而促进了多民族国家形成的历史进程。

三、文治："贞观之治"

唐太宗是一个有雄才大略的皇帝，他的文治武功与秦始皇、汉武帝相比毫不逊色。他的赫赫武功已于上述，他的文治的业绩，用一句话来说，就是创造了被史学家所称誉的"贞观之治"。

（一）贞观之治

贞观是唐太宗的一个年号（627—649）。贞观，意思是以正道示人。

贞，正。观，示。语出《易·系辞下》："天地之道，贞观者也。"韩康伯注："天地万物莫不保其贞以全其用也。"孔颖达疏："天覆地载之道，以贞正得一，故其功可为物之所观也。"引申为澄清天下，恢弘正道。这就是唐太宗取为年号的用意。

所谓"贞观之治"，是对唐太宗贞观年间治绩的美誉。由于隋末农民大起义沉重打击了封建统治，推动了生产力的发展。唐太宗即位后，以隋朝的灭亡为鉴戒，偃武修文，励精图治，选贤任能，虚心纳谏。贞观年间，吏治比较清明，刑罚也较宽简，赋役有所减轻，因而社会经济获得显著发展，阶级矛盾相对缓和，政治上相对稳定，物价比较平稳，人口有所增加，国力较为强盛。史学家们称："贞观初，户不及三百万，绢一匹易米一斗。至四年，米斗四五钱，外户不闭者数月，马牛被野，人行数千里不赍粮，民物蕃息"，"是岁，天下狱死罪者二十九人，号为太平"，"致治之美，庶几成康"。史家誉为"贞观之治"。

毛泽东自学生时代就精读深研《贞观政要》，在瑞金任中华苏维埃共和国主席后，更有了实践感受，对《贞观政要》有着深刻的见解。1934年12月，他在长征途中与徐特立谈起唐太宗和《贞观政要》，就唐太宗与房玄龄、魏征谈论创业与守成孰难孰易发表了见解，说："其实，他们两个都是从自己的经验出发，都有片面性。唐太宗说得很清楚：'玄龄昔从我定天下，备尝

1934年12月，毛泽东在长征途中与徐特立谈起唐太宗和《贞观政要》说："其实，他们（房玄龄、魏征）两个都是从自己的经验出发，都有片面性。唐太宗说得很清楚：'玄龄昔从我定天下，备尝艰苦，出万死而遇一生，所以见草创之难也；魏征与我安天下，虑生骄逸之端，必践危亡之地，所以见守成之难也。草创之难，既已往矣，守成之难，当思与公等慎之。'他的看法是很全面的，而且是从实际情况出发的……但我们目前既是草创也是守成，所以两者皆难。"

房玄龄像

艰苦，出万死而遇一生，所以见草创之难也；魏征与我安天下，虑生骄逸之端，必践危亡之地，所以见守成之难也。草创之难，既已往矣，守成之难，当思与公等慎之。'他的看法是很全面的，而且是从实际情况出发的……但我们目前既是草创也是守成，所以两者皆难。"

（二）形成原因

人们可能要问，唐太宗怎样创造了"贞观之治"这个封建社会里最好的历史时期呢？

1. "国以人为本，人以食为本"

轻徭薄赋、与民休息，是李世民创造"贞观之治"的基础。唐太宗吸取隋末农民大起义的教训，认为解决民众的问题，主要是发展生产、与民休息。他说："国以人为本，人以食为本，凡营衣食，以不失时为本。夫不失时者，在人君简静乃可耳。"（《贞观政要》卷八《务农》）在这种思想指导下，他曾下诏停建劳民伤财的东都乾元殿。

为了不违农时，他还把为太子举行加冠礼的日子由二月改为十月。当有人提出"用二月为胜"时，他又明确表示"农时甚要，不可暂失"。（《贞观政要》卷八《务农》）

大体上，唐朝前期的经济繁荣，主要表现在农业生产的兴盛上。封建经济的根本在于农业。农业生产的兴衰，与当时实行的均田法和租庸调法密切相关。唐高祖武德七年（624），下令在全国实行均田法和租庸调法，此政策在唐太宗即位后并没有改变。

《旧唐书·食货志》说，男女自初生以上称为黄，4岁以上为小，男丁16岁以上为中男，21岁以上为成丁，60岁为老。每年造一次人口册，三年造一次户籍。

均田法规定，男丁18岁以上给田1顷，其中十分之二为世业（永业），八为口分。老男、残疾人给40亩。寡妻、寡妾给30亩，如果是户主，再加给20亩。受田人死亡，世业田得由继承人接受，口分田归官，另行分配。

唐太宗十分重视均田法的推行。贞观元年（627），刚刚继位的唐太宗就和朝臣们商议，让狭乡（人均土地少）民户自由迁移到宽乡（人均土地多）。贞观十八年（644），唐太宗曾到灵口（在今陕西临潼境），问每丁受田数，当他知道每丁受田只30亩，感到很危险，令地方官查明受田尤其少的人，给予一些便利，迁移到宽乡。

租庸调法规定：租，每丁每年纳粟2石或稻3石。调，随乡土所产，蚕乡每丁每年纳绫、绢、缦各2丈，绵3两；非蚕乡纳布2丈5尺，麻3斤。庸，每丁每年服役20日，闰月加2日；如不服役，每日纳庸绢3尺或布三尺七寸五分。中男受田后，纳租庸调并服役，成丁后服兵役。国家有事，20日外加役15日，可免调；加役30日，租调都免。加役连同正役，总数不得超过50日。如水旱虫霜成灾，十分损四以上免租，损六以上免调，损七以上课役全免。

唐太宗也很重视减轻人民的负担。他在位期间，还多次下诏减免赋税。贞观元年（627），山东大旱，免当年租赋。贞观二年（628），关中旱灾，民有卖子为生者，他命出御府金币代为赎回。贞观三年（629），免关中两年租赋，关东徭役赋税一年。这类例子还有很多。

总之，唐朝实行的均田法保证丁（劳力）有田种，租庸调法比前朝赋税制较轻，也较合理，对农业生产发展起着积极作用。

此外，唐太宗还竭力防止统治集团内部骄奢淫逸。他曾下令，限制王公以下贵族住房过于奢华，并对贵族的用车马、衣着服饰的具体标准做了规定。他还曾对自己的子女说，要懂得节制奢华，懂得百姓的艰难。这些措施，都有利于农民发展生产。

2.“马周才德，迥乎远矣”

“惟贤是与，因材施用”，是李世民创造“贞观之治”的第二个原因。

能否知人和善于用人，是判断君主贤愚的一个重要标准。唐太宗能知人，又能用人，是历史上少有的明君。他在即位之初，就对群臣申明用人的宗旨：人君必须至公无私，才能服天下人的心。我和你们每天的衣食，都是由民众供给，所以设立官职，要为民众做事。

唐太宗曾经和魏征讨论用人问题。他说，为事择官，不可粗率。用一好人，别的好人都来了；用一坏人，别的坏人却都跟着进来。魏征说，这是对的。天下未定，主要用人的才干，顾不得德行；天下已定，那就必须才德兼备才可用。

在用人方面，唐太宗基本上坚持才德兼备的标准，不管是那一种政治力量，只要有才就加以任用。他说：“朕以天下为家，惟贤是与。”（《资治通鉴》卷一九二，贞观元年）又说，应当选用贤才，不该按关系的亲疏、资格的新旧定官职的大小。如果疏人新人中有贤才，亲人旧人中有庸劣，怎么可以舍贤才取庸劣？现在我的秦府（唐太宗即位前封秦王）旧官属专凭关系和资格来较量官职，发出怨言，实在是不识政体。这和曹操的“惟贤是举”的用人办法是一样的。

唐太宗主张“惟贤是与”，反对以新旧划线，对各种政治力量一视同仁。他还明确提出：“吾为官择人，惟才是与。苟或不才，虽亲不用……如其有才，虽仇不弃。”（《资治通鉴》卷一九四，太宗贞观七年）在这种思想指导下，“玄武门之变”后，尽管李建成集团中，“同谋害太宗者数千百人，事后，复引居左右近侍，心术豁然，不有疑阻”（《贞观政要》卷一《政体》）。他仍起用李建成集团的重要谋臣魏征、王珪等人。随后，唐太宗进行了人事调整。他把秦王府高参房玄龄、杜如晦任命为左、右仆射，执掌枢机。任命精通兵法的李靖为兵部尚书，魏征为秘书监，参与朝政。王珪、韦挺等原李建成旧属也被任命为谏议大夫，让他们在朝中议事。

唐太宗十分重视人才的选拔任用。他曾要大臣封德彝举荐贤才。封德彝说：我不是不留心，只是当今没有奇才。唐太宗驳斥说：用人如用器，各取所长。古时有过太平世，难道那时候的贤才是从别一时代借来的么？你自己不能知人，那可妄说今世没有奇才。他相信人才就在今世，随时留心，从新人、疏人甚至敌人中得到了许多文武奇才。这种用人之道，使大批人才聚集在唐太宗周围。

贞观十七年（643），唐太宗在凌烟阁画二十四位功臣像。唐朝刘肃《大唐新语·褒锡》："贞观十七年，太宗图画太原倡义及秦府功臣赵公长孙无忌、河间王孝恭、蔡公杜如晦、郑公魏征、梁公房玄龄、申公高士廉、鄂公尉迟敬德、郧公张亮、陈公侯君集、卢公程知节、永兴公虞世南、渝公刘政会、莒公唐俭、英公李勣、胡公秦叔宝等二十四人于凌烟阁，太宗亲为之赞，褚遂良题阁，阎立本画。"

唐太宗还善于因材施用，不求全责备。他说："智者取其智，愚者取其力，勇者取其威，怯者取其慎，无智（愚）勇怯，兼而用之。"（《帝范·审官篇》）他认为对人应该取其所长，充分发挥每个人的作用。唐太宗选拔任用马周就是个典型的例子。

马周（601—648），字宾王，博州任平（今山东任平）人。少孤贫，勤奋好学，精通《诗经》、《春秋》等古籍。他性格豪放，落拓不羁，才华横溢，却不为乡里所重。唐高祖武德年间（618—626），补博州（今山东聊城）助教，日饮醇酒，不以讲授为事，受到州刺史达奚恕的多次指责，遂拂袖而去。

马周客游密州（今山东诸城），刺史赵仁本很看重他的才华，资助路费，让他到关中去发展。马周在西行途中，客住汴州浚仪（今河南开封），受县令崔贤羞辱，遂西往长安。至新丰（今陕西临潼东北），旅店主人只顾供奉商贩，而不理睬马周。马周要了一斗八升酒，悠然独酌。

马周到了京都长安，做了中郎将常何的门客。常何是守卫玄武门的皇宫卫队将领，本是太子李建成的部下，因在"玄武门之变"的关键时刻，向李世民告密，助李世民成功，因而颇受李世民的信用。

贞观五年（631），天大旱，唐太宗命文武百官，极言朝政得失，为国家出谋划策。由于常何是武将，不擅长写文章。所以他让马周替自己写了一篇奏疏，针对当时的朝政得失，向朝廷提出二十多条建议。常何上朝时把奏疏呈上，唐太宗看后十分诧异，便问常何："朕观此书，援引事类，商榷古今，言简意赅，会文切理，读之使人振聋发聩，掩卷令人久久不忘。此书定非卿之所作，速为朕荐举此人。"常何说："此是家客马周为臣所草。马周博学多才，每与臣言，愿报效朝廷。"

唐太宗立即召见了马周。通过谈话，唐太宗发现马周是个杰出的人才，于是对他予以破格提拔。当日，年仅二十岁的马周，被授予门下省（与中书省同掌枢要，共议国政）当值。一个平民百姓，被皇帝召见，并立即任用，这在中国历史上也很少见。

由于马周的政治才干和刚直不阿的性格，贞观十五年（641），被擢升为治书侍御史，兼知谏大夫、晋王（李治）府长史。贞观十七年（643），为中书侍郎，兼太子左庶子。第二年八月，为中书令，仍兼太子左庶子。这年十月，唐太宗亲征高丽，太子李治留镇定县（今河北定州市），令马周和高士廉、刘洎等辅之。唐太宗返，马周以本官兼吏部尚书。

贞观二十年（646），马周得了消渴疾（糖尿病），久治不愈，唐太宗十分着急，令求胜地，为起宅第，名医中使，络绎不绝；供以御膳，又亲为调药。还命太子过府探视。临终前，马周把自己的奏章草稿全部烧掉，他说："管仲、晏子彰君之过，求身后名，吾勿为也。"

贞观二十二年（648）正月，马周病逝，太宗为之举哀，陪葬昭陵。高宗李治继位后，特追赠马周为尚书左仆射、高唐县公。武则天在垂拱年间，特意将马周的灵牌放在高宗庙中陪祭。

马周一生，为官二十多年，曾多次向唐太宗上书，提出他的治国方略，并多为唐太宗所采纳，成为唐太宗的重要谋臣，不愧为一个卓越的政治家。但是，令人遗憾的是，在新、旧《唐书》本传中，有关马周在治国安民的实绩可以说全无记载，所能看到的只有他的几个长篇奏疏，其中《新唐书·马周传》所载一个奏疏是这样的：

"……臣伏见诏宗室功臣，悉就藩国，遂贻子孙，世守其政。窃惟陛下之意，诚爱之重之，欲其裔绪承守，与国无疆也。臣谓必如诏书者，陛下宜思所以安存之，富贵之，何必使世官也？且尧、舜之父，有朱、均之子。若令有不肖子袭封嗣职，兆庶被殃，国家蒙患。正欲绝之，则子文之治犹在也；正欲存之，则栾黡之恶已暴矣。必曰与其毒害于见存之人，宁割恩于已亡之臣，则向所谓爱之重之者，适所以伤之也。

"臣历观夏、商、周、汉之有天下，传祚相继，多者八百余年，少者犹四五百年，皆积德累业，恩结于人。岂无僻王，赖先哲以免。自魏、晋逮周、隋，多者五六十年，少者二三十年而亡。良由创业之君，不务仁化，当时仅能自守，后无遗德可思，故传嗣之主，其政少衰，一夫大呼，天下土崩矣。

"今陛下虽以大功定天下，而积德日浅。固当隆禹、汤、文、武之道，使恩有余地，为子孙立万世之基，岂特持当年而已。然自古明王圣主，虽因人设教，而大要节俭于身，恩加于人；故其下爱之如父母，仰之如日月，畏之如雷霆，卜祚遐长，而祸乱不作也。今百姓承丧乱之后，比于隋时，才十分一，而徭役相望，兄去弟还，往来远者五六千里，春秋冬夏，略无休时。……四五年来，百姓颇嗟怨，以为陛下不存养之。……陛下少处人间，知百姓辛苦，前代成败，目所亲见，尚犹如此。而皇太子生长深宫，不更外事，即万岁后，圣虑之所当忧也。臣窃寻自古黎庶怨叛，聚为盗贼，其国无不即灭。人主虽悔，未有重能安全者。……"

毛泽东读了马周的这个奏疏，批注说："贾生《治安策》以后第一奇文。宋人万言书，如苏轼之流所为者，纸上空谈耳。"（《毛泽东读文史古籍批语集》，中央文献出版社1993年版，第235页）

马周的这个奏疏，高屋建瓴，以宏观的政治眼光，事无巨细，都归结到国家的长治久安上，特别是重视人民群众利害。他认为人民群众的拥护与反对，攸关国家的兴亡。这种看法，不只在封建社会堪称卓见，而且给后人以不少教益。因此，受到毛泽东的高度赞扬，称它是"贾谊《治安策》以后第一奇文"。

那么，毛泽东为什么拿马周与贾谊比较呢？贾谊是什么人呢？他的《治安策》又是一篇怎样的文章呢？

贾谊（前201—前168），洛阳人，汉文帝的主要谋臣，西汉著名政论家、文学家。因受吴公推荐，二十岁便当上了博士。不久，迁太中大夫，后又先后拜为长沙王、梁王太傅，多次上书，批评时政。他建议用"众建诸侯而少其力"的办法，削弱诸侯王势力，巩固中央集权。这个办法，便是唐代柳宗元在《封建论》中所说的"封土地，建诸侯"的本义，意谓通过多封诸侯，从而削弱诸侯的力量，使之无法与中央政府对抗。汉文帝部分采纳了其中的一些办法，把领土最大的齐国分成六个小国，把淮南国分成三个小国，初步削弱了诸侯王的势力。贾谊的这一思想，主要表现在他的《治安策》一文中。《治安策》及其他一些政论文章，诚如鲁迅先生在《汉文学史纲》所说："为西汉鸿文，沾溉后人，其泽甚远。"

毛泽东把马周的奏疏和贾谊的《治安策》相提并论，足见他对马周奏疏的评价之高，并且认为马周给唐太宗的奏疏是宋代一些洋洋大论不能与之相提并论的。当然，这主要是指是否切中时弊、直陈现实而言的。

在《马周传》的最后，欧阳修、宋祁赞曰："周之遇太宗，顾不异哉！由一介草莽言天下事，若素宦于朝、明习宪章者，非王佐才，畴以及兹？其自视与筑岩钓渭，亦何异迹。迹夫帝锐

《七绝·贾谊》
——毛泽东

贾生才调世无伦，
哭泣情怀吊屈文。
梁王堕马寻常事，
何用哀伤付一生。

看
八·大·帝·王

于立事，而周所建皆切一时，以明佐圣，故君宰间不胶漆而固，恨相得晚，宜矣。然周才不逮傅说、吕望，使后世未有述焉，惜乎！"

毛泽东读了这段赞论，批注说："傅说、吕望，何足道哉。马周才德，迥乎远矣。"（《毛泽东读文史古籍批语集》，中央文献出版社1993年版，第236页）

毛泽东的这个批注，把马周与历史上著名的谋略家傅说、吕望比较，一反赞论作者"周才不逮傅说、吕望"的看法，认为马周的才德比他们两位高明得多。

傅说（前1335—前1246）商朝人。相传，他原来是傅岩地方从事建筑的奴隶，后被商王武丁发现，任为宰相。后来，他协助武丁完成了统一天下的大业。吕望，姜姓，名望，字子牙，俗称姜太公。因其封于吕地，从其封地改姓吕。他半生落拓，八十岁时在磻溪垂钓，得遇周文王姬昌，被聘为"师"（武官名），兼任周朝三军统帅，也称师尚父。后辅佐武王姬发伐纣灭商，立下大功，封于齐，是齐国的始祖。

应该说，傅说、吕望从一个平民百姓到为国主所知，大施韬略，建立了不朽功勋，与马周"一介草莽"，"言天下"而得到唐太宗的赏识和提拔，成为国之栋梁，是极其相似的，就他们对国家的贡献来看，也是难分轩轾的。但毛泽东却不这么看，他认为马周的才德远远地超过了傅说、吕望。这种看法，历史上并没有人说过，完全是毛泽东本人所下的断语，可算是一家之言。

"傅说、吕望，何足道哉。马周才德，迥乎远矣。"（《毛泽东读文史古籍批语集》，中央文献出版社1993年版，第236页）

3. "李世民的工作方法有四"

励精图治，兢兢业业，是李世民创造"贞观之治"的第三个原因。唐太宗是一个很有作为的明君，他生活简朴、宵衣旰食，勤劳政事。

贞观二年（628），时任礼部侍郎的李百药撰写了一篇《封建论》，其中写道："陛下（李世民）每四夷款附，万里归仁，必退思进省，凝神动虑，恐妄劳中国，以事远方，不藉万古之英声，以存一时之茂实。心切忧劳，迹绝游幸，每旦视朝，听受无倦，智周于万物，道济于天下。罢朝之后，引进名臣，讨论是非，备尽肝膈，唯及政事，更无异辞。才及日昃，命才学之士，赐以清闲，高谈典籍，杂以文咏，间以玄言，乙夜忘疲，中宵不寐。此之四道，独迈往初，斯实生民以来一人而已。"（《旧唐书》卷七十二《李百药传》，第12—13页）

毛泽东读到这里，批注道："李世民的工作方法有四。"（《毛泽东读文史古籍批语集》，中央文献出版社1993年版，第221页）

李百药在这段文字中，对李世民的为政之道做了一个简要总结，全面概括了李世民临朝听政的四个特点：

第一，平定四方，用怀柔政策，不急功近利，不劳民损兵；

第二，不贪图玩赏游乐，每次早朝，用心听取各种建议，出言谨慎周详；

第三，罢朝之后，和亲近大臣推心置腹，辨别是非曲直，分别给予功过刑赏；

毛泽东看

八·大·帝·王

272

第四，闲暇时，孜孜不倦地学习经典，酣畅文咏。

毛泽东对李世民的这些做法颇感兴趣，认为这便是李世民的工作方法，不仅对这段原文逐一加以圈点，还写了"李世民的工作方法有四"的批语。说明毛泽东读史，善于总结和借鉴别人的经验。

4．"兼听则明，偏信则暗"

虚怀纳谏，广开言路，是李世民创造"贞观之治"的第四个原因。纳谏的意思，是倾听不同的意见，判断是非，择善而从。这是一种集中众人智慧的方法，也是对臣下的尊重。在封建社会，唐太宗应该是最善于纳谏的一位皇帝。他广开言路，集思广益，君臣和合，把国家治理得很好。这种君臣关系，是儒家"君使臣以礼，臣待君以忠"的具体表现。唐太宗和魏征的关系，便是这种思想的典型。

魏征（580—643），字玄成，馆陶（今河北馆陶）人。少时出家为道士。隋末投瓦岗起义军，后投唐。又被窦建德所俘，任起居舍人。窦建德失败后，他入唐为李建成太子洗马，本来是唐太宗的敌对力量。但是"玄武门之变"以后，唐太宗将其擢为谏议大夫，魏征视唐太宗为"知己之主"，"知无不言"，前后陈谏200余事，唐太宗非常满意。其言论见于《贞观政要》。

贞观七年（633），魏征任侍中，主持梁、陈、齐、周、隋诸史的编纂工作，封郑国公。著有《隋书》的绪论和《梁书》、《陈书》、《齐

"李世民的工作方法有四。"（毛泽东读《新唐书·李百药传》批注）

魏征像

书》的总论，并主编《群书治要》。

魏征的名言是"兼听则明，偏信则暗"。据《资治通鉴·唐纪八》载："上（指唐太宗）问魏征曰：'人主何为而明，何为而暗？'对曰：'兼听则明，偏信则暗。昔尧清问下民，故有苗（即三苗，四凶之一）之恶得以上闻；舜明四目，达四聪，故共（共工）、鲧、骓兜不能蔽也。秦二世偏信赵高，以成望夷之祸；梁武帝偏信朱异，以取台城之辱；隋炀帝偏信虞世基，以致彭城阁之变。是故君兼听广纳，则贵臣不拥蔽，而下情得以上通也。'上曰：'善。'"

这段对话译成现代汉语是：

唐太宗问魏征："皇帝怎样才能明辨是非，怎样算是愚昧不明？"魏征回答说："多方面听取意见，才能明辨是非，偏听偏信，就愚昧不明。过去尧能够下问老百姓，所以有苗的恶迹能够反映到上面；舜眼观六路，耳听八方，所以共工、鲧、骓兜三凶就不能掩蔽他们的罪恶。秦二世胡亥偏信赵高，因而造成了在望夷宫的杀身之祸；梁武帝萧衍偏信朱异，因而落了个饿死台城的耻辱；隋炀帝偏信虞世基，因而导致彭城阁被杀的事变。为了这个缘故，所以做皇帝的应该广泛听取并吸纳多方面意见，那么地位显贵的权臣不能蒙蔽，而下面的情况就能够顺利地反映到上面了。"唐太宗说："好。"

唐太宗很赞成魏征的见解，并告诫群臣说，中书、门下都是执掌机要的机关，诏书敕令有不便实施的，他们却都应该提出疑义。现在只见他们顺从，不见反对。如果单做行文书的事，那么谁都会做，何必选拔人才来做这些机关的官。

当时朝廷有一种议事制度，凡是军国大事，中书省各官员都得用本人名义提出主张，可以各执己见，不受限制，称为五花判事，中书省长官中书侍郎、中书令审核这些主张，再由门下省的给事中、黄门侍郎加以驳正，最后奏请皇帝裁决。唐太宗申明这个制度，令各级官员负责执行，因此军国大事很少有错误。

"兼听则明，偏听则暗"一语并非魏征发明，而是出自《管子·君

看
八·大·帝·王

臣上》："夫民别而听之则愚，合而听之则圣。"汉王符《潜夫论·明暗》："君之所以明者，兼听也；其所以阁者，偏信也。"而魏征把这个意思概括得更简练、明快。

毛泽东在《矛盾论》中谈到研究问题切忌片面性时说："唐朝人魏征说过：'兼听则明，偏信则暗。'也懂得片面性不对。可是我们的同志看问题，往往带片面性，这样的人就往往会碰钉子。"毛泽东同志引用"兼听则明，偏信则暗"一语，在于批评教条主义和经验主义者的主观的错误思想方法，从而教育人们看问题要防止片面性。

唐太宗鼓励群臣犯颜直谏，魏征在谏臣中特别突出。魏征敢于据理力争，即使引起唐太宗的盛怒，也还是神情自若，坚持讲理。有一次，唐太宗退朝回到宫中，发怒说，总有一天杀死这个乡下佬！长孙皇后问他杀谁。他说：魏征常常当众侮辱我。长孙皇后道贺说：魏征正直，正因为陛下是明主。唐太宗曾对群臣说，人家都说魏征态度粗暴：我看起来却觉得更加柔媚。这是因为他知道魏征对他忠心耿耿，是在帮他避免亡国之祸，谏净愈激烈，正好证明他爱朝廷之切。贞观十七年（643），魏征病故，唐太宗大哭，说"人用铜作镜，可以正衣冠；用史作镜，可以见兴亡；用人作镜，可以知得失。魏征死去，我丧失了一面镜子啊"。直谏比较容易，纳谏实在很难，唐太宗能虚心纳谏，所以魏征才敢犯颜直谏。

四、"聪明一世，懵懂一时"

（一）冤杀名将

创造了"贞观之治"的唐太宗，虽然不愧为一代明君，但他一生中也有过一些错误。名将盛彦师、李君羡冤死，便是两个例证。

1. "盛彦师名将，冤死"

《旧唐书·盛彦师传》载："盛彦师者，宋州虞城（今河南虞城）人。大业中，为澄城（今陕西同州）长。义师至汾阴（今山西万荣西南），率宾客千余人济河上谒，拜银青光禄大夫、行军总管，从平京城。

俄与史万宝镇宜阳（今河南宜阳）以拒东寇。及李密之叛，将出山南。史万宝惧密威名，不敢拒。……彦师笑曰：'请以数千之众邀之，必枭其首。'万宝曰：'计将安出？'对曰：'军法尚诈，不可为公说之。'便领众逾熊耳山南，傍道而止。……或问之曰：'闻李密欲向洛州，而公入山何也？'彦师曰：'密声言往洛，实走襄城就张善相耳，必当出人不意。若贼入谷口，我自后追之，山路险隘，无所展力，一夫殿后，必不能制。今吾先得武谷，擒之必矣。'李密既度陕州，以为余不足虑，遂拥众徐行，果逾山南渡。彦师击之，密众首尾断绝，不得相救，遂斩李密，追擒伯当。……会徐圆朗反，彦师为安抚大使，因战，遂没于贼。圆朗礼厚之。……贼平，彦师竟以罪赐死。"

毛泽东读《旧唐书·盛彦师传》批注

毛泽东读到"贼平，彦师竟以罪赐死"时，批注道："盛彦师名将，冤死。"（《毛泽东读文史古籍批语集》，中央文献出版社1993年版，第220页）

盛彦师，是唐太宗手下一员智勇双全的名将。少任侠，隋末曾为澄城长。后率宾客千余人投起义军，被授行军总管。武德元年（618），瓦岗军首领李密（582—618）在与割据洛阳的王世充交战失败后，入关投唐。不久，又叛唐自立。在别的将领都不敢追击李密时，盛彦师自告奋勇，以数千之众在熊耳山南伏击李密，一战擒杀李密及其大将王伯当，立下大功。

武德四年（621）八月，李世民平定洛阳后，依附于王世充的山东义军首领徐圆朗请求投降。李世民命盛彦师前去安抚，恰逢河北义军首领刘黑闼（？—623）再次起事，徐圆朗遂执盛彦师响应刘黑闼。徐圆朗待之甚厚，迫他写信劝其弟举虞城降，盛彦师信中只字不提劝降之事，反而表示要"誓之以死"。不久，盛彦师逃回。徐圆朗被平定后，李世民竟将盛彦师处死。所以，毛泽东读到这里，批注道："盛彦师名将，冤死。"

这是李世民早年所犯的一个错误，而错误处死李君羡则发生在唐太宗晚年。

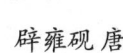

辟雍砚 唐

2. "李君羡冤死"

《旧唐书·李君羡传》载："李君羡者，洺州武安（今河北武安）人也。初为王世充骠骑，恶世充之为人，乃与其党叛而来归。太宗引为左右。……贞观初，太白频昼见。太史占曰：'女主昌。'又有谣言：'当有女武王者。'太宗恶之。时君羡为左武卫将军，在玄武门。太宗因武官内宴，作酒令，各言小名。君羡自称小名五娘子。太宗愕然，因大笑曰：'何物女子，如此勇猛！'又以君羡封邑（武连郡公）及属县皆有武字，深恶之。会御史奏君羡与妖人员道信潜相谋结，将为不轨，遂下诏诛之。"（《旧唐书》卷六十九《李君羡传》，第16—17页）

毛泽东读到这里，批注道："李君羡冤死。"（《毛泽东读文史古籍批语集》，中央文献出版社1993年版，第221页）

李君羡，武安（今河北武安西）人。初投高祖李渊，跟随李世民打败宋金刚，讨伐王世充，进攻窦建德、刘黑闼，冲锋陷阵，所向披靡，又与尉迟敬德大败突厥，封武连郡公。官拜兰州总督。到了贞观初年，太白星频频白天出现，太史占卜说："女人称王吉利。"又有谣言说："将有一个女人出来称武王。"这使李世民惶惶不安，疑神疑鬼。李君羡当时任左武卫将军，在玄武门戍卫皇宫。这是个要害部门。李世民是通过"玄武门之变"夺得皇位的，对掌握玄武门这个要害之地的李君羡便产生了怀疑。事有凑巧，李君羡是武安人，又任左武卫将军，封邑又是"武连郡公"，他的小名又叫"五娘子"。于是，好事之徒便诬告李君羡与妖人道士"将为不轨"，李世民也不调查取证，便下令把李君羡杀了。毛泽东批注道："李君羡冤死。"这是颇为中肯的结论，对李世民错误荒唐做法的谴责和批评，可谓一针见血。

此外，毛泽东读《旧唐书·刘世让传》时还批注说："刘世让冤死。"说明李世民冤死的还不止上面两位将军。

（二）废立太子

唐太宗一生中最大的错误，则是在太子废立上的优柔寡断，而且最后作出了错误的选择。

1."李元昌与李承乾谋反"

唐太宗对继承人的选择，有个长期而复杂的废立过程。

唐太宗共有14个儿子。正宫长孙皇后生有三个儿子，即长子李承乾，四子李泰，九子李治。依据封建皇位的嫡长子继承制，应该立李承乾为皇太子。

八·大·帝·王

李承乾在武德二年（619）生于长安宫承乾殿，所以取名承乾。

太子承乾少时聪慧敏捷，唐太宗十分喜爱，因此着力培养。武德三年（620）封恒山王，武德七年（624）徙封中山王。武德九年十月，即"玄武门之变"唐太宗继位之初，便被立为太子，同时，李泰受封魏王，李治受封晋王。

唐太宗特别重视对皇太子的培养、教育。首先，为他延请名师。贞观四年（630）七月，唐太宗选择德高望重的"前太子少保李纲为太子少师，以兼御史大夫萧瑀为太子少傅"。贞观九年（635）五月，太上皇李渊因患风疾，驾崩于广安宫垂拱殿。此时太子承乾17岁，唐太宗因在丧期中，也为了培养太子的办事能力，便诏令他在东宫处理政务。六月，将一般的小事务都交由太子处理，太子颇能听断，唐太宗很满意。从此以后，每当唐太宗外出行事，都让他留守监国。这说明，唐太宗对李承乾寄予厚望。

然而，李承乾年长以后，沾染了一些坏习气。"好声色，漫游无度，然惧太宗知之，不敢见其迹。每临朝视事，必言忠孝之道，退朝后，必与群小亵狎。宫臣或欲进谏者，承乾必先揣其情，便危坐敛容，引咎自责。枢机办给，智足饰非，群臣拜答不暇，故在位者初皆以为明而莫之察也。"他在唐太宗面前搞

毛汉东读《旧唐书·李元昌传》批注

两面派，文过饰非，企图掩盖"其迹"。

唐太宗从不疏忽或间断对他的培养。贞观五年（631）六月，太子少师李纲病故，唐太宗便让太子左、右庶子于志宁、李百药担任起教育太子的任务。贞观七年（633）唐太宗又命中书侍郎为太子右庶子。之后，又选择当时宿儒孔颖达为太子右庶子。最后，又命著名诤臣张玄素为太子右庶子。以匡正太子之失，效果都不佳，太子依然我行我素，使唐太宗非常失望。对他的喜爱便渐渐消失，而"魏王泰有当时美誉，唐太宗渐爱重之"。

当然，太子李承乾的失宠还有更深刻的原因，那就是政见不同。

首先，文治与武嬉不同。唐太宗执政以来，以文治国，尊贤礼士，而李承乾毫不懂得储君守成重在守文的道理，一味嬉戏废学。贞观十三年（639）以后，嬉戏愈演愈烈，发展到嗜好突厥的尚武风习，"造五狼头瑟，分朝为阵，系幡幢，设穹庐自居。……又勤布阵，与汉王元昌分统，大呼刺击为乐"。说什么"使我有天下，将数万骑到金城，然后解兹，委身思摩，当一设，顾不快邪"！"思摩"，即阿史那思摩，是突厥阿史那部落的酋长；"设"，突厥酋长部下的官员。武德年间，思摩入唐，赐姓李。李承乾表白有朝一日自己当了天子，心甘情愿去思摩手下当一名头领，岂不大谬！

其次，纳谏与拒谏不同。唐太宗即位后，大力提倡纳谏，希望太子也像自己一样，广纳善言。而太子李承乾却拒谏饰非，反其道而行之。从贞观初到被废前，唐太宗给他派出的谏臣师傅李百药、于志宁、杜正伦、孔颖达、张玄素等，不是被赶跑，就是关系紧张。一次，张玄素上书切谏，李承乾不但不听，还"遣户奴夜以马挝击之，殆至于死"。他甚至口出狂言："我做天子，当肆吾欲；有谏者，吾杀之，杀五百人，岂不定？"

再次，亲贤与疏贤有别。唐太宗立国以后，求贤若渴，礼贤下士，在他周围聚集了一大批栋梁之材，君臣共治天下，出现了"贞观之治"的鼎盛气象。李承乾却与其父相反，正如唐太宗所指出的："不闻爱贤好善，私所引接，多是小人。"张玄素说他"亲嬖幸，远忠良"，"宫臣正士，未尝在侧；群邪淫巧，昵在深宫"。可谓一语中的。

唐太宗为了巩固"贞观之治"的成果，必然按照自己的模式培养太子。而李承乾在交治、纳谏、用人等方面不符合唐太宗所望，被疏远是理所当然的。

李泰得知唐太宗对太子不满，便竭力讨好唐太宗，赢得了唐太宗的好感。

唐太宗对李泰的偏爱，使太子不安其位，竟然网罗一帮对唐太宗有旧怨的人，图谋以武力夺得皇位。

参与李承乾密谋政变的心腹有汉王李元昌、吏部尚书侯君集、左屯卫中郎将李安伊、扬州刺史赵节、驸马都尉赵荷等。其中李元昌、侯君集都受过唐太宗指责。其他几个人也"预其反谋"，"凡同谋者皆割臂，以帛拭血，烧灰和酒饮之。誓同生死，潜谋引兵入西宫"。"西宫"，即大内，为唐太宗的寝宫。"潜谋引兵入西宫"，就是发动宫廷政变。

但这场宫廷政变还没有上演，齐王李祐抢先于贞观十六年（642）在齐州造反，李承乾闻知，喜形于色地对纥王承基说："我宫西墙，去大内正可二十步耳，与卿为大事，岂比齐王乎！"齐王叛乱被迅速平定，朝廷审理这一谋逆案件，供词牵连到纥王承基，承基被传讯中，供出了承乾密谋政变的事。唐太宗下令立案，命令长孙无忌、房玄龄、萧瑀、孙伏伽、岑文本、马周、褚遂良等组成专门法庭进行审理。在证据确凿，即"反形已具"的情况下，判承乾及其党羽谋反未遂罪。汉王李元昌赐死，侯君集以下皆斩杀，李承乾因是太子减死刑为流放，废为庶人（百姓），发配黔州（今四川彭水），两年后死去。

这件事在《旧唐书·李元昌传》也有记载："汉王元昌，高祖第七子也。少好学，善隶书。武德三年（620），封为鲁王。贞观五年（631），授华州刺史，转梁州都督。十年（636），改封汉王。元昌在州，颇违宪法。太宗手敕责之。初不自咎，更怀怨望。知太子承乾嫉魏王泰之宠，乃相附托，图为不轨。十六年（642），元昌来朝京师，承乾频召入东宫夜宿。因谓承乾曰：'愿陛下早为天子。近见御侧有一宫人，善弹琵琶，事平之后，当望重赐。'承乾许诺。又刻臂出血，以帛拭之，烧作灰，和酒同饮。共为信誓，潜伺间隙。十七年事发。"

毛泽东读后，批注说："李元昌与李承乾谋反。"（《毛泽东读文史古籍批语集》，中央文献出版社1993年版，第218页）

2."李恪英物，李治朽物"

太子李承乾被废后，按长幼顺序，该立次子李泰为太子。

李泰的得宠与李承乾的失宠大体上同时发生、交互消长。"时泰有宠，太子承乾多过失，太宗微有废立之意"。唐太宗为了立李泰为太子，采取了三个步骤。

一是置馆默示。贞观十二年二月，唐太宗"以泰好文学，礼接士大夫，特命于其府置文学馆，听自引召学士"。这是仿照自己在武德年间秦王府置文学馆故事。

其次，以语言暗示。贞观十二年正月，礼部尚书王瑾奏请：三品以上公卿路遇亲王时下马拜见，不符礼法规定，要求取消这一仪式。唐太宗却说，人生寿夭难期，万一太子不幸，安知诸王他日不为公辈之主？何得轻之！

其三，以行动显示。贞观十四年正月，唐太宗临幸魏王府，赦免雍州长安县囚徒死刑以下罪犯，蠲免延廉里当年租赋，赐泰府僚属及同里老人各有等差。这是一种特殊的恩宠。唐太宗通过这些行动，表明他欲立李泰为太子的鲜明态度，但最终却没有成功。其关键是当时重臣部持反对态度。

因为支持李家打天下、坐天下的关陇集团不看好李泰。以长孙无忌、魏征、褚遂良等元老重臣坚持立嫡长子制，反对废李承乾改立李泰；李承乾被废后，唐太宗"阴许立泰"，消息泄露，"宰相岑文本、刘洎请遂立泰为太子"。而"长孙无忌固欲立晋王"。李治、李泰都是长孙无忌的亲外甥，为什么长孙无忌如此厚此薄彼呢？这与他想搞外戚专政有关。李治"仁弱"，易于掌控；李泰强悍，不易控制。长孙无忌不愿失势，就非扶立李治不可。这是客观原因。

从李泰主观方面来看，也有他自身的弱点。李泰的班底以功臣子弟为

毛泽东
看
八·大·帝·王

主，如驸马柴绍之子柴令武，房玄龄之子房遗爱，杜如晦之弟杜楚客等。在唐太宗看来，这些"功臣子弟多无才行，借祖父资荫遂处大官，德义不修，奢纵是好"。李泰如上台，必然任用亲信，很难光大自己开创的事业。

魏王李泰得知朝中意见分歧，便借废太子李承乾之事恐吓李治。李泰还千方百计地讨好唐太宗，他乞求立为太子时，许了一个奇怪的愿："臣惟有一子，百年后，当杀之，传国晋王。"唐太宗把这话对褚遂良一讲，褚遂良马上反诘："陛下失言。安有为天下主而杀其爱子，授国晋王乎？"唐太宗无言以对。

不久，唐太宗在两仪殿朝见群臣，等百官退后，独留司徒长孙无忌、司空房玄龄、兵部尚书李勣议立太子。他情绪激动，对三人说："我三子一弟，所为如此，我心无谬。"意思是说，我的三个儿子，李承乾谋反，李泰、李治争立；一弟，李元昌赐死，我为此感到痛心！"因自投于床，抽佩刀欲自刺"，长孙无忌急忙向前拉住，夺刀递给李治，这一行动再次表现出长孙无忌力挺李治的态度。唐太宗刚说了半句："我欲立晋王"，长孙无忌马上说："谨奉诏。有异议者，臣请斩之。"唐太宗还有下半句："未知物论如何？"长孙无忌以"召问百僚，必无异辞"，打消他的顾虑；又以"臣负陛下万死"，发誓以死辅佐李治，才使太宗"建立遂定"。

唐太宗终于舍李泰而立了李治。原因是，唐太宗发现李泰工于心计，担心他上台，会杀死李承乾、李治及其他兄弟，来巩固自己的地位。而晋王李治宽厚仁爱，如果他继位，诸王子皆可保全，为了防止"玄武门之变"骨肉相残的惨剧重演，唐太宗决定立晋王李治。贞观十七年（643），唐太宗正式册立晋王李治为太子，并将魏王李泰降为东莱郡王。

后来，唐太宗因对怯懦、软弱的李治，有无统驭大唐江山的才能发生怀疑，曾提出改立杨妃之子吴王李恪为太子。李恪善骑射，文武兼备，唐太宗认为"英果类我"，并对他有意加以培养、教导，封为吴地藩王，其母为隋炀帝女，地亲望高，中外所向，应该说是太子的合宜人选，但却遭到李治的舅舅长孙无忌的坚决反对。

长孙无忌（？—659），字辅机，河南洛阳人。先世出于北魏皇族。唐太宗长孙皇后之兄。武德九年决策发动"玄武门之变"，助唐太宗夺得皇位。以皇亲和元勋地位，历任尚书右仆射、司空、司徒等职，封赵国公。是唐太宗极为信任之人，他力挺自己的外甥李治，可谓公私兼顾。他的意见最终被唐太宗接受，唐太宗遂放弃改立李恪的打算。

这种情况在《新唐书·李恪传》中有明确记载："郁林王恪始王长沙，俄进封汉。……高宗即位，拜司空、梁州都督。恪善骑射，有文武才。其母隋炀帝女，地亲望高，中外所向。帝初以晋王为太子，又欲立恪。长孙无忌固争，帝曰：'公岂以非己甥邪？且儿英果类我，若保护舅氏，未可知。'无忌曰：'晋王仁厚，守文之良主。且举棋不定则败，况储位乎？'帝乃止，故无忌常恶之。永徽中，房遗爱谋反，因遂诛恪，以绝天下望。临刑呼曰：'社稷有灵，无忌且族灭！'"

毛泽东读了这段文字，批注道："李恪英物，李治朽物，知子莫若父。然卒听长孙无忌之言，可谓聪明一世，懵懂一时。"（《毛泽东读文史古籍批语集》，中央文献出版社1993年版，第233—234页）

在毛泽东看来，李恪是个杰出的人才，李治只是个庸才，作为父亲，唐太宗对李恪、李治两个儿子的看法是对的，但仅因近臣长孙无忌的坚

"李恪英物，李治朽物，知子莫若父。然卒听长孙无忌之言，可谓聪明一世，懵懂一时。"（《毛泽东读文史古籍批语集》，中央文献出版社1993年版，第233—234页）

看
八·大·帝·王

决反对，就放弃了自己的主张，把立储君这一国之根本处理得太糊涂了，所以说他"聪明一世，懵懂一时"，惋惜之情溢于言表。

毛泽东这种看法无疑是正确的。后来，李治继位，是为唐高宗，大权旁落，最后发展为武则天以周代唐，几乎杀尽李家宗室子弟，使李唐江山毁于一旦，教训惨痛。

（三）圣主暴亡

贞观初年，唐太宗一再嗤笑秦始皇祈求神仙、追求长生不老的荒唐，说："神仙事本虚妄，空有其名。秦始皇非分爱好，遂为方士所诈。"说得何等好啊！想不到，他到了晚年，也愚蠢地服食丹药、追求长生。之所以形成这种情况，有两方面的原因：一是太子李承乾被废，魏王李泰被黜，对他的刺激很大，一度产生过轻生的念头；二是贞观十九年亲征高丽失利。

秋末"辽东还，发定州，在道不康"。所谓"不康"，是指"病瘫"。年底退至并州，以作休整，次年二月起程，三月返京。据胡三省注："并州至京师一千三百六十里。"由于长途劳累，再加战争失利，心情郁闷，到京后再次病倒。"上疾未痊愈，欲专保养"，军国大事交由太子处理。同年十月，病虽愈，体尚虚弱。归到灵州，又"冒寒疲顿"。至次年正月，"上疾新愈"。二月，又"得风疾"，直至十一月"疾愈，三日一视朝"。可见，从贞观十九年秋冬以来，连续一年多患病，唐太宗除了原有的"气疾"，又患胃病、感冒、风疾等症，已是多病缠身。

药物治疗效果不佳，唐太宗就寄希望于方士的丹药，希望能收到奇效。于是，从贞观二十年年底他开始服用丹药。国内方士的丹药不见效，他又服用外国方士的丹药。特别是天竺"自言寿二百岁，云有长生之术"那个方士的谎言，正符合他追求长生不老的急切心理，于是"深加礼敬，馆之于金飙门内，造延年之药"。经过一年多的炼制，"药成，服竟无效"。

贞观二十三年（649）五月二十六日，唐太宗在含风殿逝世，享年52

岁。遗命皇太子李治在灵柩前即皇帝位，丧葬制度以用汉代制度为宜。机密不发布讣告。二十七日，派旧将统领骑马劲旅随太子先回京城，调六府披甲士兵四千人，分别排列在道路两旁及安化门，辅翼随太子回京，唐太宗用的马匹和车辆随从侍卫像往常一样。二十九日，发布唐太宗逝世公告。

六月初一，唐太宗入殓后停灵于太极殿。

八月初五，百官上谥号称云皇帝，庙号太宗。十九日，安葬在昭陵。高宗李治上元元年（674）八月，改上尊号称文武圣皇帝。玄宗天宝十三年（754）二月，改上尊号称文武大圣大广孝皇帝。

唐太宗52岁突然去世，与他服用丹药有关。如果不服用丹药，可能多活若干年，然而服用之后，病情急剧恶化，名医束手无策，以致提前结束了生命。献宗时大臣李蕃曾说："文皇帝服胡僧长生药，遂致暴疾不救。"所谓"暴疾"，就是丹药中毒。清代史学家赵翼说："太宗之崩，由于服丹药也。"服丹药，求长生，导致暴亡，也是这位英主的"懵懂一时"！

殷纣
王

刘彻

赵
曹操

刘邦

匡

胤

李世民

朱元璋

秦始皇

赵匡胤『稍逊风骚』

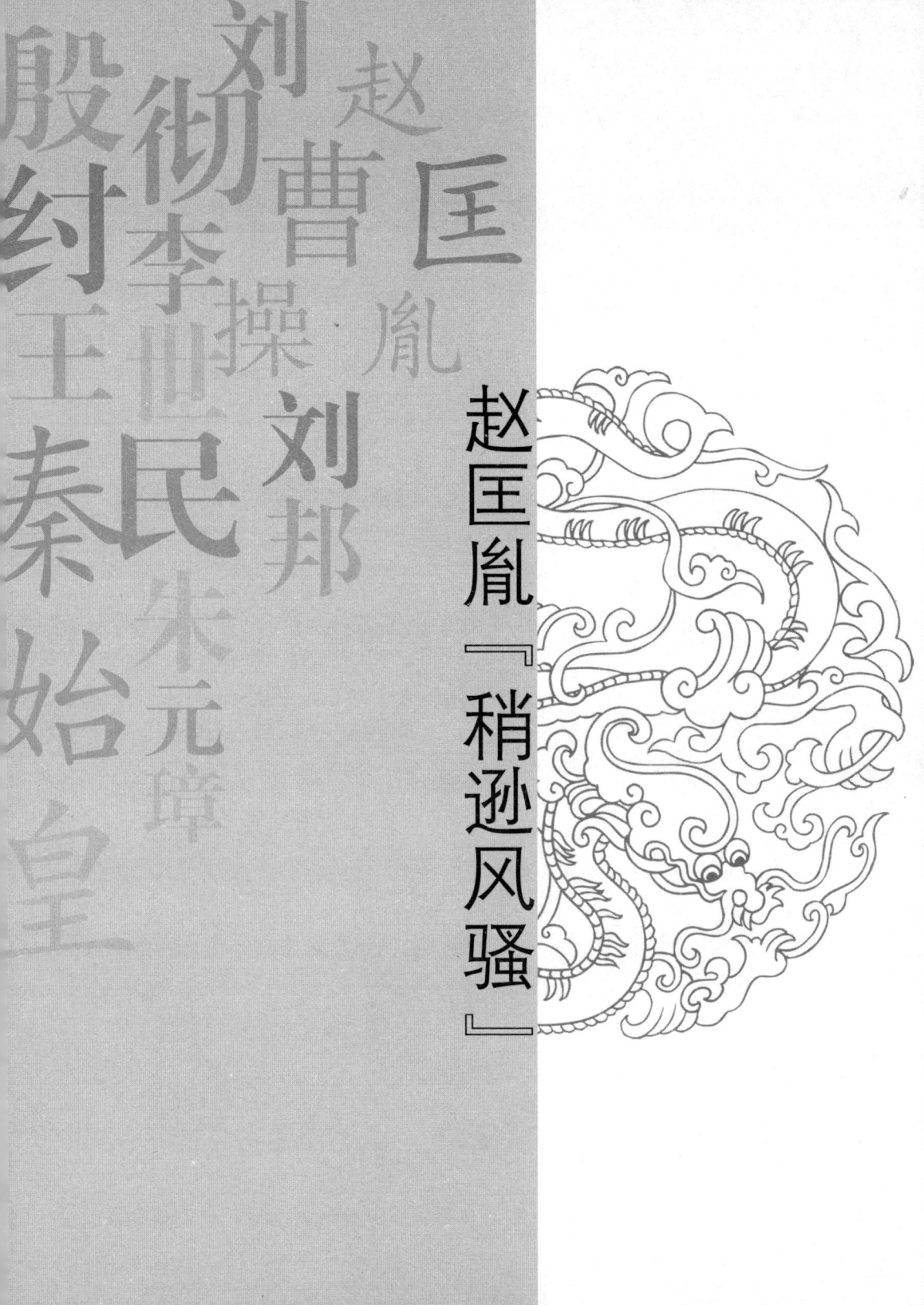

毛泽东在1936年2月写的著名词篇《沁园春·雪》中有"唐宗宋祖，稍逊风骚"之句，其中的"宋祖"就是宋太祖赵匡胤。可见，在毛泽东看来，宋太祖也是和秦始皇、汉武帝、唐太宗一样的英雄，是一位伟大的皇帝。他武功甚盛，文治稍差，总的来看，仍称得上文治武功俱佳。较之于被称为"一代天骄"的成吉思汗，只有武功，不懂文治，显然要高一个档次。

毛泽东认为，"书读多了，就做不好皇帝"（《晚年毛泽东》，第258页）。赵匡胤是行伍出身，读书不多，可以说是个大老粗。但毛泽东却说："可不要看不起老粗。……一些老粗能办大事情，成吉思汗、刘邦、朱元璋。"（《毛泽东评点二十四史精华详析》，档案出版社1999年版，第130页）在这里，毛泽东没有说到赵匡胤，但毫无疑问，赵匡胤也是一个大老粗，是一个"能办大事情"的大老粗皇帝。

毛泽东认为，"书读多了，就做不好皇帝。"（《晚年毛泽东》，第258页）。

一、武功之一：初出茅庐

（一）"香孩儿"

五代时的后唐天成二年（927）二月十六日，在洛阳离皇宫不远的夹马营赵府，一名男婴

赵匡胤像

呱呱坠地了，此人便是后来的北宋开国皇帝赵匡胤。

关于赵匡胤的出生，有一个离奇的传说。据说，其母曾梦见太阳落入怀中，因而有孕。生他时胞衣如菡萏（荷花），身上有金色，三日不变；生下来后，他身上有一种奇异的香气，经夜不消，夹马营前三日不散。由于这个传说，夹马营后来改为应天禅院，后人也就称这应天禅院为"香孩儿营"。"香孩儿"就这样叫开了。

香孩儿之所以这样受宠爱，还有一个原因，就是他上边有一个哥哥夭折了。所以，对这个初生的婴儿，父母更是倍加呵护。

赵匡胤出生时，正是后唐明宗李嗣源即位第二年。据说这位出身于沙陀族的少数民族皇帝，年过花甲而目不识丁，自以为难以胜任一个中原皇帝的重任，因而即位之后，每天晚上都要在宫中焚香祷告，祈求"真龙天子"出世。李嗣源每晚焚香祷告时，口中总是念念有词：吾本来是个蕃人，因为社会动乱被众人推举，愿上天早生圣人，与百姓为主。

父亲给香孩儿起了一个意味深长的名字：赵匡胤。匡，挽救，救助。《书·盘庚上》："不能胥匡以生。"孙星衍疏："匡者，杜氏注《左传》云：'匡，犹救也。'"胤，后嗣，子嗣。《书·尧典》："胤子朱启明。"蔡审集传："胤，嗣也。"取这么一个名字，只希望他长大成人，延续赵家香火。

望子成龙，是天下父母共有的心愿。但大凡

一个人要有所作为，特别是成就一代帝业，那都是非常之人。而一旦成就帝业，哪怕是出身卑贱，也会造出很多神话来。

据宋人的记载，赵氏家族颇不寻常。据说他的先人可以追溯到帝高阳氏（远古帝王颛顼），其远祖为周穆王赶车，打败徐偃王（徐国国君）后，封在赵城（今山西洪洞北），所以用赵作为姓氏。自从汉朝京北尹赵广汉居涿郡（今河北涿州市），便成了涿郡人。

关于赵氏家族的史料比较确切的记载，可以追溯到他的高祖赵朓。赵朓生活在唐代，曾当过永清、文安、幽都县令。曾祖父赵珽，生活在唐代藩镇势力上升的时期，历任藩镇属官，屡兼御史中丞。其祖父赵敬，曾出任营、蓟、涿三州刺史。到后周显德年间（954—960），赵敬因为其子赵弘殷的显贵，被周世宗赐封为左骁卫上将军。

靠着赵敬打下的基础，赵匡胤的父亲赵弘殷，已经是一位堂堂正正的职业军人了。后梁时，赵弘殷在成德军节度使王镕手下为将，奉命率500骑兵参加晋王李存勖的部队，攻打后梁而被留用，后唐建立后，任后唐禁军将领，迁居都城洛阳。

赵弘殷后汉时仍任禁军将领。乾祐元年（948），王景崇带着凤翔叛变投降后蜀，后蜀派兵进攻王景崇，攻占宝鸡。赵弘殷随赵晖征讨王景崇，在陈仓（今陕西宝鸡西南）大败蜀兵，因功升任侍卫马军护圣军都指挥使。

后周时，侍卫亲军编制扩大，赵弘殷改任铁骑第一军都指挥使。显德元年（954），升任侍卫马军龙捷军（护圣军改称）右厢都指挥使、加领岳州防御使。显德三年，后周世宗柴荣攻打南唐，出兵淮南，赵弘殷随侍卫马军都指挥使韩令坤攻占扬州，升任侍卫马军副都指挥使。同年七月病死。从投后唐李存勖起，赵弘殷此后20年间，历仕后唐、后晋、后周三朝，始终在皇家卫队当一名中级军官，没有升迁，仕途十分坎坷。

赵匡胤幼年，其父曾给他请过几个塾师，让他接受儒家教育。但在那个武人擅权、知识分子贬值的年代，赵匡胤读书只不过是初识文字而已。他无意于学问，继承了父亲的秉性，喜欢舞枪弄棒。他学骑马射箭，颇有天赋。《宋史·太祖本纪》说，一次有人拉过来一匹没有驯化的烈马，他竟等不及配上马鞍和笼头，就飞身上马，快马加鞭而去，烈马朝城门冲去，赵匡胤猝不及防，一头撞在城门楣上摔了下来。旁边的人都吓坏了，认为非死即伤。谁知他却一跃而起，奋力追上烈马，又骑了上去。这多少反映出少年赵匡胤争强好胜的尚武精神。

（二）军旅生涯

在此后的十余年间，赵匡胤所处的时代发生了一些重大变化。短短十几年，换了三个朝代，五个皇帝，政治风云变幻莫测，时局动荡不已，生灵涂炭，百姓苦不堪言。

后晋开运三年（946）十二月，赵匡胤20岁时，契丹再度南侵，攻入都城开封。由于赵弘殷是后晋的禁军将领，其家室也随之从洛阳迁到开封。

在此前一年，赵匡胤与贺家小姐成婚。进入成年的赵匡胤，决心离家去闯荡，开创自己的事业。他想利用父亲的关系来实现自己的志愿，南下投奔父亲的朋友。他第一个投奔的是随州（今湖北随州市）刺史董宗本，董收留了他，但董宗本的儿子董遵诲却处处与他过不去，无奈他只得走人，继续南下来到复州（今湖北天门）。复州防御使王彦超，只资助了些银两，便打发了他。赵匡胤做皇帝后，对此事还耿耿于怀。有一次宴会，他诘问王彦超：你从前在复州，我去投靠你，为何拒之门外？王彦超尴尬之余，急中生智奉承道：当时在下不过是一小小刺史，勺水岂可容神龙？倘使愚臣当初挽留陛下，陛下何能有今日！连吹带捧的辩白，说得赵匡胤龙颜大悦。

此后赵匡胤又到了襄阳（今湖北襄阳），得到一个老和尚资助，才得以北归。他又来到应天（今河南商丘），也没有找到什么差使。于是，他又到了关中，在长安他食不果腹，衣不蔽体，十分狼狈。随后，赵匡胤又先后到了泾州（今甘肃泾川）、原州（今宁夏固原）、镇州（今甘肃镇原）。他长途奔波，一无所获，只好灰溜溜地回到了洛阳。

给赵匡胤带来命运转机的是他参加了郭威的部队。郭威（901—

看
八·大·帝·王

945），邢州尧山（今河北隆尧）人，即后周太祖，五代时后周王朝的建立者，公元951—954年在位。后汉时为邺都留守，后汉乾祐元年（948），郭威奉命讨伐叛乱的李守贞，时年22岁的赵匡胤应募投郭威帐下从军。

乾祐三年（950）十月，后汉隐帝派使者持诏杀郭威，并把郭威留在京都开封的妻儿老小全部杀光。郭威一怒之下，统率大军，自澶州（今河南濮阳）、滑州（今河南滑县）出发，一路夺关斩将，直取京都，代汉自立，成为后周王朝的开国之君。

后周广顺元年（951），赵匡胤成为一名禁军的下级军官。不久，又被提升为滑州（今河南滑县）驻军的副指挥使。郭威把养子柴荣任为开封府尹（首都市长）时，柴荣把赵匡胤调到自己部下，担任开封府马卫军使（骑兵军官）。由地方军官提升任京城卫戌部队军官，是赵匡胤发迹的关键一步。当时，赵匡胤27岁。

后周广顺三年（953）十二月，郭威病故。显德元年（954）正月，柴荣即帝位，是为后周世宗。柴荣（921—959），邢州龙冈（今河北邢台西南），郭威养子，公元954—959年在位。赵匡胤随后也调回禁军。同年三月，后周与北汉的高平（今山西晋城东北）之战，柴荣御驾亲征，发三路大军，赵匡胤在殿前都指挥使、郭威女婿张永德指挥下，负责保卫柴荣的安全。

两军交战，后周的军队溃散，"危机之势，顷刻莫保"。皇帝周世宗被暴露在前线。在此千钧一发之际，赵匡胤大声疾呼："君危臣死，何能不拼死效忠！"他建议和张永德分成左右两翼，夹击敌军。于是，两人各带两千人出击，挽救危局。赵匡胤身先士卒，跃马直冲敌阵，奋勇拼杀，士兵"无不以一当百"。汉兵先锋张元徽，被后周将领马仁瑀一箭射中，落马后被乱兵杀死，汉军全部溃败。赵匡胤的勇敢和军事才能，受到周世宗的赏识，回京后升任殿前都虞候、领严州（今广西来宾东南，时为南汉辖地）刺史，虽是加衔，但已属中高级将领。十月，又升任永州（今湖南永州，时为楚国属地）防御使。

赵匡胤作为殿前司的副长官，随后参与周世宗整顿殿前司的工作，组建新的殿前司所属诸班直及龙捷（马军）、虎捷（步军）、铁骑、控鹤等各种禁军，殿前司所属禁军遂成为后周最精锐的军队，殿前司地位虽低于统辖大部分禁军的侍卫亲军司，但它所统辖的禁军是皇帝的亲卫军，赵匡胤成了周世宗的亲信将领之一。

显德三年（956）春，赵匡胤随周世宗进攻南唐。南唐，五代十国之一。公元937年李昪代吴称帝，建都金陵（今江苏南京），国号唐，史称南唐。曾灭闽楚，极盛时有今江苏、安徽淮河以南和福建、江西、湖南及湖北北部。

周世宗进军淮南，首攻寿县（今安徽寿县），途中两军遭遇，大败唐军，获首次胜利。南唐主将皇甫晖退至滁州（今安徽滁州）清流关拒守。一月二十六日，赵匡胤奉命出击。他先派一百余名骑兵向唐兵营进攻，然后又让他们假装胆怯逃跑，在涡口（今安徽怀远境内涡河入淮河处）设下伏兵。唐军进入伏击圈后被歼。唐军大败，兵马都被杀，缴获战舰五十艘。涡口一役，解除了唐军来自北面的威胁。

驻守在滁州清流关的十万南唐军，由皇甫晖、姚凤统领，倚山背水，以天险为防线，严阵以待。赵匡胤只带了五千士兵，他采用声东击西战术，一面摆出要与唐军开战的架势，一面带领兵马，绕到清流关后突袭唐军。唐军猝不及防，退入滁州城内，断桥自保。赵匡胤率兵追到城下。皇甫晖被逼无奈，登上城头，向赵匡胤下了道战书："人各为其主，愿容列阵而战。"赵匡胤一听，正中下怀。他懂得兵不厌诈的道理，当皇甫晖整军出战、立足未稳之时，他突然跃马挺枪冲了过去，大呼道：我只取皇甫晖人头，其他人一概不管。唐军大乱，最后在姚凤带领下，向周军投降，滁州失守。这一仗，赵匡胤以五千之众，击溃十万之敌，打出了威风。

滁州之役后，周世宗兵发扬州（今江苏扬州）。赵匡胤屯兵六合（今江苏扬州西北），阻止扬州周世宗军后退。唐将李景达率两万大军从瓜步渡江，逼近六合。当时赵匡胤手下不足两千兵，敌强我弱，他采取按兵不动,伺机破敌的策略。相持数日后，唐军浮躁起来。赵匡胤下令反击，他亲自披挂上阵，看到士兵有不尽力的，"阳为督战，以剑斫其皮笠，明日，遍阅其皮笠，有剑迹数十，皆斩之，由此部兵莫敢不尽死"。这一仗，杀敌五千余人，残敌急忙渡江而逃，争渡落水溺死者不计其数。

赵匡胤屡立战功，显示了他的军事才能。十月，赵匡胤升任殿前都指挥使、领匡（宋避讳改定）国军（治同州，今陕西大荔）节度使。时年三十岁的赵匡胤，只经过了八九年时间，就由"无名小卒"升为高级将领，并获得了武官最高的节度使衔。虽然这次的节度使衔因"未于正衙宣制"，不算正式任命，但他的名望已随之迅速升高。由于殿前司增设都检点、副都检点为最高长官，都指挥使遂成为次长官。

显德四年（957）春，周世宗再次亲征南唐。赵匡胤又一次领兵从征。他此次攻击的目标，是寿州城外紫金山下南唐的先锋营寨及山北的另一个营寨。他率军出击，斩首三千余级，攻破两寨，使寿州成为一座孤城。南唐大将朱元率领万余人向周军投降，余部陷入慌乱之中。周世宗柴荣挥军大进，将寿州城外唐军杀得人仰马翻。敌主将许文稹等被俘，南唐军残部乘船沿淮河溃逃。后周军队水陆并进，两岸夹击，南唐援军遭到全歼。这次战役，共消灭和俘虏四万余人，缴获战舰、兵器不计其数。寿州投降。五月，三十一岁的赵匡胤被加封检校太保，正式授予义成军节度使，仍担任殿前都指挥使。

九月，周世宗第三次亲征南唐，赵匡胤率骑兵从征。十一月六日，周世宗亲率部队攻打濠州（今安徽凤阳东北）东北的十八里滩，唐军在滩内设栅栏固守。周世宗命令士兵骑骆驼涉水，令赵匡胤率骑兵跟进。赵匡胤身先士卒，策马渡河，部队急进，唐军水寨被攻破。接着，周军攻泗州城（今江苏盱眙北）。二十三日，周世宗在城上监军，赵匡胤首攻城南，焚其城门，又用俘获敌舰，攻唐军水寨，迫使泗州军投降。

十二月六日，周世宗亲自率军沿淮河北岸，命赵匡胤率步骑沿淮河南岸，水军乘船，东下攻楚州（今江苏淮安），在清口（今江苏淮阴西南）大败南唐军，追奔数十里，赵匡胤擒获南唐援军长官都应援使陈承昭，缴获战舰三百余艘，俘虏唐军七百余人。南唐水军几乎全军覆没。次年正月初，赵匡胤又在瓜步（今江苏扬州南）击败南唐水军，南唐被迫求和，把江北之地割给后周，世宗罢兵北归。赵匡胤在这次淮南战役中，奋勇作战，战功第一。五月，因功移领忠武军节度使，仍任殿前都指挥使。

显德六年（959）三月，周世宗北伐攻辽，侍卫亲军指挥使韩通任陆军都部署，赵匡胤任水军都部署。后周军队进至益津关（今河北霸州），辽守将终延辉率全城投降。四月末，赵匡胤率军首先进抵瓦桥关（今河北雄县西南），辽守将姚内斌出城迎战，被赵匡胤生擒，后投降。接着辽莫州（今河北任丘）刺史刘楚信、瀛洲（今河北河间）刺史高彦辉也率全城投降。周世宗出兵四十二日，得三州十六县，不折一兵一卒。五月二日，周世宗大宴部将，准备再接再厉谋图幽州，不幸在军营中染病。五月八日，周世宗下令韩令坤、陈思让留守新置的雄、霜二州，起驾回京，北伐就此中止。

（三）"陈桥兵变，黄袍加身"

"陈桥兵变，黄袍加身"，赵匡胤一举夺得了政权，建立了宋朝。当然，这不是偶然的，是他处心积虑长久谋划的结果。

首先，培植自己的骨干队伍。五代时，军队中的军官常有结义兄弟之类的组织，像三国时刘备、关羽、张飞"桃园三结义"一样，不求同年同月生，但求同年同月死，是一种生死与共的宗派。赵匡胤从军后结成"十兄弟"，除他本人外，其他九人是杨光义、石守信、李继勋、王审琦、刘庆义、刘守忠、刘廷让、韩重斌和王政忠（李攸：《宋朝事实》卷九，《勋臣·太祖义结兄弟》）。

十人之中，从《宋史》有纪、传的赵匡胤、石守信、李继勋、王审琦、刘廷让、韩重斌六人看，他们都在后汉时投军于郭威部下，当时的地位应大体相当，属于下级军官，结为"义社兄弟"当是此时或是后周广顺初年，也可能不是赵匡胤为首。

后周设殿前司，赵匡胤、石守信、王审琦、韩重斌四人在殿前司，李继勋、刘廷让则在亲军司任职。经过十年军旅生涯，到后周末期，赵匡胤晋升最快、官职最高，成为"义结兄弟"的首领。石守信继赵匡胤任殿

前都指挥使，王审琦继石守信任殿前都虞候，韩重斌任殿前司骑兵主力控鹤军都指挥使。侍卫亲军的李继勋原先升迁得最快，地位最高，早于赵匡胤任殿前都虞候、节度使，高平之战后调入侍卫亲军司，淮南战役中失利后降官，地位比赵匡胤低；刘廷让原在侍卫亲军司任龙捷都校，后入殿前司任铁骑右厢都指挥使；史无明载的杨光义、刘庆义、刘守忠、王政忠四人，也应是禁军中级以上军官。这些人是赵匡胤陈桥兵变的基本力量。

其次，父亲在禁军中的部属、好友，也是赵匡胤的借用力量。赵匡胤的父亲赵弘殷在禁军侍卫亲军司中，从低级军官到驻京部队高级军官，任职三十多年，有许多部属、好友都自然成了赵匡胤可利用的力量。

再次，赵匡胤培植的私人势力。大致在显德三年（956），后周大将、永兴军节度使刘词死后，赵匡胤接收了他的幕僚的主要成员，王仁赡、楚昭辅，两人都颇有才干，特别是后来成了赵匡胤重要谋士的赵普。另外，幽州人吕余庆、宋州人刘熙古、开封人沈义伦、潞州人李处耘等，也都被赵匡胤拉拢到自己的圈子中。

通过这些帮派活动，赵匡胤有了政变的资本，但当时他还不是禁军的最高统帅。禁军最高统帅张永德是郭威的女婿，柴荣是郭威的姑表侄，两人是君臣加亲戚，关系非同一般。周世宗北征时，发生了一件怪事，帮了赵匡胤的大忙。据《旧五代史·周世宗纪》载：世宗北征时，"一日，忽于地中得一木，长二三尺，如人之揭物者，其上卦全题云：'点检做'，观者莫测何物也"。《宋史·太祖本纪》的记载稍有不同："世宗在道，阅四方文书，得韦囊，中有木三尺余，题云'点检作天子'，异之。"意思是殿前都检点张永德想做皇帝。

这一道谶符，很显然是人为的。宋史专家邓广铭先生推测，是与张永德矛盾很深的李重进（周世宗女婿）为了陷害张永德而作（参见邓广铭《赵匡胤的得国及其与张永德李重进的关系》，《东方杂志》第41卷第21期，1945年）。但更可能是赵匡胤指使人制造的，而且，应该是在周世宗得病后返京途中。因为赵匡胤看到了希望，只有排挤掉张永德，他才能取而代之，成为禁军的最高统帅，牢牢地把禁军掌握在自己手中，为其争夺政权创造最有利的条件。

五月三十日，周世宗驾车回京。六月初，周世宗免掉了张永德的殿前都检点职务，无意中扫除了赵匡胤政变的最后一个障碍。赵匡胤如愿以偿，被任命为殿前都检点，成了禁军的最高统帅。

数日后，周世宗病逝。

后周世宗柴荣从得病到去世，不足两月，英年早逝，对后事没有充分准备，仓促之间，将符氏立为皇后，年仅七岁的皇长子柴宗训继位，是为周恭帝。任命文臣范质为丞相，王溥为副相，魏仁辅为枢密使，自然有"托孤"之意。孤儿寡母，"主少国疑"，加上不久前发生的"点检做天子"的谶符，引发了赵匡胤篡夺后周政权的野心。于是，他自编自导了一出"陈桥兵变，黄袍加身"的闹剧。

显德七年（960）大年初一，后周君臣正在庆贺新年，京城到处一派节日景象。正在这时传来北部边防军报称，镇州（今河北正定）、定州（今河北定州市）报告北汉勾结契丹入侵。执掌朝政的宰相范质、王溥一时没了主意，情急之下，也未对这份军情边报进行核实，便以周恭帝的名义下诏，令赵匡胤率领禁军北上御敌。

赵匡胤奉命出征时，做了周密的安排：高怀德、张令铎等随军出征，殿前都指挥石守信、都虞候王审琦留在京城（开封）。他让年老德高的殿前副都检点慕容延钊初二率前军先出发。当天，城内就传出了"将以出军之日，策点检做天子"的流言。

正月初三，赵匡胤率大军离东京北去，值得注意的是，他的重要谋士赵普、李处耘、楚昭辅等人也随行。

赵匡胤离开京城后，禁军军校苗训在军中指着太阳对人说，天上有两个太阳，黑光磨荡争斗了很长时间，并煞有介事地对赵匡胤的亲信幕僚赵普解释说："一日克一日，这是天命。"两人一唱一和，一传十，十传百，在士兵中很快就传开了。

当天下午，赵匡胤率军行四十里，屯扎在京城东北的陈桥驿（当时在黄河南，今在黄河北岸河南封丘东南、开封东北）。当晚，赵匡胤指使他

的谋士赵普、李处耘及其弟赵光义进行活动，制造哗变舆论。自己却喝酒后闷睡。将士议论说，当今皇上年幼，不能亲政，不如先立点检做天子，然后北征。将士们找赵普拿主意。赵普弄清他们拥护赵匡胤做天子后，让他们回去约束自己的部下，并立即派人连夜飞马进入京城报信，要留在京城的石守信、王审琦做好里应外合的准备。

"夜五鼓，军士集驿门，宣言策点检（赵匡胤）为天子，或止之，众不听。迟明，逼寝所，太宗（赵光义）入白，太祖（赵匡胤）起。诸校露刃列于庭，曰：'诸军无主，愿策太尉（对高级将领尊称）为天子。'未及对，有以黄衣加太祖身，众皆罗拜，呼万岁，即掖太祖乘马。"（《宋史》卷一《太祖本纪》）

太祖拉住马缰绳对将领们说：我的号令，你们能够服从吗？众将下马答道，坚决服从命令。太祖说：太后、皇帝，我都北面侍奉他们，你们这些人不能惊扰、冒犯；各位大臣都是我的平辈、同事，你们不得侵犯凌侮；朝廷的府库、官宦百姓的家庭，不得侵犯、掠夺。听从命令有重赏，违抗命令就杀你们的头。将领们再次下拜，队伍严整地回到京城。

当日早朝未退，侍卫亲军副都指挥使韩通自内廷奔出，调集人马去攻打石守信把守的殿前司公署，在左掖门中了石守信的埋伏，兵士逃散，韩通逃回家中，被禁军将领王彦升追上杀死。这次政变中唯一的抵抗，就这样结束了。

赵匡胤在众人的簇拥下，登上明德门，命令将士回到军营去，自己也回官署。过了不久，将士们押着宰相范质、王溥等大臣，来到殿前司公署，已脱下黄袍的赵匡胤见了他们，哭着说："吾受世宗厚恩，为六军所迫，一旦至此，惭负天地，将如之何？"范质等人还没有来得及答话，赵匡胤亲信罗彦瓌立即手按宝剑对范质等人说："今日必得天子！"早已暗中向赵匡胤表示愿拥立他为帝的王溥"降阶先拜"，丞相范质不得已随后也拜，"遂称万岁"（《续资治通鉴长编》卷一，建隆元年正月甲辰）。

赵匡胤遂即来到崇元殿行禅代礼，赵匡胤的党羽、翰林学士承旨陶谷立即拿出后周恭帝退位制书，宣徽使引导赵匡胤到了殿前庭院，北面下拜接受制书后，然后登上崇元殿，换上龙袍、皇冠，登上皇帝宝座，是为宋太祖。次日（正月初五，公元960年2月4日）下诏，因所领归德军节度使州名宋州，建国号宋，国都仍设在东京开封，改后周显德七年为宋建隆元年，宋朝正式建立，史称北宋。

赵匡胤建立宋朝后，随即对有"翊戴之勋"的开国功臣石守信、高怀德、张令铎、王审琦、张光翰、赵彦徽以及其余领军的军官加官晋爵。其中石守信、王审琦属殿前司，又是"义社兄弟"，其余的都是侍卫司。领有重兵巡守北边的侍卫马步都虞候韩令坤，率领前军先行的殿前副都点检慕容延钊，二人虽未参加"陈桥兵变"，但对防御辽军可能乘宋朝新建而南犯至关重要。当他们都表示听命时，赵匡胤不仅将他们分别升任为侍卫、殿前两司正长官，并都授予节度使兼同平章事或同中书门下二品衔，首先成为宋朝名位最高的使相（享有宰相的礼遇）。

随后，赵匡胤又提升他原归德军节度使幕府的属官刘熙古、赵普、吕余庆、沈义伦、李处耘、张彦柔等人的官职，把他们安排到重要位置上：赵普任枢密直学士，李处耘任枢密承旨，掌枢密院实权。

赵匡胤又礼遇后周王室，封周恭帝为郑王，迁居西京洛阳；对后周从朝廷到地方的文武官员一概留任；对原臣属于后周的荆南高保融、吴越钱镠等割据政权，也分别升官晋爵。

二月，原后周宰相范质升为侍中，次相王溥也加司空衔，但同时免去他们参知枢密院的兼职，明升暗降，完成了重要人事调整。

对于赵匡胤"陈桥兵变，黄袍加身"，毛泽东有精辟论述。1975年5月29日，据当时给毛泽东读书的北大中文系讲师芦荻回忆，毛泽东指出，每一部史书，都是由继建的新王朝的臣子奉命修撰的，凡关系到本朝统治者不光彩的地方，自然不能写，也不敢写。如宋太祖赵匡胤本是后周的臣子，奉命北征，走到陈桥驿，竟发动兵变，篡夺了周的政权。《旧五代史》（宋臣薛居正等撰）里却说，他黄袍加身，是受将士们"擐甲将刃"、"拥迫南行"被迫的结果，并把这次政变解释成是"知其数而顺乎

人"的正义行为。（芦获：《毛泽东读二十四史》，1993年12月20日《光明日报》）

毛泽东从历史书籍的撰写情况，揭示了旧史书写祥瑞、迷信的原因，并对赵匡胤陈桥兵变进行了中肯分析，指出它是一次篡夺后周政权的政变，至于他出生时香气三日不散及两次"点检做天子"的符谶，都是为了神化他，说明他篡夺政权是合乎天意、顺乎人心的。这统统是骗人的鬼话。

二、武功之二：一统山河

赵匡胤出身武将世家，自幼习武，青年从军，屡立战功，抓住有利时机，发动兵变，夺得政权，可以说是他初出茅庐，牛刀小试，也是他的武功表现。而登上皇位后的平定叛乱，扫灭各国，一统山河，才是他武功的主要业绩。

（一）平定二李叛乱

赵匡胤新建的宋王朝，当时还只得到首都东京及部分地区的认可，各地节度使大多按兵不动，静观局势变化。其中后周昭义军节度使李筠和淮南节度使李重进，则公开打出反叛大旗，赵匡胤只得用武力剿平，别无选择。

李筠，并州太原人，是后周建国功臣，自称与周世宗"义同兄弟"，以昭义军节度使驻守潞州（今山西长治）八年，领泽、潞、邢、洛、卫等州，掌有河东、河北两个重要财赋区，是当时势力最强大的一个藩镇。广顺元年

每一部史书，都是由继建的新王朝的臣子奉命修撰的，凡关系到本朝统治不光彩的地方，自然不能写，也不敢写。如宋太祖赵匡胤本是后周的臣子，奉命北征，走到陈桥驿，竟发动兵变，篡夺了周的政权，《旧五代史》（宋臣薛居正等撰）里却说，他黄袍加身，是受将士们"擐甲将刃"、"拥迫南行"被迫的结果，并把这次政变解释成是"知其数而顺乎人"的正义行为。（芦获：《毛泽东读二十四史》，1993年12月20日《光明日报》）

（951）时已是节度使，赵匡胤当时只是禁军的小校。李筠不仅自广顺二年移镇潞州以来，一直是北周抗击北汉的主将，而且资历远远高于赵匡胤，对于赵匡胤的取代周朝十分不满。最初，赵匡胤想拉拢李筠，许他进京当中书令，他的儿子李守节进京任皇城使，掌管宫门禁令、宿卫。李筠不为所动，北汉皇帝刘钧写了封密信，送交李筠，鼓动他与北汉联合，共同起兵，反对宋朝。四月，李筠决定臣属北汉，联合反宋。

这是后周节度使首起反宋事件，赵匡胤十分重视。他立即命令侍卫副都指挥使石守信和殿前副都点检高怀德这两个亲信率军出征。五月初，又派殿前都点检、镇宁节度使慕容延钊，彰德军留后王全斌率兵从东路与石守信、高怀德会合，同时准备亲征。

在完成军事部署同时，赵匡胤对首都的事也做了安排。吴延祚被任命为东京留守，吕余庆协办；其弟、殿前都虞候赵光义为大内都点检；侍卫马步军都指挥使韩令坤率兵驻守河阳（今河南孟州）。赵光义控制后宫，不会出大问题，韩令坤驻守河阳，进可攻李筠，退可防东京变故。这个安排，表现出赵匡胤作为一个军事家的战略眼光。

五月初五，李筠部队与石守信、高怀德的先头部队在长平（今山西高平西北）交战。李筠的部队被斩三千人，据点大会寨被攻破。

五月二十一日，赵匡胤从京城出发，二十四日到达荥阳（今河南荥阳），洛阳留守向拱建议，急渡黄河，翻越太行山，对李筠进行突袭。赵普也建议，日夜兼程，攻其不备，一战而胜。

赵匡胤接受二人建议，挥军北上，翻越太行山，他率先在马上抱着石头前进，群臣、部众都学他背石头铺路前进。

五月二十九日，石守信、高怀德在泽州（今山西晋城）之南大败李筠部队三万余人，俘虏北汉河阳节度使范守图，斩杀北汉派驻李筠部队的监军卢赞。李筠溃败逃入泽州城内，固守不出。

六月一日，赵匡胤到远泽州城外，督军攻城，十天没有攻下，战争陷入胶着状态。

赵匡胤采用控鹤左厢都指挥使马全义强攻的建议。马全义率敢死汉首

看
八·大·帝·王

先登城，飞箭穿透手臂，他咬牙拔出箭头，继续攻城。赵匡胤率警卫部队紧紧跟进。十三日，泽州城被攻破，李筠自焚而死。

十七日，宋军乘胜攻打潞州（今山西长治），两天后，李守节举城投降。至此，李筠的反叛被镇压下去了。

第二个敢向赵匡胤叫板的是淮南节度使李重进。

李重进，沧州（今河北沧州）人，是后周太祖郭威的外甥，后周王朝的开国功臣，也是周世宗的顾命大臣。

将军征战图

周太祖时，任武信军节度使。随世宗征淮南有功，历任庐、寿等州招讨使。他长期在侍卫司、殿前司任高级军官，又先后担任殿前司、侍卫司长官，屡建战功，名位和战功都在赵匡胤之上，而且又与赵匡胤早有矛盾。后周末期，他任统辖大部分禁军的侍卫马步都指挥使兼领淮南节度使，以镇服新归属的淮南地区。

赵匡胤建立宋朝后，随即罢免李重进的军权，以效忠于自己的韩令坤代为侍卫马步军都指挥使，李重进则升兼中书令，即为最高级别的使相，给予很高的礼遇。但是，当李重进请求回京朝见时，赵匡胤也许是由于宋朝新建，害怕李重进的进京可能会动摇宋朝政权的基础，因而婉言谢绝了李重进回京的请求，使李产生了怀疑。

李重进无路可走，于是便想与李筠联合反宋。李筠起兵时，他派出心腹翟守珣去联络，准备起兵响应。不料翟守珣去了东京，通过枢密承旨李处耘求见赵匡胤，告密并出卖了李重进。九月，赵匡胤在平定李筠后，下诏移李重进为北方的平卢军（青州，今山东青州）节度使，接着又派六宅使陈思诲手持"铁券"往赐以安其心，但这反而更增加了李重进的疑惧之心。

李重进拘押了陈思诲，并派人向南唐求援。南唐不敢接纳使者，反把这一消息报告了宋廷。这时，李重进的扬州都监、右屯卫将军安友规投降宋朝。李重进怕引起连锁反应，便囚捕了数十名军校，并把他们杀死。

十月二十一日，赵匡胤决定御驾亲征，石守信出任扬州行营都部署兼知扬州行府事，王审琦为副手，李处耘为都监，宋延渥为排阵使，负责战术，统领禁军征讨。他又任命赵光义为大内都部署，吴延祚和吕余庆为东京留守。

赵匡胤乘船经宋州（今河南商丘市南）、宿州（今安徽宿州）到达泗州（今江苏泗洪东南），命令诸将击鼓前进。十一月一日，赵匡胤到达扬州城下，当日城被攻破。李重进自焚而死，淮南平定。

李筠、李重进的迅速溃败，使得其他对宋朝不满的节度使相继俯首听命。

（二）假途灭虢平荆、湘

宋朝建立时，北方有强大的辽国，太原有北汉，南方分布着南唐、吴越、后蜀、南汉、南平（荆南）等国，并且有周行逢在湖南、留从效在泉州、漳州割据。在平定李筠叛乱之后，赵匡胤没有乘胜北征北汉、辽国，而是首先集中兵力统一经济富庶的江南。他制定这一"先南后北"战略，是权衡各方面的利弊作出的。

建隆三年（962），赵匡胤把这一战略方针向赵光义作过说明："中国自五代以来，兵连祸结，帑禀虚竭，必先取西川，次及荆、广、江南，则国富饶矣。今之劲敌，只在契丹，自开运以来，益轻中国，河东与契丹接境，若取之，则契丹之患我当之也。姑存之，以为我屏翰，俟我富实则取之。"

这一战略的制定，大体上是以宋朝的兵力和国力为基础的，比较符合赵宋王朝新立的实际情况。建隆二年（961），赵匡胤分别派遣众将驻守北边和西北各州，以防御辽国和北汉。西北既无后顾之忧，集中力量向南方进攻，逐个消灭了各割据国。

1. 平荆南

建隆三年九月，湖南武平军（朗州，今湖南常德）节度使周行逢死，其子周保权继任，大将张文表起兵反保权，割据潭州（今湖南长沙）。周保权派使者向宋朝求援，这正好给宋朝以出兵的借口。

同年，割据荆南的高保勖死，其侄高继冲继位。荆南处在各割据国的包围之中，国势衰弱，兵不过三万人。赵匡胤审时度势制定了假道荆南，攻取湖南，一举荡平荆湘的战略方针。这叫"假途灭虢"之计。《左传·僖公五年》记载，晋国向虞国（今山西平陆西北）借道去打虢国（今河南三门峡市峡州区东南），虞国答应了晋国的要求。但晋国灭了虢国之后，在回师途中，顺便把虞国也灭了。后用以泛指以向对方借路为名行灭亡对方之实的计谋。这是我国古代著名的"三十六计"之一。

乾德元年（963）正月，赵匡胤起用宿将慕容延钊为湖南道行营都部署，以枢密副使李处耘作监军，调集安、复、郢、澶、孟、宋、亳、颖、光等州州兵会师襄阳（今湖北襄阳），向荆南进发，同时诏荆南发北兵三千人赴潭州（今湖南长沙）会攻。

二月，李处耘率宋兵到达襄阳，派丁德裕晓谕高继冲，宋兵征讨张文表须借道荆南，要他供应粮草。当时荆南负责军政事务的孙光宪和梁延嗣一阵犹豫之后，答应下来。兵马副使李景威力陈不可："今王师虽假道以收湖湘，然观其事势，恐因而袭我。"并请自带三千人马，在荆门途中险要处伏击宋军，未被采纳。

李处耘率宋兵到达距江陵仅有百里之遥的荆门，与高继冲派的犒赏宋兵的梁延嗣相遇，殷勤相待，并让他次日先回。就在当天晚上慕容延钊宴请梁延嗣时，李处耘已率轻骑数千直达荆南都城江陵（今湖北江陵），高继冲在城北十五里出迎，而李处耘留他候见慕容延钊，而自己则率部队入城。到高继冲与慕容延钊进江陵时，城中宋兵已满列街巷。高继冲大惊，迫不得已，只得奉上3州17县，143300户图籍降宋，荆南平。

2. 灭湖南

宋兵继续向湖南进发，湖南周保权派杨师璠讨伐张文表。杨师璠在平津亭大败张兵，并攻占了潭州，活捉了张文表，其部下杀死了张文表。

张文表既诛，宋兵不但不撤，而且日夜兼程，奔赴朗州（今湖南常德）。周保权决定抵抗。其大将张从富拒不接待慕容延钊派的使者，而且拆毁境内桥梁，沉没船只，砍伐树木，阻塞道路，严阵以待。慕容延钊不敢贸然进攻，连忙上表请旨。赵匡胤的诏书火速到达，他强词夺理地说："尔本请师救援，故发大军以拯尔难，今妖孽既殄，是大造汝辈也，何为反拒王师，自取涂炭，重扰生聚！"

二月，慕容延钊派战棹都监武怀节等分兵直取岳州（今湖南岳阳），在三江口大败敌军，获战船七百余艘，岳州城破。

三月，张从富出兵在澧州城南拒迎宋军，尚未交战，部兵溃散，李处耘乘胜追击，攻破敖山寨。十日，慕容延钊率兵进入朗州，在西边山下擒获张从富，斩首示众。周保权及其家人藏到江南寺中，被李处耘部将田守奇活捉。至此，周保权政权的抵抗被平息，湖南平。共获14州，1监，66县，97388户。

宋朝出兵，旗开得胜，占有荆、湘。从此，西逼后蜀，东胁南唐，南方可直取南汉，战略上处于极为有利的地位。

（三）两面夹击平蜀、唐

赵匡胤平荆、湘后，就策划西取后蜀，东灭南唐。

1. 灭后蜀

后蜀，五代十国之一。公元926年，孟知祥任后唐西川节度使，公元933年后唐封为蜀王，次年称帝，建都成都，国号蜀，史称后蜀。据有今四川和陕西南部、甘肃东南部、湖北西部之地。土地肥沃，物产丰富，较少受中原战乱之扰。

看
八·大·帝·王

孟知祥在称帝当年死去，传位给儿子孟昶。孟昶在位31年，是五代十国时期在位时间最长的一位皇帝。他继位后曾一度励精图治，但不久便疏于朝政，耽于享乐起来。

乾德元年（963）四月，赵匡胤把华州团练使张晖调任凤州（治所在梁泉县，今陕西凤县东北凤州镇）团练使，兼西南行营巡检壕寨使，专门探听后蜀国内虚实、山川形势。张晖到凤州后，"尽得其山川险易"，密报赵匡胤。赵匡胤还多次诏见熟悉西川形势的原荆南御医穆昭嗣，询问蜀国地理形势。穆昭嗣说："荆南是西川、江南、广南的交会之地，如今荆南已克，则水路、陆路均可直奔蜀国。"听了这番话，赵匡胤决心出兵。他依据事先绘制的后蜀详细地图，制定了进军路线和作战方略，出兵前，做了充分的准备。

赵匡胤正愁师出无名，后蜀枢密使王昭远派遣去联络北汉共同抗宋的使节赵彦韬到了开封，他偷取蜡丸帛书献给了赵匡胤。赵匡胤大喜，说：我西讨有理了！

十一月，赵匡胤以忠武军节度使王全斌为西川行营凤州路都部署，武信节度使崔彦进为副都部署，枢密副使王仁瞻为都监，组成北路军；宁江节度使刘光义为归州路副都部署，内务省使曹彬为都监，组成东路军。调集六万大军伐蜀，王全斌自凤州出兵，刘光义自归州出兵，两路夹击。

蜀主孟昶任命王昭远为西南行营都统，赵崇韬为都监，韩保正为招讨使，李进为副使，率军抵抗。主帅王昭远自幼熟读兵书，自以为是诸葛亮再世，根本不把宋兵放在眼里。在宰相李昊为他举行的宴会上，他大言不惭地说：此行何止战胜宋军，我必率我的三万鲸面少年，轻易夺取中原。

十二月十九日，北路军在王文斌统率下，攻克乾渠渡和万仞、燕子寨等蜀军据点，夺得兴州（今陕西略阳），击溃蜀军七千人，缴获军粮四十余万斛。刺史蓝思绾和韩保正退守西县（今陕西勉县西）。宋军马军都指挥使史延德率先头部队追击，生擒韩保正及其副手李进，缴获军粮三十余万斛。宋兵追至三泉（今陕西宁强西北），再至嘉州（今四川乐山），蜀军被迫绕毁栈道，后退至葭萌（今四川剑阁东）。

王全斌一方面令兵士修复栈道，一面进兵罗川。两军在深渡交战，蜀军依江列阵，宋兵分三路进攻，夺取桥梁。后蜀精锐来攻，又大破之，并乘胜攻克大漫天寨等蜀军据点，生擒义州刺史王审超、监军赵崇渥及三泉监军刘延祚。蜀军主帅王昭远引兵来战，三战三败，退保剑门（今四川剑阁北），王全斌率军进入利州（今四川广元），获得军粮八十万斛。

　　乾德三年（965）正月，王全斌率军从利州攻剑门，兵到益光，被天险阻隔，得蜀降卒指点，得知益光江东越过几座大山，有条来苏小道。蜀兵只在长江西岸布防，从东岸可以渡江，从那里出剑门二十里，到达青强店，即可同官修大道会合。王全斌派偏师经小道渡过长江，架设浮桥，蜀兵弃寨逃跑，宋大军沿青强店大道进军。蜀副将赵崇韬战败被俘，主帅王昭远脱去甲胄逃跑。宋兵占领剑州（今四川剑阁）。王昭远逃到东川，藏入老百姓们的仓库里，涕泪交流，哭得两眼红肿。宋军追至，束手就擒。

　　王全斌率军到魏城（今四川梓潼西南魏城镇），蜀国主孟昶降宋。宋兵进入成都。

　　东路军在刘光义指挥下，连破松木、三会、巫山等寨，杀蜀将南光海等，歼敌五千多人，活捉战棹都指挥使袁德弘等一千二百人，缴获战舰二百余艘，斩获水军六千多人。当初，后蜀在夔州（今重庆奉节东）架设浮桥封锁长江，浮桥设置三道御敌栅栏，长江两岸布置火炮。宋兵按照赵匡胤的指示，在离浮桥三十里处，舍舟登岸夺取浮桥，再令战舰沿江而上，于是攻破夔州（今重庆奉节东），部队在白帝庙西扎营。后蜀宁江节度使（治夔州）高彦俦主张坚守，监军武守廉坚持出城作战。二十六日，武独率部众一千余人出战，被宋马军都指挥张廷翰打败，宋军乘胜攻入城内，高彦俦登楼自焚而死。

　　刘光义、曹彬率军自夔州进兵，连降万、施、开、忠、遂等州，峡中各郡，全被占领。刘光义领兵到成都，和王全斌部众会合。后蜀灭亡。

　　从王全斌等从京师出兵至孟昶投降，前后仅66日，共取后蜀46州，240县，534029户。

　　在这里，我们不妨多说几句亡国之君孟昶。孟昶（919—965），五代后蜀末代君主，公元934—965年在位，孟知祥第三子，初名仁赞，字保元。即位后，抑制权臣，加强集权，想有一番作为，得后晋秦、阶、成三州归附，又攻取凤州，悉有前唐故地。但不久便耽于享乐，不思进取，沉溺于靡靡之音，过着花天酒地的生活。他特别宠爱花蕊夫人，留下不少风流艳事。

1957年6月，一天深夜，中南海派人来接冒广生（鹤亭），冒舒湮奉命陪父亲去见毛泽东。……后来，他们谈词的问题。冒广生提到：诗变为词，小令衍为长调，不外增、减、摊、破四法。蜀后主孟昶的《玉楼春》（冰肌玉骨）是两首七绝，经东坡的增字、增韵而成83字的《洞仙歌》。诗贵简练含蓄。孟昶原作本意已足，东坡好事，未免文字游戏。毛泽东真是风趣的解人。他说：东坡是大家，所以论者不以蹈袭前人为非，如果是别人，后人早指他是文抄公了。（舒湮：《1957年夏季，我又见到了毛主席》）

孟昶的《玉楼春》原作是："冰肌玉骨清无汗，水殿风来暗香满。绣帘一点月窥人，欹枕钗横云鬓乱。　起来琼户启无声，时见疏星渡河汉。屈指西风几时来，只恐流年暗中换。"

苏轼的《洞仙歌》原文如下："冰肌玉骨，自清凉无汗，水殿风来暗香满。绣帘开，一点明月窥人，人未寝，欹枕钗横鬓乱。起来携素手，庭户无声，时见疏星渡河汉。试问夜如何？夜已三更，金波淡，玉绳低转。但屈指西风几时来，又不道流年暗中偷换。"

两词均写蜀后主孟昶与宠妃花蕊夫人避暑摩诃池上之事，题材相同，而所用词牌不同，孟昶用的《玉楼春》，八句共56个字，说是两首七绝未免不可；苏轼用的《洞仙歌》，共81字，平心而论，也没有更多新意。应该说冒广生的看法十分精辟，不愧为词学专家。而毛泽东似乎不同意冒广生的意见，但不驳辩，却从东坡是大家说开，风趣解人，使人乐于接受。从两词所写孟昶与其宠妃花蕊夫人在摩诃池水殿避暑纳凉情事与感触，可见这位皇帝糜烂生活的一斑。

北宋消灭南唐作战经过示意图

图例
→ 北宋、吴越军
— 南唐军

东京

京师水军

曹彬军

潘美军

北宋

泗州

楚州

唐州

嘉州

郢州华军 金陵

泗州

江阴

润州 常州

和州

采石

宣州

吴越军 苏州

当涂 芜湖

荆州

汉阳

鄂州

武昌

黄州

王明巡江、阻援军

池州

铜陵

南唐

湖口

蕲春

杭州

江州

湖口

宋令吴越军南唐湖口守军十万人赴援金陵，十月二十一日被宋军阻援部王明，刘遇部于于湖口。

宋灭南唐作战经过
示意图

2. 灭南唐

南唐，五代十国之一。公元937年李昪代吴称帝，建都金陵（今江苏南京），国号唐，史称南唐。曾灭闽、楚，极盛时有今江苏、安徽淮河以南和福建、江西、湖南及湖北东部。共历三主，始主李昪，李昪之后是李璟，到赵匡胤建立宋朝时，国主是李璟之子李煜，史称李后主。

南唐是江南大国，但又是弱国。和后蜀的骄躁轻敌不同，南唐向宋朝屈服求自保。宋朝建立后，后唐中宗李璟即派遣使臣，以锦绮、金帛来贺赵匡胤即位。公元961年唐元宗死，子李煜继位。李煜爱好文学，覃思经籍，本不愿做皇帝，但阴差阳错，被推向了政治舞台，时年25岁。

李煜即位之初，即派中书侍郎冯延鲁给赵匡胤送上《即位表》，宣称自己是"徒以伯仲（兄弟）继没，次第推迁"，是不得才当皇帝的。贡纳金器两千两，银器两万两，沙罗绘彩三万匹，奉表告以袭位之故。奉朔称号待礼，悉遵后周旧制，表示"事大国不敢有二"。

李煜每年向宋朝贡献大批金银、锦绮、珍玩。宋朝每次出兵，也还要遣使贡献犒师。建隆三年（962），南唐入贡三次，国库空虚，以致"民间鹅生双子，柳条结絮"都要纳税。乾德三年（965），宋朝灭掉后蜀，南唐更加恐慌不安。次年，李煜奉宋朝命令，不顾国耻，派龚慎仪出使南汉，约其共事宋朝。开宝四年（971），宋灭南汉后，南唐陷入包围之中。李煜大为恐惧，向宋朝上表，自动削去南唐国号，称江南国主。第二年，李煜又贬损仪制，改"诏"为"教"。他还降封子弟，将封王诸弟改为公，又向宋朝贡钱三十万，纳米二十万石，以示"唯将一心，上结明主"。

李煜企图以对宋朝的恭顺，苟且偷安，维持他在江南的统治，宋朝当然不会容忍这个割据政权的长久存在。赵匡胤灭南唐主意已定，便接二连三制造借口。开宝四年（971），李煜派遣弟弟韩王李从善往宋朝纳贡，被赵匡胤扣为人质，不准回去；接着使用反间计，离间南唐君臣关系，李煜中计，错误地毒死了骁将林仁肇。

开宝六年（973），赵匡胤派翰林学士卢多逊为信使去贺李煜生表。回国途中，停舟宣化口，派人告诉李煜：朝廷重修天下图经，史馆独缺江南诸州，愿各求一本带回。李煜不知是计，便命中书舍人徐锴通宵达旦校对后，送给卢多逊。于是，南唐江南19州的地理形势、屯戍远近、户口多寡等情况尽在宋掌握之中。

开宝七年（974）七月，卢多逊回朝后，派遣阁门使梁迥出使南唐，对李煜说："大宋天子今冬有些庭燎之礼，国主宜往助祭！"李煜想到其弟前车之鉴，"唯唯不答"。九月，宋朝再派知制诰李穆为信使，带来赵匡胤的诏书说："朕将以仲冬有事圜丘，思与卿同阅牺牲。"李煜称疾辞谢，表示若强相逼迫，"有死而已"。李穆威胁说："朝与否，国主自处之。然朝廷兵甲精锐，物力雄富，恐不易当其锋也，宜熟计虑，无自贻后悔。"

与此同时，赵匡胤还成功地收买了吴越王钱俶。向钱俶的使者透露讨伐南唐信息，使钱俶不得不支持赵匡胤的这次军事行动。

当年十月，赵匡胤以曹彬为昇州西南面行营都部署，潘美为都监，发兵十万伐南唐。在此之前，宋朝已在荆湖造大舰黄黑龙船数千艘，做南伐的准备。曹彬自荆湖发战舰东下，直趋池州（今安徽贵池），守将蒋戈彦弃城逃跑。进至铜陵（今安徽铜陵），大胜南唐兵，缴获战舰二百余艘，生擒八百多人。接着，又连克芜湖（今安徽芜湖）、当涂（今安徽当涂），进屯采石矶，已至长江北岸。大破南唐兵两万人，缴获战马三百匹。十一月中旬，赵匡胤听从南唐落魄文人范若冰的建议，用战舰在长江上成功架设浮桥，宋军通过浮桥，顺利到达南岸，在秦淮河大败南唐水陆兵十万余人，直逼金陵（今江苏南京）城下。与此同时，钱俶率吴越兵攻克了常州、江阴、润州，形成了对金陵的外线包围。于是，金陵成了一座孤城。

李煜整天在后宫与僧徒道士谈经，政事都委托门下侍郎陈乔及学士张洎，军事交给都指挥皇甫继勋处置，徐元瑀、刁衎为内殿传诏。宋军兵临城下，李后主竟茫然不知。直到有一天自出巡城，见宋兵旌旗满野，大为惊慌。李煜急忙派遣"博学有辩才"的徐铉两次到东京去，企图说服赵匡胤言和。徐铉见到赵匡胤，极言李煜事宋甚恭，宋伐南唐师出无名，他谴责赵匡胤："李煜以小事大，如子事父，未有过失，为什么要兵戎相见呢？"赵匡胤反问："既称父子，为何要分南北两家？"徐铉还要唠叨，赵匡胤大怒，对徐铉说："不须多讲江南有什么罪。只是天下一家，卧榻之侧，岂容他人鼾睡！"徐铉仓皇逃回南唐。

事已至此，李煜只得令镇南节度使朱令赟火速勤王（指君王有难，臣下起兵救援）。朱发兵十五万，旌旗战舰和木筏，自鄱阳湖至长江，绵延数十里，蔚为壮观。进至皖口，与宋水军相遇，忙乱之中，朱令军士纵火烧宋战舰，不料风向转变，北风大起，反烧自家船只，南唐军溃散，朱令赟投火死，其副将王珲被宋军活捉。

南唐最后一支大军覆没，金陵危在旦夕。赵匡胤下令给曹彬，宋兵入城，不得杀掠，以保存江南财富为国家之用。十一月末，宋兵整队进入金陵，李煜奉表降宋，被俘到东京。南唐亡。江南19州，3军，108县，655065户悉入宋朝版图。

李煜到东京后，被赵匡胤封为"违命侯"，住在城外西北角一个小院里（此处现名"孙（逊）李唐庄"），过着屈辱的俘虏生活，"旦夕只以眼泪洗面"，还要陪王伴驾。有一次赵匡胤设宴，让他背诵自己的得意之

看
八·大·帝·王

作助兴，李煜诵其《咏扇》诗中"揖让舟在手，动摇风满怀"二句，赵匡胤称他是一个"翰林学士"。他的夫人小周后美貌绝伦，跟随李煜到东京，封为郑国夫人。她按例随命妇入宫，但每次入宫必被留数天才出。出必大泣，大骂李煜，李煜只能好言安慰她。

尽管李煜行为十分小心谨慎，还是无法消除宋天子的猜忌。他42岁那天，宋太宗赵光义，派其弟赵廷美给李煜送去的酒中下了牵机药，鸩杀了这位可怜可悲的亡国之君。他被毒死，据说与他这一时期写的著名词句"小楼昨夜又东风，故国不堪回首月明中"和"问君能有几多愁，恰似一江春水向东流"（《虞美人·春花秋月何时了》）有关。

李煜这个亡国之君，也是毛泽东颇为关注的人物。李煜（957—978），徐州人，初名丛嘉，字重光，号钟隐，五代南唐国主，世称"李后主"。他能诗文、音乐、书画，尤以词名。前期作品大都描写宫廷享乐生活，风格柔靡；后期作品，抒写对往昔生活的怀念，吟叹身世，表现了浓厚的伤感情绪，形象鲜明，语言生动，在题材与意境上，也突破了晚唐五代词以写艳情为主的窠臼，在文学史上有一定地位。

毛泽东认为书多读了，就当不好皇帝。1979年4月10日下午，他找当时的《人民日报》总编辑邓拓谈话时，批评邓拓是"书生办报"，"很像汉元帝"，说："南唐李后主虽多才多艺，但不抓政治，终于亡国。"（陈晋：《毛泽东之

"南唐李后主虽多才多艺，但不抓政治，终于亡国。"（陈晋：《毛泽东之魂》［修订本］，中央文献出版社1997年版，第367页）

历史上当皇帝，有许多是知识分子，是没有出息的。隋炀帝就是一个会做文章、诗词的人。陈后主、李后主都是能诗能赋的人。宋徽宗既能写诗，又能绘画。一些老粗能办大事情，成吉思汗、刘邦、朱元璋。（《毛泽东评点二十四史精华详析》，档案出版社1999年版，第130页）

魂》［修订本］，中央文献出版社1997年版，第367页）

1964年2月13日，毛泽东在北京召开的春节座谈会上说，历代状元都没有很出色的。李白、杜甫不是进士，也不是翰林，韩愈、柳宗元只是二等进士，王实甫、关汉卿、罗贯中、蒲松龄、曹雪芹也不都是进士和翰林。就是当了进士、翰林都是不成功的。明朝搞得好的只有明太祖、明成祖两个皇帝，一个不识字，一个则识字不多。以后到嘉靖，知识分子当政，反而不成了，国家就管不好。书读多了，就做不好皇帝，刘秀是大学士，而刘邦是个大草包。（《晚年毛泽东》第257—258页）这里虽然没点名，但李煜当在读书多却做不好皇帝之列。

同年3月24日，毛泽东在一次谈话中说："可不要看不起老粗。知识分子是比较最没有知识的。历史上当皇帝，有许多是知识分子，是没有出息的。隋炀帝就是一个会做文章、诗词的人。陈后主、李后主都是能诗能赋的人。宋徽宗既能写诗，又能绘画。一些老粗能办大事情，成吉思汗、刘邦、朱元璋。"（《毛泽东评点二十四史精华详析》，档案出版社1999年版，第130页）在这里，毛泽东认为，很多知识分子皇帝没有出息，其中之一就是李煜，但他肯定了李煜的文学成就。

1945年9月，毛泽东在重庆谈判期间，单独会见通俗小说作家张恨水。当他得知张恨水原名心远，恨水是后来的笔名衍化为名字，是从李煜

"自是人生长恨水长东"句中截取两字时，就说："先生著作等身，堪可欣慰。后主词哀怨凄凉之作，竟被先生悟如此深意，可敬可佩！我也用过许多笔名，却无先生之名寓意隽永。"

"自是人生长恨水长东"，出自李煜《乌夜啼》："林花谢了春红，太匆匆。无奈朝来寒雨晚来风。 胭脂泪，留人醉，几时重？自是人生长恨水长东。"

词有豪放、婉约二派，毛泽东认为二派不分轩轾。李煜的词属婉约派，毛泽东也比较喜欢，李煜留下的词30多首，毛泽东圈点的就有14首，还手书过《虞美人·春花秋月何时了》和《浪淘沙·帘外雨潺潺》这两首名作。

1954年，毛泽东在北戴河写了著名的《浪淘沙·北戴河》：

大雨落幽燕，白浪滔天，秦皇岛外打鱼船。 一片汪洋都不见，知向谁边？ 往事越千年，魏武挥鞭，东临碣石有遗篇。 萧瑟秋风今又是，换了人间。

据毛泽东的秘书林克回忆，毛泽东同他谈过《浪淘沙》一词的写作缘由。说李煜写的《浪淘沙》都是婉约的，没有豪放的，他要反其意而行之。因此，用《浪淘沙》的词牌写了一首豪放的词。李煜《浪淘沙》词原文是：

帘外雨潺潺，春意阑珊，罗衾不耐五更寒。 梦里不知身是客，一晌贪欢。 独自莫凭栏，无限江山，别时容易见时难。 流水落花春去也，天上人间。

两词比照，就可以看出它们不仅词牌相同，用韵也一样，但一豪放，一婉约，风格迥异。毛泽东这样评价李煜的词："他的用词、意境都很美，但是情调柔弱、伤感。婉约派的作品我不大喜欢。"（林克：《我所知道的毛泽东》，中央文献出版社2000年版，第26页）他尽管不大喜欢李煜等婉约派词，但还是受其影响。

（四）劳师袭远灭南汉

开宝三年（970）九月，赵匡胤决定派兵灭南汉。

南汉，五代十国之一。公元904年初，刘隐为唐清海军节度使，据有今广东和广西之地。后梁贞明三年（917）其弟刘䶮称帝，建都广州，国号越，后又改为汉，史称南汉。公元941年刘䶮死后，其子刘玢继位，一年后刘玢被其弟刘晟所杀。乾和十六年（958），刘晟死后，其子刘鋹继位，年仅16岁，大权旁落，掌握在内监李托和宦官龚澄枢手中。

刘鋹继位的第二年，赵匡胤建立宋朝，南汉内常侍邵延玗向刘鋹建议，北宋势力早晚要南下，应预做准备。刘鋹不以为然。

乾德二年（964）九月，宋朝南面兵马都监丁德裕，潭州防御史潘美等率兵攻取郴州（今湖南郴州），杀其刺史及招讨史等南汉官员，刘鋹才命邵延玗率兵抵抗。但到次年夏天，宋军还未到达。有人告发邵延暗藏异心，试图谋反，刘鋹竟遣使赐邵自尽。

开宝三年（970）九月，南唐后主李煜奉赵匡胤之命致书刘鋹，劝其降宋。刘鋹不从，并扣留了使者。

赵匡胤以潭州防御史潘美为贺州道行营兵马都部署，朗州团练使尹崇珂做他的副手，道州刺史王继勋为行营马军都监，领兵灭南汉。南汉久无战事，"兵不识旗鼓，人主不知存亡"。潘美一举攻下贺州，进克昭州，又乘胜占领桂、连二州。南汉主刘鋹得到报告，对左右说："这些州本来是湖南地，宋兵得此即足，不会再南来。"

而事实和刘鋹的估计相反，十一月，潘美进取韶关（今广东韶关）。韶关是岭南门户，此城若失，广州便无险可守。刘鋹急令都统李承渥为元帅，率精锐兵马死守韶关。李承渥率军至韶关城北，驻扎在莲花峰下。两军交战时，李承渥出动"象军"，以象为列，每象载十余人，皆执兵器，气势甚盛；潘美命将士用强弩集中发射，象群向后逃窜，骑象士兵，纷纷坠地，宋军乘势冲锋，南汉兵大败，宋兵占领韶关。

宋兵继续南下，乾德四年（966）二月，攻占英、雄二州，刘鋹遣使赴宋军求和，潘美不许，一鼓作气进兵马径，在双女山下扎营，距广州仅十里。刘铢准备将嫔妃和金银财宝载入十余大船，入海逃跑，不料被宦官乐范和他的卫士把大船盗去逃走。刘铢遣左仆射萧漼再次向宋乞降。潘美派人把萧漼送往京城，又率兵攻城。刘铢这才下令以竹木编为鹿寨，严守城池。潘美采用火攻，派丁夫每人手持两把火炬，抄便道进至鹿寨附近，到了夜间，一齐放火烧寨，南汉兵大败。刘铢在广州焚烧府库宫殿，出城降宋。宋兵进入广州，刘铢被押解到东京。南汉之。宋朝得到广南60州，214县，170263户。

（五）不战而屈人之兵，吴越、泉州归附

1. 吴越来朝

五代十国时期，在江、浙一带有个吴越。吴越是钱镠所建。钱镠字具美（一作巨美），为浙江杭州人。唐末跟随石镜镇将董昌镇压黄巢农民起义军，任镇海节度使。乾宁三年（896）击败董昌，尽有两浙十三州之地。后梁开平元年（907）封为吴越王兼淮南节度使。建都钱塘（今浙江杭州）。公元907—932年在位。

开运四年吴越国五传至孙钱俶。吴越和南唐一样，竭力向宋朝表示恭顺。赵匡胤即位当年，钱俶即遣使祝贺，此后连年朝贡。开宝八年（975）四月，宋伐南唐，令吴越出兵助攻。钱俶带五万大军全力进攻，一连攻下江阴、宜兴、常州，对南唐造成两面夹击之势。李煜写信给钱俶说："今日无我，明日岂有君？一旦宋天子易地酬勋，王亦大梁一布衣耳。"钱俶连忙把信交给宋朝。

南唐亡后，开宝九年（976），赵匡胤要钱俶到东京朝见，讲明入朝后仍回杭州。二月，钱俶带领妻子孙氏、子钱惟浚、平江节度使孙承俶入京朝见。宋朝大加款待，两月后放他们回国。临行前，赵匡胤送给钱俶一个黄包袱，里面全是宋朝群臣请求扣留钱俶的奏疏。钱俶对赵匡胤非常感激，也大为恐惧。回国后，钱俶又派遣使臣贡献大批宝物。吴越对宋朝唯命是从，叫出兵就出兵，叫入朝就入朝。吴越实际上已经完全屈服在宋朝

的统治之下，只是还保留着一个国王的称号，等待宋朝削夺。

2. 泉州归附

五代时，割据泉州、漳州（均属今福建）地区的留从效接受南唐清源军节度使的名号，并封鄂国公晋江王。公元962年，留从效死后，由兄子留绍镃继立。留从效原牙将陈洪见新主年幼，便诬留绍镃将附吴越，执送南唐。另推副使张汉恩为留后，自封为副使。张汉恩年迈不能理事，大小事务都由陈洪决定。张汉恩担心陈洪专权，设宴伏兵想除掉陈洪，走漏消息，没有成功。

宋灭北汉之战示意图

而让张汉恩没有想到的是，乾德元年（963）四月的一天，陈洪用一把大锁把张汉恩锁在房内，威逼说："众将士认为你年老昏聩，推举我陈洪为留后，赶快把大印交出来！"这样奇怪的夺权竟得以成功，真是天下事无奇不有！乾德二年（964）初，赵匡胤正式将清源军改为平海军，任命陈洪为节度使。

隶属于宋朝以后，陈洪感恩戴德，每年向宋朝进贡。乾德四年（966），宋朝灭掉南唐，吴越入京朝见，泉州、漳州等成为孤立的据点，陈洪也请求到东京朝拜。陈洪行到南剑州，得知赵匡胤去世，便返回到节度使驻地。次年，陈洪入朝拜见宋太宗赵光义。太平兴国三年（978）四月，陈洪献上泉、漳二州十四县地。江南最后一个割据点也消灭了。

（六）北汉中道崩殂征

五代十国时期，太原还有一个北汉政权。公元951年后周灭后汉，后汉河东节度使刘旻（后汉高祖刘知远弟）在太原称帝，国号汉，史称北汉。据有今山西北部和陕西、河北部分地区。共历四主，29年。

开宝元年（968）七月，北汉主刘钧死，其养子刘继恩即位，赵匡胤认为这是消灭北汉的大好时机，次月即派遣李继勋、党进统兵进攻北汉。北汉刘继元杀刘继恩即位，辽军应请求出援北汉，宋军退回。

开宝二年（969）正月，赵匡胤亲自率兵征北汉，打败辽国援军，引汾水灌太原城，北汉坚守，围攻数月未下。辽国又派兵来援，宋朝只得再次退兵。

开宝九年（976）八月，赵匡胤再命党进、潘美等兵分两路，进攻太原。辽将耶律沙领兵援助北汉。不久，赵匡胤去世，宋太宗下诏班师。

赵匡胤从公元963年出兵荆湘至公元976年病逝，前后用了13年时间，消灭了南方各地长期的割据势力，给北方的北汉以重创。这既表现了他卓越的军事才能，更表现了他把握时势、顺应民心的敏锐政治眼光，符合历史发展的客观规律，是他得以成功的原因所在。

三、文治功业

赵匡胤这个大老粗，做了皇帝，不仅有赫赫武功，而且在文治方面也颇有建树。

（一）"杯酒释兵权"

赵匡胤是靠政变上台的，他深知掌握枪杆子的重要。所以，在平定"二李"叛乱之后，为了巩固他的统治，加强中央集权，便着手削夺有功将领的兵权。

其具体过程，据史书记载是这样的："乾德初，帝（赵匡胤）因晚朝与守信等饮酒，酒酣，帝曰：'我非尔曹（你们）不及此，然吾为天子，殊不若为节度使之乐，吾终夕未尝安枕而卧'。守信等顿首（磕头）曰：'今天命已定，谁复敢有异心，陛下何为出言耶？'帝曰：'人孰（谁）不欲富贵，一旦有以黄袍加汝（你）之身，虽欲不为，岂可得乎？'……帝曰：'人生白驹过隙尔，不如多积金、市（买）田宅以遗子孙，歌儿舞女以终天年，君臣之间无所猜疑，不亦善乎！'守信谢曰：'陛下念及此，所谓生死而骨肉也。'明日，皆称病，乞解兵权，帝从之。"（《宋史》卷250《石守信传》，《续资治通鉴长编》卷二作建隆二年七月）赵匡胤与其谋士赵普设计，借饮宴之机，以高官厚禄为条件，解除了将领兵权。这就是著名的"杯酒释兵权"。

赵匡胤为什么要解除将领的军权呢？这从事前他和赵普的议论就可看得很清楚。他问赵普：自唐末以来，帝王换了八个姓，战斗不止，不知原因何在？我要国家长久，有什么办法么？赵普回答说：这不是别的原因，只是由于方镇的权力太大，君弱臣强而已。现在要治国，也没有别的奇巧，只有夺他们的权，控制他们的钱谷，收他们的精兵……不等赵普说完，赵匡胤忙说：你不用再说下去，我已经懂了。于是，便想出了"杯酒释兵权"的奇招。

其实，赵匡胤解除将领的兵权是逐步实施的。他首先解除的是后周时名位与自己相近而关系较疏的韩令坤和慕容延钊的兵权。

韩令坤，武安人，年轻时与赵匡胤同属周太祖郭威部下。周世宗时从征淮南，攻打扬州、寿州，均有战功。恭帝即位，加检校太尉、侍卫马步都虞候，防守北部边境，平安无事。建隆二年（961）春末，韩令坤被罢侍卫马步都指挥使，"改成德军节度，充北面缘边兵马都部署。将赴镇，赵匡胤在别殿置酒饯之"（《宋史》卷251《韩令坤传》）。此后节度使赴镇置酒饯行成为定例。

慕容延钊，太原人，仕后周，因战功升为北面行营马步都虞候。与赵匡胤关系密切，近似于"义社兄弟"，虽然赵匡胤"常兄事延钊，及即

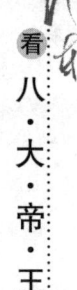

位，每遣使劳问，犹以兄呼之"，但到底不属于赵匡胤的嫡系。慕容延钊在后周末即任镇宁军（澶州，今河南濮阳）节度使、殿前副都点检，宋朝建立后升为殿前都点检、同中书门下二品，成为使相，平定李筠后又升兼侍中，但被"诏还澶州"节度使任，不让他来京到殿前司具体任职。建隆二年二月，"长春节（赵匡胤生日）来朝，赐宅一区"。当韩令坤罢军职赴节度使任后，慕容延钊了解赵匡胤收兵权的意图，遂自己上"表解军职"，遂被"徙为山南东道节度、西南面兵马都部署"。从此，宋朝不再设殿前都点检（《宋史》卷251《慕容延钊传》）

接着，收其亲信和开国元勋兵权。赵匡胤的"义结兄弟"、开国元勋石守信，时任殿前副都指挥使，"移镇郓州（治所须昌，今山东东平西北），兼侍卫亲军马步军都指挥使，诏赐本州宅一区"，明升暗降，"其实兵权不在也"。同样是"义结兄弟"、开国元勋的王审琦，时任殿前都指挥使，"移为忠正军（寿州，今安徽凤台）节度使；殿前副都点检高怀德，移为归德军节度使"。此后宋朝不再设殿前副都点检。殿前司从此以官级较低的殿前都指挥使、副都指挥使、都虞候为正副长官。

侍卫马步军都虞候张令铎也移为镇宁节度使。各节度使照例都去赴任。从此，殿前司的正副长官都指挥使、副都指挥使、都虞候，逐渐采取只设其中二职甚至一职，以架空侍卫亲军司（宋真宗时才正式取消），其下属的侍卫马军司、步军司逐渐成为直属机构，后与殿前司合称"三衙"。这是赵匡胤采取降低侍卫、殿前两司最高军官的名位，作为根绝禁军统帅发动兵变的重要措施。最后，开宝二年（969），赵匡胤再用"杯酒释兵权"的办法，故技重施，罢王彦超等节度使，解除藩镇兵权，以加强中央集权的统治，防止分裂割据。

军队是国家机器的主要柱石，赵匡胤在收回将领们的兵权以后，就着手建立兵制。宋朝军队的主力，是朝廷直接统领的禁军。赵匡胤在后周统领禁军六年，依靠这支部队推翻后周，登上皇帝宝座。他深知掌控军队的重要，即位后从各方面加强禁军的实力，集中掌握兵权。他即位第二年，即大力加强禁军，拣汰老弱，补充精壮。五月，下令各州拣选男壮兵士，升为禁军。除去禁军中的老弱，做"剩员"处理。退下来的下到各郡，仍给兵俸。各郡多用来看守仓库。乾德三年（965），又选强壮兵定为"兵样"，分送各地。各地军队按兵样选拔，送到京城做禁军。此后还多次派遣使臣到各地选择精兵补充。禁军集中在京师，赵匡胤亲自教阅，进行训练。由于禁军的不断选练，极大地加强了中央直辖的兵力，削弱了地方的兵力。

地方的镇兵，五代时驻守城厢，又称"厢兵"。乾德四年（966），赵匡胤下令禁止将帅选取军中精壮做牙兵（衙兵）。厢兵中的精锐，经过多次选拔，全被收入中央的禁军。留在地方的不再训练，只服杂役。

赵匡胤开宝年间（968—976），有禁军马步兵193000人（全国兵额378000人）。起初，禁军都驻在京师，后来它也部分地出守各地。当时十万人驻在京师，十万人派守外地。戍守边地重镇称屯泊（或驻泊），内郡要地称屯驻。京师漕运军粮，派禁军沿路守护，称"就粮军"。边地驻泊军由朝廷派遣的兵马都总管统辖，当地州官不得干预。屯驻军由兵马钤辖、都监统领。派出的禁军定期轮换。出戍京东、京西、河北、河东、陕西、江南、淮南、两浙、荆湘、川、陕、广东等地的，三年一轮换。广西等地，两年一轮换。陕西兵，半年一轮换。禁军家属妻子都住在京师。禁军军官提升时，都要调离原来的部队。统领驻泊、屯驻的禁军的将官由朝廷任命，也不固定。"兵不识将，将不识兵"，"不使上下人情习熟"，从而造成"兵无常帅，帅无常师"，"将不得专其兵"的局面。禁军将领也不能拥兵割据了。

聚集在京师的禁军分别由殿前都指挥使、侍卫马军都指挥使和步军都指挥使统辖，称为三衙或三司。三司只在平时负责对禁军的管理、训练，无权调遣。禁军的调动权归枢密院，枢密院又直接由皇帝指挥，实际上只有皇帝才能调动禁军。

禁军出外作战，由皇帝派遣将帅，并由皇帝亲自制订作战方案，指挥将领，甚至授以阵图。诸将领兵作战，不得擅改。这样一来，全国军队的精锐都集中在禁军，而禁军的选练、建置、驻守、出征、行军、作战等一

看
八·大·帝·王

切权力都集中在皇帝手中。

（二）二府、三司，削弱相权

赵匡胤不仅掌握了军权，也把政权牢牢地掌握在自己手中。自古以来，宰相被称为"一人之下，万人之上"，总理朝政，握有行政大权。赵匡胤要加强自己的权力，必然要削弱宰相的权力。宋朝的政治机构，适应加强皇权的需要，分列为政事、军务和财政三大系统，相互平行，各由皇帝直接统属。另设御史台负责监察。

宰相，宋沿唐制，设尚书、门下、中书三省。尚书、门下列于外朝，中书设于禁中，称政事堂。实际执政的宰相用平章事名号，无定员，有二人即分日掌印。宋初，赵匡胤用后周宰相范质、王溥、魏仁浦三人为相。

过去宰相在朝堂议事是"坐而论道"，也就是说，是君臣对座，赵匡胤嫌这样表现不出皇帝的至高无上。有一次范质上朝奏事，赵匡胤借口听不清，让范质靠近些。范质只好站起身来，走到赵匡胤身边陈说。当他奏完事归座时，一看座椅没有了，只得站着。以后便相沿成制，宰相上殿只能站立议事。范质当然懂得赵匡胤的用意。于是，乾德二年（964）正月，范质、王溥、魏仁浦等三位宰相再次请求罢相。赵匡胤求之不得，便立即批准了他们的请求，独用他的重要谋士赵普做宰相。

但是，行伍出身的赵匡胤虽已当了几年皇帝，却对宰相的任命程序并不了解，因急于要罢免范质等三人的相职，在颁布新宰相赵普的敕书时，竟没有在任宰相"署敕"。赵匡胤对赵普说："卿但进敕，朕为卿署字，可乎？"由于不合乎任命新宰相的程序，只得作罢。最后，听取翰林学士窦仪建议，改由宋州节度使加同平章事衔的赵光义"使相"，以有同平章事职名而行使宰相职权"署敕"。赵光义以使相"署敕"，闹了一个大笑话。

赵普（922—992），字则平，洛阳人。后周时任赵匡胤幕僚，掌书记，参与策划陈桥兵变，帮助赵匡胤夺得后周政权。宋朝初年，为枢密使，乾德二年（964）起任宰相，建议赵匡胤收地方兵权、财权，分化其事权，加强封建专制主义的中央集权。赵普为相之初，被赵匡胤看做是"萧（何）、曹（参）故人，燕赵奇士"，因而"视如左右手，事无大小，悉咨决焉"。权力是很大的，也是深得赵匡胤信任的。

总揽大权的赵普渐渐变得专断起来，相权与皇权发生了矛盾，赵匡胤对赵普逐步采取了防范措施。乾德二年（964）四月，赵匡胤又想用窦仪为宰相，但遭到赵普的强烈反对，于是又想为赵普设副手以分其权。"上欲为赵普置副而难其名称，召翰林学士承旨陶穀问曰：'下丞相一等者何官？'对曰：'唐有参知机务、参知政事'"，于是任命薛居正、吕余庆为参知政事做副相，此后成为定制。

开宝五年（972）二月，赵匡胤又任命端明殿学士、兵部侍郎刘熙古为参知政事。至此，参知政事已增至三人，大大加强了对赵普的牵制力量。

为了进一步削弱赵普的势力，开宝六年（973）四月，赵匡胤下诏对赵普掌握的中书堂进行大规模整顿，其15名官员实行三年轮换制，对赵普的势力进行釜底抽薪。同年六月，赵匡胤下令让参知政事薛居正、吕余庆升都堂，与宰相赵普同议军政大事，并让他们与赵普更换知印、押班、奏事，赵普的权力再次受到分割和牵制。

同年八月，赵匡胤正式下诏，罢免了赵普的宰相职务，让他出任河阳节度使，而把薛居正和沈义伦提升为宰相，卢多逊晋升为参知政事。赵普的被罢免，进一步加强了皇权。

宋朝建立后，枢密使改为专掌军事政令，调动禁军，与宰相分文武并立。中书省与枢密院号称"二府"（政府、枢府）。枢密院的大事都要奏报皇帝批旨。宰相与枢密使分别朝奏，彼此不相知。皇帝由此分别控制了政权和军权。

三司总管四方贡赋和国家财政，地位仅次于宰相，称"计相"。三司通领三部：盐铁掌管工商收入及兵器制造等事；度支掌管财政收支和粮食、漕运等事；户部掌管户口、赋税和酒业等事。地方州郡不留财赋，全国财政支出，都出自三司。

宋朝仍沿用唐制，朝廷设御史台，纠察官员，台分三院：台院、殿院、察院。初无专官，由官员兼职。御史中丞是御史台的最高长官。

此外，属于中央政府机构的还有审刑院和学士院。审刑院，赵匡胤时，刑部复核各地大辟（死刑）案；学士院负责起草皇帝各种诏书，包括宰相的任命、对外的国书等。翰林学士类似于顾问，可以直接向皇帝提出对国事的建议。

赵匡胤建立起中央集权的新官制，除了留用原来的旧官僚外，大批官员主要来源是科举。唐代已实行科举，但被门阀贵族操纵，取士很少。北宋初年，门阀制度已不复存在，科举向文人敞开大门，只要文章合格，不分门第、乡里，都可录取。建隆二年（961），赵匡胤录取进士11人，建隆四年（963）、乾德二年（964）各录取8人，取士比较严格。开宝六年（973），进士考试下第的人控诉考官取士有人情，赵匡胤召见下第、及第的若干人，重新考试诗赋，亲自阅卷。从此定为制度，进士及第都要经过皇帝亲自"殿试"考选。这样取士权也集中在皇帝了。赵匡胤实行科举制度的结果，使朝廷掌握了用人大权。赵匡胤建立起中央集权的政治制度，大大加强了皇帝的权力，成功地防止了地方割据势力的复辟，在当时具有一定的进步意义。

四、晚年两谜

赵匡胤在位17年间，通过战争消灭大多数割据政权，基本上结束了五代十国以来近半个世纪的分裂局面，实现了国家的统一。这是他的历史功绩。当时年仅50岁的赵匡胤，正可以有一番大的建树，却突然无疾而终，这样就引出关于他的传位和死亡的两个谜团。

（一）"烛影斧声"，千古之谜

对于开国皇帝赵匡胤的死，元丞相脱脱等撰写的《宋史》卷三本纪《太祖》只这样简单地记载："（开宝九年）冬十月……癸丑夕，帝崩于万岁殿，年五十。"脱脱是元朝的丞相，自然不必为赵宋王朝隐讳什么，说明当时情况已弄不清楚，故只"直书其事"罢了。但从他对赵匡胤此前不久的活动记述来看，还是有看法的。他对赵匡胤开宝九年的活动做了如下记载：

开宝九年（976）正月初四，赵匡胤来到明德门，在楼下接见原南唐后主李煜，没有用进献俘虏的仪式。初八日，大赦天下，犯有死罪的减刑一等。十二日，赵匡胤封李煜为"违命侯"，他的子弟和臣僚也都封了不同的爵位。十六日，江南昭武军节度使留后卢绛焚烧并掠夺州县。十七日，赵匡胤下令在东西两京举行祭祀活动。三十日，晋王赵光义率领满朝文武进上尊号，赵匡胤不许。

八月初一，吴越王钱俶进献会发射火箭的士兵。初五日，赵匡胤亲临新建的龙兴寺。初七日，太子中允郭思齐因贪赃受贿在闹市被斩首示众。十一日，赵匡胤到等觉寺，遂后又去了东染院，赐给工人钱币。又到控鹤营视察将士练习射箭，赐给将士布帛多少不等。又去开宝寺看藏经。十三日，赵匡胤派遣侍卫马军都指挥使党进、宣徽北院使潘美率兵讨伐北汉。二十二日，赵匡胤派遣西上阁门使等率领军队分五路进攻太原。

九月初一，赵匡胤亲临绫锦院。初七日，权高丽国事王伷派遣使臣来朝拜进贡。党进在太原城北击败北汉军队。十八日，赵匡胤命令忻、

毛泽东读《宋史·太祖本纪》批注

代行营都监郭进迁徙山后各州的老百姓。二十七日，赵匡胤亲临城南池亭，之后又去了礼贤宅，到了晋王赵光义的府第。

这年冬天十月初四，兵马监押马继恩率领军队进入河东地区，焚烧、扫荡了40多处营寨。初七日，镇州巡检郭进焚烧寿阳县，俘虏9000人。初八日，晋、隰巡检穆彦璋进入河东地区，俘虏两千多人。党进在太原城北再败北汉军队。二十日晚上，赵匡胤在万岁殿去世，终年50岁，灵柩停放在万岁殿的西道中，谥号为英武圣文神德皇帝，庙号为太祖。

毛泽东读到这里，批注曰："不书病，年五十。"（《毛泽东读文史古籍批语集》，中央文献出版社1993年版，第277页）

毛泽东这个批语，从两个方面对赵匡胤之死提出了质疑。一是"不书病"，赵匡胤死在宫中，极有可能是病死的，但史学家没有写他患病，就突然死去，这正是皮里阳秋之法，表现了史学家的怀疑，可疑者一；二是"年五十"，赵匡胤死时年仅50岁，正当壮盛之年，又没有病，况且这位"马上皇帝"长期征战，身强力壮，怎能只活到50岁就突然死了呢？所以，在毛泽东看来，赵匡胤的死，无疑是他人加害的非正常死亡。

那么，是谁把赵匡胤害死了呢？这从毛泽东读《宋史》卷五本纪《太宗》的批语中可以找到答案。

《太宗》本纪论赞有这样一段话：

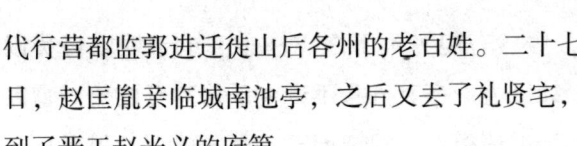

毛泽东对于赵匡胤之死，批注曰："不书病，年五十。"（《毛泽东读文史古籍批语集》，中央文献出版社1993年版，第277页）

"赞曰：帝沉谋英断，慨然有削平天下之志。……至于欲以自焚以答天谴，欲尽除天下之赋以纾民力，卒有五兵不试、禾稼荐登之效。是以青、齐耄耋之叟，愿率子弟治道请禅者，接踵而至。君子曰，'得乎丘民而为天子'，帝之谓乎？故帝之功德，炳焕史牒，号称贤君。若夫太祖之崩不逾年而改元，涪陵县公之贬死，武功王之自杀，宋后之不成丧，则后世不能无议焉。"

毛泽东对宋史作者的这个赞语有两条批语：一、在"帝沉谋英断，慨然有削平天下之志"句旁批道："但无能。"是说赵光义是个志大才疏，即志向远大而没有才能的人。二、在"帝之功德，炳焕史牒，号称贤君"句旁批道："幽州之败。"

"幽州之败"又是怎么回事呢？《太宗本纪》有详细描述，毛泽东又有精辟批语。我们且看原文：

"（太平兴国四年，即公元927年）六月……庚申（日），帝（赵光义）复自将伐契丹。……丁卯（日），次东易州（今河北易县），刺史刘宇以城降，留兵千人守之。戊辰（日），次涿州（今河北涿州市），判官刘厚德以城降。……庚午（日），次幽州（今北京西南）城南，驻跸宝光寺。契丹军城北，帝率众击走之。壬申（日），命节度使定国宋偓、河阳崔彦进、彰信刘遇、定武孟玄喆四面分兵攻城，以潘美知幽州行府事。契丹铁林厢主李札卢存以所部来降。癸酉（日），移幸城北，督诸将进兵，获马三百。幽州神武厅直并乡兵四百人来降。乙亥（日），范阳（即幽州）民以牛酒犒师。丁丑（日），帝乘辇督攻城。

秋七月庚辰（日），契丹建雄军节度使、知顺州刘廷素来降。壬午（日），知蓟州刘守恩来降。癸未（日），帝督诸军及契丹大战于高梁河（在今北京外城一带），败绩。甲申（日），班师。

庚寅（日），命孟玄喆屯定州（今河北定州市），崔彦进屯关南（今河北白洋淀以东的大清河流域以南至河间市一带）。乙巳（日），帝至自范阳。

……五年……十一月，……己酉（日），帝伐契丹。壬子（日），发京师。癸丑（日），次长垣县（今河南长垣）。关南与契丹战，大破之。以河阳三城节度使崔彦进为关南都部署。戊午（日），驻跸大名府（今河北大名）。诸军与契丹大战于莫州，败绩。"

太国兴国四年、五年，宋太宗赵光义两次御驾亲征契丹，都是先小胜后大败，中了契丹"诱敌深入、聚而歼之"之计，以失败告终，这就是"幽州之败"。

毛泽东读了这段记述后，批注道："此人（赵光义）不知兵，非契丹敌手。"（《毛泽东读文史古籍批语集》，中央文献出版社1993年版，第278页）一语论定赵光义不懂军事，所以根本不是契丹的对手。

接着，又批注："尔后屡败，契丹均以诱敌深入、聚而歼之的办法，宋人终不省。"明确指出宋人失败的原因，是战术上的错误，而宋人，主要是赵光义，始终没有醒悟过来。

雍熙三年（986）三月，赵光义又命大将曹彬、潘美率兵北伐，先是几次小胜，之后连连大败，名将杨业战死。毛泽东读后批道："契丹善用诱敌深入战，让敌人多占地方，然后伺机灭敌。"（同上书，第279页）这次与契丹的战争，与上次相隔9年，赵光义一点也没有吸取教训，仍然是失败，说明他真没有军事才能。

赵光义志大才疏，却野心勃勃，那只有搞阴谋诡计，抢班夺权了。但是，当时他的哥哥宋太祖赵匡胤才50岁，又没有病，不可能自然死亡；再说，即使赵匡胤死了，按照封建社会嫡长子制，也该由赵匡胤的长子赵德昭继位，根本轮不到他这个弟弟赵光义；况且赵德昭已25岁，封武功郡王位，人脉也不错，在朝臣中颇有影响。所以，赵光义为了要夺得皇位，残忍地杀害了其兄赵匡胤，匆忙登上皇位。

这首先从赵光义匆忙改换年号可以看出来。赵匡胤是开宝九年十月间死，赵光义在十二月二十二日就改为太平兴国元年，再等八天就是新的一年了，再改换年号也等不及了，可见急于登台。

以后他做的几件事，是消除后患。"武功郡王"，指赵匡胤的长子赵德昭，本是顺理成章的接班人。赵德昭当时在朝臣中很有威望，赵光义当然又恨又怕。太平兴国四年（979），赵德昭因遭猜忌被迫在家中自杀。两年以后，赵匡胤第四子赵德芳，年仅23岁，又因病去世。"涪陵县公"，指赵光义的同母弟赵廷美（原名光美，后因避讳而改名），比赵光义小八岁。原封齐王，后改封秦王，时任开封府尹兼中书令，和赵光义继位前职位相同，因而受到猜忌，王爵被削夺，贬为涪陵县公，忧郁而死。"宋后之不成丧"，指至道元年（995），赵匡胤之妻宋氏病故，对于这位皇嫂，赵光义自己不服丧，也不让朝臣临丧。

上述几件怪事，都是《宋史》中值得后人怀疑的地方。毛泽东读了这段话，一针见血地批注道："不择手段，急于登台。"（同上书，第280页）这是说，赵光义这个阴谋家、野心家，通过正常途径当不了皇帝，便丧心病狂地采取谋杀手段，弑兄篡位，爬上了皇帝宝座。

赵匡胤的死，据传是赵光义杀害的，即所谓的"烛影斧声，千古之谜"。

宋人文莹《续湘山野录》载：赵匡胤、赵光义兄弟未发迹时，一个道士对他们说，金猴虎头四，真龙得真位。后来，赵匡胤正好是猴年的正月初四登极称帝的，应了道士之言。16年后，这个怪道士忽又现身，赵匡胤与他畅饮纵谈。赵匡胤问他：我久欲见你请教一事，并非他事，只想问我还能有多少年寿命。道士说：可观今年十月二十日夜晚，如果晴，则可延一纪（12年）；否则应速备后事。

赵匡胤牢记道士的话，到了十月二十日夜晚，赵匡胤登上太清阁，观察天气。起初天气果然晴朗，星汉灿烂，赵匡胤心中暗喜。但不久乌云四起，雪雹骤降，赵匡胤急忙下阁，"急传宫钥开端门，召开封府尹，即太宗也。延入大寝，酌酒对饮，宦官宫女悉屏之。但遥见烛影下，太宗时或避席，有不可胜之状。饮迄，禁漏三鼓，殿雪已数寸，帝引柱斧戳雪，顾太宗曰：'好做，好做！'遂解带就寝，鼻息如雷霆。是夕，太宗留宿禁内。将五鼓，周庐者寂无所闻，帝已崩矣。宋太宗受遗诏于枢前即位。逮晓登明堂，宣遗诏罢，声恸，引近臣环玉衣以瞻圣体，玉色温莹，如出汤沐。"

文莹这一段记述，赵匡胤在"烛影斧声"中突然死去，当事人只有两个，一个赵匡胤已死，死无对证；另一个当事人赵光义，当晚留宿宫中，随即当上了皇帝，有弑兄篡位、抢班夺权的嫌疑。后人因以"烛影斧声"指赵光义杀兄夺位。

宋人司马光《涑水纪闻》、蔡惇《夔州直笔》和李焘《续资治通鉴长编》均有类似记载，只是在细节上略有区别。如《夔州直笔》写赵匡胤召赵光义入宫后，即宣付继位遗命，夜半乃退，没有宿宫中。赵匡胤入睡后，左、右侍卫闻听呼吸声与往日不同，入内探视，赵匡胤已气绝身亡。这种说法显然是为赵光义脱罪。

又如司马光《涑水记闻》说，赵匡胤驾崩是四更天，贺后派内侍王继恩速召秦王赵德芳，而王继恩认为赵匡胤早有传位给赵光义之意，便去开封府找晋王赵光义，在门口正好碰见名医程玄德。赵光义犹豫不决，王继恩说："时间久了，恐为他人所得矣。"在程玄德怂恿下，径直闯入内宫，贺后见状，脱口而出："我母子性命，皆托于官家！"赵光义哭着说："共保富贵，勿忧也。"

（二）兄终弟及，"金匮之盟"

"烛影斧声"实在无法自圆其说，令人生疑。在赵光义授意下重修的《太宗实录》，把陈桥兵变改成赵光义叩马为谏，让赵匡胤严格约束士兵。在另外地方记载赵匡胤曾对近臣称赞赵光义："晋王（赵光义）龙行虎步，且生时有异，必为太平天子，福德非我所及也。"但是，赵光义以非常手段夺取政权，继位的合法性始终是他的一块心病。早就被赵匡胤罢相的赵普，想出一个奇招，为赵光义释疑，也借以东山再起。

在宋太宗赵光义继位六年之后，赵普私下向赵光义说："臣开国旧臣，为权幸所沮。"并称自己掌握着昭宪杜太后临终的"金匮之盟"。

据赵普说，早在建隆二年（961），即赵匡胤登上皇位的第二年，皇太后杜氏在临终前，曾召赵普入宫立下遗嘱。当时杜太后问赵匡胤：

你知道你这个天下是怎样得来的吗？

赵匡胤回答：都是祖宗和太后的功德。

杜太后说：不对。这是因为柴氏让幼儿主持天下的缘故。如果后周有年长的君主，你哪能得到皇位！你百年后，应当传位给二弟光义，光义再传给三弟光美，光美再传给你儿德昭，四海至广，能立年长的君主，是社稷的福气啊。

赵匡胤哭着叩头说：一定按您的吩咐办。

杜太后又指着旁边的赵普说：把我的话记下来，不能违背。

赵普于是当场记下太后的遗嘱，并在末尾署上"臣普记"三个字。

赵匡胤将杜太后遗嘱藏于金匮，并命令"谨密宫人"来保管，这就是所谓"金匮之盟"。

赵光义按赵普提供的情况找到这个金匮打开来看，果然有个誓书。

"金匮之盟"在宋人笔记中和正史中都有记载，大同小异。"金匮之盟"是造假，明白无疑，它的出现不过是为赵光义继位找一个冠冕堂皇的理由罢了。

那么，造假的人是谁呢？答案是原宰相赵普。赵普为什么要造假呢？赵普因其专权不法，和赵匡胤有矛盾，又被政敌卢多逊攻讦，终于在开宝六年（973）被罢相，出镇河阳节度使。赵普不甘心，总想卷土重来。所以，当他揣度赵光义有这个需要，而他的政敌也因专横跋扈，失去赵光义的宠信，他便编造了"金匮之盟"的谎言，借以摆脱困境、重返政坛，向赵光义献上一份厚礼。

事实也是如此，太平兴国六年（981）九月，赵普被赵光义授予司徒兼侍中的宰相级官衔，九月十七日，60岁的赵普第二次做宰相，以后还第三次做宰相，两次共四年，都在赵光义任内。另外，他的政敌卢多逊被他察出私遣堂吏交通秦王廷美的"奸变"，而被流放到崖州（今海南三亚）。这些事实反证了赵普与赵光义狼狈为奸，共同造假的真相。

其实，金匮之盟的破绽颇多，历来怀疑的人不少。

其一，金匮之盟的重要理由是防止像后周那样"主少国疑"，大权旁落，所以要赵匡胤"立长君"。但从年龄上推算，杜太后死时，赵匡胤才35岁，正当盛年，似乎不该安排后事，其长子德昭已11岁。杜太后怎么能

看八·大·帝·王

332

料到赵匡胤死时，德昭仍少不更事，不能担当国家重任呢？

其二，金匮之盟的当事人是谁？各史书记载差异很大，司马光《涑水纪闻》称赵光义不在现场，但李焘说，真宗咸平元年（998）《太祖实录》（即《续资治通鉴长编》所说的《新录》）则说赵光义和赵廷美都一起聆听了杜太后的临终教诲。李焘认为参与其事的只有三人，即杜太后、赵匡胤和赵普。这时赵普便成了唯一的见证人。但令人疑惑不解的是，赵普既然手握这么重要的筹码，为什么不在赵光义即位时就拿出来呢？

其三，据李焘说，在太平兴国三年（978）始修、五年（980）成书的《太祖实录》（即《续资治通鉴长编》所称的《旧录》）中，"金匮之盟"没有只字记载，在《新录》中才有了"金匮之盟"的内容。这说明编纂《太宗实录》（《旧录》）时，"金匮之盟"的谎言还没有编造出来。

关于赵匡胤死亡的两个历史之谜，说明了他的死可能是暴力所致，杀害他的便是他的一母同胞的弟弟赵光义。这和李世民在"玄武门之变"中有点相似。赵匡胤被杀后，留下孤儿寡母，帝位便被其弟赵光义篡夺了去，和他陈桥兵变篡夺后周政权，何其相似乃尔！元时有咏前朝诗云："当年陈桥驿里时，欺他寡妇与孤儿。谁知三百余年后，寡妇孤儿已被欺。"

我国有句俗话，"胜者王侯败者贼"，又说"不以成败论英雄"。赵匡胤通过陈桥兵变而取得帝位，又因帝位而丢了性命，既是胜利者，又是失败者。作为胜利者，他从一个行伍出身的军官，一举夺得皇权，结束了五代十国近半个世纪的分裂割据，开创了一个山河统一的新时代；作为失败者，他又在争夺王位的杀戮中成了历史悲剧的主角。

盖棺论定，赵匡胤是一位大老粗皇帝，他的文治武功，彪炳史册，在漫长的历史长河中自有他的位置。

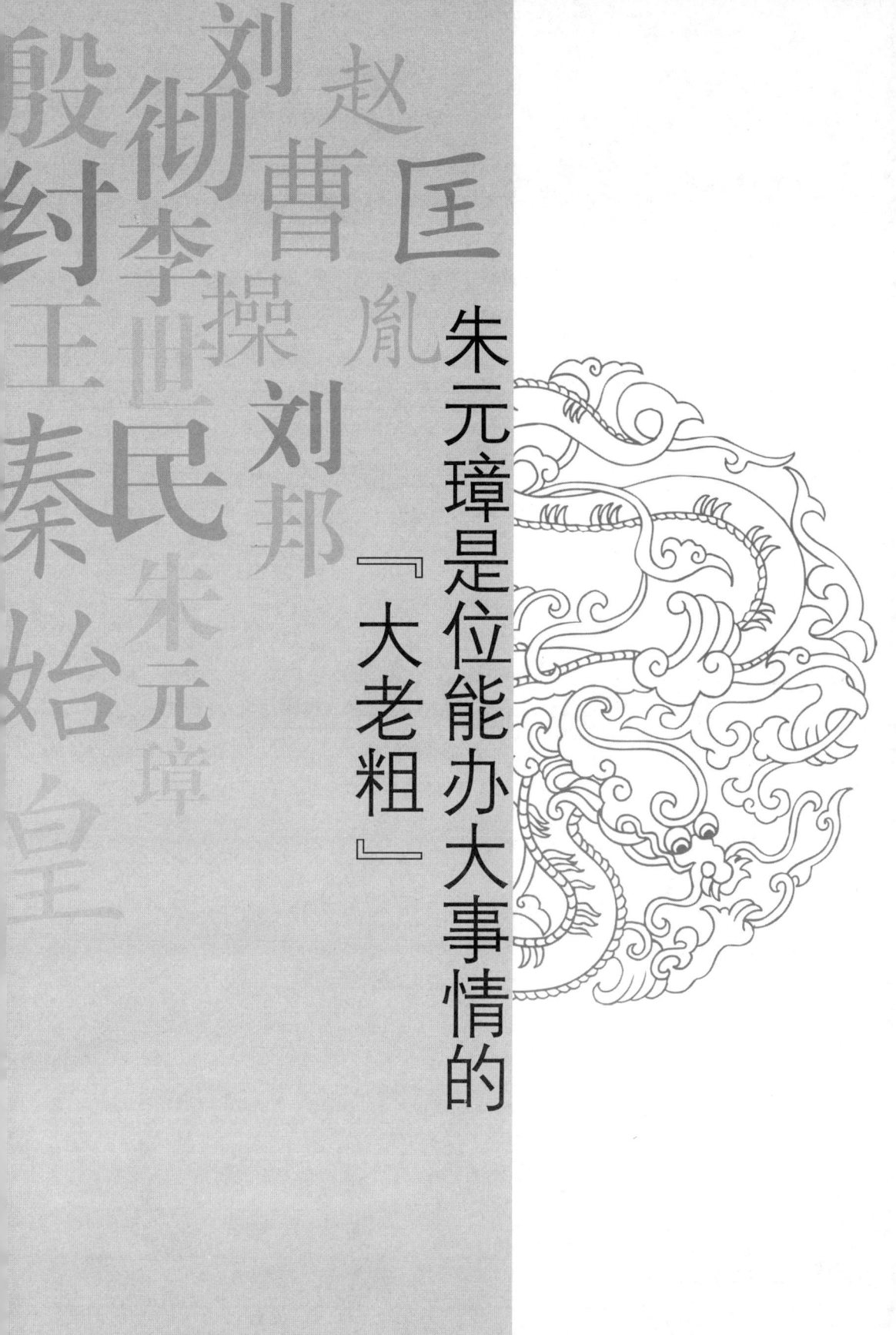

匡胤

赵

刘彻

刘邦

曹操

刘

李世民

朱元璋

殷纣王

秦始皇

朱元璋是位能办大事情的『大老粗』

毛泽东对朱元璋评价甚高，归纳起来有以下几点：一、肯定他是农民起义领袖；二、认为他很能打仗，在历代皇帝中，最会打仗的是李世民，其次就是朱元璋；三、他是大老粗，却"能办大事情"，他和刘邦、成吉思汗都是这类人物；四、他是明朝皇帝中搞得最好的一个。

朱元璋像

一、苦难少年

（一）朱元璋是放牛娃出身

毛泽东是农民的儿子，自幼对和尚皇帝朱元璋就十分感兴趣。他少年时读民间流传的稗史演义《大明英烈传》，给他留下了朱元璋是推翻元朝的英雄的深刻印象。

20世纪20年代初，毛泽东在广州农民运动讲习所讲授《农民问题》，当讲到元末农民起义时，他说："元末，朱元璋是一个和尚，平时睡着了常做'天'字形，郭子兴见而奇之，收入部下，后代子兴而起。初犹能代表农民利益，以后遂代表地主的利益，故能贵为天子。"（王子今：《毛泽东与中国史学》，中共中央党校出版社1993年版，第107—108页）这是毛泽东对朱元璋一生的定位，以后他评价朱元璋的功过是非都是从这一定位出发的。

"元末，朱元璋是一个和尚，平时睡着了常做'天'字形，郭子兴见而奇之，收入部下，后代子兴而起。初犹能代表农民利益，以后遂代表地主的利益，故能贵为天子。"（王子今：《毛泽东与中国史学》，中共中央党校出版社1993年版，第107—108页）

1939年，由毛泽东修改定稿的《中国革命和中国共产党》第一章《中国社会》中，把前期的朱元璋界定为农民起义领袖，称他领导的农民起义，与秦末陈胜、吴广及唐末黄巢、明末李自成等所领导的起义，"都是农民的反抗运动，都是农民的革命战争"。（《毛泽东选集》第二卷，人民出版社1991年版，第625页）

1954年5月16日，毛泽东带着侄子毛远新和随行人员去参观北京古观象台。在参观古观象台以后，沿着城墙走了100多米。

毛泽东一边走，一边笑。他聊起朱元璋当皇帝的故事。毛泽东说，朱元璋是安徽凤阳人，明朝的开国皇帝。由于他出身贫穷，为了谋求生机，出家为僧。朱家生了八个孩子，只活下六个，六男二女，朱元璋排行最小，小名叫重八。这一年遇上了百年罕见的旱灾和瘟疫，他的父母和兄长都被夺去了生命。当时，年仅17岁的朱元璋埋葬了双亲，便离开了濠州，开始了他的游荡生涯。

他为生活所迫常到安徽、河南，往返七八次，往返搬家，接触了社会，又经游历而充实了他的历史知识。（张随枝：《红墙内的警卫生涯》，中央文献出版社1998年版，第143页）

朱元璋的出身阅历，毛泽东说得一点不错。

朱元璋（1328—1398），小名重八，初名兴宗，字国瑞，濠州钟离（今安徽凤阳东）人，出生在一个贫苦农民家庭。祖籍沛县（今江苏沛县），后来迁到金陵句容（今江苏句容）朱家巷，再迁到泗州盱眙（今江苏盱眙）。后又迁到灵璧（今安徽灵璧）、泗县（今安徽泗县），祖上数代都是庄稼汉，由于忍受不了地主的残酷剥削和官府的横征暴敛，几经迁徙，直到他父亲这辈才在濠州落户。先是住在钟离东乡，后来才搬到西乡孤庄村安家。

朱元璋的父亲名叫朱世珍，乡人都叫他朱五四，一辈子做佃客（长工），生活十分贫困。母亲陈氏，一共生了八个孩子，只活了六个，四个男孩、两个女孩，朱元璋是最小的一个，排行第八，所以叫重八。据说陈氏刚怀朱元璋时，做了一个奇怪的梦。梦见一位神仙送给她一丸药，放在手中闪闪发光，她吞服以后就睡了，到她睡醒时，还觉得余香满口。朱元璋出生时更是奇怪，整个屋子都是红彤彤的。从此以后，有好几次夜里有火光升起。左邻右舍看见，以为是发生了火灾，急忙跑去相救，但到了朱元璋家里却一点火光也看不见。

朱元璋出生的头几天，腹部肿胀，不会吃奶，家人非常着急。朱五四做了一个梦，梦里重八快不行了，他抱到一个庙里去，想求神灵保佑，却不见人，只好把生病的重八又抱了回来。恰在这时，他梦醒了。见重八哭着开始吃奶了。于是，认为是神明保佑。童年的重八营养不良，非常瘦弱，经常生病。朱五四想起当年的梦，便到村西南的皇觉寺许愿，把朱重八舍给了寺院，方丈高彬和尚接受了。

到了上学的年龄，父亲勉强把朱重八送到村里私塾，读了几个月便辍学了。

元朝末年，社会矛盾已十分尖锐。元顺帝至正三年（1343），濠州大旱。次年春天，淮河流域又发生了蝗灾，庄稼被蝗虫吃光，基本绝收，接着瘟疫又流行起来，旱灾、蝗灾一并发生，大饥荒、大瘟疫同时降临。百年不遇的灾荒和瘟疫弄得人吃人，狗吃狗，老鼠饿得啃砖头。真是哀鸿遍野，饿殍满地。人员和牲畜大批死亡，侥幸不死的人背井离乡，四处逃荒。

灾难同样也降临到朱元璋的家里。首先是他64岁的老爹朱五四一病不起，离开人世，接着兄长重四、重七和母亲也相继身亡，家中贫穷无法安葬。还是同村好心的刘继祖送给他一块墓地，才得以把父母和哥哥安葬，后来的凤阳皇陵就在此地。

洪武十二年（1379），已经当了皇帝的朱元璋在为父母写的皇陵碑文中，就有无力安葬亲人的回忆："殡无棺椁，被体恶裳，浮掩三尺，奠何肴浆！"为了感谢刘继祖的赠地之恩，朱元璋特下诏追封刘继祖为义惠侯。《明太祖文集》卷一《追封义惠侯刘继祖诰》说："朕昔寒微，生者为衣食之苦，死者急无阴宅之难。吁！艰哉！尔刘继祖发仁惠之心，以己之沃壤慨然惠朕，朕得斯地，乐葬皇考妣于是，至今难忘。"说出了这位贫苦农民出身的皇帝早年生活的艰辛。

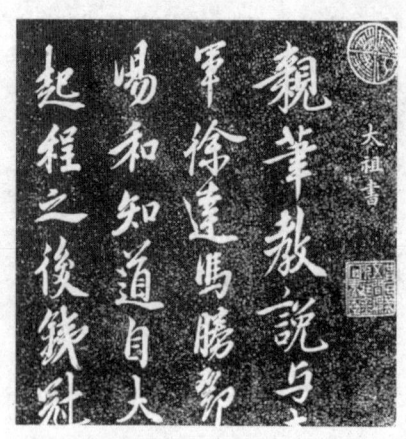

朱元璋手书

家破人亡的惨剧，使年仅17岁的朱元璋和哥哥重六相依为命。两个孩子孤苦伶仃，无依无靠，简直不知道该如何生活下去。困惑中，朱元璋只得给地主刘德去放牛。有一天，徐达、汤和等小伙伴饿得实在受不了，他就自作主张把一头小牛让小伙伴们杀了吃。吃过之后，把牛皮和骨头掩埋好，血迹用土盖好。小伙伴都怕朱元璋没法向地主交差。他想了一个办法，把牛尾巴插到一个山脚下的石缝里，回去向东家说，牛钻到山缝里，拉不出来了。刘德哪里肯信，就在他的带领下去验证。他们到了那里，天已经黑下来了，在火把的照耀下，果然看见山缝里露出一条牛尾巴，但不管怎么用力拔，就是拔不出来，而且拔时还会"哞哞"叫，地主虽然无话可说，但还是把他辞掉了。人们可能会问，牛尾巴怎么会叫唤呢？原来这条石缝通到一个山洞，他们商量好让同伴徐达在牛尾巴拴了条绳子，当他们拉牛尾巴时，徐达在里边死死拽住，并学小牛叫，这样，朱元璋凭着自己的聪明智慧就把东家糊弄过去了。徐达、汤和等这些儿时的伙伴，后来都成了朱元璋的开国大将。

（二）"朱元璋是一个和尚"

牛放不成了，朱元璋又准备再找个吃饭的差使。他突然想起年幼时曾许过愿，长大要舍身当

和尚。于是，他拜别了哥哥重六，来到了村西南的皇觉寺，高彬长老收他为徒，剃度为僧。他识字不多，不能诵经念佛，只在寺里干些粗杂活，被称作行童，算不得一个真正的和尚。

朱元璋在皇觉寺住了下来，但寺里的生活也不好过。寺里虽有些田产，但收入有限，主要靠施主施舍。这样的大灾之年，很多人连自己的肚子都填不饱，谁还肯施舍呢？没人施舍，寺里的主要财源就断了，和尚们的生活也没法维持。寺院方丈高彬法师无计可施，只好停办伙食，打发寺里的和尚出门云游，自谋生路。朱元璋在皇觉寺一共待了五十多天，便成了一名行脚僧，怀揣钵盂云游去了。

所谓行脚僧，本指僧人为寻师求法而步行游食四方。说通俗一点，就是僧人拿个钵盂（饭碗）四处讨要，既要饭食充饥，也要钱财布施。大家看过《西游记》，每当唐僧师徒饿了，就拿那个紫金钵盂去讨要饭食。所以，行脚僧实际上就是讨饭的和尚。

朱元璋一路流浪，一路乞讨，过了一个多月，才游食到了合肥（今安徽合肥）。他在路上生了病，有两个穿紫色衣服的人始终和他寸步不离，对他照护得十分周到。痊愈以后，那两个人便不知去向。

有一次，朱元璋没有化到斋饭吃，夜里饿得实在受不了，便到一户人家家里偷东西吃，当他摸到人家的厨房吃了些东西，临走又把人家的铁锅顶在头上，偷走了。可他一看，天快亮了，他要再出去，就可能被捉住。于是，他祷告说：老天爷，你再黑一会儿吧！说罢，天突然又黑了下来，在黑暗中他赶快逃了出去。

朱元璋先后云游到光州（今河南光山）、固州（今河南固始）、汝宁（今河南汝南）、颍州（今安徽阜阳）等地，在外漂泊了整整三年。直到至正七年（1347），才又回到皇觉寺。在这三年中，朱元璋到过淮北、豫南许多地方，饱尝了颠沛流离之苦，熟知这一带的山川形势、风土人情、民间疾苦，丰富了社会阅历，磨炼了意志。正如他后来回忆说："众各为计，云水飘飏。我何作为，百无所长。依亲自辱，仰天茫茫。既非可倚，侣影相将，突朝烟而急进，暮投古寺以趋跄，仰穹崖崔嵬而倚碧，听猿啼月而凄凉。魂悠悠而觅父母无有，志落魄而伥伥。西风鹤唳，俄淅沥以飞霜。身如蓬逐风不止，心滚滚乎沸汤。"（《皇陵碑》，《洪武御制全书·太祖御制文集》卷十六）这段艰难困苦的生活磨难，造就了他勇敢坚毅的性格，也形成了他残酷、猜忌的品性，对他以后事业的成功有重要影响。

二、"自古能军无出李世民之右者，其次则朱元璋耳"

（一）"马上皇帝朱元璋"

历史上常常有这样一些人，由于时代的风云际会，使他能叱咤风云、"朝为田舍郎，暮登天子堂"。朱元璋就是这样一位人物。在中国历史上，由和尚而得天下的只有他一个。他之所以能成就一番帝业，原因固然很多，但他的卓越的军事才能起了决定作用，他和唐太宗李世民一样，也是一位马上皇帝，他的皇位是通过出生入死的打拼夺来的。

毛泽东对朱元璋的军事才能评价很高。他在读冯梦龙《智囊·孙膑》一文中批注道：

"所谓以弱当强，就是以少数兵力佯攻敌诸路大军。

"所谓以强当弱，就是集中绝对优势兵力，以五六倍于敌一路之兵力，四面包围，聚而歼之。自古能军无出李世民之右者，其次则朱元璋耳。"（《毛泽东读文史古籍批语集》，中央

"所谓以强当弱，就是集中绝对优势兵力，以五六倍于敌一路之兵力，四面包围，聚而歼之。自古能军无出李世民之右者，其次则朱元璋耳。"（《毛泽东读文史古籍批语集》，中央文献出版社1993年版，第66页）

文献出版社1993年版，第66页）

冯梦龙在《孙膑》一文中，引述了唐太宗李世民和南宋高宗赵构及其名将吴玠的话，指出"以弱当强，以强当弱"，用的是战国著名军事家孙膑的"驷马法"。所谓驷马法，是孙膑为齐相田忌在赛马中出的高招："今以君（田忌）之下驷（劣马）与彼之上驷（好马），取君之上驷与彼中驷，取君中驷与彼下驷。"结果"田忌一不胜而再胜"，换句话说，三局两胜赢了。

毛泽东认为："自古能军无出李世民之右者，其次则朱元璋耳。""无出李世民之右者"，就是没有人能超过李世民。"右"，古代崇右，故以右为上、为贵、为高。《管子·七法》："春秋角试，以练精锐为右。"尹知章注："右，上也。"这当然是就中国历代的皇帝来说，李世民最会打仗，第二个会打仗的便是朱元璋了。这个评价很高，也符合实际。

毛泽东对朱元璋的军旅生活也很熟悉。他曾对毛远新说："当时河南南阳和安徽淮南，是白莲教内两大教派活动的中心，出游期间他（朱元璋）不可能不接触白莲教。出游返乡后，又加入了郭子兴的红巾军，初为部卒，由于他作战勇敢，才智过人，很快被郭子兴收为心腹。"

毛泽东对朱元璋的军旅生活的述说，大体上是对的，只是粗略了些。

朱元璋当行脚僧，四处云游时，正是元朝末年农民大起义的前夜。社会上广泛流行着"明王出世，普救众生"的说法，制造改朝换代的舆论。一场全国规模的农民大起义就要来临了。

当时民间盛行一种假借"弥勒下生"的民间秘密宗教团体白莲教，农民起义就利用它作为组织工具。河北栾城人韩山童的爷爷，因传播白莲教，被谪徙永年（今河北永年）白鹿庄。韩山童（？—135）继续宣传教义，说是天下将要大乱，弥勒佛降生，明王要出世。又说他是宋徽宗八世孙，当为中原之主。至正十一年（1351）五月，韩山童、刘福通聚集三千人，在家乡杀白马黑牛，以红巾包头和红旗为号，宣誓起义，他被推举为明王，点燃了元末农民大起义的熊熊烈火。后由于起义事迹败露，韩山童被捕入狱并被杀害。

八月徐寿辉、彭莹玉、邹普胜等利用白莲教在蕲水（今湖北浠水）组织起义，攻下蕲水。彭大、李二、赵均用在徐州起兵。方国珍在这之前也在海上起事了。起义很快传遍全国。起义军都用红巾包头，所以叫"红巾军"。

次年二月，定远（今安徽定远）人郭子兴、孙德崖等五人也率众在濠州起兵响应，袭杀州官，占据濠州城，并接受颍州刘福通的领导。这些起义军各拥有部众数万人，据有自己的地盘，并且设置将帅，杀官吏，攻城略县，红红火火。

关于"红巾军"的故事，毛泽东非常熟悉。1945年6月17日，中共七大代表及延安各界代表在中央党校大礼堂举行中国革命死难烈士追悼大会，毛泽东发表讲话。当讲到"红军"史时，他说："中国历史上没有红军，要说有就是明朝朱洪武起过一次'红军'，他们打的旗子是红旗。有的人以为红军这个名称一定是外国来的，我说不一定，你就只知道外国的事情，中国祖宗的事情就不知道。"（《毛泽东文集》第三卷，人民出版社1996年版，第434页）

朱元璋看到轰轰烈烈的农民大起义，再也不愿在青灯古佛旁过生活了。一天，他收到在郭子兴部队的同乡汤和写给他的一封信，信中汤和说自己已是军中的一个小头目了，希望他去投奔红巾军。为了慎重起见，朱元璋虔诚地在神像前求签问卜，结果却是外出和留下都不吉利。于是，他心想："莫非应该举大事不成？"结果得了个上上大吉的好签，这帮他下了决心。一位师兄偷偷地告诉他，汤和给他来信的事有人知道，要报告官府请赏呢！恰在这时，皇觉寺被乱兵烧毁，朱元璋无处存身。于是，当年闰三月初一，在汤和的引荐下，他到濠州投奔了郭子兴。这一年，朱元璋25岁。

朱元璋入伍以后，打仗机智勇敢，每战必胜，又很会处事。每当郭子兴与赵德崖发生矛盾的时候，朱元璋总是居中调停，保护郭子兴。所以，朱元璋很快便得到了郭子兴的赏识。郭子兴把朱元璋从一个普通士兵提升

为自己的亲兵九夫长，并把他抚养的马公的女儿马氏嫁给朱元璋为妻，她就是后来的大脚马皇后。

朱元璋成了元帅郭子兴的女婿，并给他起了一个官名叫元璋，是颇有深意的。元者，大也。璋，玉器名，状如半圭，古代朝聘、祭祀、丧葬、治军时用做礼器或信玉。《周礼·考工记·玉人》："大璋亦如之，诸侯以聘女。"朱元璋立马身价百倍，兵士都对他另眼看待，尊敬地称他为"朱公子"。

至正十三年（1353）春天，元守将贾鲁死，被围困一年多濠州的解围了。朱元璋回到乡里招兵，一次招来七百多人，其中就有他童年的伙伴徐达、周德兴等数十人，这些人因为宗族、乡里关系，成为朱元璋的嫡系。郭子兴非常高兴，任命他为代理镇抚。当时彭大、赵均用所属的部队残暴蛮横，郭子兴比较软弱。朱元璋估计难以和郭子兴成就大事。

至正十四年（1354），朱元璋把他募集来的士兵委托给他人带领，自己和徐达、汤和、费聚等率领二十四人向南去攻打定远（今安徽定远东南），做独立发展的尝试。他用计谋降伏了驴牌寨的民众三千人，和他一起东去。在横涧山夜袭元将张知院，招降了他的士兵两万多人。他在半路上遇到定远人李善长，两人交谈，言语十分投机，便和他一起去攻打滁州（今安徽滁州市），结果大获全胜。

至正十五年（1355）正月，郭子兴采取朱元璋的谋略，派遣张天佑等率兵夺取和州（今安徽

戟与战刀

和县），下发文书命令朱元璋总领他的部队。朱元璋恐怕将领们不服从，把文书秘而不宣，只通知各位将军第二天到议事厅开会议事。

我国古代排座次，以右面为上首。第二天开会时，将领们到会场后，都坐在右边，朱元璋故意迟到，只好坐在左边下首。到议事时，朱元璋对各种问题的分析决断如同流水一般透彻、清晰，而将领们却瞠目结舌，哑口无言，这时他们才稍稍屈服于朱元璋。会议又决定用砖修筑城墙，三天为期。朱元璋部如期完工，其他将领所率各部都没有按期完成。这时朱元璋才拿出来郭子兴发给他的文书，面南而坐说：我奉郭元帅命令总领各部队，如今你们筑城都超过了期限，按军法治罪如何？将领们纷纷起立认错。于是，朱元璋下令，把军队中所抢来的妇女统统释放回家，老百姓都非常高兴。

当时元朝十万大军围攻和县，城内的起义军将士已坚守了三个月，粮食已吃光，而元朝太子秃坚、枢密副使绊住马、民军元帅陈也先，分别驻守在新塘、高望、鸡笼山，阻断了粮食进入和州的道路。朱元璋率兵打败了他们，元兵败走到长江以南。

这年三月，郭子兴病死。刘福通在亳州（今安徽亳州市）迎立韩山童的儿子韩林儿为小明王，国号宋，年号龙凤。小明王任命郭子兴的长子郭天叙为都元帅，郭子兴的妻弟张天佑和朱元璋分别为左右元帅。朱元璋很感慨地说，大丈夫不能受别人的控制！于是，不接受任命。转而又想韩林儿势力很大，可以作为倚仗，便使用他的龙凤年号，号令部队。

四月间，定远人常遇春（1330—1369）前来投奔朱元璋。五月，朱元璋打算南渡长江，没有船只。恰巧遇见巢湖统帅廖永安、俞通海带领一千艘战舰来投奔，朱元璋大喜，立即前去安抚慰问他们的部众。由于元朝中丞蛮子海牙控制着铜厢闸、马场河等险要关口，所以巢湖水军不能通过。忽然天降大雨，朱元璋一见，喜上心头，说，老天爷助我呀！于是，乘巢湖水涨之机，从小巷口把船开了出来。至正十六年（1356）二月二十五日，朱元璋在采石（今马鞍山长江东岸）大败蛮子海牙。

不久，都元帅郭天叙和右元帅张天佑先后战死，朱元璋被提升为大元帅，单独执掌元帅府事务，接管了郭子兴的所有部队。至此，郭子兴亲手创建的这支农民起义队伍全部由朱元璋掌控。

朱元璋由一名普通士兵而升任元帅，这在他通往皇帝的道路上迈出了坚实的一步。

（二）攻占集庆

至正十五年（1355）五月，因和州难以满足数万军队的粮食供应，朱元璋与众将领商量对策。冯国用说："金陵（今江苏南京），龙盘虎踞，帝王之都，先拔之以为根本，然后四出征战，倡仁义，收人心，勿贪子女玉帛，天下不足定也。"

朱元璋采纳了这一建议，决定南渡长江，进攻集庆（今江苏南京）。

至正十六年（1356）三月初三，朱元璋亲率水陆大军，向集庆发起进攻。集庆是元朝在江南的统治中心，是六朝故都所在地，占领它有非同寻常的意义。两军首战，朱元璋活捉元守将陈兆先，降服其部众36000人。投降的人疑虑重重，害怕被杀。为此朱元璋专门挑选500名骁勇健壮的士兵充当卫士，他本人在此通宵达旦酣睡，俘虏们的心情才安定下来。接着，朱元璋在蒋山（今江苏南京东北钟山）再次挫败元兵。元御史大夫福寿力战身死，蛮子海牙逃归张士诚，康茂才归降。

不久，集庆被攻破，朱元璋率领部队入城。他召集所有官吏和父老，告诉他们：元朝政治腐败，到处纷扰，各处兵火烽起，我来不过是为百姓消弭战乱而已，你们当和从前一样安居乐业。贤能的人士我将礼貌地聘用他，旧政不方便百姓的地方一概废除，官吏不得贪暴残害百姓。老百姓喜出望外，十分高兴。

朱元璋巡视了集庆城郭后，对部将说："金陵险固，古所谓长江天堑，真形胜地也。仓廪实，人民足，吾今有之。"（《明太祖实录》卷四）他下令改集路为应天府，设置天兴建康翼统军大元帅府。召见夏煜、孙炎、杨宪等十余人，分别授予官职，又命令埋葬元朝御史大夫福康，以表彰他的忠义。七月，又设江南行中书省，朱元璋"自总省事，置僚佐"

（《明史》卷一《太祖一》），将应天作为他的发展基地。

朱元璋把集庆改为应天府，"应天"，顺应天命也。语出汉董仲舒《春秋繁露·三代改制质文》："汤受命而正，应天变夏作殷号。"意思是，商汤登上王位是顺应天命把夏朝改作殷（商）朝。儒家的天命观，又把应天与承运联系起来，叫应天承运，意思是顺应天命，承受使命。晋葛洪《抱朴子·酒诫》："汉高应天承运革命，向难不醉，犹当斩蛇。"这些说明朱元璋这个小和尚已经有做皇帝的念头了。

（三）"高筑墙，广积粮，缓称王"

朱元璋虽然占据了应天，但总的来说，依然是地狭人少，力量还不够强大。而且，他所处的地理位置，在东南地区来看，是四面受敌的形势。当时北有刘福通，东有张士诚，西有徐寿辉、陈友谅，南有元朝军队。虽然形势相当严峻，但三支农民起义军却吸引和牵制了元军的主力，从而对朱元璋的部队起到一定保护作用。而南面的元军，也由于南北交通被起义军阻断，处于孤立无援的境地。

朱元璋抓住这一有利时机，果断地采取巩固东、西两线，向南面和东南面出击的战略，集中兵力进攻皖南和浙东等地的元军据点。至正十九年（1359）正月十二，朱元璋谋划夺取浙东尚未攻克的各路据点。他告诫将领们说：攻城用武力，治乱用仁义。我们进入集庆，秋毫无犯，一举平定。每次听到各位将军攻下一城而不妄行杀戮，我总是不胜欢喜。部队火速行军，如果不稍加约束，势必会如火燎原。作为将领能以不杀人为勇猛，不仅是国家之幸，也是子孙后代的福。二十七日，朱元璋的部将胡大海攻克诸暨（今浙江诸暨）。

夏季四月间，朱元璋的部将俞通海等人率兵收归池州（今安徽池州市贵池区），耿文炳守卫长兴（今浙江长兴），吴良守卫江阴（今江苏江阴），汤和守卫常州（今江苏常州），多次打败张士诚的部队。

张士诚（1321—1367），幼名九四，盐贩出身，元末泰州（今江苏泰州）白驹场人。至正十三年（1353），与弟张士德、张士信率盐丁起义，攻下高邮（今江苏高邮）等地。次年称诚王，国号周，年号天祐；渡江攻下常熟、湖州、松江、常州等地，十六年定都平江（今江苏苏州）。次年投降元朝，并与方国珍从海道运粮，接济元大都（今北京），成为可耻叛徒。后继续扩占土地，割据范围南到浙江绍兴，北到山东济宁，西到安徽北部，东到大海。至正二十三年（1363）攻安丰，杀红巾军领袖刘福通，自称吴王。

朱元璋长时间坐镇宁越（今浙江金华），巡行浙东。秋季八月间，元朝大将察罕帖木儿收复汴梁（今河南开封），刘福通与韩林儿退居安丰（今安徽寿县西南）。九月，常遇春攻衢州（今浙江衢州市），活捉元将宋伯颜不花。冬季十月间，朱元璋派遣夏煜去任命方国珍为行省平章，方国珍以有病为名加以推辞。十一月十三日，胡大海攻克处州，元守将石抹宜孙逃走。当时元朝守卫各地的兵力有限，而且中原一片混乱，人心离散，因此江左、浙右各郡，兵到之处节节胜利，先后攻克镇江、长兴、常州、宁国、江阴、常熟、池州、徽州、婺州、扬州等地，于是西面与陈友谅相毗邻。

至正十七年（1357），朱元璋率兵攻占徽州（今安徽歙县）后，由邓愈推荐，他亲自到石门山拜访宿儒朱升，咨询夺取天下的计策。朱升向他建议："高筑墙，广积粮，缓称王。"在冷兵器时代，把自己控制的城市的城墙修得高高的，易守难攻，可建立巩固的根据地；积极发展农业生产，多积屯军粮和民用粮，兵马未动，粮草先行，这是保证战争得以顺利进行的根本条件；称王要缓，就是不务虚名，缩小目标，避免过早成为众矢之的。

这种策略是根据朱元璋当时所面临的斗争形势提出来的。朱元璋认为朱升说得很有道理，予以采纳，并付诸实施。朱元璋重视所占城市城墙修筑，每到一地都要修补城墙，所以占据之地都能守得住。他任命康茂才为营田使，负责兴修水利，在太湖周边进行军垦，既解决了急需的军粮，又为日后战胜群雄增强了经济实力。朱元璋在形式上仍保持与宋政权的隶属关系，遥遵小明王韩林儿为帝，打着宋政权的旗号来发号施令，避免树大招风。直到他改称吴王，所发布的文告第一句话仍是"皇帝圣旨，吴王令旨"，表明他依然是小明王的臣属。这一策略，对朱元璋势力的生存和壮大起到了很好的作用。

毛泽东是一个非常善于借鉴历史经验的人。他对朱升的三项谋略是很熟悉的。1953年5月23日，毛泽东在华东局负责人陈毅、谭震林陪同下，先参观了总统府，游览了莫愁湖、玄武湖，最后驱车紫金山天文台。

毛泽东一行离开紫金山天文台，步行下山，又顺便游览了位于山脚下的明孝陵。明孝陵是明朝开国皇帝朱元璋的陵墓。这是一个很大的土包包，像个大山头一样被围在墓墙之中。北面有一坐北向南的墓堂，大概是过去祭拜朱洪武的地方。墓堂不算大，在北墙的中央部分画着朱洪武的全身像，样子画得滑稽可笑，工笔重彩却画着一个长长的瘦脸，下垂着很大的下巴，厚厚的嘴唇，鼻孔向前张着，倒真像个猪脸。

陈毅操着浓重四川语，说："这个朱洪武啊！怕有人刺杀他，所以故意要画家画成这个样子，其实他长得并不这样难看。朱洪武死后，据说南京的四个城门同时出殡，迷惑人们，不知道哪个棺木里装的是真朱洪武，他怕后人盗墓，可谓用心良苦也！"

毛泽东笑着说："这些都是些传说，朱洪武是个放牛娃出身，人倒也不蠢，他有个谋士叫朱升，很有见识，朱洪武听了朱升的话'高筑墙，广积粮，缓称王'，最后取得民心，得了天下。"（王鹤滨：《紫云轩主人——我所接触的毛泽东》，中共中央党校出版社1991年版，第88页）

1954年5月16日，毛泽东参观北京古观象台时，对随行的侄儿毛远新和身边工作人员说："郭子兴死后，朱元璋把这支义军牢牢地掌握在自己手中了。当时他采纳了朱升的'高筑墙，广积粮，缓称王'的建议，建立了自己的势力，在群雄中已无敌手，自己称了王。"

"朱元璋'缓称王'的做法，既避免了成为众矢之的，又赢得了天下归心，表现了他卓越的谋略和胆识才气。"（张随枝：《红墙内的警卫生涯》，中央文献出版社1998年版，第144页）

1969年8月27日，毛泽东在北京中南海又重读了《二十四史》，面对当

时一触即发的战争形势，他从《明史·朱升传》中受到了启示。他对周恩来说："恩来，你读过《明史》没有？我看朱升是个很有贡献的人。他为明太祖成就帝业立了头功。他有九个字国策定江山：'高筑墙，广积粮，缓称王。'我也有九个字是：'深挖洞，广积粮，不称霸。'"（安徽《文摘周报》2000年3月31日）

1972年12月10日，中共中央转发国务院关于粮食问题的报告说："毛主席最近又一次指出，当前国内外形势大好，各级领导同志要谦虚谨慎，不要因为胜利就忘乎所以。毛主席讲了《明史·朱升传》的历史故事。明朝建国以前，朱元璋召见一位叫朱升的知识分子，问他在当时形势下应该怎么办。朱升说：'高筑墙，广积粮，缓称王。'朱元璋采纳了他的意见，取得了胜利。根据我们现在所处的国内外大好形势和我们所坚守的社会主义制度和无产阶级立场，毛主席说：我们要'深挖洞，广积粮，不称霸。'毛主席的这一指示，使'备战、备荒、为人民'的伟大战略方针更加具体化了。"（逄先知、金冲及主编：《毛泽东传》，中央文献出版社2003年版，第1623—1624页）

这不仅说明毛泽东对朱升九字定国方针的高度评价，也是古为今用的一个典范。

（四）鄱阳湖大战

1954年5月16日，毛泽东参观北京古观象台时，对陪同的侄子毛远新和随行人员说：朱元璋

1954年5月16日，毛泽东说："郭子兴死后，朱元璋把这支义军牢牢地掌握在自己手中了。当时他采纳了朱升的'高筑墙，广积粮，缓称王'的建议，建立了自己的势力，在群雄中已无敌手，自己称了王。"（张随枝：《红墙内的警卫生涯》，中央文献出版社1998年版，第144页）

在平定江南的关键之敌陈友谅和鄱阳湖之战中，充分发挥了他高超的军事指挥才能。当时，陈友谅用兵六十万，楼船数百艘，他采取主动出兵，企图一举消灭朱元璋的策略。朱元璋仅二十万人，又都是小船，朱元璋亲临前线，亲自督战，他临危不惧，终于取得胜利。

鄱阳湖之战，是中国战争史上以少胜多的典范。朱元璋在十三年的统一战争中，屡克强敌，消灭割据势力，出军北上，建都南京。在执政的三十多年中，表现了他光辉的一生，真不愧为一代英豪。

"他是个放牛娃出身，开创了近300年的大明王朝，上无先例。他没有什么文化，完全靠他的聪明才智，是他个人努力奋斗的结果。可以说，他是中国历代皇帝中的一个成功典范。"（张随枝：《红墙内的警卫生涯》，中央文献出版社1998年版，第145页）

鄱阳湖之战是朱元璋和陈友谅的一次大决战，其结局对双方影响都很大。

那么，陈友谅是一个什么样的人呢？

陈友谅（1320—1363），元末沔阳（今湖北沔阳）人。渔民出身，曾为县吏。参加徐寿辉的红巾军，是倪文俊的簿掾，后来渐渐升为元帅。至正十七年（1357），倪文俊谋杀徐寿辉没有成功，陈友谅杀死倪文俊，掌控了他的部队，任平章。接着连克江西、福建许多地方。两年后迎徐寿辉迁都江州（今江西九江），自称汉王。

至正二十年（1360）五月，陈友谅被朱元璋的部将徐达、常遇春在池州（今安徽贵池）打败。闰五月三十日，陈友谅攻陷太平（治所在今安徽当涂），守将朱文逊，院判花云、王鼎，知府许瑗被杀害。不久，陈友谅杀害徐寿辉，自己称帝，建都江州，国号汉，年号大义。同时，声言他要去联合张士诚攻打应天府，应天因此人心惶惶，大受震动。

在此危急关头，朱元璋与他的军师刘基等就敌我形势进行了深刻分析。刘基认为，张士诚目光短浅，胸无大志，只图自固，未必会出兵，暂时不必管他。最危险的敌人是陈友谅，他拥有精兵利舰，而且居我上游，野心勃勃，不可小视。只要集中兵力打败陈友谅，张士诚便不敢出兵了。

部将们却认为，应该首先收复太平来牵制陈友谅，朱元璋说：不行，陈友谅用非主力部队牵制我军，而主力部队直接攻打金陵（即应天，今江苏南京），顺流而下，半天就能到达；我军的步兵和骑兵难以急速返回。百里之遥，快速急进，奔赴战场，兵法所忌，不是好计策呀！

最后，朱元璋决定采取固守东南、向东北和西线出击的战

朱元璋是位能办大事情的『大老粗』

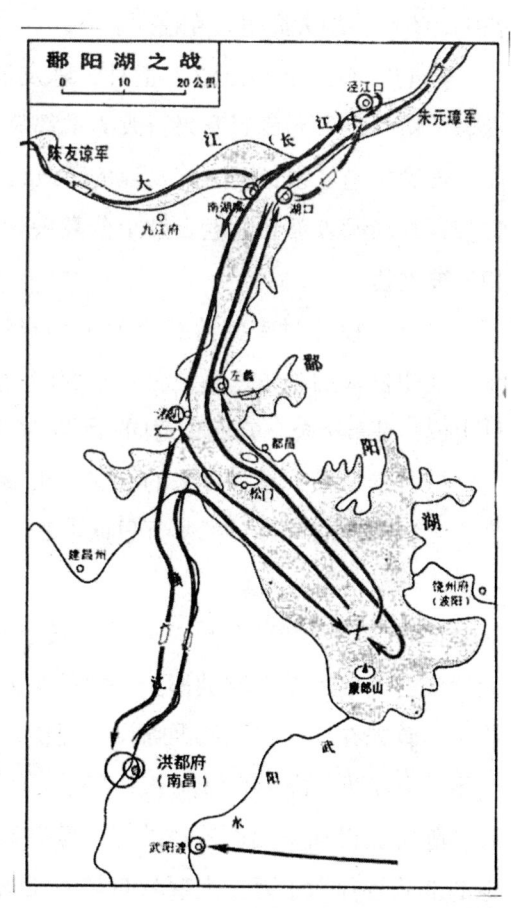

鄱阳湖之战示意图

略，先集中兵力在鄱阳湖击败陈友谅，再掉头东向去打张士诚。这样就打破了东西夹击的不利局面。

朱元璋命令胡大海直捣信州（今江西上饶），牵制陈友谅的后方；同时，让康茂才欺骗陈友谅速来。陈友谅果然上当，引兵东下。于是，常遇春埋伏在石灰山，徐达在南门外布阵，杨璟驻守大胜港，张德胜等人率领水兵出龙江关，朱元璋亲自在卢龙山坐镇指挥。陈友谅的部队到卢龙湾时，将领们都要求开战，朱元璋说，天快下雨了，赶快吃饭，趁着下雨发起攻击。不一会儿，果然下起倾盆大雨，士兵奋勇争先，水陆夹击，把陈友谅打得大败。陈友谅乘坐别的大船逃走了。这样，就收复了太平，攻下安庆。不久，胡大海也攻克信州。

至正二十二年（1362）正月，陈友谅的江西行省丞相胡廷瑞在龙兴投降。初八，朱元璋到龙兴，改为洪都府（今江西南昌）。他去拜谒孔子庙，告谕父老乡亲，废除陈友谅的苛政，免除各种军需供应，慰问和抚恤贫苦百姓和鳏寡孤独。老百姓十分高兴。接着，袁、瑞、临江、吉安各州相继被攻破。

二月，投降过来的蒋英杀死金华守将胡大海、郎中王恺，叛归张士诚。处州投降的李佑之听说蒋英叛变的消息，也起来造反，杀死枢密院判耿再成，都事孙炎、知府王道同、元帅朱文刚也遇害。

三月十七日，投降过来的祝宗、康泰反叛，攻克洪都，守将邓愈奔赴应天，洪都知府叶琛、都事万思诚遇难。这一月，明玉珍（1331—1366）在重庆称帝，国号大夏。

至正二十三年（1363）四月，陈友谅大举进攻洪都。七月初六，朱元璋亲自统率大军去救洪都。十六日，到达湖口（今江西鄱阳湖入长江之口），首先在泾江口及南湖嘴设下埋伏，阻断陈友谅的归路，发文书命令信州（今江西上饶）的部队守住武阳渡（今江西南昌东）。

陈友谅得知朱元璋来到洪都，撤兵解围，在鄱阳湖迎战朱元璋。陈友谅的部队号称六十万，大舰名叫"混江龙"、"塞断江"、"撞倒山"、"江海鳌"等共一百多艘，一般战船数百条，摆好作战阵列，楼船高10余

看·八·大·帝·王

丈，连绵不断，长达数十里，各种旗帜迎风招展，枪刀剑戟银光闪烁，远远望去像一座座小山。

二十日，双方军队首次在康郎山（今江西余干西北）遭遇，朱元璋把部队分成11队抗击陈友谅的部队。

二十一日，朱元璋的部队协同作战，徐达出击陈友谅的前锋，俞通海用火炮击毁陈友谅的战舰数十艘，双方死伤大体相当，打了个平手。陈友谅的猛将张定远突然直接向朱元璋乘坐的那艘战舰冲了过来。这艘战舰逃跑时，搁浅在沙滩上，不能开动，情况十分危险。幸亏常遇春从旁边射中张定远，朱元璋乘坐的战船才脱离险境。

二十二日，陈友谅指挥全部大船出战，朱元璋部队的战船小，仰攻非常不利，将士们都很害怕。朱元璋决定用火攻，并亲自督战，士兵仍然畏惧不前。他只好当众处死了十几个畏敌退缩的士兵，将士才都拼死力战。到午后，忽然刮起了大东北风，于是朱元璋命令那些不怕死的勇士驾驶七只战船，船中装载的芦苇中堆满火药，士兵把船点着火，飞速冲向敌舰。风烈火猛，烟火满天，霎时把湖面映得一片通红，陈友谅的部队顷刻大乱。朱元璋的部将摇旗呐喊，击鼓进军，斩杀敌军两千多人，烧死、淹死的不计其数，陈友谅的嚣张气焰被打了下去。

二十五日，朱元璋调部队去控制左蠡（今江西都昌西北），陈友谅部退到渚矶（今江西庐山市南）守卫。两军相持三天之后，陈友谅的左右金吾将军都向朱元璋投降。陈友谅的势力一天天变小，他愤怒极了，竟下令把俘虏的朱元璋的将士全部杀死。而朱元璋则和他相反，非常注意俘虏政策。他把俘虏的陈友谅的将士全部释放，受伤的用良药及时治疗，阵亡的将士和他们的亲属都进行祭奠。

八月二十六日，由于军粮用尽，陈友谅的部队转移到南湖嘴（今江西九江东），被朱元璋埋伏在南湖的部队截住厮杀，逃入湖口。朱元璋下令阻截攻击，顺流搏战，一直到达泾江。朱元璋在泾江的驻军又进行拦击，慌乱中，陈友谅中流矢身亡。张定边与陈友谅的儿子陈理逃回武昌。

毛泽东读到这里，批注道："此役打了两月余。"（《毛泽东读文史古籍批语集》，中央文献出版社1993年版，第283页）在毛泽东看来，鄱阳湖之战是我国古代军事史上以少胜多的一个范例，是朱元璋的一个杰作。所以，他多次对人讲这次大战。1959年7月，毛泽东在庐山连续游览了含鄱口、汉阳峰、仙人洞、御碑亭和大天池、小天池等处，还兴致勃勃地对李银桥、封耀松、王敬先等人讲了朱元璋和陈友谅大战鄱阳湖的故事（《历史的真言》，新华出版社2000年版，第753页）。

（五）消灭张士诚

朱元璋攻灭西面的强敌陈友谅后，按照既定方针，便转而去攻打东面的大敌张士诚。至正二十五年（1365）十月十四日，朱元璋下达攻打张士诚的命令。他命令大将徐达、常遇春等率兵首先进攻淮东。闰十月，围攻泰州（今江苏泰州），大获全胜。十一月，张士诚侵扰宜兴（今江苏宜兴），被徐达打败，转而回师攻打高邮（今江苏高邮）。

至正二十六年（1366）大年初一，人们正忙着过春节，张士诚乘机攻占江阴（今江苏江阴），朱元璋亲自带兵去救援，张士诚逃走，康茂才追到浮子门把他打败。朱元璋回应天。二月，明玉珍死，他的儿子明昇自称为帝。三月十四日，朱元璋下令中书省严格选拔人才。

四月初四，朱元璋在淮安袭败张士诚部将徐义的水军，徐义逃脱，另一部将梅思祖献城投降。接着濠、徐、宿三州相继被攻下，淮河以东地区基本平定。

十五日，朱元璋回濠州老家祭祖，设置20户守坟墓，赐给老朋友汪友、刘英粮食和布匹，备办酒宴招待父老乡亲。他动情地说：我离家十多年了，历尽千辛万苦，身经百战，今日才得以回家祭祖，与父老兄弟相见。但是又不能久留，与各位欢聚同乐。希望各位父老教育子弟孝敬父母、尊敬兄长、努力耕田，不要远出经商，临淮河各郡县还在遭受劫掠之苦，各位父老珍重自爱。他下令有关部门免除租税和徭役，众乡亲都叩头谢恩。

二十日，徐达攻克安丰，在徐州打败王保保。五月初一，朱元璋从濠州回到应天。

八月初一，朱元璋下令改建应天城，在钟山南面修筑新宫殿。

初二，朱元璋任命徐达为大将军，常遇春为副将军，统领二十万大军讨伐张士诚。他在戟门前誓师大会上讲话说，攻下平江（今江苏苏州）之日，不要杀人抢东西，不要毁坏房屋，不要践踏庄稼。张士诚老母亲埋葬在城外，不要毁掉墓穴。

然后，朱元璋召问徐达、常遇春，此次用兵打算从何处下手。常遇春原来想直捣平江。朱元璋说，湖州张天骐、杭州潘原明是张士诚的左膀右臂，一旦平江被围，两人必然全力来援，我军就难以取胜。不如先取湖州，使敌人疲于奔命。只要把张士诚的羽翼分开，平江就势必孤立无援，很快就可以攻破。

朱元璋制定了围城打援、各个击破的战略。果然，徐达、常遇春在湖州打败了张天骐，张士诚亲自率兵驰援，又被打败。

十月初四，常遇春在乌镇（今浙江桐乡西北乌镇）挫败张士诚的部队。十一月初六，张天骐投降。十三日，李文忠攻破余杭（今浙江杭州），潘原明投降，余杭周边各地也都被攻破了。二十五日，徐达、常遇春指挥大军，把平江围得水泄不通。城破后，张士诚被俘，被押送到应天，坚拒多次劝降，上吊而死。

朱元璋在围攻张士诚的同时，派大将廖永忠迎接小明王韩林儿到应天，在瓜步（今江苏六合东南）渡江时，小明王船翻掉到江中溺死（一说廖永忠事先把船凿了个洞，故意溺死的），这标志着小明王政权灭亡。

在消灭张士诚后，至正二十七年（1367），朱元璋又命令大军乘胜南进，攻打盘踞在浙东的方国珍。朱元璋部下大军一到，方国珍便投降了。接着又乘胜南进，攻克广东、广西，实现了除四川、云南之外整个南部中国的统一。

（六）逐鹿中原

在南方基本平定之后，朱元璋接下来要做的就是北伐中原，推翻元朝政权。用一个成语来表达，就是逐鹿中原。中原，古指我国中部地区。逐鹿，语出《史记·淮阴侯列传》："秦失其鹿，天下共逐之，于是高材捷足者先得焉。"裴骃集解引张晏曰："以鹿喻帝位也。"后以"逐鹿"，比喻争夺天下。

至正二十七年（1367）二月十七日，朱元璋召集部将、谋臣商讨北伐之事。他说，在山东王宣反叛，河南扩廓帖木儿专横跋扈，关、陇李思齐、张思道强横猜忌情况下，元朝的统治行将灭亡，中原生灵涂炭。如今我军即将北伐中原，拯救百姓于水深火热之中，如何才能决战决胜呢？

常遇春首先发言：用我们百战百胜的军队，去对付元朝长期闲散的士兵，直捣元大都，必然势如破竹。

朱元璋说：元朝建国近百年，守备一定坚固，如果孤军深入，粮草不能及时运到前线，敌人援兵四集，那就非常危险了。我计划先夺取山东，撤除元大都的屏障，再把军队转移到黄河、淮河之间，攻破其藩篱，再夺取潼关坚守，掌握部队出入的门户。这样，天下的山川地势的有利条件就都掌握在我们手中了，然后大举进攻，元朝大都势孤援绝，就可不战而胜。接着，再大张声势地向西北进军，云中、九原、关、陇之地便可席卷而下了。

众人异口同声地说，这是条好计策。

十月，朱元璋调集精锐部队，以徐达为征房大将军、常遇春为副将军，发兵25万，北伐中原，争夺天下。中书省平章事胡廷瑞为征南将军，江西行省左丞相何文辉为副将军，率大军经江西进攻福建，湖广行省平章杨璟、左丞相周德兴率湖广守军进军广西。

徐达指挥的北伐主力，从淮河流域进入中原地区，从山东北上；征成将军邓愈从襄阳北牵制元军，策应东路军。徐达指挥的北伐大军连连得胜，很快顺利地攻下山东各郡县。

在南征北伐节节胜利，朱元璋已经掌控大半个中国的情况下，至正二十八年（1368）正月初四，他在应天府南郊祭天，登上皇帝宝座，建国号大明，年号洪武。立马氏为皇后，嫡长子朱标为皇太子。任命李善长、徐达为左、右丞相，其他功臣都晋官加爵。

五月，朱元璋亲临汴梁（今河南开封），坐镇指挥。

七月二十三日，朱元璋将回应天府，指示徐达等人说：中原人民，久受军阀蹂躏的痛苦，流离失所，所以派你们北征，把百姓从水深火热中拯救出来。元朝祖先对人民有功德，他的子孙却不爱惜

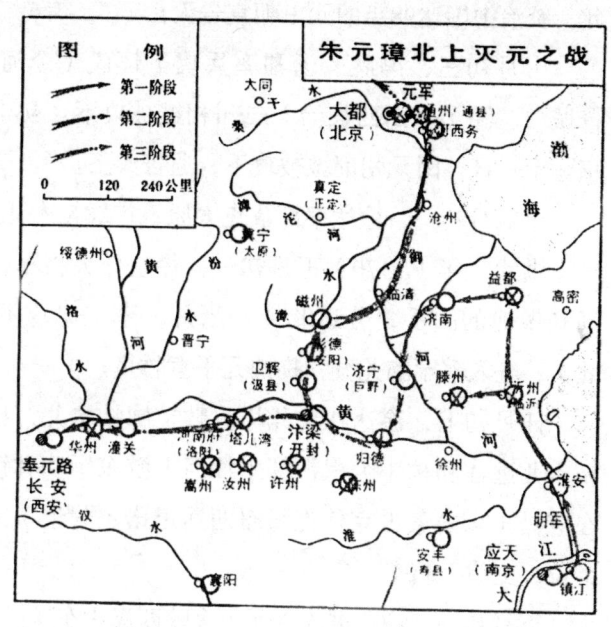

朱元璋北上灭元之战示意图

民众，老天爷讨厌、抛弃了他。元朝君王有罪，老百姓没有什么过错。前代革命的时候，大肆屠杀，违背天意，肆意残害人民，我实在不忍。你们攻破城池，不要抢掠杀人，元朝的皇帝及亲族都要保全。这样，差不多可以上报天心、下符民意了。这才是我讨伐罪人、安定平民的本意。不遵守命令的严惩不贷。

徐达率军沿运河北上，连下德州、通州等地。元顺帝见大势已去，二十八日晚，便率领后宫、子女及百官，携带财宝、图籍逃往上都（今内蒙古正蓝旗东闪电河北岸）。

八月初一，以应天为南京、开封为北京。初二，徐达率兵攻入元大都（今北京），封存府库地图和户籍，守卫宫门，禁止士兵抢掠，派将领巡视古北口（今北京密云东北）等各处关隘。至

朱元璋是位能办大事情的『大老粗』

此，统治中国达98年的元王朝宣告灭亡。

十月初三，冯胜、汤和率兵攻下怀庆（今河南沁阳），泽（今山西晋城）、潞（今山西长治）二州相继被攻下。初十，朱元璋从北京返回南京。十一日，因元朝都城被攻下，通告天下。

十二月初一，徐达率部攻克太原，扩廓帖木儿逃往甘肃，山西平定。

洪武三年（1370）正月初三，徐达任大将军，李文忠、冯胜、邓愈、汤和做他的副手，分道北征。当月，李文忠攻下兴和（治所在今河北张北），进入察罕脑儿城，拘捕元平章竹贞。

四月初七，徐达在沈儿峪大败扩廓帖木儿，招降他的全部部队，扩廓帖木儿逃往和林（今蒙古鄂尔浑河上游东岸和林镇）。二十八日，元顺帝在应昌（今内蒙古克什克腾旗西达里诺尔附近）去世，其子爱猷识理达腊继位，史称元昭宗。

五月初一，徐达进攻兴元（今陕西汉中东）。分派邓愈招抚吐蕃（在今青藏高原一带）。十六日，李文忠攻克应昌。此后，消灭元军残余势力又进行了多年。

洪武十四年（1381），朱元璋命令傅友德、沐英、蓝玉率兵进攻云南，次年攻破大理，至此基本上完成了南方的统一。

洪武二十一年（1388），朱元璋又命令冯胜、傅友德、蓝玉进攻辽东，迫降元将纳哈出，辽东平定。至此除漠北草原和新疆等地外，全国已基本上归于统一。

16年的戎马生涯，朱元璋从一个放牛娃、行脚僧，改朝换代，推翻元朝统治，开创大明江山。和尚皇帝，只此一个，不能说不是一个奇迹。

（七）保境安民

元顺帝北走大漠后，仍保有强大的军队，随时有卷土重来的可能，这是朱元璋所忧心的事。为了进一步地统一蒙古地区，他多次对蒙古用兵。

洪武三年（1370）正月，朱元璋命令大将军徐达从潼关出西安，捣定西（今甘肃定西南），进击王保保；左副将军李文忠出居庸关，入沙漠追击

元顺帝。这一次用兵，取得了较大的胜利，迫使北元再次北撤，而明朝的北部防御也得以稳定。之后在洪武五年、二十年、二十一年、二十三年，又多次用兵，其中二十一年，大将蓝玉追击到捕鱼儿海（今内蒙古贝尔湖），元主脱古思帖木儿仅以身免，逃往和林（今蒙古国鄂尔浑河上游东岸哈尔和林）。此役使蒙古受到震撼，北元再也无力与明朝对抗了。

朱元璋在对蒙古用兵的同时，对周边的其他地区也采取了不同的方式加以管理。在西北设置卫所，在东北派驻官员去诏谕，在西藏通过宗教关系，在西南仍承袭元代的土司制度，对这些地区分别采用朝贡、赏赐、开放茶马贸易的方式，加强与这些地区的交流，效果显著。

我国自古以来受儒家思想影响，历史皇帝都把做天下共主当成自己的最高理想，而"四夷宾服，万国来朝"，也往往被当做真命天子的标志。洪武初年，朱元璋非常渴望争取万国来朝，以树立其真命天子的形象。

但鉴于元朝失败的教训，朱元璋反对武力扩张的做法。洪武四年（1371）九月，朱元璋曾对他的大臣们说："海外蛮夷之国，有为患于中国者，不

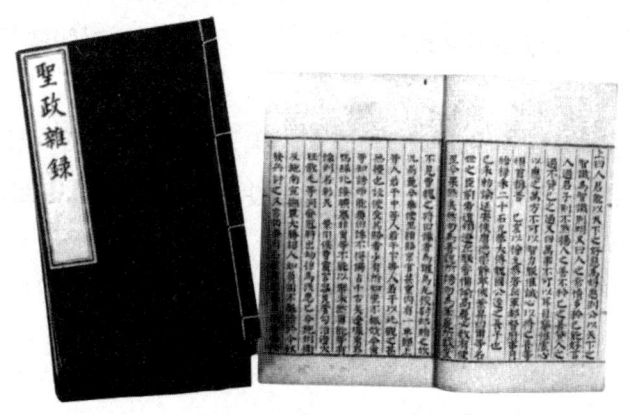

《圣政杂录》书影
这是一部记述明太祖朱元璋事迹的史书

可不讨；不为中国患者，不可辄自兴兵。"（《明太祖实录》卷六八）他还告诫子孙："四方诸夷，皆限山隔海，僻在一隅，得其地不足以供给，得其民不足以使令。"（《皇明祖训·箴诫篇》）

朱元璋认为武力征讨，劳民伤财，得不偿失，所以他把朝鲜、日本、安南、真腊、暹罗、占城、苏门答腊、爪哇、湓亨、白花、三佛齐、渤泥等国，都列为不讨之国，与这些国家保持着良好关系。双方的来往主要是通过朝贡的方式，朱元璋厚往薄来，目的是让这些国家看到天朝大国的富有，体现天子的博大胸怀，以图"四夷怀服"。

这种和平外交政策，在处理与日本的关系上，却遇到了麻烦。洪武二年（1369），朱元璋派杨载出使日本。次年，又派莱州府同知赵秩赴日本，进一步解释明朝的对外政策，表示愿意发展与日本的良好关系。日本也派使者来中国访问，然而这种良好关系却由于倭寇对我国东南沿海的侵扰受到破坏。洪武二年正月，"倭寇山东滨海郡县，掠民男女而去"；四月，"倭寇苏州、崇明等地"；八月，"倭寇淮安"；三年六月，"倭寇山东，转掠温州、台州、明州等地，又寇福建沿海郡县"。（《明太祖实录》卷36、40、43、53）朱元璋采用禁海政策，先是"禁滨海民不得私出海"（同上，卷70），后来便完全断绝海外贸易，三十年申明"人民不得擅出海与外国互市"（同上，卷252）这种封闭政策对明初体制、经济发展都有不小负面影响。

洪武年间，朱元璋试图做天下共主的目的，或许并没有完全达到，但在一定程度上赢得了和平的周边环境，使他能用全副精力恢复生产、发展经济。

三、治国功业

（一）加强皇权

朱元璋这位和尚皇帝不仅武功盖世，打下了大明江山，而且在文治方面也颇有建树，主要表现在明王朝开国后他采取的政策上。

首先是加强皇权。

明代初年，因袭元代政治制度，在中央设有中书省，总揽天下政务。其行政长官为左、右丞相，负有统率百官之责，所谓"一人之下，万人之上"，位高权重，极易与皇帝产生矛盾。

洪武初年，朱元璋以李善长、徐达为左、右丞相。李善长为人处事小心谨慎，徐达大多领兵在外，他们没有和朱元璋发生多大矛盾。但胡惟庸任相后，专权用事，"生杀黜陟，或不奏径行"。朱元璋看到大权旁落，洪武十三年（1380），便以"擅权植党"罪名杀了胡惟庸，趁机取消中书省，废除丞相等官职。朝廷政务改由六部分理，各部尚书直接听命于皇帝。在我国实行了一千多年的宰相制寿终正寝，标志着皇帝的权力得到最大限度的加强。

同年，朱元璋也废除统管全国军事的大都督府，分中、左、右、前、后五军都督府，每府设左、右都督二人，分别管理京师及各地卫所和都指挥司。都督府的职权与兵部有明确分工：都督府负责军队的管理和训练，无权调动军队；兵部有颁发军令、铨选军官的权力，但不能直接统率军队。每有战事，由皇帝亲自任命军队统帅，兵部发布调遣令，都督府长官奉命出征。战事结束，军归卫所，主帅还印，这样二者互相制约，军权集中在皇帝手里。

洪武十五年（1382），朱元璋又对朝廷监察机构进行改革。将御史台改为都察院，设左、右都御史。"都御史职专纠劾百司，辨明冤枉，提督各道，为天子耳目风纪之司。"其下有十三道监察御史，以一布政司为一道，共设御史一百一十人。监察御史负责监视、纠劾百官。出使到地方，则巡按、清军、巡盐、巡漕、巡关、提督学校等，其中巡按御史代替皇帝巡视，"大事奏裁，小事立断"，权力很大。这样监察权便也牢牢地掌控在皇帝手中了。

（二）整肃吏治

朱元璋认为吏治是治国的根本。他常说："纪纲法度，为治之本。"

因此，十分重视法律的制定。

早在吴元年（1367），朱元璋任命左丞相李善长为律令总裁官，开始制定法律。当年年底编成初稿，"凡为令一百四十五条，律二百八十五条"。朱元璋觉得还不够完善，下令修改，直到洪武三十年（1397），几经修改，才正式颁布《大明律》共三十卷，分吏、户、礼、兵、刑、工六部。律文包括各项法令章程，其中对各级官吏的职权、任务以及应遵守的规则和注意事项，都做了详细规定，对官员的违法乱纪行为也规定了处罚办法。

朱元璋铸大中通宝背十豫

明朝对官员的贪污，处罚特别重。朱元璋说："吏治之弊，莫过于贪墨"，"此弊不革，欲成善政，终不可得"。他下令："凡是官吏贪污、蠹害百姓的，都要治罪，不容宽贷！"对官员贪污犯法，惩罚严苛：凡贪污银60两以上，处以枭首示众、剥皮食草之刑。朱元璋把府、州、县衙门左面的土地庙作为剥人皮的场所，叫做"皮场庙"。贪官被押到这里，剥下人皮，填充稻草，摆在衙门公署两旁，使官吏怵目惊心，知道警惕。发现有贪赃枉法行为者，充军北部边疆劳动改造，自食其力；官吏上任乘坐公车、公船者，除个人衣物外，不可多带私人物品。如乘坐官府牲口，不得超过10斤，每发现超重5斤打10棍子；10斤以上罪加一等，最重者打60棍子。如乘坐官船，携带私物不得超过30斤，每超过10斤打10棍，每20斤罪加一等，最重打70棍子。

洪武十八年（1385），朱元璋颁布《大

诰》，以后又陆续颁布《大诰续编》、《大诰武臣》，汇集诛杀官民的罪状，警示臣民。

明律的制定和实施，在洪武年间得到了认真执行，朱元璋自己身体力行，作出表率。他的驸马欧阳伦，是马皇后亲生女儿安庆公主的丈夫，因为贩运私茶触犯刑律，被朱元璋赐死。开国功臣汤和的姑父"隐常州田"，也被朱元璋治罪。在严惩贪官污吏的同时，朱元璋对为政清廉的官员大加表彰。济宁府尹方克勤，为官清廉，生活俭朴，一件布袍十年不换，每天只吃一顿有肉的菜，但他任职三年后，"户口增数倍，一郡饶足"。他进京述职，朱元璋特赐宴招待，以示表彰，并让他继续留任。

（三）"各安其生"

元朝末年，近二十年的战争破坏，中华大地可谓满目疮痍，民不聊生，税收减少，国库空虚。特别是中原一带，情况最为严重。河南、山东地区"多是无人之地"（顾炎武《日知录》卷十《开垦荒地》）。河北州县，有的地方"道路皆榛塞，人烟断绝"，有的地方"积骸成丘，居民鲜少"（《明太祖实录》卷二十九、一七六）。为了尽快改变这种严峻局面，朱元璋实行发展生产、各安其生的与民休息政策。

洪武元年（1368）正月，各地州县官来朝，朱元璋对他们说，天下才定，百姓财力都很困乏，像刚学飞的鸟不可拔它的羽毛，新栽的树不可伤它的根一样，现在必须休养生息，不可扰害百姓。放牛娃出身的朱元璋，深深懂得"士农工商四业之中，算农民最辛苦"。因此，十分重视发展农业生产。同年十二月，他在任命宋冕为开封府知府，上任前要求他到任后，务在安辑人民，劝课农桑，讲求实效。他还把"田野辟，户口增"作为考核各级官吏政绩的标准。

为了恢复和发展农业生产，他采取了多项措施。

首先，鼓励开垦荒地。洪武三年（1370），朱元璋下令：北方郡县荒芜田地不限亩数，全部免三年租税。战争中抛荒的田地，被他人耕垦成熟的，就成为耕垦者的产业。这就承认了自耕农开垦熟地的权利。

其次，移民屯田。就是把农民从人多地少的地方迁到人少地多的地方。凡移民垦田的，都由朝廷给予耕牛、种子和路费，还免去三年赋税。在定额之外多开垦的荒地，永不对农田计亩征收钱粮。洪武三年六月，迁苏州、松江、嘉兴、湖州、杭州等地无业农民四千多户到濠州种田，又迁江南各地十四万户到凤阳垦荒。以后朝廷多次组织太湖流域和山西无地的农民，迁到淮河流域垦荒。据户部统计，从洪武元年到十三年，共垦田1888171顷，数量很大。

再次，军屯和商屯。军卫以卫所来管理，以屯为单位，以每军受田五十亩作一分，官府提供耕牛和农具，开头几年免纳租税，到成为熟田后，每亩收租一斗。军士屯守比例是，边地军队三分守城，七分屯种，内地军队二分守城，八分屯种。明初六七年间，军屯六七十万顷，占全国屯田总数十分之一，军队用粮基本自给。

商屯是为了解决边地军粮，朝廷鼓励商人运粮到边防粮仓，向官府换取盐引（贩盐凭证），然后贩卖食盐，牟取厚利，后来有的商人索性在边地雇人就地屯田、交粮，节省运费。商屯既解决了边储，也开发了边疆。

复次，兴修水利。朱元璋十分重视水利建设，在他即位当年，就下令，凡是百姓提出有关水利建设，地方官员必须奏报，否则受处罚。例如，洪武元年，修和州铜城堰闸"周围二百余里"。四年修治广西兴安灵渠，可灌田万顷。八年开山东登州蓬莱阁河，疏浚陕西泾阳洪渠堰。九年修四川彭州都江堰。十四年疏浚扬州府官河等。到洪武二十八年，全国共开塘堰40987处，疏浚河流4162道，修治坡渠堤岸5000多处，成绩很大。

最后，重视经济作物的种植。早在至正二十五年（1365），朱元璋就下令：凡农民有田5～10亩，必须种桑、麻、棉花各0.5亩，10亩以上加倍，田多的按这个比例递增，地方官员负责督查。洪武元年以后，又把这个命令推向全国，并定出缴纳份额，麻每亩交8两，棉花每亩交4两，栽桑的4年以后再征租。洪武二十七年（1394），还令户部教全国多种桑、枣、柿和棉花，每户初年种桑、枣200株，次年400株，三年600株，多种棉花的免税。经济作物的种植改善了人民生活，也促进了手工业的发展。

看
八·大·帝·王

朱元璋为恢复经济、发展生产采取多项政策，目的是解决百姓的穿衣、吃饭问题。他在这方面的关注同历代皇帝相比，是比较突出的。因为他是贫苦农民出身，对农民的艰苦有深切体会。他说："士农工商四民之业，算农民是最辛苦。他们终年劳动，难得休息。遇到丰收，还可足食，碰上水旱灾害，则全家挨饿。我穿件衣裳吃顿饭，都想到种田织布的劳累。"因此，他即位后提倡节俭，惜用民力，身体力行。他还命人带太子朱标到农村察看，亲眼看看农民耕田的辛苦。回来后，他教育说："凡居处食用，一定要想到农民的劳苦，取之有制，用之有节，使他们不苦于饥寒。"凡是闹灾荒歉收的地方，朱元璋都下令蠲免租税，灾情严重的地区除贷米外，还赈济米、布、钞等。

通过以上做法，朱元璋基本上达到了让百姓"各安其生"的目的。

（四）延揽人才

朱元璋出身贫苦，读书不多，基本上是个大老粗。但他很注意招贤纳士，吸纳知识分子，并

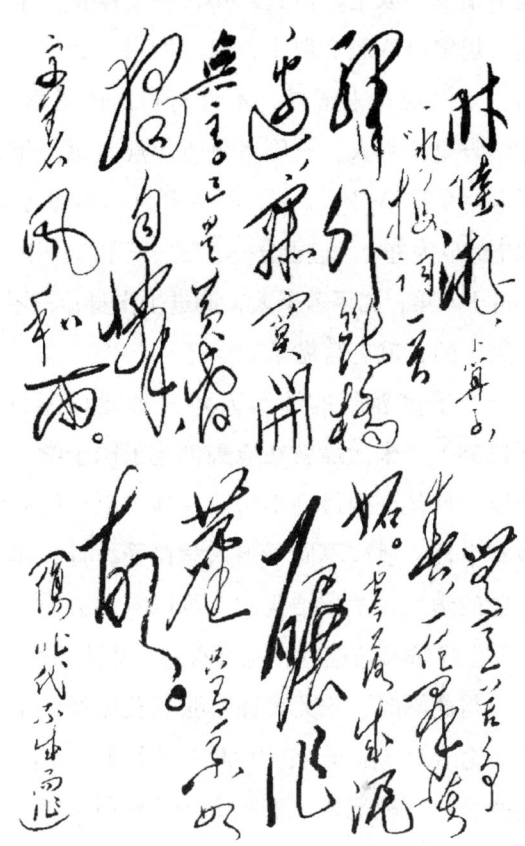

毛泽东手迹《卜算子·咏梅》

虚心向他们请教，加以任用，如李善长、陶安、刘基、宋濂、朱升等，他们给他讲经读书，参与军事密议，成为他的智囊团，对他夺取天下、治理国家有很大作用。

明朝建立后，朱元璋数次下诏访求贤才。洪武六年（1373），他下令各级官员举荐人才，其科目有许多种：聪明正直、贤良方正、孝弟（悌）力田、儒士、孝廉、秀才、人才、耆民等。推荐来的人许多都授以要职，如尚书、侍郎、副都御史、地方上的布政使和府尹等。

朱元璋大量延揽人才，是通过科举制度进行的。洪武三年（1370），他下诏设科取士，但到六年，一度停止。十七年（1384）复设，后遂成永制。规定以八股文取士，以"四书"、"五经"为命题范围，行文必须根据古人的观点来解释，不许有自己的见解。考试分三级进行。县里考秀才，省里考举人，全国考进士。规定每三年在省城举行乡试，中试的成为举人。乡试第二年二月，举人到京师参加会试。会试后再由皇帝亲自殿试，取中的成为进士。进士分一、二、三甲，一甲三人，称做状元、榜眼、探花，赐进士及第；二甲若干人，赐进士出身；三甲若干人，赐同进士出身。凡考中进士的，就有官做了。

为了培养新的统治人才，朱元璋还特别重视办学。至正二十五年（1365），朱元璋就在应天创建了国子学。洪武十五年（1382），改为国子监，这是全国最高学府。在地方上，府有府学，州有州学，县有县学，乡有乡校，适应不同子弟入学接受教育，建立了比较完善的教育体系。国子监的学生在学校结业的，可以直接去做官，或者再通过考试做官。在校的监生还常奉命巡行、监督水利、清丈田亩、在各衙门实习办事等。

与此同时，朱元璋还主张尊孔读经，组织博学之士重新审定"四书"（《论语》、《孟子》、《中庸》、《大学》）、"五经"（《诗经》、《尚书》、《易经》、《礼记》、《春秋》），颁行天下，作为学校读本和科举取士的依据，目的是灌输儒家思想。

这样造就了大批人才，源源不断地充实到统治集团中去，夯实了明王朝的统治基础。

四、晚年失误

作为一个封建皇帝，应该说，朱元璋是颇有作为的，毛泽东称他是明朝搞得最好的皇帝，但自然有他的局限和阴暗的一面。这主要表现在搞特务统治、杀功臣、文字狱及不让诸子诸孙统兵等方面。

（一）搞特务统治

朱元璋采取特务手段，侦缉臣僚私下的言行，这在历代皇帝中是绝无仅有的。早在明朝建立前，他就开始派检校人员搞这种阴谋活动：察听在京大小衙门官吏不公不法及风闻之事，无不奏闻。有人甚至专做告发别人隐私的勾当。钱宰被征编《孟子节文》，散朝回家，吟诗道："四鼓冬冬起着衣，午门朝见尚嫌迟。何时得遂田园乐，睡到人间饭熟时。"次日上朝，朱元璋见他说：昨天你作的好诗！不过我并没有"嫌"迟啊，改作"忧"字如何？钱宰吓出一身冷汗，连忙磕头谢罪（叶盛《水东日记摘抄》二）。

国子监祭酒宋讷在家独坐，面带怒容，次日朝见时，朱元璋问他为什么生气，宋讷大吃一惊，如实说了，朱元璋把派人偷偷给他画的像拿出来让他看（《明史》卷173《宋讷传》）。诸如此类，搞得人人自危，惶惶不可终日。

到了洪武十五年（1382）四月，朱元璋下令设立锦衣卫，授以侦查、缉捕、审判、处罚罪犯大权。这是一个正式的军事特务机构，设有指挥、金事、镇抚、千户、百户之职，所属人员有将军、力士、校卫，直接由皇帝掌控。它下设镇抚司，掌本卫刑名，兼理军匠，有自己的法庭和监狱。朱元璋把重大案件交由锦衣卫处理，由自己亲自掌控，锦衣卫也只对皇帝负责。朱元璋让锦衣卫在朝堂上执行廷杖，使不少大臣惨死杖下。

在全国各地的关津要冲，朱元璋还设立了巡检门司，由巡检、副巡检带领差役、弓兵警备意外，负责盘查、缉拿盗贼、盘诘奸伪，在乡村则由里甲执行这一任务。

这样，朱元璋通过这些机构在全国布下了一张特务网，从城市到乡村，从政府官僚到普通百姓，无不在监视和掌控之下。

（二）文字狱

文字狱，是古代统治者为迫害知识分子，故意从其著作中摘取字句，罗织罪名而造成的冤案。清代龚自珍七律《咏史》："避席畏闻文字狱，著书都为稻粱谋。"鲁迅《华盖集续编·马上支日记》："中国从古到今有多少文字狱；历来'流言'的制造散布法和效验等等……可以研究的新方面实在多。"文字狱可以说历代都有，明清为烈。

朱元璋出于统治的需要而延揽人才，笼络知识分子，给个一官半职，但不是所有的知识分子都愿意和新王朝合作的。有的坚决不肯合作，有的合作了但有牢骚。朱元璋对这些不肯合作或合作不好的文人采取严刑峻法，残酷迫害，文字狱层出不穷。朱元璋当过和尚，和尚剃光头，不蓄发，所以忌讳"光"、"秃"这些字眼，甚至"僧"字也觉刺眼，连和"僧"的同音的"生"字也不喜欢了。鲁迅《阿Q正传》中写阿Q因为头上有癞疮疤，所以忌讳人们说"光"、"亮"，原来是从朱元璋这里学来的。

朱元璋早年参加红巾军起义，最恨人说"贼"、"寇"，连看到和"贼"字音相近的"则"字也生气。有些文人如果在诗文中不慎用了这些字眼，就可能造成文字狱，引来杀身之祸。如浙江府学教授林元亮替海门卫官作《谢增俸表》，有"作则垂宪"一语，杭州府学教授徐一夔表中有"光天之下"，"天生圣人，为世作则"等语，朱元璋硬说文中"则"是骂他做过贼，"光"是光头，"生"是"僧"的意思，是骂他做过和尚。尉氏县教谕许元为本府作万寿贺表，有"体乾法坤，藻饰太平"字样，"法坤"被曲解为"发髡"，就是头发剃光了，暗示他是和尚，"藻饰太平"，被曲解为"早失太平"。

最典型的文字狱要数大诗人高启一案了。

高启（1336—1374），字季迪，长洲（今江苏苏州）人。元末张士诚占据吴地（苏州），名士多附，高启隐居吴淞青丘，自号青丘子。他与杨基、张羽、徐贲齐名，称"吴中四杰"。明洪武初年，朱元璋下诏请他修《元史》，任翰林院史馆编修。授予他户部右侍郎，高启自陈年少不敢担当重任，拒不接受，朱元璋赐金放还，但认为他不合作，借故整治他。高启作了一首《题宫女图》的诗，其中有"小犬隔花空吠影，夜深宫禁有谁来"二句，被朱元璋认为是讥讽他的，怀恨在心。后来苏州知府魏观重修知州衙门，地址选在张士诚的宫殿旧址上，犯了忌讳，有人告发魏观此举是"兴既灭之基"，朱元璋认为是对他不满，把魏观处以死刑。正巧新府衙房子上梁文是高启写的，其中有"龙盘虎踞"字样，朱元璋大怒，下令把高启押解应天（今江苏南京），腰斩于市。年仅39岁。

高启是明代最优秀的诗人之一。其文学思想取法汉魏晋唐各代，师古而后成家。但因死于盛年，未能卓然自成一家。其诗体制不一，风格多样。他才思俊逸，多有佳作。

毛泽东对高启评价很高，称他是"明朝最伟大的诗人"。明代诗人模拟之风盛行，多缺乏创意，但高启却有一些"好诗"。毛泽东的这个评价并非溢美之词。毛泽东喜欢高启的诗，从下面这件事情上可以看得很清楚。

1961年11月6日上午，毛泽东可能是想集中阅读一些古代的咏梅诗词，为其写《卜算子·咏梅》作准备，便想起了过去阅读过的一首"梅花"诗。他先以为是宋代著名诗人林逋所作。早上6点半给秘书田家英写了一封信，让他帮助查找，自己也动手查找。

但毛泽东从林逋的诗文集中没有查到，然而他对这首诗的记忆逐渐清楚起来了。他首先回忆起来的两句是"雪满山中高士卧，月明林下美人来"，并说明"是咏梅的"，于是上午8点半又给田家英写了第二封信，请他"再查一下"。到了9点钟（原为8点，疑误），毛泽东又给田家英写了第三封信，说"又记起来，是否是清人高士奇的"，并且回忆起诗的前四句，请田家英向中央"文史馆老先生"请教。

待弄清《梅花》诗是高启所作的当天，毛泽东用挥洒自如的草体书写

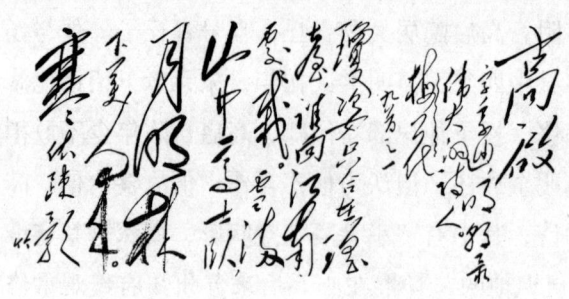

毛泽东手书高启
《梅花·九首之一》

了全诗：

琼姿只合在瑶台，
谁向江南处处栽？

雪满山中高士卧，
月明林下美人来。

寒依疏影萧萧竹，
春掩残香漠漠苔。

自去何郎无好咏，
东风愁寂几回开？

并在诗末写道："高启，字季迪，明朝最伟大的诗人。"（《毛泽东手书选集·古诗词下》，北京出版社1996年版，第216页）

高启的《梅花》诗共九首，此是第一首。首联写梅花俏丽美艳，高贵雅致，本应生长在瑶台仙境，如今江南大地处处有它的身影，欲扬先抑。颔联借东汉袁安卧雪和隋赵师雄醉宿梅下得遇梅花仙子的典故，进一步烘托梅花的高贵雅致。颈联正面描写梅花，歌颂俏不争春而报春的高贵品格。尾联借南朝梁诗人何逊之后，很少有好的咏梅诗，慨叹梅花的高贵品格得不到应有的赞颂。一首咏物之作，却想象超拔，大开大合，多方着墨，颇有唐人风韵，不愧为古代咏梅诗词中的佳作，因而赢得毛泽东的喜爱。毛泽东曾说："过去我以为明朝的诗没有好的，没有看头。但其中有李攀龙、高启等人的好诗。"（陈晋主编：《毛泽东读书笔记解析》，广东人

民出版社1996年版，第443页）

此外，毛泽东还圈阅过高启如下诗篇：《悲歌》、《忆昨行，寄吴中诸故人》、《送沈左司从汪参政分省陕西汪由御史中丞出》、《送叶判官赴高唐时使安南还》、《吊岳王墓》、《凉州曲》、《桐阴清润雨余天》。

文字狱从洪武十七年（1384）到二十九年（1396），前后闹了13年，朝野文人提笔都怕文字狱，造成一种人人自危的局面。有一个传说，很能说明这个问题。有一年元旦之夜，朱元璋微服私访。他忽然发现一个灯谜上画着一个大脚女人，怀里抱着一个大西瓜，坐在马背上，马蹄画得特别大。朱元璋看了大怒。回宫后就下令缉拿此灯笼的扎制者，结果把做灯笼的匠人打死。原来马皇后是淮西人，长着一双大脚，朱元璋怀疑这个灯谜是讽刺马皇后的。一个小小灯谜，竟然断送一条人命，真是荒唐至极！

（三）"历代开国皇帝，从不杀有功之臣"

1958年4月6日，毛泽东在安徽观看严凤英演出的黄梅戏。据当时任安徽省委宣传部副部长的杨杰著文说：当时，毛主席身体健壮，情绪极高，曾希圣、桂林栖陪毛主席、张治中将军看黄梅戏《打金枝》，我坐在主席后一排，他看了严凤英饰皇帝女儿金枝的表演。当他看到唐朝名将郭子仪的儿子一身傲气，闯入宫中，打碎"禁灯"，又打金枝玉叶，闯下杀身之祸，急得郭子仪捆绑了自己和儿子，赴皇帝面前请罪。皇帝不仅没有问罪，反而十分宽容，还批评自己的女儿，又批评皇后对女儿的偏心。此时，毛泽东先评说："历代开国皇帝，从不杀有功之臣。"（《文汇报》1992年3月18日）

毛泽东这一说法是颇有道理的。其原因有三：第一，开国皇帝深知创业的艰难，看重开国元勋们的功劳；第二，在创立基业之中，与有功之臣结下了深厚的战斗友谊；第三，因其有功于国，往往原谅他们的小过错。所以，只要是不犯谋反大罪，威胁皇位，是不会杀功臣的。这可以说是一种人性化的解说。

1958年4月6日，毛泽东评戏《打金枝》："历代开国皇帝，从不杀有功之臣。"（《文汇报》1992年3月18日）

但是自古就有一种与这种观点相反的看法，那就是"狡兔死，走狗烹"的观点。这种说法，认为国君得到天下，就杀害谋士功臣。这是一种必然的规律。《文子·上德》："狡兔得而猎犬烹，高鸟尽而良弓藏，功成名遂身退，天道然亡也。"亦作"狡兔尽，良狗烹"。《史记·淮阴侯列传》："汉六年，人有上书告楚王（韩信）反。高帝以陈平计，天子巡狩会诸侯。……高祖且至楚，信欲发兵反，自度无罪……上令武士缚信，载后车。信曰：'果若人言："狡兔死，良狗亨（烹）；高鸟尽，良弓藏；敌国破，谋臣亡。"天下已定，我固当亨（烹）。'上曰：'人告公反。'遂械系信。至雒阳，赦信罪，以为淮阴侯。"就是说，开国皇帝刘邦，原谅并赦免了开国元勋韩信的谋反罪，降了两级，为淮阴侯。

但是到了汉十一年，陈豨反叛，刘邦亲自带兵平叛，而韩信称病不从，却暗中派人与陈豨联络，欲起兵助他，并准备发动宫廷政变，袭击吕后和太子。吕后与相国萧何谋，诈称有人从刘邦那里来，说陈豨已死，列侯群臣应当祝贺。萧何骗韩信说："虽疾，强入贺。""信入，吕后使武士缚信，斩之长乐宫钟室。"是说，后来韩信果真要谋反，才被吕后所杀，而刘邦当时在前线，不知此事，算不得皇帝杀功臣。这是《史记》作者司马迁的描述。怎样解读，仁者见仁，智者见智。

那么，朱元璋能和刘邦相提并论吗？恐怕很

难。原因有二：

第一，朱元璋有杀功的动机。朱元璋滥杀功臣，皇太子朱标都看不过，他曾对朱元璋说："父皇杀人太多，恐怕会伤了和气。"朱元璋听后不置一词。第二天，他把一根长满刺的荆棘放在地上，叫太子拿，太子面有难色，朱元璋对他说："你怕刺不敢拿，我把这些刺都给你去掉了，再交给你，难道不好吗？现在我杀的都是最危险的人，除掉他们，你才能当好这个家。"这个故事或许出自明朝野史的杜撰，但也反映了朱元璋为求明王朝长治久安的用心。

第二，朱元璋确实杀了不少功臣。主要有两个大案：胡惟庸案和蓝玉案。

胡惟庸（？—1380），定远（今安徽定远）人。龙凤元年（1355）在和州投奔朱元璋，历任主簿、知县、通判等官。洪武三年（1370）升至中书省参知政事。六年至十三年间任丞相，专权树党。后以谋逆罪被杀灭族。十九年与二十三年，又以"通倭"、"通元"罪，穷究党羽，牵连被杀达三万多人。后来朱元璋的另一大功臣，开国后任左丞相多年的李善长，也牵连被杀。

洪武二十六年（1393），又兴"蓝党"大案。开国大将蓝玉（？—1393），定远人。初在常遇春部下，勇敢善战。洪武二十年（1387）任大将军。次年，率15万大军打蒙古，一直打到捕鱼儿海（今内蒙古贝尔湖），俘获男女75000人，大胜而归。徐达、常遇春死后，蓝玉继为大将，总军出征，屡立战功。因而，恃功骄横，多蓄庄奴假子，夺占民田，所为多不法。后以谋反罪被杀，牵连甚众，"族诛者万五千人"，把军中骁勇之将几乎杀个干净。

朱元璋利用胡惟庸、蓝玉二狱，前后14年，一共杀了4.5万人之多，"元功宿将相继尽矣"！（《明史》卷132《蓝玉传》）除上述两案之外，朱元璋还鞭死亲侄朱文正，其罪名是"亲近儒生，胸怀怨望"；亲外甥李文忠19岁为将，骁勇善战，屡立战功，后以忤旨被责，不久病死；大将廖永忠以僭用龙凤不法事赐死；名将朱亮祖父子，以"所为多不法"，被召

毛泽东读《明史·太祖本纪》批注

入京，鞭死；胡美以犯禁死，周德兴以帷幄不修被杀；洪武二十七年（1394），杀王弼、谢成、傅友德；洪武二十八年（1395），杀冯胜。朱元璋的同乡、第一号开国功臣徐达（1332—1385），在洪武十八年（1385）背生疽（中医指皮肤局部肿胀坚硬的毒疮），经治疗已好转，"帝（朱元璋）忽赐膳，魏公（徐达）对使者流涕而食之"，不数日而死。据说朱元璋送的御膳是一只上好的熟鹅，得疽病最忌吃鹅肉，朱元璋不会不知道吧！

经过朱元璋的大肆杀戮，开国功臣已寥寥无几。其主要将领除常遇春在行军途中暴病身死，胡大海被叛将杀害，只有汤和、沐英得以善终。朱元璋落个杀戮功臣的恶名不是空穴来风。

（四）"不令诸子诸孙统兵作战，失策"

《明史》卷一《太祖》本纪载："（至正）二十四年（1364）正月里的一天，李善长率领群臣劝朱元璋登皇帝位，朱元璋没有答应。一再请求，才称吴王，设立百官。任命李善长为右丞相，徐达为左丞相，常遇春、俞通海为平章事。晓谕他们说：'建立国家初期，名当先正法纪。元朝昏暗衰弱，威望下降，以至于混乱，今天应该引以为鉴。'立长子朱标为皇子。二月的一天，朱元璋又自己亲率大军征讨武昌，陈理投降，汉、沔、荆、岳四州都被攻下。"

毛泽东读到"复自将征武昌"，批注说："不令诸子诸孙统兵，失策。"意思是说，这次打武昌，对象是陈友谅的儿子陈理，在鄱阳湖大战中，已把陈友谅的主力部队消灭了，陈理力量不强，朱元璋的儿孙都已长大，能带兵了，应该让儿孙们带兵去攻打，以经受战争锻炼，增长才干。这时不培养接班人，是很失策的事。

后来朱元璋逐渐认识到这个问题，采取了一些相应的措施。这是事实教育他的结果。当时主要的战场在北方，而朱元璋远在南京。北部边防仅靠他自己巡狩，或派大将出征仍是不安，如果元老重臣坐镇北方，他更不放心，必须派最可靠的人去镇守，于是朱元璋决定实行分封诸王的制度。洪武三年（1370）四月初七，朱元璋分别封朱樉为秦王，朱棡为晋王，朱棣为燕王，朱橚为吴王，朱桢为楚王，朱榑为齐王，朱梓为潭王，朱檀为鲁王，族孙朱守谦为晋江王。

十一年（1378）正月初一，朱元璋分别封朱椿为蜀王，朱柏为湘王，朱桂为豫王，朱楧为汉王，朱植为卫王。改封吴王朱橚为周王。

二十四年（1391），又封了一次。二十五年二月初九，朱元璋改封豫王朱桂为代王，汉王朱楧为肃王，卫王朱植为辽王。这样把他的24个儿子和一个孙子分封在全国各地军事重地，想要他们来"夹辅王室"。

洪武十一年（1378），秦王就藩西安，晋王就藩太原。十三年以后，随着诸王逐渐长大，纷纷到封地就藩。从当时全国的形势来看，有权力的诸王仍然镇戍在沿长城一线的重镇。如西安的秦王、大同的代王、宣府的谷王、大宁的宁王、北京的燕王等。封王在其封地建立王府，设置官属。亲王的冕冠、官服、车辆、旗帜仅比皇帝低一等，公侯大臣见亲王都要俯首拜谒，不得以平等之礼对待。虽说各亲王"惟列爵而不临民，分藩而不锡土"（谷应泰：《明史纪事本末》），但他们位高权重。诸王有统兵和指挥作战的权力，每王府设亲王护卫指挥使司，有三护卫，护卫士兵少者三千人，多的达一万九千人，遇有突发事件，封地里的卫所镇兵，在接到盖有皇帝御玺文书的同时，还必须有亲王的令旨，才能调动。

后来又干脆令亲王领兵，指挥作战。例如，洪武二十三年（1390）正月初三，晋王朱棡、燕王朱棣征讨后元丞相咬住、太尉乃儿不花，征虏将军颍国公傅友德等大将都归他们指挥。二十一日，齐王朱榑率领部队跟随燕王朱棣来北京。

洪武二十六年（1393）二月初二，朱元璋命晋王朱棡率山西、河南的部队北出长城，召回冯胜、傅友德、常昇、王弼等将领。

洪武二十八年（1395）正月十一日，朱元璋命令甯正率兵跟随秦王朱樉征讨洮州叛乱的吐蕃人。当月，周王朱橚、晋王朱棡率领河南、山西各卫所部队北出长城，筑城屯田。燕王朱棣率领总兵官周兴出辽东边塞。

洪武二十九年（1396）二月二十三日，朱元璋命令燕王朱棣率领军队巡视大宁，周王嫡长子朱有燉率领军队巡视北部边地雄关要塞。三月初七，燕王朱棣在彻儿山打败后元军队，又追击到兀良哈秃城，然后班师。从战争中学习战争，亲王们在指挥作战中增长了才干，皇四子朱棣最会打仗。令朱元璋没有想到的，他死后本要嫡长孙朱允炆继位的，而这位久征沙场锻炼的燕王朱棣竟以"靖难"为名，取代侄子，夺得皇位，是为明成祖。但这不能算是坏事，因为在毛泽东看来："明朝皇帝搞得好的只有两个，一个是太祖，一个是成祖。明太祖朱元璋皇帝做得最好，他一字不识；明成祖皇帝做得也不错，是一个半文盲，识字也不多。"（戴知贤：《山雨欲来风满楼》，河南人民出版社1990年版，第197页）在1964年3月的一次会议上，他又称赞朱元璋"搞得比较好"。明成祖的成功夺位和治国，证明了朱元璋后来让皇子、皇孙统兵作战，和毛泽东对他的批评是对的。

五、"朱元璋是农民起义领袖，应该写得好点"

毛泽东重视朱元璋，也关注对朱元璋的研究。著名历史学家吴晗（1909—1969）的力作《朱元璋传》，原名《明太祖传》，1944年出版。1948年，作者着手修改时，改名为《朱元璋传》。书中描写了元末农民起义军红巾军的事迹。这支起义军身着短衣草鞋，头裹红巾，手举红旗，故称红巾军或红军。红巾军分东、西两个系统，东系红军发起人为韩山童，西系红巾组织者是彭莹玉。

彭莹玉（？—1353），即彭翼，袁州（今江西宜春）人，在袁州慈化寺当和尚，人称彭和尚。他利用白莲教组织群众，初与其徒周子旺发动起义。周子旺被捕牺牲后，他出走淮西，继续进行宣传组织活动。至正十一年（1352）秋，与邹普胜等聚众响应刘福通起义，推徐寿辉为首领，在蕲水（今湖北浠水）建立政权，任军师，攻占湖广、江西许多地方。至正十二年攻克徽州、杭州，因元将董传霄反扑，在杭州牺牲。一说在瑞州战死。

但吴晗由于史料所限，对彭莹玉的结局作了不真实的描述：

"彭莹玉可以说是典型的职业革命家，革命是一生志气，勤勤恳恳播种、施肥、浇水、拔草。失败了，研究失败的教训，从头做起，决不居功，决不肯占有新播种的果实。第一次起义称王的是周子旺，第二次做皇帝的是徐寿辉，虽然谁都知道西系红军是彭和尚搞的，彭祖师的名字会吓破元官的胆，但是起义成功以后，就像烟一样消失了，回到人民中间去了。……功成不居，不是为了做大官而革命，真是了不起的人物。"

1948年11月，吴晗在中共地下党组织的帮助下，从国统区来到中共中央暂居的河北省平山县西柏坡村。他把8月份写完准备再版的《朱元璋传》的修改稿送请毛泽东同志阅正。正在指挥"三大战役"的毛泽东，挤出时间阅读了书稿，还特地约请吴晗先生谈了两次。他称赞《朱元璋传》写得好，但表示，对书中关于彭和尚功成身退的论点有疑问。毛泽东的意思是：像彭和尚这样坚强有毅力的革命者，不应有逃避的行为，不是他犯了错误，就是史料有问题。因此，他建议吴晗对他修改稿中关于彭和尚功成身退的论断再作考虑。过了几天，毛泽东在退还《朱元璋传》原稿时，又给吴晗写了一封信。信是这样写的：

辰伯先生：

两次晤谈，甚快。大著（指吴著《朱元璋传》）阅毕，兹奉还。此书用力甚勤，掘发甚广，给我启发不少，深为感谢。有些不成熟的意见，仅供参考，业已面告。此外尚有一点，即在方法问题上，先生似尚未完全接受历史唯物主义作为观察历史的方法论。倘若先生于这方面加力用一番工夫，将来成就不可限量。 谨致

革命的敬礼！

毛泽东

十一月二十四日

（《毛泽东书信选集》，人民出版社1983年版，第310页）

吴晗（1909—1969），字辰伯，浙江义乌人，历史学家，曾任清华大学等校教授。新中国成立后，曾任北京市副市长。

据毛泽东的秘书田家英和曾彦修谈道，当时毛泽东认为，吴晗不应当那样书生气十足地只说朱元璋的残暴，那是朱元璋为了巩固自己的统治必须采取的措施。否则，他的皇帝就坐不稳。

毛泽东在信中指出作者"似尚未完全接受历史唯物主义作为观察历史的方法论"，具体是说书稿中哪些内容，已无法确知。关于彭和尚的下落，吴晗诚恳地接受了毛泽东的意见。他到了解放的北京后，便着手重新研究这个问题。他感到毛泽东的意见使自己"在理论上得到了启发"，他"重新发愤读书"，果然在钱谦益《牧斋初学集》、柯绍忞《新元史》、赵汸《山东存稿》、江西《瑞州府志》等一些史料中发现了彭莹玉和尚在杭州战死的重要史料，时间是元至正十二年（1352）七月。他感叹道："这样看来，他并没有逃避，一直革命到底，斗争到底，是为革命而牺牲的英雄人物。"于是，吴晗把彭和尚的结局改为他在杭州，遭到元军的意外袭击而战死，从而得出了符合历史真实的结论。

这件事，说明毛泽东对彭和尚下落的判断是正确的，对吴晗是一次深刻教育。吴晗深有感触地说："自己研究了30年明史，却由于用'超阶级思想来叙述坚强不屈的西系红巾军组织者彭莹玉和尚'，所以得出违反历

史真实的结论，这和自己有'革命者是可以半途而废，无须革命到底'的清高思想是分不开的。"

从此，吴晗更加自觉地学习历史唯物主义原理，用以指导自己的研究工作。1954年，他用了整整一年时间，重新改写了《朱元璋传》。1955年春，油印了100多部，征求意见，他特地又送给毛泽东一部，在书的扉页签有"送毛主席，请予指正"字样。这部油印本《朱元璋传》，至今还保存在中南海毛泽东故居书房菊香书屋里。在这部上、下两册16开本的油印稿上，多处留下了毛泽东用铅笔画着的直线、曲线等符号和着重号，显然毛泽东又认真地读了一遍，而且对吴晗的新修改是满意的。但他同时又指出："朱元璋是农民起义领袖，是应该肯定的，应该写得好点，不要写得那么坏（指朱元璋的晚年）。"（张秀娟主编：《握手风云》，第598页）

1964年，吴晗根据征集来的意见，利用病休时间，再一次作了修改，1965年正式出版。在该版序言中，吴晗对自己写这本书前后二十年，四易其稿过程中的思想变化，作了说明。但他这一次并没有接受毛泽东的意见，反而把朱元璋改写得更坏了。

当然，这是史学家的权利，无可厚非。但毛泽东的建议不是想当然，而是很有道理的。因为放眼中国历史来看，朱元璋应该说很有作为，是一个好皇帝。作为大明王朝的开国皇帝，他是最大的地主头子，代表封建地主阶级的利益，同时他又采取了一系列减轻人民负担、有利于人民发展的措施，使人民安居乐业。

朱元璋贫苦出身，知道生活的艰辛，当了皇帝以后，不贪图享受，崇尚节俭。他识字不多，却勤奋好学，虚心求教，与文人们谈诗论文，即位后喜欢写诗作文，文简意丰，不图藻饰，极为本色。据说，有一年是鸡年，在满朝文武贺岁时，他以"金鸡报晓"为题，让大臣每人赋诗一首。大臣们知道他诗兴又发了，都推说皇上先作一首垂示。他可能是有备而来，援笔立就。大家看时，他是这样写的：

鸡叫一声撅一撅，鸡叫两声撅两撅。

三声唤出扶桑日，扫尽残星与晓月。

　　诗的前两句质朴至极，公鸡打鸣，叫一声，撅一下尾巴；叫两声，撅两下尾巴，谁人不知，哪个不晓，笨拙至极，有何诗味？这叫藏拙。第三句转折，变换句型，并且用了一个日出扶桑的典故，由俗转雅。第四句平直，虽然写的是太阳出来，星星月亮都落下去了，却透出这位马上皇帝的霸气，可谓笔力千钧！汉高祖刘邦《大风歌》写道："大风起兮云飞扬。威加海内兮归故乡。安得猛士兮守四方！"二诗似可比肩，难分轩轾。

　　朱元璋还喜欢读史书，从《左传》、《史记》、《汉书》到《唐书》、《宋史》等多达六七十种。他常与文人们讲经说史，吸取古人成败的历史教训。他有一首是这样写的：

百僚未起朕先起，百僚已睡朕未睡。
不如江南富足翁，日高丈五犹披被。

　　这反映了朱元璋宵衣旰食、勤政不怠的作风。由于他担心大权旁落，撤掉了他的大管家——左、右丞相，无人为他分担政务，只好事必躬亲。他一天到晚不是上朝议事，就是批阅奏折，年复一年，日复一日，没有节假日和休息日，乐此不疲。据明史专家吴晗先生统计，洪武十七年九月，14日至21日的八天中，共收内外诸司奏折1660件，计3391事，平均每天都要看200多个奏折，处理400多件事。

　　洪武三十一年（1398）五月，古稀之年的朱元璋终于病倒了，但他仍然坚持处理政事，勉强支持了30天之后，寿终正寝，享年71岁。似乎也可以像蜀汉名相诸葛亮说的那样："鞠躬尽瘁，死而后已。"用他的宝贵生命殉了大明王朝的事业。朱元璋在遗嘱中说："朕膺天命三十一年，忧危积心，日勤不怠，务有益于民。奈起自寒微，无古人之博知，好善恶恶，不及远矣。"这个自我评价是符合实际的，可以说有自知之明。

　　朱元璋是洪武三十一年（1398）闰五月初七病危，初九在西宫去世。二十五日安葬孝陵。谥号高皇帝，庙号太祖。史称明太祖。

　　1964年3月24日，毛泽东在一次谈话中说："可不要看不起老粗。知识分子是比较最没有出息的。历史上当皇帝，有许多是知识分子，是没有出息的。隋炀帝就是一个会做文章、诗词的人。陈后主、李后主都是能诗能赋的人。宋徽宗既能写诗，又能绘画。一些大老粗能办大事情，成吉思汗、刘邦、朱元璋。"（《毛泽东评点二十四史精华详析》，档案出版社1999年版，第130页）

　　同年5月12日，毛泽东在一次谈话中说："明朝除了明太祖、明成祖两个皇帝搞得比较好，明武宗（朱厚照）、明英宗（朱祁镇）还稍好些以外，其余的都不好，尽做坏事。"（《毛泽东评说中国历史》，第146页）

　　同日，在一次谈话中又说："自己被书迷住了，正在读二十四史。"又说："看了《明史》最生气，做皇帝的大多搞得不好，尽做坏事。"（董学文等：《毛泽东的文艺美学活动》，高等教育出版社1995年版，第225页）

　　在毛泽东看来，朱元璋这个"大老粗"，是个"能办大事情"的好皇帝。把他放在整个明王朝来看，他是"搞得最好的"；把他放在整个中国历史长河中衡量，他是可以和刘邦、成吉思汗这种有雄才大略的皇帝相提并论的。况且，他放过牛，当过和尚，出身不好，还不应该写好一点吗？这可能是农民出身的开国领袖毛泽东对朱元璋这位放牛娃出身的皇帝的偏爱。

后　记

我们编完本书之后，尚有两个问题需要向读者交代：

一、关于编写凡例方面的两个问题：

1．关于古代纪年。本书采取古代纪年括注公元纪年的方法，而省去"公元"和"年"字，如果是公元前则只加一"前"字。例如唐太宗贞观五年（631），汉武帝元光三年（前132）。

2．关于古书地名。本书采取古地名括注今地名的方法。例如大梁（今河南开封）。

二、关于本书的编写情况：

在编写帝王篇的过程中，我们参考了目前公开出版的毛泽东著作及有关的研究成果，以及相关的历史研究著作。对于借鉴别人的劳动成果，我们大都在书稿中一一注明，在此再次致谢。

由于作者受理论水平和历史知识所限，错误和不当之处，在所难免。企盼广大读者、专家不吝赐教。

本书是一部集体著作，除主编兼主笔毕桂发教授外，参加本书编写工作的还有毕国民、毕晓莹、毕英男、东民、刘磊、孙谨、赵玉玲、赵善修、赵庆华、赵悦、朱东方、许娜、王汇涓、范闫青、范冬冬、张涛、张豫东、李会平、韩明英。

毕桂发于河南大学

2010年5月19日